紫禁城与凡尔赛宫

17、18世纪的中法交往

LA CITÉ INTERDITE ET LE CHÂTEAU DE VERSAILLES

les échanges entre la Chine et la France
aux XVIIe et XVIIIe siècles

故宫博物院　凡尔赛宫　编
Rédigé par le musée du Palais et le musée national des châteaux de Versailles et de Trianon

故　宫　出　版　社
Maison d'édition de la Cité interdite

图书在版编目（CIP）数据

紫禁城与凡尔赛宫：17、18世纪的中法交往：汉法对照 / 故宫博物院，法国凡尔赛宫编. — 北京：故宫出版社，2024.4
ISBN 978-7-5134-1650-4

Ⅰ. ①紫… Ⅱ. ①故… ②法… Ⅲ. ①文物 – 世界 – 图集 Ⅳ. ①K86-64

中国国家版本馆CIP数据核字(2024)第061281号

紫禁城与凡尔赛宫

17、18世纪的中法交往

故宫博物院 凡尔赛宫　编

出 版 人：章宏伟
责任编辑：张志辉
装帧设计：耕莘文化·郑子杰
责任印制：常晓辉　顾从辉
出版发行：故宫出版社
地址：北京市东城区景山前街4号　邮编：100009
电话：010-85007800　010-85007817
邮箱：ggcb@culturefc.cn
印　　刷：北京雅昌艺术印刷有限公司
开　　本：889毫米×1194毫米　1/16
印　　张：30.5
版　　次：2024年4月第1版
2024年4月第1次印刷
印　　数：1-2500册
书　　号：ISBN 978-7-5134-1650-4
定　　价：580.00元

目录

Sommaire

祝辞

2023年4月，习近平主席与来访的法国总统马克龙共同宣布于两国建交60周年之际举办中法文化旅游年，这是两国元首着眼中法关系大局和长远发展做出的重要决定，是继2003～2005年中法互办文化年、2014年庆祝中法建交50周年系列活动之后，两国合作的又一重大人文交流活动。

中法两国是有着独特文明的古老国度，都曾经长期引领各自所在地区的文明发展进程。作为东西方文明的重要代表，中法之间的友好交往源远流长。双方相互吸引、相互欣赏，成为东西方文明交流互鉴的典范。早在启蒙时代，包括伏尔泰在内的很多法国思想家就对中国文化产生了浓厚兴趣，中华文化元素经常出现在法国启蒙思想家的著作和凡尔赛宫的装饰中。同样，法国璀璨的历史文化和独特的艺术魅力也深深吸引着中国人民。故宫博物院收藏的近二百万件藏品中，就有不少来自法国的“礼物”。

中法建交60年来，秉持独立自主、相互理解、高瞻远瞩、互利共赢的“中法精神”，两国关系始终走在中国同西方国家关系的前列。其中，人文交流发挥着不可替代的作用。故宫作为世界文化遗产地、中华五千年文明的重要承载者、中华优秀传统文化的汇聚地以及多元文化交流融合的见证者，在讲好中国故事、成为文明交流互鉴的中华文化会客厅方面责无旁贷。多年来，故宫博物院与卢浮宫、凡尔赛宫、吉美国立亚洲艺术博物馆等多家法国文博机构建立了良好合作关系，与法方在交换展览、文物保护、学术研究、博物馆管理等领域深入开展交流合作。在2024年中法文化旅游年框架下，故宫博物院与法国凡尔赛宫合作举办的“紫禁城与凡尔赛宫——17、18世纪的中法交往”展览，生动呈现出中法历史上文化艺术交流的盛况。展览选取故宫博物院和凡尔赛宫博物馆及其他一些收藏机构的200余件珍贵文物，从政治、外交、文化、艺术等多个方面，展现了17、18世纪中法之间尤其是两国宫廷之间持续、深入、广泛的互动交流。这种交流不仅对两国文化产生了重要影响，更为世界文明的交流互鉴提供了范例。

当今社会，文明交流互鉴是维护世界和平稳定的重要动力。中法作为两个文明大国，开展文明交流对话意义重大。以中法建交60周年和中法文化旅游年为契机，故宫博物院将以其独特的文化魅力，切实担负起新的文化使命，深化同法国的文化交流与合作，促进中法民心相通，推动中法关系实现新发展。这也是故宫博物院推动落实全球文明倡议，为构建人类命运共同体贡献出的中国智慧和中国力量。

祝中法两国友谊长存！

故宫博物院院长

2024年4月

Mot pour l'exposition

En avril 2023, le président chinois Xi Jinping et le président français Emmanuel Macron ont annoncé conjointement l'arrivée de l'année franco-chinoise du tourisme culturel à l'occasion du 60e anniversaire de l'établissement des relations diplomatiques entre les deux pays. Il s'agit d'une décision importante prise par les deux chefs d'État en tenant compte de la situation globale et du développement à long terme des relations franco-chinoises. L'année franco-chinoise du tourisme culturel sera un nouvel événement majeur d'échanges humains et culturels entre les deux pays, qui s'inscrit dans la suite des Années croisées France-Chine de 2003 à 2005 et des événements célébrant le 50e anniversaire de l'établissement des relations diplomatiques entre les deux pays en 2014.

La France et la Chine sont deux pays anciens dotés de civilisations uniques et toutes deux ont longtemps dirigé le développement des civilisations dans leurs régions respectives. En tant que représentants importants des civilisations orientales et occidentales, la Chine et la France partagent une longue histoire d'échanges amicaux. Les deux pays s'attirent et s'apprécient, formant ainsi un modèle d'échanges et d'apprentissage mutuel entre l'Orient et l'Occident. Dès le siècle des Lumières, de nombreux philosophes français, dont Voltaire, s'intéressaient vivement à la culture chinoise. Des éléments de la culture chinoise apparaissaient souvent dans leurs œuvres ainsi que dans la décoration du château de Versailles. De même, l'histoire passionnante, la culture et l'art unique de la France fascinent les Chinois. Parmi les près de deux millions d'objets de la collection du musée du Palais, nous comptons de nombreux « cadeaux » venus de France.

Depuis l'établissement des relations diplomatiques entre la France et la Chine il y a 60 ans, les relations franco-chinoises, marquées par l'esprit d'indépendance, la compréhension mutuelle, la pensée visionnaire et la coopération gagnant-gagnant, ont toujours été au premier plan des relations de la Chine avec les pays occidentaux, et les échanges culturels y ont joué un rôle irremplaçable. En tant que site du patrimoine mondial, porteur de cinq mille ans de civilisation chinoise, lieu de la quintessence de la culture traditionnelle chinoise et témoin des échanges et de l'intégration multiculturels, la Cité interdite a la responsabilité inéluctable de raconter l'histoire de la Chine et de favoriser les échanges et l'apprentissage mutuel entre les civilisations. Au fil des années, le musée du Palais, installé dans la Cité interdite, a établi de bonnes relations de coopération avec de nombreuses institutions culturelles et muséales françaises telles que le musée du Louvre, le musée national de châteaux de Versailles et de Trianon, le musée national des arts asiatiques Guimet, pour mener des échanges étroits en matière d'expositions, de protection des biens culturels, de recherche universitaire et de gestion des musées. Dans le cadre de l'année franco-chinoise du tourisme culturel en 2024, le musée du Palais et le château de Versailles présenteront conjointement l'exposition *Le château de Versailles et la Cité interdite, les échanges entre la France et la Chine aux XVII*[e] *et XVIII*[e] *siècles*, une occasion de montrer de manière vivante les grands échanges culturels et artistiques dans l'histoire des relations franco-chinoises. Plus de 200 précieux objets culturels du musée du Palais, du château de Versailles et d'autres institutions ont été sélectionnés pour l'exposition. Ils révèleront les échanges continus, approfondis et étendus entre la Chine et la France aux XVIIe et XVIIIe siècles, en particulier entre les deux cours, sous les aspects politique, diplomatique, culturel et artistique. Ces échanges ont non seulement exercé une influence importante sur les cultures des deux pays, mais ont également fourni un exemple d'apprentissage mutuel pour les civilisations du monde.

Dans la société d'aujourd'hui, les échanges et l'apprentissage mutuel entre les civilisations constituent un moteur important du maintien de la paix et de la stabilité mondiales. Il est ainsi d'une grande importance pour la France et la Chine, deux civilisations majeures, de poursuivre leurs échanges. À l'occasion du 60e anniversaire de l'établissement des relations diplomatiques entre les deux pays et de l'année franco-chinoise du tourisme culturel, le musée du Palais s'appuiera sur son charme culturel unique pour assumer efficacement sa nouvelle mission culturelle, approfondir les échanges et la coopération culturels avec la France, favoriser la compréhension mutuelle entre les deux peuples et promouvoir un nouveau développement des relations franco-chinoises. Ce sera également la sagesse et la force chinoises apportées par le musée du Palais pour promouvoir la mise en œuvre de l'Initiative pour la civilisation mondiale et la construction d'une communauté de destin pour l'humanité.

Vive l'amitié franco-chinoise !

Wang Xudong

Directeur du musée du Palais

Avril 2024

祝辞

中法两国文化在历史长河中相隔万里，天各一方，然而当二者交汇相融，便会浓缩出一幅引人深思的壮丽画卷。艺术史是人类的共同历程，为历史学者提供了丰富的研究素材，而对于中法两国，艺术史能让我们更深入地理解双方对彼此的好奇与迷恋、在互动交融中所采取的策略以及交流所带来的深远影响。更为重要的是，艺术作品见证着两国的精神交流，跨越了两国传统差异的巨大鸿沟。在今天这个纷繁复杂的时代，参观这样的展览会令人感到心灵上的慰藉，我们可以看见中法双方对彼此艺术的深深欣赏，在精致的瓷器和数学之美中达到和谐共鸣。本展览项目连接起了凡尔赛宫和故宫博物院，所展出的艺术品主要来自宫廷和皇室，展品的卓越品质令这次展览更加惊艳。那时，两国的君主都曾热切希望拥有代表另一国文化的艺术品，这既是出于个人欣赏，也具有政治和象征意义。事实上，中法两国的文化交流和探索早已扩大到宫廷之外。几个世纪以来，对中国文化的欣赏在法国日渐高涨，杰出的中国艺术作品如今频繁亮相法国市场。今日的中国则在以另一种方式感受法国文化，那就是通过旅行亲身体验，只需在凡尔赛宫度过一天便能对此深有体会。也许我们无法完全理解来自遥远国度的文化魅力，但毫无疑问，这些文化极大地丰富了我们的感知，也加强了我们与世界的联系。展览的成功举办凝聚了所有人的协作与付出，与历史上的科学探索和外交任务一脉相承，证明着艺术史的影响力深远而永恒。值此中法建交60周年之际，我们向那些耶稣会士、开明大臣、艺术家和大使表示敬意，这些人的精神在凡尔赛宫和故宫博物院管理者的精心策划下重新焕发了生机。我们必须承认，如果没有中法两国的交流，世界必定会失去许多色彩斑斓的篇章。

劳伦特·萨洛梅

凡尔赛宫博物馆馆长

2024年4月

Mot pour l'exposition

Le contact entre deux grandes cultures qui ont vécu une large part de leur histoire sans se connaître, en deux points très éloignés de la planète, est un phénomène magnifique à observer. C'est d'abord une aventure humaine et une matière pour l'historien, mais concernant la Chine et la France, l'histoire de l'art se révèle un moyen particulièrement adapté pour comprendre la curiosité et la fascination réciproques, les stratégies d'approche, les enjeux de la rencontre. Plus important encore, les œuvres et objets d'art viennent témoigner de ce qui unit les esprits, transcendant la différence énorme des traditions. Il est réconfortant, dans la période inquiétante où nous nous trouvons, de parcourir une exposition comme celle-ci, où l'on voit chaque partie admirer l'art de l'autre et se retrouver, communier presque, dans la délicatesse de la porcelaine ou la beauté des mathématiques. Comme il se doit pour un projet unissant le Château de Versailles et le Musée du Palais de la Cité Interdite, les œuvres appartiennent principalement à la sphère royale ou impériale et leur qualité exceptionnelle rend la démonstration d'autant plus frappante. Les souverains des deux pays ont accordé une grande importance à la possession d'objets emblématiques de l'autre culture, aussi bien pour leur délectation privée que dans un but symbolique et politique. Mais les échanges et la curiosité ont infusé bien au-delà de la Cour. De notre côté, depuis des siècles, le nombre des admirateurs du pays de Cathay n'a cessé de croître, au point qu'aujourd'hui les chefs-d'œuvre d'art chinois ne cessent de surgir sur le marché français. C'est d'une autre façon que la Chine goûte aujourd'hui notre culture, par le voyage et la découverte directe, et il suffit de passer une journée au château de Versailles pour s'en convaincre. Nous ne comprenons pas toujours exactement ce qui nous touche dans ces mondes lointains, mais il est certain qu'ils enrichissent notre sensibilité et notre rapport au monde. Et le plaisir de la collaboration qui a permis la réalisation de l'exposition, dans la droite ligne des missions scientifiques et diplomatiques d'autrefois, montre que cette histoire est éternelle. Nous fêtons aujourd'hui le soixantième anniversaire des relations diplomatiques entre la Chine et la France en rendant hommage à l'ambition intellectuelle de Jésuites ou de ministres éclairés, d'artistes et d'ambassadeurs ressuscités par les conservateurs du Château de Versailles et de la Cité Interdite. Et force est de constater que, sans les échanges entre ces deux fières nations, le monde aurait été beaucoup moins beau.

Laurent Salomé
Directeur du musée national des châteaux de Versailles et de Trianon
Avril 2024

17、18世纪紫禁城内中法宫廷交往之呈现

郭福祥
故宫博物院研究馆员

17、18世纪的中法交往是世界历史上有很大影响的事件，近些年来受到学术界的关注，已经取得了相当丰富的学术成果。中法两国的博物馆学者则以馆藏实物和档案为依据，推出了一系列相关展览，对这一时期中法宫廷关系的认知大有助益。中国康熙（1662～1722年在位）、雍正（1723～1735年在位）和乾隆（1736～1795年在位）时期，基本上与法国国王路易十四（1643～1715年在位）、路易十五（1715～1774年在位）和路易十六（1774～1793年在位）统治的时间相当，这一时期双方在政治上的直接交往虽然不多，但在文化交流上却呈现出积极的态势，尤其是物之交换相当频繁，这成为考察两国宫廷交往的重要物证。沉睡于博物馆库房中的相关文物被发现、展出并得到诠释，极大地推动了中法宫廷交往史的研究。笔者从事清代中外宫廷交往史研究有年，期间不断发现清宫收藏中仍然有一些来自法国的反映中法宫廷交往的文物，并没有被充分认知，而有些是极为重要的中法宫廷交往的物证。相信对其进行系统整理和发掘，是推动中法文化交流史研究的迫切而必要的工作。

本文旨在对故宫博物院收藏的法国文物进行系统梳理，寻找现存的可能是原清宫收藏中的中法双方交往的遗物，发掘其背后蕴涵着的双方交往的历史真相及其影响，以期为中法文化交流史尤其是双方宫廷交往的深入研究提供新资料。

一　17、18世纪中法宫廷交往之特色

在世界历史上，尽管各地区间受到地理条件的天然阻隔，使不同区域间的人员交往和文化交流变得困难重重，但这种交往和交流却从没有中断过。文化交流是人类文明发展的主旋律，是推动人类社会前进的重要动力之一。文化的交流从来都不是单向的，而是一个人员或物品信息相互流动、相互影响的过程。文化交流的深入程度与交流双方对对方的需求、兴趣和认知密切相关，也与国家间不同的思想意识和世界观念息息相关。对交流的态度如何，采取什么样的交流方式，直接影响着交流的成效性和持续性。在这方面，17、18世纪的中法两国和两国宫廷间的交往值得作为特别个案给予关注。

研究17、18世纪中法文化交流史，目前学界所利用的资料绝大多数都来自于欧洲，尤其是在中国的法国传教士寄给欧洲的书信。而中国方面留存下来的文献记录实在不多，这多少有些出乎笔者的意料。但资料的缺乏并不意味着交流没有发生，而是反映出双方对外来文化的态度和做法存在差异。这里有必要先将这一时期中法宫廷交往的特殊性做一番梳理，因为这直接关

系到双方在交往过程中的关注点、采取的交往方式以及相互理解的深度和广度。笔者认为这种特殊性主要表现在以下几个方面：

1. 宫廷和政府高层持续关注和直接参与双方的交往

清代中法宫廷间的交往始于1685年法王路易十四派遣六名法国耶稣会士，以“国王数学家”的名义前往东方。其中五位于1688年抵达中国，受到康熙皇帝的接见，白晋（Joachim Bouvet，1656～1730年）和张诚（Jean-François Gerbillon，1654～1707年）被康熙皇帝留在北京。这是中法宫廷正式交往的开始。17、18世纪的中法关系与同时代中国与其他欧洲国家的关系有所不同。这种不同表现在，从一开始中国和法国的交往就是在两国宫廷和政府高层的高度关注和直接参与下进行的。法国方面，在法王路易十四的倡导下，法国宫廷对中国文化产生了浓厚的兴趣，采取积极主动的外交和科学政策，推动两国之间的交流。法国王室、政界和知识精英参与其中，中国收藏蔚然成风。法国在思想和艺术创作领域持续受到中国的影响，为遍及欧洲的“中国风”的流行奠定了基础。这一政策产生的积极影响一直持续到18世纪末。综观17、18世纪的欧洲国家与中国的交往，还没有哪一个国家像法国这样，将与中国的交往放在如此重要的地位，动用如此庞大的资源加以推动。中国方面，来自法国的传教士和他们带来的科学知识受到中国皇帝和宫廷的欢迎和接纳。特别是康熙皇帝时期，他们充当皇帝的科学教师、参与中俄外交谈判、主持大地测绘、用西药为皇帝治病，对中国宫廷的艺术、科学、建筑、医学、地图编绘等都产生一定影响，成为皇帝身边具有重要影响力的人物。在他们的努力下，中国皇帝和宫廷同样成为此一阶段中法交往的实际参与者和推动者。

2. 科学和艺术构成了这一时期中法宫廷交往的主旋律

17、18世纪中法宫廷的交往可以分为两个阶段，与法国路易十四相对应的中国康熙时期为第一阶段（1688～1722年），与法国路易十五、路易十六相对应中国雍正、乾隆时期为第二阶段（1723～1795年）。在这两个阶段，两国宫廷间的交往呈现出不同的特点，主要表现在双方交换礼物的变化上。法国方面，前一阶段主要以法国皇家科学院为主导，因应康熙皇帝的科学需求，在礼物的选择上以进行科学活动的各种仪器为主。后一阶段的法国礼物中科学器物虽然继续存在，但随着中法艺术方面的交流和互动，展现法国各种工艺技术成就的瓷器、玻璃器、挂毯等比例增加。法国方面礼品的选择皆经过充分考量，选择的都是法国本土生产的产品。与其他欧洲国家浓重的商业意图不同，交往和礼物的选择主要是出于外交的考虑，商业意向并不明显，反映出法国宫廷在与中国宫廷交往过程中所考虑的重心所在。中国宫廷方面在接受法国科学仪器和艺术品的同时，也向法国回赠了大量中文书籍、丝绸、瓷器等法国方面感兴趣的物品，这些物品充实了法国王室图书馆和宫廷的中国收藏。中法宫廷双方的礼物交换表明，科学和艺术的交流是这一时期中法宫廷交往的主旋律。

3. 以耶稣会传教士为媒介的交往方式成为影响中法宫廷相互认知的重要因素

17、18世纪中法的交往与其他欧洲国家和中国的交往相比，在方式上最明显的不同应该是中法间的交往主要是通过在华的法国耶稣会传教士这一中介进行的，双方之间没有互派正式的国家使团出使对方。尽管这种联系曾一度非常密切，也得到了双方宫廷以及高层的认可和推动。这种以传教士为中介的交往方式，又因为中介者传教士和双方关系的差别而呈现出完全不同的交流效果。作为中介者的法国耶稣会士，受到法国政府和宫廷的资助，承担着为法国收集中国各方面信息的任务，到了中国则变身为服务于宫廷的外国技艺人，不可避免地受到中国皇帝和宫廷的制约。同时，作为耶稣会的成员，他们又肩负传教布道的使命，必须协调好与其他修会的关系。政治和宗教的多重制约，往往使他们陷入复杂的矛盾之中，这也影响到由他们作为中介的中法宫廷对彼此的认知。

对于法国方面而言，这些法国耶稣会士与其说是耶稣会的传教士，毋宁说是法国国王派出的从事科学考察的科学家，肩负强烈的国家使命。他们在中国期间，通过与欧洲通信的形式将中国各方面的信息源源不断地传到欧洲，成为当时欧洲人了解中国的重要窗口，在面向全欧洲普及中国知识过程中起到了决定性作用。他们有关中国的著作更是引起了法国社会自上而下各个阶层对中国的强烈兴趣，为法国科技、思想和艺术的创新思辨提供了来自东方世界的营养，法国成为启蒙运动思想的重要策源地、遍及欧洲的中国热的引领者、欧洲“中国风”艺术潮流的中心。法国宫廷一直保持着对中国的好奇和兴趣，抱有对中国深入了解和交流的愿望，并成为当时对中国了解最全面、理解最深入、受中国影响最为广泛的欧洲宫廷，同样也是仰赖这些法国耶稣会士的辛勤付出。

对于中国宫廷而言，这些法国耶稣会士学识渊博，很受清朝皇帝的赏识。他们在宫廷中向皇帝传授西洋科学和文化，参与全国大地测量，从事宫廷艺术创作，成为被中国宫廷高度认可的外国人群体，创造了西方传教士在中国宫廷的黄金时代。但也不可否认，他们在中国宫廷的地位完全受制于中国方面对外国人的认识，宫廷认可他们的是宗教传播者和技艺人的身份，并受到严格的限制。在宫廷之内他们只能是拣选中国感兴趣的信息传递，不能过多地渲染法国政府和宫廷的作用。这种独特的方式使当时多数中国人看到的是中国宫廷和传教士的交往，而忽略了法国政府和宫廷在这一过程中的存在和实际发挥的作用。正因为此，中国方面留下来的有关法国宫廷的记述非常少见，使人产生当时中法宫廷之间交往不多的错觉。这恰与当时法国宫廷对中国的认知形成强烈反差。

上述中法宫廷交往的特殊性，使得17、18世纪的中法文化交流呈现出独特的面貌，同时也影响到中法宫廷双方礼物交换的效果。由于中法宫廷间交换的礼物基本是经由法国耶稣会士的中转，送出方和接收方实质性接触的缺乏使礼物在交往过程中发挥的作用有相当的折损，这可以从中国方面对法国及其礼物的记载相对于其他欧洲国家而言比较少见的现象中得到证实。因此对它们的研究需要结合中西方资料进行考证。

二　紫禁城内的法国景观

乾隆皇帝在位期间，曾经命宫廷画师绘制过不少于六幅《万国来朝图》。这些图画均采用虚实并用的艺术手法，描绘邦交国、藩属国使臣和边地民族代表，在中国元旦这一天齐聚紫禁城太和门外，恭候朝觐、进献方物的场景[1]。尽管这样的场景在历史中没有真实发生过，但却也不能不说这些画作展演了清朝鼎盛时期统治者构筑理想帝国的抽象荣耀[2]。我们也注意到，每幅图画中那些写有不同国家和地区名称的飘扬的旗帜上，法兰西是不可或缺的西方国家的代表。表明在清朝统治者眼中，法兰西被认为是西方极为重要的国家，具有不可替代的地位。虽然康乾时代中法两国间没有互派正式的国家使团，但在紫禁城内却有众多法国人行走服务于其中，成为当时紫禁城内一道独特的风景。

自明末利玛窦向万历皇帝进献礼物始，西洋人便与紫禁城结下了不解之缘。康乾时期，宫廷专门征召有技艺的西洋人服务宫廷，出入禁中。其中的法国传教士成为17世纪后期至18世纪清宫中西文化交流的主力。根据耿昇的研究，在早期耶稣会在华传教区中，1552～1800年入华的法国耶稣会士达到168人[3]。从法国五位“国王数学家”到达北京开始，法国传教士几乎主导着中国和宫廷中耶稣会士们的活动方向和准则。尽管法国入华耶稣会士的人数不是所有西方国家中最多的，但他们的学术成就对中国和欧洲的影响都非常大。尤其是在清代早中期的宫廷之内，法国人的身影随处可见。即使是在1773年罗马教廷解散耶稣会之后，仍有相当数量的法国耶稣会士在宫廷中服务，发挥着重要作用。这些服务于中国宫廷的法国传教士，在宫廷档案中都有或多或少的记录。通过这些档案和故宫博物院现藏文物，可以考察他们在两国文化交流中的具体作为。法国耶稣会士为清宫提供的服务具体体现在以下几个方面：

1.向皇帝传授西方科学知识

西洋传教士带来的新知识激发了康熙皇帝对西方科学的兴趣，掀起了清宫科学探索的高潮。白晋和张诚作为第一批到达中国并服务于康熙宫廷的“国王数学家”，他们很快就学会满语，可以用满语与康熙皇帝交谈。作为康熙皇帝的科学顾问，他们为康熙皇帝讲授哲学、数学、几何学、天文学、病理学、人体解剖学等科学知识。此次展览的故宫博物院所藏满文《西洋药书》和《几何原本》两部著作，就是白晋和张诚在用满文为康熙皇帝讲授过程中，为方便康熙理解相关知识，而特别用满文编译而成的。后来到达宫廷的法国耶稣会士巴多明（Dominique Parrenin，1665～1741年）同样受到康熙皇帝的器重，同样精通满文，继续为康熙皇帝讲授人体解剖学知识，并在白晋、张诚相关讲义基础上，编成了满文本的《钦定格体全录》，成为西方人体解剖学

1　李湜：《乾隆朝养心殿明窗贴落画探析——以“岁朝图”“万国来朝图”为中心》，《故宫博物院院刊》2023年第1期。
2　赖毓芝：《构筑理想帝国：〈职贡图〉与〈万国来朝图〉的制作》，《紫禁城》2014年第10期。
3　耿昇：《中法文化交流史》第99页，云南人民出版社，2013年。

向中国传播的重要著作[4]。法国耶稣会士在向清宫传播西方科学知识过程中，所使用的教学参考资料大部分都来自当时法国巴黎皇家科学院以及欧洲学者的经典著作和新成果，使清代宫廷科学的范畴得到扩展，更为多元丰富。

2. 应清宫的科学需求，推动清宫的科学实践

康熙皇帝不仅对西方科学理论充满兴趣，同时也将所学的知识应用于具体的科学实践活动，利用各种科学仪器进行相关的数学计算和测量，西方科学仪器受到重视，成为清宫从事科学活动不可或缺的工具。法国传教士记录了他们向康熙皇帝进献精密科学仪器的情况，这些科学仪器的制作者和供应商如巴特菲尔德（Michael Butterfield）、比翁（Nicholas Bion）、沙波特（Louis Chapotot）等，都是法国皇家科学仪器的制造商。同时，清宫造办处也仿制和改良西式科学仪器，制造符合自身需求的科学仪器。西洋科学仪器进入中国宫廷，为清宫科学活动的开展提供了便利，也使宫中收藏的科学仪器水平有了明显的提升[5]。到了乾隆时期，这些科学仪器仍得到很好的保存，并通过《皇朝礼器图式》的编纂，将其纳入国家礼器的范畴[6]。

法国耶稣会士在清宫科学实践中所发挥的重要作用在康熙和乾隆时期的两次大地测量和全国地图编绘中得到了充分体现。自康熙四十七年（1708年）开始的《皇舆全览图》测量和编绘工作就是在法国耶稣会士巴多明的建议和主持下完成的，参与者也绝大部分是法国人。乾隆二十一年（1756年）和乾隆二十四年（1759年）两次对新疆地区进行测绘，由在宫廷供职的法国耶稣会士蒋友仁（Michel Benoît，1715～1774年）主持编绘成《乾隆内府舆图》，并制成104块铜版，刷印刊布。此次展出的故宫博物院收藏来自法国以及清宫造办处制作的科学仪器、地图铜板等都是这些科学实践活动的成果。

3. 为清代宫廷艺术创作和技术创新注入新的活力

如果对清代宫廷艺术和工艺进行全面考察，就会发现中法两国深厚而精致的文化在紫禁城内密切互动，激发出丰富的想象力和新创意，催生了清代宫廷文化的新元素和新风貌。在这一过程中，许多方面都与服务宫廷的法国人有密切关系。

清代宫廷内有不少欧洲传教士画家供职，他们将西方的绘画方法带进宫廷，形成了宫廷绘画中西合璧的新风格。法国传教士王致诚（Jean-Denis Attiret，1702～1768年）和贺清泰（Louis Antoine Poirot，1735～1814年）就是其中的重要成员。此次展览中故宫博物院收藏的《十骏马图》册和《贡象、马图》卷就是他们的作品。当然，他们的艺术创作要受到皇帝和宫廷审美的限制，通常是承旨依样画作。此展中法国国家图书馆藏王致诚铅笔素描手稿描绘的是一位年轻宫中女子，就是他为圆明园之一的长春园澄观阁东梢间西墙所绘画作的草图。在《养心殿造办处各作

4　关雪玲：《清代宫廷医学与医学文物》第220～225页，紫禁城出版社，2008年。

5　郭福祥：《西洋仪器与清代宫廷的科学世界》，载《明清论丛》第十六辑第465～491页，故宫出版社，2014年。

6　郭福祥：《<皇朝礼器图式>编纂与乾隆朝科学仪器的礼制化》，《故宫学术季刊》第37卷第3期。

成做活计清档》中有这样的记载："太监胡世杰传旨：长春园澄观阁画门二张、盘山画门一张，俱着王致诚用白绢画美人。"[7]此幅素描手稿与档案中的记载非常吻合，反映出王致诚等在宫廷绘画创作的情形。

珐琅是清代宫廷艺术的重要门类。珐琅彩瓷器和粉彩瓷器都是清代受欧洲进口的珐琅料影响而创烧的釉上彩瓷器品种。尤其是在清宫画珐琅技术研制和改进过程中，服务宫廷的法国人发挥了重要作用，陈忠信（Jean Baptiste Gravereau）即是宫廷内专门从事画珐琅制作的法国工匠[8]。此次展览选取的几件铜胎画珐琅器物在局部纹饰和色彩组合上都显示出清宫画珐琅所受到的法国利摩日珐琅的影响。更值得关注的是，广东透明珐琅技术也是在清宫向法国定制珐琅产品过程中从法国直接引进的。引进的契机源于乾隆皇帝通过广东粤海关依样向西洋定制画珐琅器过程中，法国工匠偶然地偏离顾客要求，将原本应该是画珐琅的金胎碗作成了内填透明珐琅，引发了乾隆皇帝命令粤海关仿烧的系列制作，由此开启了广东透明珐琅的百年制作史[9]。

清宫玻璃融汇中西技艺，作品丰富多彩。位于蚕池口（今西安门内）法国天主教堂旁边的玻璃厂，自康熙三十五年（1696年）建立始，法国传教士就参与其中，他们请求从法国玻璃厂中选派熟练玻璃匠来华，制作玻璃和玻璃镜。乾隆时期，在法国人纪文（Gabriel-Leonard de Brossard）和汤执中（Pierre Nicolas Le Chéron d'Incarville）参与下，发展新技术，创制新品种，清宫玻璃制作达到巅峰[10]。

钟表是清宫重要的计时工具和陈设品，清宫钟表制作一直持续不断。据档案文献记载，从顺治五年（1648年）至嘉庆十六年（1811年）的160余年间，在宫廷从事钟表制作和维修的15位西洋传教士中，大部分是法国工匠，多达8人。这些法国工匠在清宫服务的时间都很长，成为清宫钟表制作的主要技术力量[11]。陈设于皇极殿内的大自鸣钟，制作于乾隆时期，其表盘是典型的法国样式。这种法式表盘出现在清宫制作的钟表上，应与清宫内从事钟表制作的外国工匠多为法国人有关。

4. 为宫廷提供物品认看、鉴别和咨询服务

清宫作为当时中国与世界接触最广泛、中外交往和交流最深入的中心所在，大量异域文明的物质成果进入宫廷视野，纳入宫廷收藏。对于各种来源且包罗万象的外来物品，宫廷具有的知识有时也无法解决所有问题，感到困惑、产生疑虑是经常发生的事情。因此服务宫廷的西方传教士就成为相应鉴别知识的提供者，起到知识咨询和顾问的作用。清宫档案中经常出现的"着西洋人

7 中国第一历史档案馆、香港中文大学文物馆合编：《清宫内务府造办处档案总汇》第24册第670页，乾隆二十四年三月"如意馆"，人民出版社，2005年。

8 许晓东：《康熙、雍正时期宫廷与地方画珐琅技术的互动》，载《宫廷与地方：17至18世纪的技术交流》第277～335页，紫禁城出版社，2010年。

9 郭福祥：《清代广东透明珐琅历史考察》，载许晓东、周颖菁、何颂文主编《总相宜：清代广东金属胎画珐琅·论文集》第175～226页，香港中文大学文物馆，2023年。

10 [美]E.B.库尔提斯著，米辰峰译：《清朝的玻璃制造与耶稣会士在蚕池口的作坊》，《故宫博物院院刊》2003年第1期。

11 郭福祥：《时间的历史映像：中国钟表史论集》第197～234页，故宫出版社，2013年。

认看”的记载，基本上都和外来物品的了解和识认有关。这种认看和咨询服务涉及面很广，包括认看物品的基本属性、产地、做何用、怎么用、品质如何等等。根据清宫造办处《活计档》，法国传教士巴多明、冯秉正（Joseph-Francois-Marie-Anne de Moyriac de Mailla）、安泰（Etienne Rousset）、宋君荣（Antoine Gaubil）、汤执中、孙璋（Alxander De La Charme）、钱德明（Joseph-Marie Amiot）等都是经常为宫廷提供这种认看和咨询服务的西洋人。此次展览中所选的几种外来药露就曾经让巴多明、汤执中等人看过[12]。

大量外国人直接供职于宫廷，为宫廷提供各种服务，这确实是清代中外交往和文化交流的独特现象。他们在宫廷中的活动，构成了清代宫廷中西文化交流极为重要的内容。而法国传教士则是其中最活跃的群体，在很大程度上决定了中法宫廷交往和交流的深度，成就了双方交流的特色。此次展览中大量与这些法国传教士有密切关系的文物，充分显示出他们在中法宫廷文化交流过程中的沟通和桥梁作用。

三　17、18世纪中法宫廷交往之新物证

反映17、18世纪中法宫廷相互交往的物品在两国博物馆、图书馆和相关机构中都有收藏。法国方面收藏的中国物品因为记录和档案的相对齐备而得到确认和研究。而中国宫廷收藏的法国物品则因为上文所述的原因，宫廷档案中几乎没有明确的记录，对它们的研究需要结合中西方资料进行细致考证。此次展览集合了故宫博物院和凡尔赛宫两家博物馆的研究人员关于中法宫廷交往相关文物研究的最新成果。正是通过对这些文物的研究和阐释，使过去只记录于文献中的那些中法宫廷间交往的许多不为人知的细节，得以鲜活地呈现出来。此次展览所选故宫博物院的文物，都与中法文化交流有密切联系，有些更是中法宫廷交往的直接证据。通过相关档案和文献资料的爬梳，它们在中法宫廷交往和文化交流过程中的重要意义得以彰显。这里仅就几个个案进行介绍和分析。

故宫博物院收藏的一件带有路易十四肖像的怀表无疑是此次展览最值得关注的展品之一。该表表盘中心金色百合花图案为法国王室标志，表壳中央开光处是法国国王路易十四像，机芯内摆轮保护罩镂雕一条中式五爪龙。夹板上有制作工匠和产地款识“THVRET A PARIS”。嵌金钉装饰的黑鲨鱼皮表套。这件路易十四肖像怀表应该是作为礼品送给康熙皇帝的，但它并不止是一件中国人喜欢的计时仪器那么简单。在这件怀表被作为东西方两个伟大君主之间交往的礼物之时，就暗含了超越于物件本身的诸多设定，引起对方的兴趣只是一种手段而已。作为礼物，送出方真正要表达的意图实隐藏在细节之中。表面上，路易十四的浮雕像、法国皇室的百

12　关雪玲：《清代宫廷西洋医学实践中的法国身影》，《紫禁城》2024年第3期。

合花标志、成组分布的具有特定含义的图案组合，这些元素结合在一起，构成了法国宫廷所要宣示的一个崇尚科学、艺术、强大的路易十四的君主形象。而机芯内部醒目部位的中国五爪金龙，则是中国皇帝的象征，表明此件礼物所要送达和宣示的对象。这些显然都是经过精心构思设计的结果。在同一件器物上，将礼物送出方和接受方最为显著的标志如此明晰而又艺术地呈现出来，这在清代宫廷收藏的外国文物中是极为少见的[13]。联系路易十四时期法国的对外扩张政策，强化波旁王室在欧洲的影响，建立具有世界影响力的帝国，他和他的臣僚不断将其形象向欧洲国家乃至世界传播的历史，此件怀表与法国外交部档案馆所藏的法王路易十四送给康熙皇帝的信函恰好形成互证，使我们感受到路易十四宫廷为积极推进与中国皇帝和宫廷的交往所做的努力和尝试。

1766年，路易十五和贝尔坦曾经通过在宫廷服务的法国传教士赠送给乾隆皇帝一套六件博韦皇家挂毯厂织做的“中国题材”挂毯，这是中法宫廷交往史上的重要事件，备受瞩目。这套挂毯在清宫的境遇和现况一直受到学术界关注，相关研究也有发表[14]。在此次展览筹备过程中，在故宫博物院的收藏中发现了民国时期拍摄的“中国题材”挂毯的玻璃底片实物，这一发现为寻找路易十五送往清宫的“中国题材”挂毯实物迈出了关键的一步。最新的研究表明，路易十五“中国题材”挂毯至少还有四件留存于中国，极有可能在南京博物院的收藏之中。通过故宫所藏四件玻璃底片上挂毯实物的影像，将其与欧洲现存的“中国题材”挂毯实物和布歇的设计原稿进行对比，发现路易十五和贝尔坦送给乾隆皇帝的这套挂毯无论从规格，还是画面内容都有了相当大的改变。这种改变使清宫这套“中国题材”挂毯成为一个特殊的存在，显示出法国宫廷在将其作为两国交往礼品时所作的变通。这不但丰富了我们对“中国题材”挂毯织做史和流通史的认知，也为探讨中法宫廷交往和文化交流史更为丰富的细节提供了线索和样本[15]。如果据此找到这几件“中国题材”挂毯的实物，将会是中法宫廷交往史研究的重要发现。

展览中还有一幅戎装仕女画像，是民国时期画家俞明（1884～1935年）临摹的作品。其原作是一幅清宫所藏的油画作品，现藏台北故宫博物院。这幅油画像在20世纪初在北平古物陈列所展出，引起广泛关注。尤其是对画中人物身份的猜测，成为相关研究的焦点，其中以画中女子为乾隆皇帝香妃的说法最为流行。随着对此画的不断了解，此一说法逐渐被大多数学者所否定。画中人物为谁，恐怕将会成为永久的谜思。但如果换一个角度，将此幅油画的粉本和形象来源作为切入点，则实是关涉中西艺术交流的大问题，无疑是更值得关注和研究的。笔者经过研究发现，这幅油画作品的粉本正是法王路易十五年轻时的肖像。由此我们可以进一步探讨清宫油画受到西方尤其是法国宫廷帝王戎装像影响的历史情形，进而为中法宫廷的文化艺术交流增添新的资

13　郭福祥：《从两件清宫藏品看17、18世纪中法宫廷间的文化交流》，《文博学刊》2023年第3期。

14　Rado Mei Mei, *Qing Imperial Encounters with European Tapestries: The Tenture Chinoise and Beyond*. In Pascal-Francois Bertrand and Audrey N. Maupas(ed), *Arachne: un ergard critique sur l' histoire de la tapisserie*. Rennes, Presses universitaires de Rennes, pp119-135. John Finlay, *Henri Bertin and Louis XV's Gifts to the Qianlong Emperor*, Extreme-Orient 43 (2019), pp93-111.

15　郭福祥：《路易十五“中国题材”挂毯寻踪》，《故宫博物院院刊》2024年第4期。

料[16]。清宫的艺术创作受到法国影响，这幅画作并不是孤例，前面提到的路易十五送给乾隆皇帝的“中国题材”挂毯，也同样影响了清宫的挂毯编织，其花边装饰就被乾隆皇帝指令移植到苏州织造为宫廷编制的窗户挂毯上[17]。

此次展览通过故宫博物院所藏文物，揭示出中法文化交流中一个引人关注的现象，即清宫在艺术创作和收藏过程中的“法国定制”问题。在以往的研究中，最为人熟知的是乾隆时期《平定西域战图》16块铜版的样稿被送往巴黎，在贝尔坦的支持下，由当时法国最著名的铜版雕刻艺术家刻版，并印刷200套送回清宫的例子[18]。根据对清宫档案的梳理，这种定制应该不止这一项，但真正的实物依据却少有发现。最近，故宫博物院的学者在这方面取得了突破性进展，发表了令人兴奋的成果。王翯在故宫博物院的收藏中发现了一件署有法国著名画珐琅匠师约瑟夫·科托（Joseph Coteau，1740～1801年）签名的乾隆年制款画珐琅菊花纹壶，并对其进行了详尽的考证，发现这正是一件清宫通过粤海关向法国提供样稿定制的作品，而且当时定制的还不止这一件，而是十件一套[19]。从而使“法国定制”有了更多确实的实物依据。赵冰在王翯研究的基础上，利用法国档案对这批画珐琅器物在法国的制作过程进一步探讨，呈现了更多的细节[20]。这位来自日内瓦的珐琅匠服务于法国巴黎郊外塞弗尔（Sevres）的皇家瓷器厂，在法国留下了大量珐琅作品。他与当时著名的钟表匠合作，主要负责钟表上珐琅装饰和珐琅面盘的制作。其作品在凡尔赛宫和塞弗尔瓷器厂博物馆都有收藏。当广东粤海关的珐琅器定制样稿通过商船带回法国时，科托便成为完成此项任务的重要人选。在制作这批珐琅器过程中，科托遵循欧洲工匠的传统，在其中菊花纹壶的底部签上了他的名字，从而使我们在200多年后得以还原当时中法之间，围绕着珐琅制作所发生的曲折但愉快的合作过程。张淑娴最近的研究也发现乾隆时期通过广东粤海关专门向法国定制大玻璃镜，安装在紫禁城养性殿内长春书屋的全过程[21]。这些研究成果，使我们对清宫主导的“法国定制”的认识更为丰满。

结语

自法王路易十四派出“国王数学家”到达北京宫廷，开启两国宫廷间的交往历史，此后直到18世纪末，中法宫廷间的交往一直是在相互欣赏、彼此借鉴的基础上展开的。在17、18世纪

16　郭福祥：《路易十五肖像在清宫的回响——从一幅戎装仕女油画像看中法宫廷间的艺术交流》（待刊）。

17　郭福祥：《从两件清宫藏品看17、18世纪中法宫廷间的文化交流》，《文博学刊》2023年第3期。

18　聂崇正：《“欧风东渐”与清代宫廷铜版画》，载聂崇正著《清宫绘画与“西画东渐”》第208～230页，紫禁城出版社，2008年。

19　王翯：《西洋制作乾隆款画珐琅器物考》，《故宫博物院院刊》2020年第7期。

20　[法]赵冰著，李纬文译：《从乾隆皇帝1775-1776年“法国定制”看中法宫廷交流的私人性》，《故宫博物院院刊》2024年第4期。

21　张淑娴：《从凡尔赛到紫禁城：清宫里的大玻璃镜》（待刊）。

中国和西方国家的交往中，法国无疑扮演了非常重要的角色。当然，中法宫廷交往的特殊性也在一定程度上使得中国对法国宫廷在双方交流过程中的作用缺乏充分的认知，但这并不能消解双方曾经广泛交流的历史事实。通过此次展览以及对故宫博物院相关文物的解析，可以使过去那种认为中法宫廷接触不多、法国文化对中国宫廷影响不明显的错觉得到相当程度的改观。中法宫廷之间在科学、艺术方面的互通和交流与同时期的中国和其他西方国家相比，要频繁得多。清代宫廷受到法国文化影响的程度也同样要比其他国家深入和广泛。相信对中法宫廷交往物证的研究将会是一项持久性的工作，未来也会出现更多的新发现和新成果，这是令人期待的事情。

Les échanges entre la cour de Chine et la cour de France aux XVIIe et XVIIIe siècles au sein de la Cité interdite

Guo Fuxiang
Documentaliste chercheur, musée du Palais

Les échanges entre la Chine et la France aux XVIIe et XVIIIe siècles ont exercé une grande influence sur l'histoire mondiale et intéressent de plus en plus la communauté universitaire depuis quelques années. Les résultats de recherches sont très riches. En même temps, des musées en Chine et en France ont organisé une série d'expositions comportant des œuvres et des archives de leurs collections concernant ce sujet. Ces expositions nous ont beaucoup aidé à comprendre les relations entre la cour de Chine et la cour de France durant cette période. Les règnes de Kangxi (1662-1722), de Yongzheng (1723-1735) et de Qianlong (1736-1795) en Chine correspondent approximativement aux règnes de Louis XIV (1643-1715), de Louis XV (1715-1774) et de Louis XVI (1774-1793) en France. Bien que les deux pays aient eu peu d'échanges politiques directs pendant cette époque, les échanges culturels, surtout les échanges d'objets, étaient fréquents, et témoignaient les communications entre Pékin et Paris. Certains de ces œuvres de collections, qui restent inaperçues dans les entrepôts des musées jusqu'alors, sont redécouvertes, exposées et interprétées par les chercheurs historiques, en favorisant les études de l'histoire de communications entre la Chine et la France. Durant des années de ma recherche sur l'histoire d'échanges entre la Chine et d'autres parties du monde, j'ai constaté que parmi la collection de la cour des Qing, certains œuvres, originaires de la France, étant témoins de la communication entre les deux cours, ne sont pas suffisamment étudiées. Il est donc nécessaire de les trier et de les exploiter systématiquement, pour les études de cette histoire d'échanges culturels franco-chinois.

Le but de cet article est de présenter systématiquement les œuvres françaises conservées au musée du Palais, qui sont les témoins des échanges entre la France et la Chine, et de nous éclairer l'histoire derrière ces objets, en vue de fournir de nouveaux découverts pour approfondir les études de l'histoire des échanges culturels franco-chinois, particulièrement les échanges entre les deux cours.

I. Particularités des échanges entre la cour de Chine et la cour de France aux XVIIe et XVIIIe siècles

Dans l'histoire du monde, malgré les barrières géographiques entre les différentes régions qui ont rendu difficiles les transports du personnel et des objets, les échanges culturels ne furent jamais interrompus. Les échanges culturels, essentiels au développement de la civilisation humaine, constituent l'un des principaux moteurs du progrès de la société. Jamais au sens unique, les échanges forment un processus dans lequel les personnelles et les objets circulent et s'influencent. La profondeur des échanges culturels est étroitement liée aux besoins, aux intérêts et à la connaissance de l'un pour l'autre, ainsi qu'aux idéologies et aux conceptions du monde diverses de chaque pays. Les attitudes face aux échanges et les méthodes adoptées influencent aussi l'efficacité et la durée des échanges. À cet égard, les échanges entre la Chine et la France et leurs souverains aux XVIIe et XVIIIe siècles méritent d'une attention particulière.

S'agissant d'étude des échanges culturels franco-chinois aux XVIIe et XVIIIe siècles, la plupart des matériaux actuellement utilisés par les universitaires proviennent d'Europe, notamment les lettres envoyées en Europe par les missionnaires français depuis la Chine. En Chine, peu d'archives sur ce sujet furent conservés, ce qui est plutôt surprenant. Cependant, le manque d'archives ne signifie pas l'absence des échanges, mais reflète plutôt une attitude et une pratique différentes à l'égard des cultures étrangères. Il est nécessaire d'examiner d'abord les particularités des échanges entre la cour de Chine et la cour de France au cours de cette période, car elles sont directement liées aux préoccupations des deux pays, aux méthodes d'échange adoptées, ainsi qu'à la profondeur et à l'étendue de la compréhension mutuelle. Nous pensons que les principales particularités sont les suivantes:

1. Une participation directe de hauts responsables des cours et des gouvernements

Les échanges entre la cour de France et la cour de Chine sous la dynastie des Qing commencèrent en 1685 lorsque le roi de France Louis XIV envoya six jésuites français en Extrême-Orient avec le titre de « Mathématiciens du roi ». Cinq d'entre eux arrivèrent en Chine en 1688 et furent reçus par l'empereur Kangxi. Parmi eux, Joachim Bouvet (1656-1730) et Jean François Gerbillon (1654-1707) furent gardés à Pékin par l'empereur. Ce fut le début des échanges formels entre les cours de France et de Chine. Les relations franco-chinoises aux XVIIe et XVIIIe siècles étaient différentes des relations entre la Chine et les autres pays européens à la même époque. Cette différence se reflétait par le fait que les échanges franco-chinois se déroulèrent dès le début avec une grande attention et une participation directe de hauts responsables des cours et des gouvernements des deux pays. Du côté français, sous l'initiative du roi Louis XIV, la cour de France développa un fort intérêt pour la culture chinoise et adopta des initiatives diplomatiques et scientifiques pour promouvoir les échanges avec la Chine. La famille royale, les cercles politiques et les intellectuels français s'y joignirent et les collections chinoises devenaient populaires. La Chine continua d'influencer la France dans les domaines de la philosophie et de la création artistique, ce qui jeta les bases de la popularité du « goût chinois » dans toute l'Europe. L'influence positive des initiatives françaises perdura jusqu'à la fin du XVIIIe siècle. Aux XVIIe et XVIIIe siècles, aucun autre pays européen n'a accordé une place aussi importante aux échanges avec la Chine que la France, ni mobilisé des ressources aussi importantes pour les promouvoir. Du côté chinois, les missionnaires envoyés par la France et les connaissances scientifiques qu'ils apportèrent furent accueillis et acceptés par l'empereur et la cour de Chine. En particulier, sous le règne de l'empereur Kangxi, ces missionnaires furent professeurs de sciences de l'empereur, participèrent aux négociations diplomatiques sino-russes, présidèrent aux levés et à la cartographie géodésiques et soignèrent l'empereur avec la médecine occidentale. Ils exercèrent une certaine influence sur l'art, la science, l'architecture, la médecine et la cartographie de la cour de Chine, devenant des figures importantes et influentes autour de l'empereur. Grâce à leurs efforts, l'empereur et la cour de Chine devinrent également de véritables participants et promoteurs des échanges entre la Chine et la France de cette période.

2. Un rôle prédominant des sciences et de l'art

Les échanges entre les cours de Chine et de France aux XVIIe et XVIIIe siècles peuvent être divisés en deux périodes: la première va de 1688 à 1722, pendant le règne de Kangxi en Chine et celui de Louis XIV en France, et la seconde de 1723 à 1795, pendant les règnes de Yongzheng et de Qianlong en Chine et ceux de Louis XV et Louis XVI en France. Les échanges entre les deux cours montraient leurs propres caractéristiques pendant ces deux périodes, notamment en matière de cadeaux échangés. Les cadeaux offerts par la France à la Chine durant la première période venaient essentiellement de l'Académie royale des sciences. En réponse aux besoins scientifiques de l'empereur Kangxi, les cadeaux étaient surtout des instruments destinés aux activités scientifiques. Durant la seconde période, bien que les objets scientifiques soient toujours présents dans les cadeaux, la proportion de porcelaine, de verrerie ou encore de tapisseries qui montraient le savoir-faire de l'artisanat français augmenta, à mesure que les échanges artistiques entre les deux pays se développaient. Le choix des cadeaux était mûrement réfléchi et il s'agissait tous de produits authentiques fabriqués en France. Contrairement aux fortes intentions commerciales des autres pays européens, la France choisissait les cadeaux plutôt pour des considérations diplomatiques que commerciales. Cela présentait l'orientation de la cour de France dans ses interactions avec la cour de Chine. Celle-ci, tout en acceptant les instruments scientifiques et les produits de l'artisanat français, envoya en France un grand nombre de livres, de soieries, de porcelaines et d'autres objets intéressant la France. Ces objets enrichirent les collections chinoises de la bibliothèque royale et de la cour de France. Les cadeaux échangés montrent que les sciences et l'art jouaient un rôle prédominant dans les échanges entre la cour de Chine et la cour de France de cette période.

3. Mission jésuite en tant qu'intermédiaire important des échanges et promoteur de la connaissance mutuelle des deux cours

Par rapport aux échanges entre les autres pays européens et la Chine aux XVIIe et XVIIIe siècles, les échanges franco-chinois se démarquaient par le rôle d'intermédiaire des missionnaires jésuites français envoyés en Chine, alors que les deux pays ne s'étaient pas envoyés de mission formelle. D'un côté, cette relation fut très étroite, reconnue et promue par les deux cours et les hauts responsables des deux gouvernements. De l'autre côté, ces échanges avec les missionnaires comme intermédiaires montrèrent des résultats complètement différents en raison des relations différentes entre chaque missionnaire et les deux pays. Les jésuites français étaient financés par le gouvernement et la cour de France et étaient chargés de collecter des informations sur tous les aspects de la Chine pour la France. Lorsqu'ils arrivèrent en Chine, ils devinrent des artisans étrangers au service de la cour et furent inévitablement subordonnés à des contraintes imposées par l'empereur et la cour de Chine. En même temps, en tant que membres de la Compagnie de Jésus, ils portaient la mission d'évangélisation et devaient coordonner leurs relations avec les autres ordres religieux. Les multiples contraintes politiques et religieuses les amenaient souvent à affronter des contradictions complexes, ce qui affecta également la compréhension mutuelle entre les cours de Chine et de France, car celle-ci passait par les jésuites.

Pour la France, ces jésuites étaient plutôt des scientifiques que missionnaires. Envoyés par le roi de France pour se lancer dans des recherches scientifiques, ils assumaient une mission nationale. Pendant leur séjour en Chine, ils transmirent continuellement des informations sur tous les aspects de la Chine à l'Europe par la correspondance. Ils devinrent ainsi une fenêtre importante permettant aux Européens de cette époque de comprendre la Chine et jouèrent un rôle décisif dans la diffusion des connaissances sur la Chine dans toute l'Europe. Leurs travaux sur la Chine suscitèrent un vif intérêt dans toutes les classes sociales françaises et insufflèrent une touche orientale dans la science, la technologie, la philosophie et l'art français. La France, devenue une source importante du mouvement des Lumières, lança un engouement pour la Chine dans toute l'Europe et devint le centre de la tendance artistique européenne du « goût chinois ». La cour de France continua d'entretenir sa curiosité et son intérêt pour la Chine, et espérait avoir une compréhension et des échanges approfondis avec la Chine. Elle devint la cour européenne qui connaissait le mieux la Chine à cette époque et auprès de laquelle l'influence chinoise était la plus étendue. Cela n'aurait pas été possible sans le travail des jésuites français.

Pour la cour de Chine, les jésuites français étaient très cultivés et très respectés par l'empereur des Qing. Ils enseignèrent la science et la culture occidentales à l'empereur, participèrent à des levés géodésiques nationaux et s'engagèrent dans la création artistique de la cour. Ils devinrent un groupe d'étrangers hautement reconnus par la cour et ce fut l'âge d'or des missionnaires occidentaux à la cour chinoise. Mais il est indéniable que leur statut à la cour de Chine était limité par la compréhension que la Chine avait des étrangers: la cour les reconnaissait comme missionnaires religieux et artisans, et ils étaient soumis à des restrictions strictes. Au sein du palais, ils ne pouvaient que transmettre les informations qui intéressaient la Chine, sans insister sur le rôle du gouvernement français et de la cour de France. En raison de cette approche unique, la plupart des Chinois de l'époque ne voyaient que les interactions entre la cour de Chine et les missionnaires, mais ignoraient le rôle réel du gouvernement français et de la cour de France dans ce processus. De ce fait, très peu de documents sur la cour de France furent produits et conservés en Chine, ce qui donne l'impression fausse qu'il y ait peu d'échanges entre les deux cours à cette époque. Cela contrastait fortement avec la connaissance que la cour de France avait de la Chine à cette époque.

Cette particularité donna un tableau unique aux échanges culturels franco-chinois aux XVIIe et XVIIIe siècles, tout en affectant le choix des cadeaux échangés entre la cour de Chine et la cour de France. En effet, les cadeaux échangés entre les deux cours étaient essentiellement transmis par l'intermédiaire des jésuites français. L'absence de contact direct entre les deux cours compromettait grandement le rôle des cadeaux dans le processus d'échange. Ainsi, les archives chinoises sur la France et les cadeaux offerts par la France sont relativement rares par rapport aux archives sur d'autres pays européens. Il est donc nécessaire de combiner les archives chinoises et occidentales pour les étudier.

II. Paysage français dans la Cité Interdite

Sous le règne de l'empereur Qianlong, celui-ci ordonna aux peintres de la cour de réaliser plus de six peintures intitulées « Une myriade de nations rendant hommage à la Cour ». Ces peintures combinent des techniques de la peinture réaliste et de la peinture abstraite. Elles représentent des scènes où des vassaux féodaux, des envoyés étrangers et des représentants de peuples frontaliers viennent rendre hommage à la cour de Chine au jour du Nouvel An chinois. Ils se tiennent devant la porte de l'Harmonie Suprême avec toutes sortes de cadeaux diplomatiques et attendent d'être convoqués par l'empereur. Bien que ce genre de scène ne se soit jamais produit dans l'histoire, elles illustrent la gloire abstraite d'un empire idéal que les souverains songeaient à construire à l'apogée de la dynastie des Qing. Sur chaque peinture, les drapeaux indiquent les noms des différents pays et régions et la France est un représentant incontournable des pays occidentaux. Cela montre qu'aux yeux des empereurs de la dynastie des Qing, la France était un pays extrêmement important en Occident et jouissait d'un statut irremplaçable. Bien que la Chine et la France ne se soient pas envoyé de missions nationales formelles pendant les règnes de Kangxi et de Qianlong, de nombreux Français servaient dans la cour de Chine et formaient un paysage unique dans la Cité Interdite à cette époque.

Depuis que Matteo Ricci avait offert des cadeaux à l'empereur Wanli à la fin de la dynastie des Ming, les Occidentaux entretinrent un lien indissoluble avec la Cité interdite. Sous les règnes de Kangxi et de Qianlong, la cour de Chine recruta spécialement des artistes et artisans occidentaux pour servir à la Cité Interdite. Parmi eux, les missionnaires français devinrent la principale force des échanges culturels entre la Chine et l'Occident à la cour des Qing de la fin du XVIIe au XVIIIe siècle. Selon les études de Geng Sheng, parmi les premières missions jésuites en Chine, 168 jésuites français entrèrent en Chine entre 1552 et 1800. Après l'arrivée des cinq « Mathématiciens du roi » français à Pékin, les missionnaires français dirigèrent presque les orientations et les principes des activités des jésuites en Chine et à la cour. Bien que les jésuites français en Chine ne soient pas les plus nombreux parmi les missions occidentales, leurs réalisations scientifiques eurent un grand impact tant sur la Chine que sur l'Europe. En particulier, au début et au milieu de la dynastie des Qing, les Français étaient très présents à la cour de Chine. Même après la suppression de la Compagnie de Jésus en 1773, un nombre considérable de jésuites français continuèrent à servir à la cour de Chine et y jouèrent un rôle important, tout en laissant plus ou moins de traces dans les archives de la cour. À travers ces archives et les objets culturels actuellement conservés au musée du Palais, nous pouvons examiner leurs activités et leurs traces au sein des échanges culturels entre les deux pays. Plus précisément, les services fournis par les jésuites français à la cour des Qing comprenaient les aspects suivants:

1. Enseigner à l'empereur les connaissances scientifiques occidentales
Les nouvelles connaissances apportées par les missionnaires occidentaux suscitèrent un intérêt de l'empereur Kangxi pour la science occidentale, tout en déclenchant une vague de l'exploration scientifique à la cour des Qing. Joachim Bouvet et Jean-François Gerbillon furent les premiers « Mathématiciens du roi » à arriver en Chine et à servir à la cour de Kangxi. Ils apprirent rapidement le mandchou afin de converser avec l'empereur. En tant que conseillers scientifiques de l'empereur Kangxi, ils lui enseignèrent la philosophie, les mathématiques, la géométrie, l'astronomie, la pathologie, l'anatomie humaine et d'autres connaissances scientifiques. Les deux œuvres en mandchou de la collection du musée du Palais présentées dans cette exposition, Traité sur les médicaments occidentaux (« Si yang ni okto-i bithe ») et Éléments, furent spécialement compilées par Joachim Bouvet et Jean-François Gerbillon en mandchou, afin de faciliter la compréhension par Kangxi des connaissances qu'ils lui enseignaient. Le jésuite français Dominique Parrenin, qui arriva plus tard à la cour, était également très apprécié par l'empereur Kangxi. Il maîtrisait également le mandchou. Il enseigna à l'empereur Kangxi l'anatomie humaine et compila une version mandchoue de l'Atlas d'anatomie humaine, en se basant sur les conférences pertinentes de Joachim Bouvet et de Jean-François Gerbillon. Ce fut un travail important dans la diffusion de l'anatomie humaine occidentale en Chine. Lorsqu'ils enseignaient les connaissances scientifiques occidentales à la cour des Qing, les jésuites français s'appuyaient essentiellement sur des ouvrages classiques et des publications récentes de l'Académie royale des sciences de Paris et des chercheurs européens de l'époque, ce qui élargissait, diversifiait et enrichissait les domaines des sciences à la cour des Qing.

2. Répondre aux besoins scientifiques et promouvoir la pratique scientifique à la cour des Qing
L'empereur Kangxi s'intéressait non seulement aux théories scientifiques occidentales, mais appliquait également les connaissances qu'il avait acquises à des pratiques spécifiques, en utilisant divers instruments scientifiques pour effectuer des calculs mathématiques et des mesures. Les instruments scientifiques occidentaux étaient appréciés et devinrent des outils indispensables permettant à la cour des Qing de mener des activités scientifiques. Les missionnaires français enregistrèrent qu'ils avaient offerts les instruments scientifiques sophistiqués à l'empereur Kangxi. Ces instruments étaient tous fabriqués par des fournisseurs de la cour de France tels que Michael Butterfield, Nicholas Bion et Louis Chapotot. En même temps, les ateliers de la cour des Qing fabriquèrent également des instruments scientifiques pour leurs propres besoins, par imiter les instruments occidentaux, en les adaptant au système scientifique chinois. L'introduction d'instruments occidentaux à la cour facilita le développement des activités scientifiques à la cour des Qing et améliora considérablement les instruments scientifiques de la collection du palais. Sous le règne de Qianlong, ces instruments scientifiques étaient encore bien conservés et furent répertoriés dans les Modèles des instruments rituels de la dynastie régnante. Le rôle important joué par les jésuites français dans la pratique scientifique de la dynastie des Qing se reflétait pleinement dans les deux levés géodésiques et la compilation de cartes nationales sous les règnes de Kangxi et de Qianlong. L'arpentage et la compilation de la « Carte impériale », commencés à la 47e année du règne de Kangxi (1708), furent réalisés sous la suggestion et la direction du jésuite français Dominique Parrenin, et la plupart des participants étaient Français. Au cours de la 21e année et de la 24e année du règne de Qianlong (1756 et 1759), la région du Xinjiang fut cartographiée à deux reprises. Michel Benoist, un jésuite français

qui servait la cour, présida la compilation de l'Atlas impérial du règne de Qianlong sur 104 plaques de cuivre gravées. La collection d'instruments scientifiques et de plaques de cuivre de cartes du musée du Palais présentés lors de cette exposition étaient tous le résultat de ces pratiques scientifiques.

3. Insuffler une nouvelle vitalité dans la création artistique et l'innovation technologique de la cour des Qing
En passant en revue l'art et l'artisanat de la cour des Qing, nous pouvons constater que les cultures raffinées de la Chine et de la France ont étroitement interagi dans la Cité Interdite, inspirant une imagination riche et une nouvelle créativité, et donnant naissance à de nouveaux éléments et à de nouveaux styles dans l'art de la cour des Chine. Dans ce processus, les Français qui servaient la cour ont joué un rôle remarquable dans de nombreux aspects.

De nombreux peintres missionnaires européens travaillaient à la cour des Qing. En introduisant les techniques de peinture occidentales à la cour, ils créèrent un nouveau style de peinture combinant les techniques chinoises et occidentales. Les missionnaires français Jean-Denis Attiret et Louis de Poirot faisaient partie de ces peintres. L'album des Dix Chevaux et les Éléphants et chevaux sur rouleau présentés par le musée du Palais dans cette exposition sont leurs œuvres. Bien entendu, leur création artistique était soumise à l'esthétique de l'empereur et de la cour, et ils peignaient généralement conformément au décret. Dans cette exposition, le croquis au crayon d'une jeune dame du palais de Jean-Denis Attiret, issu de la collection de la Bibliothèque nationale de France, était le croquis qu'il avait réalisé pour le mur ouest de la chambre est du pavillon Chengguan du jardin de l'éternel printemps de l'ancien Palais d'Été. En effet, selon les archives sur les travaux réalisés par les ateliers du Hall de la Culture Mentale, « l'eunuque Hu Shijie prononce l'édit: pour le pavillon Chengguan du jardin de l'éternel printemps, Wang Zhicheng (nom chinois de Jean-François Gerbillon) réalisera trois peintures sur soie représentant des dames ». Ce croquis est très cohérent avec les archives, reflétant le contexte de la création artistique de Jean-Denis Attiret et d'autres missionnaires dans le palais.

L'émail fut un art important de la cour des Qing. La porcelaine émaillée peinte et la porcelaine de la famille rose de la dynastie des Qing sont deux types de porcelaine avec décoration sur glaçure créés sous l'influence d'objets émaillés importés d'Europe. Dans le processus de développement et d'amélioration des techniques de l'émaillage de la cour des Qing, les Français jouèrent un rôle important, tel que Jean-Baptiste Gravereau, un émailleur français travaillant à la cour de Chine. Les motifs et les associations de couleurs sur les objets en cuivre émaillé sélectionnés pour cette exposition montrent que l'art de l'émail de la cour des Qing fut influencé par l'émail de Limoges. Par ailleurs, l'émail translucide de Canton fut également introduit directement de la France lorsque la cour des Qing commanda des produits à l'émail personnalisés à la française. En effet, l'empereur Qianlong demanda aux douanes de Canton de commander en France une série de produits à l'émail peint. Lors de la fabrication, des artisans français s'écartèrent accidentellement des exigences du client et fabriquèrent un bol à l'émail translucide à la place d'un bol en or émaillé. Par la suite, l'empereur Qianlong ordonna aux douanes de Canton de produire des séries d'émaux similaires, lançant ainsi un siècle de production d'émail translucide à Canton.

La verrerie de la cour des Qing, riche et diversifiée, combine également les techniques chinoises et occidentales. La verrerie impériale, créée en 35e année du règne de Kangxi (1696), était située à Canchikou (aujourd'hui porte de Xi'an), à côté de l'église catholique de la mission jésuite française de Pékin. Les missionnaires français y étaient présents dès sa création et demandèrent à des verriers qualifiés français de venir en Chine pour fabriquer du verre et des miroirs. Sous le règne de Qianlong, avec la participation des jésuites français Gabriel-Léonard de Brossard et Pierre d'Incarville, de nouvelles techniques furent développées et de nouvelles variétés de verre furent créées, portant la production de verre de la cour des Qing à son apogée.

Les horloges étaient à la fois un instrument de mesure du temps et des objets de décoration importants dans le palais des Qing et leur production persistait pendant la dynastie des Qing. Selon les archives, pendant plus de 160 ans, de la 50e année du règne de Shunzhi (1648) à la 16e année du règne de Jiaqing (1811), huit des quinze missionnaires occidentaux ayant travaillé dans les ateliers de l'horlogerie du palais étaient des artisans français. Ces artisans français servirent tous pendant longtemps à la cour des Qing et devinrent les techniciens principaux au cours de la production des horloges à la cour des Qing. La grande pendule à automates placée dans la salle Huangji fut fabriquée pendant le règne de Qianlong et son cadran est d'un style typiquement français. L'apparition de ce cadran à la française devait être liée au fait que la plupart des artisans étrangers de l'horlogerie étaient français.

4. Fournir des services d'identification d'objets et de conseil à la cour

En tant que centre de la Chine, où les contacts et les échanges avec l'étranger étaient les plus étendus et les plus approfondis, la cour des Qing reçut un grand nombre d'objets de civilisations étrangères, en les abritant dans sa collection. Ces objets étaient de toutes sortes, provenant de diverses parties du monde. Les connaissances dont disposait la cour des Qing ne suffisaient parfois pas à répondre à toutes les questions. Par conséquent, les missionnaires occidentaux au service de la cour étaient souvent appelés pour les identifier, jouant ainsi un rôle de conseil. Dans les archives de la cour des Qing, la mention « identification de l'objet par des occidentaux » est parfois indiquée dans la description d'objets étrangers. Ces services d'identification et de conseil couvraient un large éventail de domaines, notamment les attributs de base de l'objet, son origine, son usage, son utilisation ou encore sa qualité. Selon les « Documents de travail » des ateliers du palais des Qing, les missionnaires français Dominique Parrenin, Joseph-Anne-Marie de Moyria, Étienne Rousset, Antoine Gaubil, Pierre Nicolas Le Chéron d'Incarville, Alexandre de Lacharme et Joseph-Marie Amiot faisaient partie des occidentaux qui fournissaient souvent ces services à la cour. Plusieurs médicaments étrangers présentés dans cette exposition furent examinés par des missionnaires français tels que Dominique Parrenin et Pierre Nicolas Le Chéron d'Incarville. Sous la dynastie des Qing, un grand nombre d'étrangers travaillaient directement dans le palais et fournissaient divers services à la cour, ce qui était, en effet, un phénomène unique d'échanges culturels entre la Chine et l'étranger. Leurs activités à la cour constituaient une partie extrêmement importante des échanges culturels entre la dynastie des Qing et l'Occident. Les missionnaires français, en tant que groupe le plus actif, déterminèrent dans une large mesure la profondeur des échanges entre les cours chinoise et française et furent l'origine des particularités des échanges. Le nombre important de biens culturels étroitement liées à ces missionnaires français dans cette exposition démontrent pleinement leur rôle de passerelle entre les deux cours.

III. Les nouvelles preuves des échanges entre la cour de Chine et la cour de France aux XVIIe et XVIIIe siècles

Il existe des objets reflétant les interactions entre la cour de Chine et la cour de France aux XVIIe et XVIIIe siècles dans des musées, des bibliothèques et des institutions culturelles des deux pays. Les objets chinois présents dans les collections en France ont été confirmés et étudiés grâce à des archives relativement complètes. Quant aux objets français présents dans les collections de la cour de Chine, pour les raisons évoquées plus haut, il n'existe quasiment aucune trace claire dans les archives de la cour et leur étude nécessite une recherche minutieuse combinant les matériaux chinois et occidentaux. Cette exposition rassemble les résultats de recherches les plus récents du musée du Palais et du château de Versailles sur les biens culturels liés aux échanges entre les deux cours. Grâce à l'étude et à l'interprétation de ces biens culturels, de nombreux détails, inconnus au cours de leurs interactions auparavant, peuvent être présentés de manière vivante. Les objets du musée du Palais sélectionnés pour cette exposition sont tous étroitement liés aux échanges culturels franco-chinois et certains sont des preuves directes des échanges entre les deux cours. Leur importance dans les interactions entre Pékin et Paris et les échanges culturels franco-chinois est révélée cette fois par les archives et les documentations. Nous allons prendre quelques objets comme exemples.

La montre de poche avec le portrait de Louis XIV de la collection du musée du Palais est l'une des pièces les plus remarquables de cette exposition. Le centre du cadran de la montre est décoré aux fleurs de lys, emblème du royaume de France. Le centre du boîtier comporte un portrait de Louis XIV et le couvercle du mouvement est sculpté d'un dragon chinois à cinq griffes. Celui-ci porte également le nom de l'artisan et le lieu de fabrication: THURET à Paris. La montre est protégée par un étui en peau de requin noir orné de clous dorés. Cette montre fut probablement offerte en cadeau à l'empereur Kangxi, mais elle était bien plus qu'un simple garde-temps apprécié des Chinois. En tant que cadeau échangé entre deux grands monarques, l'un d'Orient et l'autre d'Occident, elle impliquait de nombreuses significations au-delà de l'objet lui-même et était un moyen de susciter l'intérêt du destinataire. Les véritables intentions de son expéditeur étaient cachées dans les détails. Sur les parties extérieures de la montre, la statue en relief de Louis XIV, les fleurs de lys et les autres motifs aux sens spécifiques, s'associent pour affirmer l'image d'un monarque français puissant, protecteur des arts et des sciences. Dans la partie centrale du mouvement, le dragon doré à cinq griffes, qui est le symbole de l'empereur de Chine, indique la personne à qui ce cadeau est destiné. Ces éléments sont de toute évidence le résultat d'une conception soignée. Parmi les objets étrangers de la collection de la cour des Qing, il est extrêmement rare de voir les symboles les plus importants de l'expéditeur et du destinataire du cadeau indiqués de manière aussi claire et artistique sur le même objet. Sous Louis XIV, la France menait une politique d'expansion et cherchait à renforcer l'influence de la maison de Bourbon en Europe pour fonder un empire au rayonnement mondial. Louis XIV et ses ministres continuèrent de diffuser l'image du roi français dans les pays européens et même dans le monde. Cette montre de poche fait écho aux lettres envoyées par Louis XIV à l'empereur Kangxi conservées dans les archives du ministère français des Affaires étrangères. Elle témoigne les efforts et les tentatives déployés par la cour de Louis XIV pour promouvoir activement les échanges avec l'empereur et la cour de Chine.

En 1766, Louis XV et Henri Bertin offrirent à l'empereur Qianlong une série de six tapisseries sur le thème chinois réalisées par la Manufacture de Beauvais par l'intermédiaire de missionnaires français servant à la cour. Ce fut un événement important dans l'histoire des échanges entre la cour de Chine et la cour de France. La situation de cette série de tapisseries a toujours attiré l'attention des universitaires et des études pertinentes ont également été publiées. Lors de la préparation de cette exposition, des négatifs sur verre de ces tapisseries pris pendant la République de Chine (1911-1949) ont été découverts dans la collection du musée du Palais. Cette découverte est un pas en avant dans la recherche des tapisseries sur le thème chinois offerts par Louis XV à la cour des Qing. Les dernières recherches montrent qu'il existe encore au moins quatre de ces tapisseries en Chine, très probablement dans la collection du musée de Nanjing. Grâce aux quatre négatifs sur verre conservés dans le musée du Palais, nous pouvons comparer ces images aux tapisseries de la même série conservées en Europe et aux esquisses des scènes chinoises réalisées par Boucher. Il est à constater que les tapisseries offertes à l'empereur Qianlong par Louis XV et Henri Bertin comportent d'importantes modifications sur les dimensions et le contenu des scènes. Du fait de ces modifications, les tapisseries au thème chinois du palais des Qing étaient uniques. La cour de France les avait ajustées pour les offrir à la Chine. Ces découvertes enrichissent non seulement notre connaissance sur l'histoire et de la circulation des tapisseries au thème chinois de la Manufacture de Beauvais, mais fournissent également des indices et des échantillons pour explorer des détails des échanges culturels entre la Chine et la France. Si ces tapisseries peuvent être retrouvées sur cette base, ce sera une découverte importante dans l'étude de l'histoire des interactions entre les deux cours.

L'exposition présente également un portrait d'une dame en uniforme militaire. Il s'agit d'une œuvre copiée par le peintre Yu Ming (1884-1935) durant la période de la République de Chine. Son œuvre originale est un tableau à l'huile. Initialement dans la collection du palais des Qing, le tableau se trouve désormais au musée du Palais de Taipei. Exposée au Centre d'exposition des antiquités de Pékin au début du XXe siècle, la peinture attira une grande attention. L'identité de la dame du tableau interrogea les chercheurs. Selon la théorie la plus populaire à l'époque, elle serait la « concubine parfumée » de l'empereur Qianlong. Toutefois, cette affirmation fut progressivement rejetée par la plupart des chercheurs. Son identité pourrait rester un mystère éternel. Mais si nous l'examinons sous un autre angle et nous concentrons sur le croquis et la source de l'image, l'œuvre nous permet d'étudier une question majeure des échanges d'art entre la Chine et l'Occident. En effet, après les études, nous constatons que le croquis de cette peinture à l'huile est basé sur un portrait de Louis XV jeune. À partir de là, nous pouvons explorer davantage l'influence de la peinture occidentale, en particulier des portraits en militaire des rois de France, sur la peinture de la cour des Qing, communiquant ainsi de nouvelles informations à l'étude des échanges culturels et artistiques entre les cours de Chine et de France. En effet, cette peinture n'est pas un exemple isolé de l'influence de la France sur l'art des Qing. Les tapisseries au thème chinois offerts par Louis XV à l'empereur Qianlong influencèrent également d'autres tapisseries de la cour des Qing: l'empereur Qianlong ordonna de reproduire les dentelles des tapisseries françaises sur les tapisseries des fenêtres tissées par les ateliers de Suzhou pour la cour.

Les biens culturels de la collection du musée du Palais présentés lors de cette exposition révèle un phénomène intéressant dans les échanges culturels franco-chinois, à savoir les objets de la cour des Qing créés dans le cadre de « commandes à la France ». Parmi les études antérieures, l'exemple le plus connu est la réalisation des seize estampes de la série Les Conquêtes de l'empereur de la Chine pendant le règne de Qianlong. Les peintures originales furent envoyées à Paris, puis gravées sur des plaques en cuivre par les plus célèbres graveurs français de l'époque, avec le soutien d'Henri Bertin. Deux cent séries furent ensuite livrées au palais des Qing. D'après les archives de la cour des Qing, il devrait y avoir eu d'autres commandes de ce genre. Toutefois, peu d'objets de ces commandes ont été trouvés. Récemment, des chercheurs du musée du Palais ont fait des percées à cet égard et publié des résultats passionnants. Wang He a découvert une théière émaillée à motif de chrysanthème du règne de Qianlong signée par le célèbre émailleur français Joseph Coteau (1740-1801) dans la collection du musée du Palais. Après étude, il a découvert que c'est un objet fabriqué en France sur la base des échantillons fournis par les douanes de Canton, dans le cadre d'une commande impériale. Par ailleurs, la commande de l'époque comprend un ensemble de dix pièces. Les commandes à la France ont ainsi des preuves matérielles plus concrètes. Sur la base des recherches de Wang He, Zhao Bing a combiné les archives françaises pour explorer davantage le processus de production de ces objets en émail peint en France, présentant ainsi plus de détails. Natif de Genève, Joseph Coteau servit à la Manufacture royale de porcelaine de Sèvres, en banlieue parisienne, et laissa un grand nombre d'œuvres en émail en France. Il coopéra avec des horlogers célèbres de l'époque et se chargea principalement de la décoration en émail des pendules et de la production de cadrans en émail. Ses œuvres font partie des collections du château de Versailles et du musée de la Manufacture de Sèvres. Lorsque les échantillons de la commande des douanes de Canton arrivèrent en France via des navires marchands, Joseph Coteau fut choisi pour accomplir cette tâche. Lors de la fabrication de ce lot de pièces en émail, il suivit la tradition des artisans européens et signa son nom sur le fond de la théière à motif chrysanthème, ce qui nous a permis de retracer sa fabrication 200 ans plus tard et de restituer une coopération tortueuse mais agréable entre la Chine et la France autour de l'émail. Une étude récente de Zhang Shuxian a également découvert un grand miroir en verre fabriqué en France dans le cadre d'une commande impériale passée par les douanes de Canton sous le règne de Qianlong. Le miroir fut installé dans la bibliothèque de la Salle de la Cultivation de la Vertu de la Cité Interdite. Ces découvertes ont enrichi notre connaissance des commandes à la France faites par la cour des Qing.

Conclusion

L'histoire des échanges entre les cours de Chine et de France commença avec l'arrivée à Pékin des « Mathématiciens du roi » envoyés par Louis XIV. Dès lors et jusqu'à la fin du XVIIIe siècle, les échanges entre les deux cours se développèrent en base de l'appréciation mutuelle et de l'apprentissage mutuel. Dans les échanges entre la Chine et les pays occidentaux aux XVIIe et XVIIIe siècles, la France joua sans aucun doute un rôle très important. Certes, les particularités des échanges entre les deux cours ont fait que, dans une certaine mesure, la Chine ne connaissait pas pleinement le rôle de la cour de France dans les échanges. Cependant, cela ne saurait occulter l'existence réelle d'échanges étendus entre les deux parties. Grâce à cette exposition et à l'analyse des biens culturels pertinentes du musée du Palais, il est possible de corriger dans une certaine mesure la perception erronée selon laquelle les cours de Chine et de France avaient peu d'interactions et que la culture française n'avait aucune influence évidente sur la cour chinoise. Les échanges et les interactions dans les domaines scientifique et artistique entre les cours chinoise et française étaient bien plus fréquents que ceux de la Chine avec d'autres pays occidentaux à la même époque. L'influence de la culture française sur la cour de la dynastie des Qing était également plus profonde et plus étendue que celle des autres pays. L'étude des preuves matérielles des échanges entre les cours chinoise et française sera un travail de longue haleine. Nous pouvons nous attendre à davantage de découvertes et de nouveaux résultats à l'avenir, ce qui est très prometteur.

凡尔赛里的中国

玛丽-洛尔·罗什布吕纳
凡尔赛宫博物馆总保管员

我们以欧洲而论，没有哪一家名门贵族的古老程度能比得上中国的那些世家。

——伏尔泰《哲学辞典》[1]

作为《中国孤儿》[2]的作者，启蒙哲学家伏尔泰（Voltaire，1694～1778年，原名弗朗索瓦-马利·阿鲁埃，即François-Marie Arouet）的这句话体现了他对中国的最高敬意。他的许多同时代人和他一样，对古老的中华文明心怀仰慕，这当中首推在中国传教的法国耶稣会士，伏尔泰对中国的了解主要来自他们。18世纪下半叶，先后担任路易十五和路易十六大臣的亨利-莱昂纳尔·贝尔坦（Henri Léonard Bertin，1720～1792年）也表现出对中国文化的热爱，我们在此亦致敬他在其中发挥的特殊作用[3]。

在法国，对中国及中国艺术品的迷恋并非始自18世纪。早在古罗马时代，它就已经出现在欧洲，其风潮虽有起落，但始终延续。到了中世纪末期，在少数几位冒险前往中国的旅行者记述的加持下，它甚至成了一个名副其实的神话。这些旅行者当中就包括13世纪抵达中国，进入忽必烈宫廷的威尼斯人马可·波罗（Marco Polo，1254～1324年）。他在返回欧洲几年后撰写的《马可·波罗游记》引起巨大轰动，其影响一直延续到现代。元朝的建立者、成吉思汗之孙忽必烈注意到了这名年轻人的聪明才智，将他招至麾下。马可·波罗在中国生活长达17年之久，足迹远至中国最偏僻的省份。他以官员的身份为元朝视察各地。元大都（北京）和皇宫里的艺术品令他惊叹不已。他赞美丝绸的生产，对瓷器制造也很感兴趣。他将中国（Cathay）[4]视为全世界最和平的国家之一。他的手稿于1310年译成法文，在法国取得巨大成功，并制作了多个彩绘插图本。国王查理五世（1338～1380年）的图书馆收藏有5册《马可·波罗游记》，其弟贝里公爵约翰（Jean de Berry，1340～1416年）则收藏了3册。马可·波罗的著作中描绘的中国遍地珍宝异象，令人心驰神往。该书影响力一直延续到17世纪。克里斯托弗·哥伦布（Christophe Colomb，1451～1506年）正是带着马可·波罗的作品前往美洲。其他旅行者的记述也进一步传播了这样一种观念，即中国是一个由和平礼貌的帝王所统治的独一无二的国家。中世纪末，明朝的闭关锁国进一步强化了此一神话。西方人无法再前往中国，这反而增添了中国的吸引力。其后，得益于欧洲耶稣会士尤其是著名的利玛窦（Matteo Ricci，1552～1610年）神父的冒险经历，中国在西方仍然有着闪亮的光环。利玛窦自17世纪伊始，凭借自己的数学知识和天文学知识，游刃有余地行走于中国宫廷。

1 *Œuvres de Voltaire*, Paris, chez Lefèvre, libraire, 1828, t. XXVIII, p. 37.

2 1755年，伏尔泰在巴黎创作并演出了《中国孤儿》。该剧的灵感来源于其20年前在中国的耶稣会士马若瑟（Joseph de Prémare）神父对13世纪中国作品的翻译。

3 Cf. ici les essais de Bernard de Montferrand, de Vincent Bastien.

4 在《马可·波罗游记》里，马可·波罗将元代中国称为“Cathay”。

图1
约1670年 亨利·泰斯特兰《学院保护人路易十四》
凡尔赛宫与特里亚农宫国家博物馆藏

图2
清 佚名《康熙帝朝服像》轴
故宫博物院藏

中法之间一个世纪的特殊外交关系

路易十四（1638～1715年，图1）在位期间，法国及其统治者对中国的认识开始发生改变。马可·波罗书中描绘的田园牧歌式图景被细心周密的观察家们传回法国的第一手信息取代。这些观察家恪尽职守，履行使命，有时甚至要冒生命危险。路易十四亲政时期（1661～1715年），中法双方互有丰富发现，揭开了两国之间百余年特殊关系的序幕，尽管这段历史如今往往鲜为人知。

17世纪50年代末，路易十四尚年轻时，他的大臣枢机主教马扎然（Mazarin）着手尝试和中国开展贸易，但以失败告终[5]。太阳王路易十四当时通过宗教、文化和科学等其他途径接触中国。他极具革新性地购入中国书籍，掀起法国对中国文化的浓厚兴趣[6]。在主要大臣科贝尔（Colbert）、卢瓦（Louvois）以及1666年成立的法兰西科学院的支持下，路易十四针对中国和差不多与他同时代的康熙皇帝（1654～1722年，图2）实施十分积极的外交和科学政策，这项政策在整个18世纪都取得了丰硕成果。中国皇帝以积极的态度迎接法国君主的密使和他们宝贵的科学知识。

1684年9月15日，路易十四在凡尔赛宫隆重接待有数年中国宫廷经历的佛拉芒耶稣会士柏应理（Philippe Couplet，1623～1693年）。柏应理希望法国增派耶稣会士前往中国，一方面为康熙皇帝掌管钦天监，另一方面壮大在华传教士队伍。他还请求法国国王提供资金支持。柏应理的随从中有一位皈依天主教的中国年轻人，名叫沈福宗[7]，他作为传教团在中国所获成功的生动见证，激发了整个宫廷的好奇心。会见期间，柏应理送给路易十四多本中文书籍[8]，并成功让国王相信，法国投入的大量人力和资金将在政治、外交、科学乃至贸易方面获得回报：要继续努力让中国人改信天主教，增加法国对中国医学、地理和天文的了解，对抗葡萄牙在传教方面的优势，并最终与中国建立长久贸易关系，与实力强大的荷兰竞争。自1602年著名的荷兰东印度公司（VOC）成立以来，荷兰便垄断了对华贸易[9]。在这次会见之前，巴黎外方传教会（Société des Missions étrangères de Paris）和

5 Cf. à ce sujet Belevitch-Stankevitch, 1910, p. 9 et ici l'essai de Stéphane Castelluccio.
6 Nathalie Monnet, 2004, p. 205.
7 N° 18 du catalogue.
8 Monnet, *op.-cit.*, p. 205.
9 Cf. ici Landry-Deron.

另一位掌管钦天监的佛拉芒耶稣会士南怀仁（Ferdinand Verbiest，1623～1688年）等已有其他举措。1681年9月的《风流信使》（*Mercure Galant*）杂志刊登了南怀仁1678年写给法国耶稣会士的那封著名的信，他在信中写道："在天文学布满星斗的外衣下，我们神圣的宗教轻而易举地进入'中国'。"[10]

路易十四被这些论据说服，个人出资支持六名耶稣会士远赴中国，这些耶稣会士已由科学院事先授予国王数学家头衔。1685年，他们从布雷斯特出发，携带了一批数学和天文学仪器，以便顺利完成科学工作，其中一件由路易十四的合法化非婚生子曼恩公爵（duc du Maine，1670～1736年）提供[11]。六人中，洪若翰（Jean de Fontaney，1643～1710年）、白晋（Joachim Bouvet，1656～1730年）、张诚（Jean-François Gerbillon，1654～1707年）、李明（Louis Le Comte，1655～1728年）、刘应（Claude de Visdelou，1656～1737年）五人旅行近三年，途经当时被视为中国"门厅"的暹罗（今泰国）[12]，于1688年2月7日抵达北京[13]。进宫之后，他们凭借自己的数学、医学和天文学知识获得康熙皇帝的信任，并成功开展高水平科学活动，直至19世纪。至1688年8月，因一直没有1685年从布雷斯特出发的耶稣会士的消息，路易十四准备致信康熙皇帝，宣布再派出一个使团。不过很快国王应已知晓他们的下落，并未寄出1688年8月7日的这封信，此信现保存在外交部档案馆[14]。后来被伏尔泰奉为道德典范的康熙皇帝对传教士表现出极大友善。白晋是最早颂扬康熙皇帝此种个性的欧洲人之一，1697年，他奉康熙皇帝之命返回法国，招募新的传教士。康熙皇帝亦借此机会委托他赠送路易十四一些中文书籍[15]。白晋也是最早将康熙和路易十四相提并论的耶稣会士作者之一，他那本著名的《中国皇帝历史肖像》于1697年在巴黎刊印[16]。在北京宫廷居留期间，白晋和张诚每日陪伴皇帝左右，向他传授数学和天文学知识[17]。其他神父则离开京城，前往不同省份布道。康熙皇帝认可耶稣会士出众的人文和科学素养，于1692年发布"容教令"，允许天主教在华活动。

有些耶稣会士在北京的宫廷里完成了更加意想不到的任务。中俄于1689年签订《尼布楚条约》，解决了两国领土争端，张诚作为译员，参加清政府使团。4年后，洪若翰（Jean de Fontaney）等用奎宁治好了康熙的疟疾，皇帝一直对他心存感激。得益于这些事件的推动，再加上皇帝对法国传教士的好感，1700年，独立于葡萄牙传教团和罗马教廷的法国耶稣会传教团成立。在随后几十年里，它为丰富中国在数学和天文学方面的知识作出贡献，同时也扩大了欧洲对中国的了

10 Lettre citée par Isabelle Landry-Deron, 2001, p. 427.

11 Cf. Landry-Deron, ***op.-cit.***, p. 434 et ici, Monnet.

12 Belevitch-Stankevitch, ***op.-cit.***, p. 11.

13 第六个人，即塔夏尔（Guy de Tachard）神父，留在了暹罗（泰国），以后也未到过中国。

14 *Mémoires et documents d'Asie*, vol. 2, fol. 11, r° et 112, v°.

15 Cf. Ici Monnet.

16 Cf. ici n°24 du catalogue.

17 Landry-Deron, 2004, p. 159.

图3
《利玛窦、汤若望、南怀仁神父肖像》
让-巴蒂斯特·杜赫德《中华帝国全志》版画
凡尔赛市立图书馆藏

解，为法国以外的启蒙运动知识分子的思考提供养料。法国传教士为“中国知识的普及”发挥了决定性作用，使之得以在整个欧洲大量传播[18]。法国耶稣会传教团至18世纪末一直成果卓著，但却惹恼了葡萄牙耶稣会士和在华其他修会。这种妒忌成了“礼仪之争”一大根源。“礼仪之争”彻底断绝了中国天主教化的希望，令中国官方不满，并造成18世纪整个欧洲的分裂，最后以1773年教宗克雷芒十四世（Clément XIV）彻底解散耶稣会告终。

整个18世纪，耶稣会士写下了大量游记，尤其是他们在1702～1776年间长达四分之三世纪里向其上级及在欧修会赞助人寄去的信件，结集出版为著名的《耶稣会士中国书简集》，为西方了解中国提供了全新视角。部分书简收入让-巴蒂斯特·杜赫德（Jean-Baptiste Du Halde，1674～1743年）的名著《中华帝国全志》，该书于1735年初版于巴黎，1770年再版（图3）。在这本18世纪所有优秀图书馆里都能见到的著作中，杜赫德汇集了“国王数学家的大量记述和观察”[19]。这当中包括白晋的旅行日记和许多其他文献，尤其是对中国各省份及其主要城市细致入微的描述和大量地图。全书资料丰富翔实，吸引着法国知识分子，也点燃了中国迷们的热情。王室多位成员，尤其是国王、普罗旺斯伯爵（Comte de Provence）和夫人们（路易十五女儿）等，拥有此书的若干副本。本次展览展出了曾属于玛丽-安托瓦内特王后（Marie-Antoinette，1755～1793年）的那一本[20]，原先收藏在凡尔赛宫她自己的书房里，1789年10月6日之后移交至杜伊勒里宫。

路易十五（1710～1774年）和路易十六（1754～1793年）统治时期，尽管发生“礼仪之争”，耶稣会亦遭解散，法国耶稣会传教团在中国仍保持活跃，这主要归功于贝尔坦的支持。贝尔坦先后担任财政总监和国务秘书职务，是一名资深的汉学家，支持重农学派，对中国的科学尤其是物产有着浓厚兴趣，并与在华耶稣会士长期保持书信往来（图4）。贝尔坦坚定支持法国在华耶稣会传教团及其著作的出版，特别是1776年起由巴黎出版商尼永（Nyon aîné）出版的巨著《中国杂纂》。贝尔坦不满足于只增进法国对中国的了解，他在丰富皇家图书馆的中文书籍收

18 Landry-Deron, 2001, p. 423.
19 Cf. à ce sujet Landry-Deron, 2001, p. 423.
20 Cf. ici le n° 141 du catalogue.

藏之余，也希望利用耶稣会士在皇帝身边的有利条件，增进中国对法国的了解。从1764年起，贝尔坦与北京宫廷里的法国耶稣会士开始不断书信往来，这些信件现保存在巴黎法兰西学会图书馆。他的主要通信人里，既有来法学习的两位年轻中国耶稣会士高神父和杨神父，也有韩国英（Pierre-Martial Cibot，1727~1780年）、钱德明（Joseph-Marie Amiot，1718~1793年）、潘廷章（Giuseppe Panzi，1734~1812年）等人。由贝尔坦出资，这些信件得以收入上文提到的十六卷本《中国杂纂》出版。这些书信往来作为珍贵的见证，体现出贝尔坦在18世纪下半叶对法中外交关系的高度重视，也表明他希望更好地了解中国在农业、商业、制茶、丝绸、瓷器等各个领域的资源和技术，以助力法国经济和科学的进步。这些书信还极大推动了18世纪下半叶现代汉学的诞生。它们无疑在凡尔赛宫廷和当时的知识界，尤其是哲学界和经济学界引起巨大反响。在耶稣会士的帮助下，贝尔坦与中国建立了真正的平行外交，他代表法国国王，以耶稣会士为中介，向中国皇帝赠送了大量挂毯和瓷器[21]。

图4
1768年 亚历山大·罗斯林《亨利–莱昂纳尔·贝尔坦》
凡尔赛宫与特里亚农宫国家博物馆藏

一些王室成员也关注在华耶稣会士的命运。虔诚的王后玛丽·莱什琴斯卡（Marie Leszczyńska，1703~1768年）对抵达远东的首批耶稣会成员的故事很感兴趣。她在凡尔赛宫内部套房的一个厅里有约瑟夫·马里·维恩（Joseph Marie Vien，1716~1809年）所绘《圣方济各·沙勿略乘船抵达中国》[22]。实际上，因圣方济各·沙勿略（Saint François-Xavier）并未实现愿望，他于1552年12月3日逝世于广州附近的上川岛（属台山市），未能登岸[23]。这幅画与现已失传的同类作品《圣多马向印第安人布道》同属于奉献画。这两幅画出现在王后内套房核心之处并非偶然[24]。

18世纪，法国耶稣会士凭借自己的科学知识和绘画、音乐、建筑、喷泉设计及水文地理方面的才能，影响着中国宫廷。王致诚（Jean-Denis Attiret，1702~1768年）成为宫廷画家，与意大利耶稣会士郎世宁（Giuseppe Castiglione，1688~1766年）共同参与创作了一系列颂扬乾隆皇帝18世纪50年代西北作战胜利的画作。不久，这些画作为铜版画底稿，于1765年运抵法国，这项史上知名的铜版画委托项目成为名副其实的国务事件。另一位耶稣会士蒋友仁（Michel Benoît，1715~1774年）是训练有素的天文学家，他也凭借建筑和喷泉设计方面的才华脱颖而出，参与修建了圆明园的一些宫殿和喷泉。

21 Cf. ici les essais de Bernard de Montferrand, et de Vincent Bastien.

22 Cf. n° 160 du catalogue.

23 Depuis l'origine de la Compagnie de Jésus, la Chine avait acquis pour les jésuites une « teneur presque mythique », en raison de l'ancienneté de sa civilisation, de sa sagesse et de la qualité de sa science (Vermander, 2012, p. 8).

24 Cf. ici le n° 160, 感谢罗兰·博萨尔（Roland Bossard）提醒我注意这幅维恩（Vien）的画作，以及女王对圣弗朗西斯·泽维尔（saint François Xavier）的特别支持。

对中国艺术品的迷恋

图5

1700年 小让·贝兰《马尔利宫中国皇帝假面舞会上身着宝塔服装坐在轿子上的雅克·巴斯塔龙》

法国国家图书馆藏

图6

1700年 小让·贝兰《为马尔利宫中国皇帝假面舞会制作的中式女装》

法国国家图书馆藏

除了仰慕中国古代文明，18世纪初，法国宫廷和当时的狂热爱好者们也对中国艺术品迷恋不已。这种迷恋在17世纪中叶就已初现端倪，国王的教父枢机主教马扎然（Mazarin）的藏品便是证明[25]。路易十四时代，对奇妙而梦幻的中国之热爱体现在了路易·勒沃（Louis Le Vau）1670年奉命修建的特里亚农瓷宫里。它号称以南京琉璃宝塔为样板，但实际两座建筑则相差甚远[26]。南京琉璃宝塔的形象经1665年在莱顿出版的约翰·尼霍夫（Jean Nieuhoff）所著《荷兰东印度公司使节团访华纪实》一书中的插图而广为人知[27]。16年后，暹罗使节来访，带来大量礼物，也激发了宫廷对中国艺术品的浓厚兴趣。暹罗王室赠送的礼物中，包括许多中国艺术品，有金银器、一座十二扇围屏、花鸟图壁纸、地毯、玉石器以及中国或日本产的漆器家具，还有实际上来自中国的“印度”瓷器。国王收到的瓷器最多，有“1500～1550件”，当然，暹罗国王那莱（Phra Naraï）也没有忘记王太子、王太子妃、勃艮第公爵和安茹公爵[28]。

达伽马（Vasco de Gama）开辟经好望角抵达中国的海上航路后，葡萄牙、英国和荷兰的东印度公司相继向法国市场输送大量中国艺术品。1700年后，由国家控制并担任大股东的法国东印度公司接过了接力棒[29]。该公司由科贝尔（Colbert）创立于1664年，但直到18世纪初才真正活跃。创始人希望借此开展法国与亚洲的部分贸易，阻止荷兰人垄断市场。从1700年起，法国东印度公司进口的中国物品数量迅速增加，令中国热达到前所未有的程度[30]，并持续推动着中国艺术对法国艺术的影响。凡此种种皆在18世纪末在法国宫廷产生巨大反响，不单单是在凡尔赛宫，也波及法兰西岛上的马尔利、勒瓦勒、默东、舒瓦西、贝勒维、圣克卢等附属宫苑。1700年1月7日，在路易十四钟爱的马尔利宫，新世纪狂欢庆典以中国为主题拉开帷幕。安德烈·丹尼根·菲利多尔（André Danican Philidor，1652～1730年）奉命创作《中国皇帝的假面舞会》，次日又表演了一遍，因为路易十四的妻子曼特农夫人（Madame de Maintenon）

25 Cf. à ce sujet, Michel, 1999.

26 Cf. ici le n° 154 du catalogue.

27 Cf. ici le n° 167 du catalogue.

28 Chaumont, 1687, p. 107-10 et p. 114-121.

29 Cf. ici l'essai de Stéphane Castelluccio.

30 Cf. ici l'essai de Stéphane Castelluccio.

前一天未能出席（图5、图6）[31]。路易十四及其继任者作为法国艺术家、工匠和皇家工厂的官方赞助人，虽不能在凡尔赛宫的豪华套房里公然表露对中国的热爱，但在自己的内套房私人空间和钟爱的幽居处却不吝这样去做。

中国艺术进入法国宫廷最强有力的媒介之一是瓷器。这种材料因稀有且制作工艺神秘，在18世纪中叶之前有白色黄金之称。从16世纪弗朗索瓦一世时代开始，法国王室才开始有极少量瓷器收藏。到了路易十四时代，王室宅邸里的中国瓷器数量显著增加。国王本人在凡尔赛宫拥有大量瓷器，多为暹罗使节所赠，另外在圣日耳曼昂莱附近的勒瓦勒宫和他钟爱的马尔利宫也有收藏[32]。他的长子大王太子与奥尔良公爵以及孔代亲王同为当时最大的中国瓷器收藏家[33]。凡尔赛宫那些不太知名的套房里也收藏有中国瓷器，特别是坐落在南翼二层的路易十四之女、摄政王之妻奥尔良公爵夫人的套房[34]。路易十四时代和摄政时期，对中国瓷器的爱好反映在了当时的绘画中，以弗朗索瓦·德波特（François Desportes）的作品为代表。他经常在静物画或金银器橱柜上描绘中国瓷器，有的橱柜本身即是为马尔利宫（图7）和后来的舒瓦西宫等一些王室宅邸所制作。

凡尔赛宫及其附属宫苑早期收藏的中国瓷器以青花瓷为主，从18世纪三四十年代起则偏爱青瓷等单色釉瓷器，并系统地镶嵌铜镀金附件，以彰显瓷器的典雅，使其更符合法国品位，同时展示巴黎工匠的铸造技艺。樊尚·巴斯蒂安（Vincent Bastien）提到王室成员偏爱镶嵌中国瓷器[35]，本次展出的那件著名的“香水喷泉”正是其体现，它是由巴黎服饰用品商托马-若阿基姆·埃贝尔（Thomas-Joachim Hébert）于1743年为凡尔赛宫路易十五的藏衣室所制作的[36]。路易十五还从商人拉扎尔·迪沃（Lazare Duvaux）处为大特里亚农宫购置了多件中国瓷器，特别是1755年4月22日购入“一件镶嵌铜镀金附件的蓝色古瓷大花瓶……两件镶嵌铜镀金附件、饰凹槽的青瓷瓶”[37]。路易十五的情妇蓬巴杜夫人（Madame de Pompadour，1721～1764

图7
约1706～1708年 弗朗索瓦·德波特《一碗李子和橙花静物画》（为国王在马尔利宫的套房所作）
现藏地点不详

31 Dangeau, t. VII, p. 226-227: “晚饭后，有一个非常漂亮的中国皇帝化装舞会，有芭蕾舞和音乐，然后有舞会直到午夜。舞会上的舞者是勃艮第公爵阁下和他的兄弟沙特尔先生、公爵先生……”. Cf. aussi à ce sujet le marquis de Sourches, cité par Castelluccio, 2014, fig. 115-116.

32 Cf. ici notice n° 115 du catalogue.

33 Cf. ici notice n° 112 du catalogue.

34 Cf. Gautier, 2014, p. 90.

35 Cf. ici l'essai de Vincent Bastien.

36 Cf. ici n° 133 du catalogue.

37 Courajod, 1873, p. 241, n° 2137.

图8
清雍正 蓝釉竹节纹盆（18世纪中期铜镀金饰件）
英国温莎城堡藏（或为蓬巴杜夫人旧藏）

图9
1742年 弗朗索瓦·布歇《梳洗》
马德里提森·博内米萨博物馆藏

年）在其凡尔赛宫的住处和巴黎各处宅邸，尤其是戴夫勒公馆（现在的爱丽舍宫）摆满了中国瓷器，并镶嵌无比奢华的附件（图8）[38]。至路易十六时代，贝勒维的夫人们、普罗旺斯伯爵[39]等王室成员依然热衷中国瓷器，特别是王后，她为凡尔赛宫的金室和午休室购置了多件稀有珍品，并镶嵌极其奢华的附件[40]。

自17世纪末起，另外一些中国产品也格外得到法国宫廷的欣赏，如漆器、玉石器[41]、景泰蓝、扇子、织物和壁纸[42]。这些产品自16世纪末以来经由英国东印度公司出口至欧洲，在18世纪中期似乎尤为吸引整个王室。这些产品用途多样，可以装饰墙壁、壁炉隔热屏、屏风或手持隔热屏，正如弗朗索瓦·布歇（François Boucher）那幅出色的《梳洗》所示（图9）。路易十五在舒瓦西的住处、蓬巴杜夫人在凡尔赛宫和贝勒维宫的套房和隐居处，以及王太子妃玛丽-约瑟夫·德·萨克斯（Marie-Josèphe de Saxe）的住处都可见它们的踪影……1747年，玛丽·莱什琴斯卡让人用中国壁纸装饰了她内套房的一个房间。

在法国东印度公司轮船运来的商品推动下，中国艺术热扩散至全法国，并对法国艺术产生重要影响，具体表现为三种不同现象：法国艺术家和工匠们对这些进口艺术品或进行改造，或直接模仿，或把它们作为灵感来源。

我们当代人或许会觉得奇怪，但在法国，人们很早就毫不犹豫地对进口的中国物品进行改造，以彰显它们的魅力，同时令其更符合法国人的品位。这一现象最早、最有名的体现，便是从中世纪末开始给中国瓷器镶嵌贵金属附件。到了18世纪，随着巴黎金银器工匠擅长的铜镀金工艺的发展，这种古老的习惯进入鼎盛期，本次展出的多件镶嵌皇家瓷器都体现了这一点[43]。在服饰用品商的鼓动下，经科罗曼丹海岸运来的漆屏风或漆橱柜也被木器工人彻底改造，人们把这些物品上的漆片拆散，安装到细木家具上，且常常再饰以铜镀金附件。

热衷中国艺术的另一个表现是渴望仿造中国物品，它们的制造工艺对当时的欧洲人来说有时仍是未解之谜。在法国，这种渴望主要呈现为两方面，

38 Cf. à ce sujet, Rochebrune, 2002, p. 413-417.
39 Cf. ici n° 136 du catalogue.
40 Cf. ici n° 145 du catalogue.
41 Cf. ici n° 110 du catalogue.
42 Cf. ici n° 107 du catalogue.
43 Cf. ici n° 132 et n° 135 du catalogue.

最明显的一个方面就是疯狂研究中国瓷器的制作奥秘。自路易十四时代起，法国官方就积极鼓励这项工作，尤其是在17世纪60年代的鲁昂工厂。一个世纪后，利穆赞地区的圣伊利耶拉佩尔什发现高岭土矿藏，这项工艺的研制随后终于在塞弗尔瓷器厂大功告成。此前，法国生产一种完全不含高岭土成分的人工“软瓷”。第二个方面，是自17世纪70年代起，出现了仿中国漆的法国漆，可以补充甚至替代过于昂贵的东方漆[44]。18世纪中叶，凡尔赛宫涂法国漆的“中式”家具典范之一，是吉勒·茹贝尔（Gilles Joubert）1759年12月向路易十五交付的一张饰有中国宝塔和风景图案的红漆描金平板写字桌（图10）。这件涂有马丁漆[45]的家具现收藏于大都会艺术博物馆，体现了国王在内套房内对中国风的喜爱[46]。1765年，路易十五又接收了一个涂有同种清漆的文具箱，令这张写字台更加完备。

图10
1759年 吉勒·茹贝尔 红漆描金平板写字桌
纽约大都会艺术博物馆藏
（查尔斯·赖茨曼夫妇1973年捐赠）

热衷中国艺术品的第三个结果是，法国在绘画、版画、挂毯、瓷器、纺织品、铜陈设品、园艺等诸多领域创作出以中国为主题的艺术品，或灵感来自对中国的图文描述。凡尔赛宫及其附属宫苑在许多方面受到18世纪这场运动的影响。1736年，让-巴蒂斯特·帕特尔（Jean-Baptiste Pater）创作的一幅中国狩猎图被收入国王为凡尔赛宫小画廊定制的一组《异国狩猎图》[47]。1761年，法国画家们把上文提到的玛丽·莱什琴斯卡贴着中国壁纸的房间布置成一间“中国人厅”。王后指定的画家所描绘的中国并非完全出自想象，他们从约翰·尼霍夫（Jean Nieuhoff）和更晚近的威廉·钱伯斯（William Chambers）等曾经到过中国的各方人士的插图本著作中汲取灵感。路易十六时代，大量法国纺织品遍布凡尔赛宫和贡比涅等其他王室宅邸，有些带有“中式”刺绣或彩绘。1774年凡尔赛宫内套房里为国王布置的书房中，座椅配备彩色“北京宽条绸”软垫。里夏尔·米克（Richard Mique）1781年建造的午休室中的纺织品全部为里昂所产，饰以“中式”

44 Cf. à ce sujet, cat. expo. sous la direction d'Anne Forray-Carlier, Paris, 2014, p. 41, n° 15.

45 以18世纪巴黎一个著名的葡萄酒商家族命名。

46 Cf. Verlet, 1990, t. IV, p. 49-51. Inv. 1974.315.I.

47 Cf. ici le n°166 du catalogue.

刺绣。18世纪七八十年代，中国题材在塞弗尔皇家瓷器厂的硬瓷生产中占有举足轻重的位置。如樊尚·巴斯蒂安（Vincent Bastien）指出的那样，中国题材很受王室欢迎[48]。在凡尔赛，中国对法国艺术的影响至小特里亚农宫达到顶峰，1776年，在里夏尔·米克的主持下，小特里亚农宫里建起了一座中国风英式花园。这座花园和沙特尔（Chartres）豪华花园宅邸（现巴黎蒙梭公园）一样，构成某种微缩世界，在这个世界里，中国通过那座昙花一现的著名旋转木马获得了它的位置，正如古希腊也通过两年后修建的爱神庙获得了自己的位置。

48 Cf. à ce sujet son essai.

La Chine à Versailles

Marie-Laure de Rochebrune
Conservateur général au château de Versailles

> Nous n'avons aucune maison en Europe dont l'antiquité soit aussi bien prouvée que celle de l'empire de la Chine.
>
> Voltaire, *Dictionnaire philosophique*[1]

Cette phrase du philosophe des Lumières, François Marie Arouet, dit Voltaire (1694-1778), constitue l'un des plus beaux hommages rendus à l'empire du Milieu par l'auteur de *L'Orphelin de la Chine*[2]. Cette admiration pour l'ancienneté de la civilisation chinoise était partagée par nombre de ses contemporains, en premier lieu par les jésuites français, missionnaires en Chine, qui étaient ses principaux informateurs. Cette sinophilie était également affichée dans la seconde moitié du XVIIIe siècle par Henri Léonard Bertin (1720-1792), ministre de Louis XV puis de Louis XVI, dont la figure singulière est ici remise à l'honneur[3].

La fascination pour la Chine et ses productions artistiques n'était pas nouvelle en France au XVIIIe siècle. Elle s'était manifestée en Europe dès l'époque romaine et n'avait cessé d'y régner avec des fortunes diverses. Elle était même devenue un véritable mythe à la fin du Moyen Âge, soutenu par les récits des rares voyageurs qui s'y étaient aventurés, comme celui du Vénitien, Marco Polo (1254-1324), parvenu en Chine au XIIIe siècle à la cour de Qubilaï Khan (1271-1294). Son ouvrage, *Le Devisement du monde*, écrit quelques années après son retour en Europe, devait avoir un immense retentissement jusqu'à l'époque moderne. Qubilaï Khan, le petit-fils de Genghis Khan, le fondateur de la dynastie mongole des Yuan, avait remarqué l'intelligence du jeune homme et l'avait pris à son service. Marco Polo séjourna dix-sept ans en Chine et la visita jusque dans ses provinces les plus reculées. Chargé de missions d'inspection, il joua le rôle d'un fonctionnaire au service de la dynastie mongole. Il fut émerveillé par Khanbalik (Pékin), devenu la nouvelle capitale de la Chine à l'époque des Yuan, et par les œuvres d'art présentes au palais impérial. Il admira la production de la soie et s'intéressa à la fabrication de la porcelaine. Il perçut le pays de Cathay[4] comme l'un des plus pacifiques au monde. Son manuscrit, traduit en français en 1310, eut un réel succès en France où de nombreuses copies enluminées furent exécutées. Le roi Charles V (1338-1380) en avait cinq exemplaires dans sa bibliothèque et son frère, Jean de Berry (1340-1416), en possédait trois. Le récit de Marco Polo, imprimé pour la première fois en 1477, donnait de la Chine l'image d'un pays regorgeant de trésors et de phénomènes exotiques, particulièrement enchanteurs. Il devait avoir une postérité considérable jusqu'au XVIIe siècle. Christophe Colomb (1451-1506) partit pour l'Amérique avec l'ouvrage de Marco Polo entre les mains. D'autres récits de voyageurs contribuèrent à répandre l'idée que le pays de Cathay ne ressemblait à nul autre et qu'il était gouverné par des empereurs pacifiques et courtois. A la fin du Moyen Âge, le mythe crût encore à la faveur de la fermeture de l'empire aux étrangers par la dynastie des Ming. La Chine, devenue inaccessible aux Occidentaux, n'en était que plus attirante. Cette aura était encore très vive en Occident, à l'époque moderne, grâce aux échos des aventures des jésuites européens, en particulier celles du célèbre père Matteo Ricci (1552-1610), qui avait su s'introduire avec adresse, dès le tout début du XVIIe siècle, à la cour de Chine, par le truchement de ses connaissances mathématiques et astronomiques.

Un siècle de relations diplomatiques particulières entre la Chine et la France

La perception de la Chine par la France et par ses souverains commença à changer sous le règne de Louis XIV (1638-1715) (fig. 1). A l'image idyllique, véhiculée par le livre de Marco Polo, se substituèrent des informations de première main, envoyées en France par des observateurs avisés, qui avaient pris, parfois au péril de leur vie,

1 Œuvres de Voltaire, Paris, chez Lefèvre, libraire, 1828, t. XXVIII, p. 37.

2 Voltaire écrivit et fit jouer L'orphelin de la Chine à Paris, en 1755. La pièce s'inspirait de la traduction effectuée vingt ans plus tôt par le père de Joseph de Prémare, un jésuite présent en Chine, d'une œuvre chinoise du XIIIe siècle.

3 Cf. ici les essais de Bernard de Montferrand, de Vincent Bastien.

4 C'est ainsi que Marco Polo désigne la Chine de l'époque des Yuan dans *Le Devisement du monde*.

Fig. 1
vers 1670, Henri Testelin (1616–1695), *Louis XIV protecteur de l'Académie*, Musée national des châteaux de Versailles et de Trianon, MV 6155

Fig. 2
Époque Kangxi (1662–1722), Anonyme, *Portrait de l'empereur Kangxi en costume de cour*

leur mission avec le plus grand sérieux. Le règne personnel de Louis XIV (1661-1715) fut une période de découvertes mutuelles, particulièrement enrichissantes, inaugurant plus de cent ans de relations privilégiées entre les deux pays, souvent méconnues aujourd'hui.

Les premières tentatives d'établissement d'un commerce avec la Chine, amorcées par le cardinal Mazarin, le ministre du jeune Louis XIV, à la fin des années 1650, ayant échoué[5], ce fut par d'autres biais que le Roi Soleil entra en contact avec l'empire du Milieu, ceux de la religion, de la culture et des sciences. Le souverain, notamment par ses acquisitions très novatrices de livres chinois, fut l'initiateur d'un intérêt profond porté par la France à la culture chinoise[6]. Soutenu par ses principaux ministres, Colbert puis Louvois, et par l'académie des Sciences, créée en 1666, Louis XIV mit en œuvre une politique diplomatique et scientifique, très volontariste, en direction de l'empire du Milieu et de son quasi contemporain, l'empereur Kangxi (1654-1722), politique qui devait porter des fruits tout au long du XVIIIe siècle. L'empereur accueillit favorablement les émissaires du souverain français et leurs précieuses connaissances scientifiques (fig. 2).

Le 15 septembre 1684, Louis XIV reçut fastueusement à Versailles un jésuite flamand, le père Philippe Couplet (1623-1693), qui avait passé de nombreuses années en Chine, à la cour de Pékin. Ce dernier souhaitait renforcer le nombre des pères jésuites français en Chine, à la fois pour présider le bureau impérial d'astronomie auprès de l'empereur Kangxi, mais aussi pour étoffer les effectifs des missionnaires, en charge de l'évangélisation de l'empire. Il sollicitait également du roi de France une aide financière. Le père Couplet était accompagné d'un jeune Chinois converti au christianisme, nommé Shen Fuzong[7], témoin vivant du succès des missions dans l'empire du Milieu, qui piqua la curiosité de toute la cour. Lors de sa visite, le père Couplet offrit plusieurs livres chinois à Louis XIV[8] et parvint à le persuader des intérêts politiques, diplomatiques, scientifiques, voire commerciaux, que la France pourrait retirer de cet important investissement humain et financier : poursuivre les efforts de conversion du peuple chinois au christianisme, accroître les connaissances françaises sur la Chine dans les domaines de la médecine, de la géographie et de l'astronomie, lutter contre la prééminence portugaise en matière de missions, enfin, établir des liaisons commerciales durables avec l'empire du Milieu pour contrer les toutes puissantes Provinces Unies, qui bénéficiaient, depuis la création en 1602 de la Vereenische Oost Indische Compagnie, la célèbre VOC, du monopole du commerce avec l'empire du Milieu[9]. Cette visite avait été précédée d'autres initiatives, venues notamment des missionnaires de la Société des Missions étrangères de Paris, décrites ici par Isabelle Landry-Deron, ou de celle d'un autre jésuite flamand présent à la cour de Chine, le père Verbiest (1623-1688), président du Bureau d'astronomie impérial. Ce dernier n'avait-t-il pas écrit en 1678 dans une lettre célèbre, adressée aux jésuites de France et publiée par le Mercure galant en septembre 1681: « Sous le manteau étoilé de l'astronomie, notre sainte religion

5 Cf. à ce sujet Belevitch-Stankevitch, 1910, p. 9 et ici l'essai de Stéphane Castelluccio.

6 Nathalie Monnet, 2004, p. 205.

7 N° 18 du catalogue.

8 Monnet, op.-cit., p. 205.

9 Cf. ici Landry-Deron.

s'introduit facilement [en Chine]»[10].

Convaincu par ces arguments, Louis XIV finança, sur sa cassette personnelle, l'expédition en Chine de six jésuites français, sous le nom de mathématiciens du roi, préalablement adoubés par l'Académie des sciences. Partis de Brest en 1685, munis, pour mener à bien leurs travaux scientifiques, d'instruments de mathématiques et d'astronomie dont l'un avait été offert par le duc du Maine (1670-1736), l'un des fils légitimés de Louis XIV[11], cinq d'entre eux parvinrent à Pékin le 7 février 1688[12], les pères de Jean de Fontaney (1643-1710), Joachim Bouvet (1656-1730), Jean-François Gerbillon (1654-1707), Louis Le Comte (1655-1728) et Claude de Visdelou (1656-1737), à l'issue de près de trois années de voyage qui les conduisirent d'abord au Siam (actuelle Thaïlande), considéré alors comme le « vestibule » de la Chine[13]. Admis à la cour de l'empereur, ils réussirent, grâce à leurs connaissances mathématiques, médicales et astronomiques, à gagner la confiance de Kangxi et à mener des travaux scientifiques de haut niveau qui perdurèrent au siècle suivant. Sans nouvelles des jésuites partis de Brest en 1685, Louis XIV s'apprêtait en août 1688 à écrire une lettre à l'empereur Kangxi pour annoncer l'envoi d'une seconde mission. Le Roi dut être rassuré sur leur sort pendant l'été 1688 car il renonça à envoyer cette lettre datée du 7 août 1688, qui est conservée aujourd'hui aux Archives du ministère des Affaires étrangères[14]. L'empereur, que Voltaire encensa plus tard comme un modèle de vertu, se montra particulièrement bienveillant à leur égard. Le père Bouvet (1656-1730) fut l'un des premiers Européens à célébrer ce trait de caractère quand il revint en France en 1697, sur ordre de Kangxi, afin de recruter de nouveaux missionnaires. A cette occasion, ce dernier lui avait confié des ouvrages chinois à l'intention de Louis XIV[15]. Le père Bouvet fut aussi l'un des premiers auteurs jésuites à comparer Kangxi à Louis XIV, dans son célèbre *Portrait historique de l'empereur de la Chine*, imprimé à Paris en 1697[16]. Pendant leur séjour à la cour de Pékin, les pères Bouvet et Gerbillon avaient côtoyé l'empereur journellement et lui avaient prodigué des leçons de mathématiques et d'astronomie[17]. De leur côté, les autres pères avaient quitté la capitale de la Chine pour diverses provinces afin de mener à bien leur mission d'évangélisation. En 1692, reconnaissant leurs éminentes qualités humaines et scientifiques, Kangxi fit promulguer un édit de tolérance à l'égard du christianisme, autorisant ses activités en Chine.

Certains jésuites remplirent des missions plus inattendues à la cour de Pékin. Le père Gerbillon, doté de talents de diplomate, joua un rôle importent en résolvant l'épineuse question des frontières russo-chinoises, provoquée par le conflit qui opposait depuis plusieurs années la nouvelle dynastie mandchoue à Pierre le Grand. Grâce à lui, fut signé en 1689 *le traité de Nerchinsk* qui régla pour longtemps le contentieux entre les deux puissances. Quatre ans plus tard, le père de Jean de Fontaney guérit Kangxi de la malaria, en lui administrant de la quinine, ce dont l'empereur lui fut toujours reconnaissant. La conjugaison de ces événements et de la bienveillance de l'empereur à l'égard des missionnaires français permit la création, en 1700, d'une mission jésuite de France, indépendante de la mission portugaise et du Saint Siège. Celle-ci devait contribuer pour des décennies à enrichir les connaissances chinoises en matière de mathématiques et d'astronomie mais aussi à amplifier les connaissances européennes sur la Chine et à nourrir la réflexion des intellectuels des Lumières, au-delà des frontières du royaume de France. Les missionnaires français contribuèrent ainsi, de manière

10 Lettre citée par Isabelle Landry-Deron, 2001, p. 427.

11 Cf. Landry-Deron, op.-cit., p. 434 et ici, Monnet.

12 Le sixième, le père Tachard, demeura au Siam et n'alla jamais en Chine.

13 Belevitch-Stankevitch, op.-cit., p. 11.

14 Mémoires et documents d'Asie, vol. 2, fol. 11, r° et 112, v°.

15 Cf. Ici Monnet.

16 Cf. ici n° 24 du catalogue.

17 Landry-Deron, 2004, p. 159.

Fig. 3
Portraits des pères Ricci, Schall et Verbiest, planche gravée illustrant l'ouvrage de Jean-Baptiste Du Halde, *Description geographique historique, chronologique, politique, et physique de l'Empire de la Chine et de la Tartarie chinoise, enrichie des cartes generales et particulieres de ces pays*[…]. Paris, 1735, 3e volume, Bibliothèque municipale de Versailles, p. 78–79

décisive, à la « vulgarisation des connaissances sur la Chine » qui se diffusèrent abondamment dans toute l'Europe[18]. En revanche, si la mission jésuite de France produisit des fruits jusqu'à la fin du XVIIIe siècle, elle agaça beaucoup les jésuites portugais et les autres congrégations religieuses, présentes en Chine. Ces jalousies furent pour une grande part à l'origine de la querelle des Rites qui devait mettre un terme définitif aux espoirs de christianisation de la Chine, indisposer les autorités chinoises, diviser l'Europe tout au long du XVIIIe siècle et se conclure par la suppression définitive par le pape Clément XIV, en 1773, de la Compagnie de Jésus.

Les récits de voyage des pères jésuites se multiplièrent durant tout le XVIIIe siècle, notamment avec la publication, de 1702 à 1776, des célèbres *Lettres édifiantes et curieuses* envoyées pendant près de trois quarts de siècle par les missionnaires à leurs supérieurs mais aussi aux bienfaiteurs de l'ordre, demeurés en Europe. Celles-ci devaient éclairer d'un jour nouveau les connaissances occidentales sur la Chine. Une partie d'entre elles fut insérée dans l'ouvrage célèbre du père Jean-Baptiste Du Halde (1674-1743), *Description geographique historique, chronologique, politique, et physique de l'Empire de la Chine et de la Tartarie chinoise, enrichie des cartes generales et particulieres de ces pays* […], paru une première fois, à Paris, en 1735 et réédité en 1770 (fig. 3). Dans cet ouvrage, qui figurait dans toutes les bonnes bibliothèques du XVIIIe siècle, Du Halde avait réuni « nombre des récits et observations des mathématiciens du roi… »[19]. On y trouvait en particulier les journaux de voyage du père Bouvet mais aussi bien d'autres documents, notamment une abondante cartographie et une description très précise des différentes provinces de Chine et de leurs villes principales. L'ensemble, très riche d'enseignements de toutes sortes, devait passionner les intellectuels français et nourrir l'enthousiasme des sinophiles. Plusieurs membres de la famille royale, notamment le roi, le comte de Provence, Mesdames… possédèrent des exemplaires de l'ouvrage. L'un d'entre eux, ayant appartenu à la reine Marie-Antoinette (1755-1793), est présenté à l'exposition[20]. On sait qu'il figurait dans sa bibliothèque à Versailles et qu'il fut transféré aux Tuileries, après le 6 octobre 1789.

Fig. 4
1768, Alexandre Roslin (1718–1890), *Henri Léonard Bertin*, Musée national des châteaux de Versailles et de Trianon, MV 3844

Sous les règnes de Louis XV (1710-1774) et de Louis XVI (1754-1793), la mission jésuite de France en Chine demeura vivante et active, malgré la querelle des Rites et la dissolution de la Compagnie de Jésus, en particulier grâce au concours du contrôleur général des Finances puis secrétaire d'Etat, Henri Léonard Bertin, un sinologue averti, ami des physiocrates, vivement intéressé par les sciences mais aussi par les productions chinoises, en perpétuelle correspondance avec les pères jésuites présents en Chine (fig. 4). Bertin soutint avec ténacité les missions jésuites françaises en Chine ainsi que leurs publications, notamment la grande aventure éditoriale que constitua, à partir de 1776, la parution des *Mémoires concernant l'Histoire, les Sciences, les Arts, les Mœurs, les Usages, etc., des Chinois, par les Missionnaires de Pékin*, chez Nyon aîné, à Paris. Non content de développer les connaissances françaises sur la Chine, Bertin eut à cœur d'enrichir la bibliothèque royale d'ouvrages chinois mais aussi de faire connaître la France en Chine, profitant de la situation privilégiée des jésuites, auprès de l'empereur.

18 Landry-Deron, 2001, p. 423.

19 Cf. à ce sujet Landry-Deron, 2001, p. 423.

20 Cf. ici le n° 141 du catalogue.

Dès 1764, Bertin mit en œuvre une correspondance suivie avec des jésuites français présents à la cour de Pékin, conservée aujourd'hui à la Bibliothèque de l'Institut de France, à Paris. Parmi ses principaux correspondants, figuraient les pères Ko et Yang, deux jeunes jésuites chinois venus se former en France, mais aussi les pères Pierre-Martial Cibot (1727-1780), Joseph-Marie Amiot (1718-1793), Giuseppe Panzi (1734-1812)... Bertin assura financièrement la publication de cette correspondance à travers les seize volumes des *Mémoires concernant les Chinois*..., cités plus haut. Cette correspondance constitue un précieux témoignage de l'importance que Bertin attachait aux relations diplomatiques entre la France et l'Empire du Milieu dans la seconde moitié du XVIIIe siècle. Elle montre également son souhait de mieux connaître les ressources et les savoir-faire chinois dans de nombreux domaines, comme ceux de l'agriculture, du commerce, de la production du thé, de la soie ou de la porcelaine, afin de participer aux progrès de l'économie et des sciences françaises. Elle a contribué de manière significative à la naissance, dans la seconde moitié du XVIIIe siècle, de la sinologie moderne. Cette correspondance eut bien sûr de nombreux échos à la cour de Versailles mais aussi dans les milieux intellectuels du temps, en particulier chez les philosophes et les économistes. Avec l'aide des jésuites, Bertin instaura une vraie diplomatie parallèle avec la Chine, en adressant de la part du roi de France mais par l'intermédiaire des jésuites de nombreux cadeaux à l'Empereur, constitués de tapisseries et de porcelaines[21].

Certains membres de la famille royale n'étaient pas insensibles au sort des jésuites, missionnaires en Chine. La reine Marie Leszczyńska (1703-1768), très pieuse, s'intéressait personnellement à l'histoire des premiers membres de la Compagnie de Jésus parvenus en Extrême-Orient, comme le montre un tableau peint pour un cabinet de son appartement intérieur à Versailles par Joseph Marie Vien (1716-1809), *Saint François Xavier arrivant sur un vaisseau à la Chine*[22]. Ce tableau, qui illustre un événement qui ne s'est jamais produit puisque François-Xavier ne réalisa jamais son rêve et mourut le 3 décembre 1552, sur l'îlot de Sancian, en face de Guangzhou, sans pouvoir y débarquer[23], était un tableau de dévotion, comme son pendant, aujourd'hui disparu, *Saint Thomas prêchant les Indiens*. Mais il n'est pas indifférent que les deux tableaux aient figuré au cœur même de l'appartement intérieur de la reine[24].

Au XVIIIe siècle, les jésuites français gardèrent leur influence à la cour de Chine grâce à leurs connaissances scientifiques mais également grâce à leurs talents de peintres, de musiciens, d'architectes, de fontainiers ou d'hydrographes. Le frère Jean-Denis Attiret (1702-1768) devint peintre de l'empereur et devait participer avec le jésuite italien, Giuseppe Castiglione (1688-1766), à l'exécution des dessins célébrant les victoires remportées par l'empereur Qianlong, dans les années 1750, dans le nord-ouest de la Chine. On verra plus loin que ces dessins furent à l'origine de l'une des plus célèbres commandes de gravures, adressée à la France en 1765 et devenue une véritable affaire d'Etat. Un autre jésuite, le frère Michel Benoît (1715-1774), astronome de formation, fut aussi remarqué pour ses talents d'architecte et de fontainier et contribua à l'élévation de certains palais et jeux d'eau du Yuanming Yuan.

La fascination pour les productions artistiques de la Chine

A cette admiration pour l'antique civilisation chinoise, s'ajoutait, au début du XVIIIe siècle, à la cour de France, comme chez les grands amateurs contemporains, une véritable fascination pour les productions artistiques de la Chine. Celle-ci était déjà apparue au milieu du XVIIe siècle, comme le montrent les collections du

---

21 Cf. ici les essais de Bernard de Montferrand, et de Vincent Bastien.

22 Cf. n° 160 du catalogue.

23 Depuis l'origine de la Compagnie de Jésus, la Chine avait acquis pour les jésuites une « teneur presque mythique », en raison de l'ancienneté de sa civilisation, de sa sagesse et de la qualité de sa science (Vermander, 2012, p. 8).

24 Cf. ici le n° 160 du catalogue. Je remercie Roland Bossard d'avoir attiré mon attention sur ce tableau de Vien et sur la dévotion particulière de la reine pour saint François Xavier.

Fig. 5
1700, Jean II Bérain, *Jacques Bastaron dans le costume de Pagaude assis sur un palanquin pour la mascarade du Roi de la Chine jouée à Marly*, Paris, BnF, collection Arts du spectacle

Fig. 6
1700, Jean II Bérain, *Costume de Chinoise pour la mascarade du Roi de la Chine jouée à Marly*, Paris, BnF, collection Arts du spectacle

cardinal Mazarin, le parrain du roi[25]. Au début du règne de Louis XIV, c'est ce goût pour une Chine merveilleuse et rêvée qui transparaît dans l'élévation, à Versailles en 1670, par Louis Le Vau, du Trianon de porcelaine, qui n'avait qu'un lointain rapport avec son modèle présumé, la pagode de porcelaine de Nankin[26]. L'image de cette dernière avait été largement diffusée par les illustrations de l'ouvrage de Jean Nieuhoff, *L'ambassade de la Compagnie orientale des Provinces Unies vers l'Empereur de Chine ou du Grand Cam de Tartarie*…, paru à Leyde en 1665[27]. Seize ans plus tard, la venue des ambassadeurs du Siam, munis de nombreux cadeaux destinés à la famille royale, devait attiser l'attirance de la cour pour les objets d'art venus de Chine. En effet, parmi les présents de la famille royale de Siam, figuraient beaucoup d'œuvres chinoises, des pièces d'orfèvrerie, un grand paravent « à douze feuilles, ouvrage de Péquin », des papiers peints à décor de fleurs et d'oiseaux, des tapis, des pierres dures, des meubles en laque de Chine et du Japon, des porcelaines des « Indes », provenant en réalité de Chine. Si le Roi recevait le plus grand nombre d'objets, « quinze cents ou quinze cent cinquante pièces de pourcelaine », le Dauphin, la Dauphine, le duc de Bourgogne et le duc d'Anjou n'avaient pas été oubliés par le roi du Siam, Phra Naraï[28].

Depuis l'ouverture de la route maritime de la Chine par le cap de Bonne Espérance par Vasco de Gama, les compagnies portugaise puis anglaise et néerlandaise des Indes orientales s'étaient chargées de diffuser sur le marché français de très nombreux objets d'art chinois. A partir de 1700, le relais fut pris par la Compagnie française des Indes orientales, contrôlée par l'État qui était son principal actionnaire[29]. Celle-ci avait été créée par Colbert en 1664 mais ne devint réellement active qu'au début du XVIIIe siècle. Il s'agissait dans l'esprit de son fondateur de procurer au royaume une partie du commerce avec l'Asie et d'empêcher que les Hollandais n'en profitassent seuls. A partir de 1700, l'accroissement très rapide des importations d'objets chinois effectuées par la Compagnie donna au goût pour la Chine une place encore jamais atteinte[30] et contribua durablement au développement de l'influence de l'art chinois sur l'art français. Tous ces événements trouvèrent de véritables échos à la cour de France, à Versailles mais aussi dans ses satellites, situés en Ile de France, Marly, le Val, Meudon, Choisy, Bellevue ou encore Saint-Cloud, à la fin du XVIIIe siècle. Le 7 janvier 1700, à Marly, la résidence favorite de Louis XIV, les festivités du carnaval du nouveau siècle s'ouvrirent sous le signe de la Chine. André Danican Philidor (1652-1730) avait été chargé de composer pour l'occasion une *Mascarade du Roi de la Chine* qui fut jouée de nouveau le lendemain, selon le témoignage du marquis de Dangeau, car madame de Maintenon, l'épouse morganatique de Louis XIV, n'avait pu y assister[31] (fig. 5 et 6). Si à Versailles, dans son appartement d'apparat, Louis XIV et ses successeurs, protecteurs attitrés des artistes, des artisans français et des manufactures royales, ne pouvaient afficher ostensiblement leur goût personnel pour la Chine, en revanche, ils n'y manquèrent pas dans la sphère privée des

25 Cf. à ce sujet, Michel, 1999.

26 Cf. ici le n° 154 du catalogue.

27 Cf. ici le n° 167 du catalogue.

28 Chaumont, 1687, p. 107-10 et p. 114-121.

29 Cf. ici l'essai de Stéphane Castelluccio.

30 Cf. ici l'essai de Stéphane Castelluccio.

31 Dangeau, t. VII, p. 226-227: "Après souper il y eut une fort jolie mascarade de roi de la Chine avec des entrées de ballet et de la musique, et ensuite il y eut bal jusqu'à minuit. Les danseurs du bal étaient monseigneur le duc de Bourgogne et messeigneurs ses frères, M. de Chartres, M. le Duc…". Cf. aussi à ce sujet le marquis de Sourches, cité par Castelluccio, 2014, fig. 115-116.

appartements intérieurs et dans leurs retraites favorites.
L'un des vecteurs les plus puissants de l'introduction de l'art chinois à la cour de France fut la porcelaine. Ce matériau, considéré comme un véritable or blanc jusqu'au milieu du XVIIIe siècle, en raison de sa rareté et du mystère qui entourait sa fabrication, commença à entrer dans les collections royales françaises, en très petit nombre au XVIe siècle, à l'époque de François Ier. Sous le règne de Louis XIV, les porcelaines de Chine présentes dans les résidences royales étaient beaucoup plus nombreuses. Le roi en possédait lui-même à Versailles, en grande partie offertes par les ambassadeurs du Siam, mais également au château du Val, près de Saint-Germain en Laye, ou encore dans son cher Marly[32]. Son fils aîné, le Grand Dauphin, se révéla être, avec le duc d'Orléans et le prince de Condé, l'un des plus grands collectionneurs de porcelaines de Chine de son temps[33]. Des appartements moins célèbres du château de Versailles recélaient aussi des porcelaines de Chine, notamment l'appartement de la duchesse d'Orléans, fille de Louis XIV et épouse du Régent, situé au premier étage du château, dans l'aile du Midi[34]. Ce goût pour les porcelaines de Chine, au temps de Louis XIV et sous la Régence, trouva un reflet dans la peinture contemporaine, en particulier dans les œuvres de François Desportes qui représente fréquemment des porcelaines de Chine dans ses natures mortes ou dans ses buffets d'orfèvrerie, parfois eux-mêmes destinés à des résidences royales comme Marly (fig. 7) ou, plus tard, Choisy.
Si les premières porcelaines de Chine présentes à Versailles et dans ses satellites étaient le plus souvent ornées de décor en bleu et blanc, à partir des années 1730-1740, on leur préféra les céladons ou les couvertes monochromes et on leur adjoignit systématiquement des montures en bronze doré, qui amplifiaient leur préciosité, les acclimataient au goût français et témoignaient du savoir-faire des fondeurs parisiens. Ce goût des membres de la famille royale pour les porcelaines de Chine montées, évoqué ici par Vincent Bastien[35], est illustré à l'exposition par la présence de la célèbre fontaine à parfum, livrée pour la garde-robe de Louis XV, à Versailles, en 1743 par le marchand mercier parisien, Thomas-Joachim Hébert[36]. Louis XV se fournissait également chez le marchand Lazare Duvaux, chez qui il acquit, notamment pour le Grand Trianon, plusieurs porcelaines de Chine, en particulier, le 22 avril 1755 « Un gros vase bleu de porcelaine ancienne, monté en bronze doré d'or moulu [...] Deux bouteilles de porcelaine vert céladon, cannelées, montées en bronze doré d'or moulu [...][37] ». Ce goût de Louis XV était partagé par sa maîtresse, madame de Pompadour (1721-1764), qui emplit l'ensemble de ses résidences versaillaises et parisiennes, notamment l'hôtel d'Evreux (actuel palais de l'Elysée), de porcelaines de Chine montées d'un luxe inouï (fig. 8)[38]. Ce goût de la famille royale pour les porcelaines de Chine montées perdura sous le règne suivant, chez Mesdames à Bellevue, chez le

Fig. 7
vers 1706–1708, François Desportes (1661–1743), *Nature morte au bol de prunes et fleurs d'oranger*, huile sur toile, peint pour l'appartement du Roi à Marly, localisation actuelle inconnue

Fig. 8
Époque Yongzheng (1723–1735), porcelaine de Chine, *Urne à décor de bambous*; bronze doré, Paris, milieu du XVIIIe siècle, probablement anc. coll. de madame de Pompadour, collections royales anglaises, château de Windsor, inv. RCIN 35312.

Fig. 9
1742, François Boucher (1703–1770), *La Toilette*, Madrid, musée Thyssen-Bornemisza, inv. Nr 58 (1967.4).

32 Cf. ici notice n° 115 du catalogue.
33 Cf. ici notice n° 112 du catalogue.
34 Cf. Gautier, 2014, p. 90.
35 Cf. ici l'essai de Vincent Bastien.
36 Cf. ici n° 133 du catalogue.
37 Courajod, 1873, p. 241, n° 2137.
38 Cf. à ce sujet, Rochebrune, 2002, p. 413-417.

comte de Provence[39], mais avant tout chez la reine qui acquit pour le Cabinet doré et le cabinet de la Méridienne, à Versailles, des pièces rares, aux montures particulièrement somptueuses[40].

D'autres produits de la Chine étaient particulièrement appréciés à la cour de France dès la fin du XVIIe siècle comme les laques, les pierres dures[41], les cloisonnés, les éventails, les étoffes et les papiers peints[42]. Ces derniers, exportés dès la fin du XVIe siècle vers l'Europe par la compagnie anglaise des Indes, semblent avoir particulièrement attiré l'ensemble de la famille royale au milieu du XVIIIe siècle. Leurs usages étaient multiples. Ils servaient à garnir des murs mais aussi des écrans de cheminée, des paravents ou des écrans à main, comme le montre l'admirable *Toilette* de François Boucher (fig. 9). On en trouve mentionnés chez Louis XV à Choisy, chez madame de Pompadour dans son appartement et son ermitage de Versailles, ainsi qu'au château de Bellevue, mais aussi chez la dauphine Marie-Josèphe de Saxe… Dès 1747, Marie Leszczyńska avait fait tendre de papiers peints chinois l'un des cabinets de son appartement intérieur.

Le goût pour l'art chinois qui se diffusait en France, grâce aux marchandises transportées sur les navires de la Compagnie française des Indes orientales, eut aussi une influence considérable sur l'art français qui se manifesta par trois phénomènes distincts : la transformation des œuvres d'importation, leur imitation et leur utilisation par les artistes et les artisans français comme sources d'inspiration.

Aussi étrange que cela puisse paraître à nos contemporains, on n'hésita pas, très tôt, à transformer les objets chinois d'importation pour les magnifier mais aussi pour les adapter au goût français. La manifestation la plus ancienne et la plus connue de ce phénomène fut l'adjonction, dès la fin du Moyen Âge, de montures en métal précieux aux pièces de porcelaine de Chine. Cette habitude ancestrale connut un âge d'or au XVIIIe siècle avec le développement du bronze doré, une spécialité des fondeurs-ciseleurs parisiens, comme le montrent plusieurs porcelaines de Chine montées de provenance royale, présentées à l'exposition[43]. Les laques de Chine, qui transitaient sous la forme de paravents, ou de cabinets par les côtes de Coromandel, n'échappèrent pas non plus aux transformations les plus radicales, exécutées par les ébénistes français, à l'instigation des marchands merciers. On n'hésita pas ainsi à dépecer ces objets de leurs panneaux de laque pour les plaquer sur des meubles d'ébénisterie, souvent enrichis de bronzes dorés.

Une autre facette de ce goût chinois réside dans le désir d'imiter les produits de la Chine, dont la fabrication demeurait parfois un véritable mystère pour les Européens. En France, il revêtit deux aspects essentiels, dont le plus visible fut la recherche frénétique des secrets de fabrication de la porcelaine de Chine. Celle-ci fut vivement encouragée par les autorités françaises dès le règne de Louis XIV, notamment à la manufacture de Rouen dans les années 1670, et finit par se concrétiser, cent ans plus tard, à la manufacture de Sèvres, après la découverte de gisements de kaolin à Saint-Yrieix la Perche, en Limousin. Jusque-là, on fabriqua en France une porcelaine artificielle, dite tendre, dépourvue totalement de kaolin. Le second aspect fut l'invention, dès les années 1670, de vernis français à l'imitation des laques de Chine, susceptibles de compléter, voire de suppléer les laques d'Extrême-Orient, jugés trop coûteux[44]. A Versailles, au milieu du XVIIIe siècle, l'un des plus beaux exemples de meuble recouvert de vernis français « façon de la Chine » était constitué par le somptueux bureau plat en laque rouge et or, à décor de pagodes et de paysages chinois, fourni à Louis XV par Gilles Joubert, en décembre 1759 (fig. 10). Ce meuble, conservé aujourd'hui au Metropolitan Museum of Art, laqué de vernis

39 Cf. ici n° 136 du catalogue.

40 Cf. ici n° 145 du catalogue.

41 Cf. ici n° 110 du catalogue.

42 Cf. ici n° 107 du catalogue.

43 Cf. ici n° 132 et n° 135 du catalogue.

44 Cf. à ce sujet, cat. expo. sous la direction d'Anne Forray-Carlier, Paris, 2014, p. 41, n° 15.

Martin[45], témoigne du goût chinois du roi au cœur même de l'appartement intérieur[46]. En 1765, une écritoire de même vernis fut livrée à Louis XV pour compléter le bureau.
La troisième conséquence de ce goût pour les productions artistiques de la Chine se manifesta dans la création d'œuvres d'art françaises à sujets chinois ou inspirées par des descriptions illustrées de la Chine, dans de nombreux domaines, peinture, estampe, tapisserie, céramique, textile, bronze d'ameublement, art des jardins... Versailles et ses satellites furent touchés à de nombreux titres par ce mouvement au XVIIIe siècle. Ainsi, une *chasse chinoise*, peinte par Jean-Baptiste Pater, fut-elle incluse en 1736 dans le cycle des Chasses exotiques, commandé par le roi pour la petite galerie, à Versailles[47]. En 1761, un cabinet chinois, composé par des peintres français, fut aménagé à l'emplacement du cabinet de Marie Leszczyńska tendu de papiers peints chinois, cité plus haut. La Chine, illustrée par les peintres choisis par la reine, n'était pas totalement imaginaire puisque ceux-ci avaient puisé leur inspiration dans des ouvrages écrits et illustrés par des personnages qui étaient allés en Chine, comme Jean Nieuhoff ou, plus récemment, William Chambers. De nombreux textiles français tissés, parfois brodés ou peints « à la chinoise » se répandirent à Versailles et dans d'autres résidences royales comme Compiègne sous le règne de Louis XVI. Dans la bibliothèque aménagée pour le roi en 1774, dans l'appartement intérieur de Versailles, les sièges étaient garnis de « pékin » peint. Les étoffes du cabinet de la Méridienne, édifié par Richard Mique en 1781, entièrement tissées à Lyon, étaient enrichies de broderies « à la chinoise ». Dans les années 1770-1780, les sujets chinois prirent une importance considérable dans la nouvelle production de pâte dure, mise en œuvre à la manufacture royale de porcelaine de Sèvres. Les sujets chinois furent très appréciés par la famille royale, comme le montre bien ici Vincent Bastien[48]. Enfin, cette influence de la Chine sur l'art français devait trouver à Versailles une sorte d'apothéose au Petit Trianon, avec la plantation, à partir de 1776, sous la direction de Richard Mique, d'un jardin anglo-chinois. Ce dernier constituait, à l'image de la folie de Chartres (actuel parc Monceau à Paris), une sorte de monde en miniature où la Chine, avec le célèbre mais éphémère jeu de bague chinois, trouvait sa place au même titre que la Grèce antique, à travers le temple de l'Amour, élevé deux ans plus tard.

Fig. 10
1759, Gilles Joubert (1689–1775), *Bureau plat en laque rouge et or de Louis XV*, New York Metropolitan Museum of Art, don de M. et Mme Charles Wrightsman en 1973, inv. 1974.315.I.

45 Du nom d'une célèbre famille de vernisseurs parisiens au XVIIIe siècle.

46 Cf. Verlet, 1990, t. IV, p. 49-51. Inv. 1974.315.I.

47 Cf. ici le n° 166 du catalogue.

48 Cf. à ce sujet son essai.

前 言

Préface

中国和法国作为东西方文明的重要代表，交往和交流的历史源远流长。

中国的紫禁城和法国的凡尔赛宫，历史上都曾是国家行政中心、宫廷生活场所、文化艺术荟萃之地，引领过各自国家的时代潮流。而今作为各自国家历史和文化的象征符号，彰显着各自文明的文化传统和精神气质。17世纪下半叶至18世纪，以紫禁城和凡尔赛宫为中心，两国之间人员往来、思想交汇、文化交流广泛而深入。中法之间彼此借鉴、相互启迪，中学西传和西学东渐相辅相成，共同为人类社会发展贡献出不竭的思想智慧和知识源泉，推动了世界文明交流互鉴的历史进程。

本展览以中法两国外交、文化和艺术交流为主题，通过故宫博物院、凡尔赛宫博物馆以及其他收藏机构的文物精品，展现百年间双方彼此尊重、相互欣赏的政治交往史，以及彼此借鉴、相互学习的文化交流史。

万里之遥，不以为远。文明之光，相互映照。中法百年间跨越千山万水的文明对话，架起了东西方文明的沟通之桥，为世界多样文明和谐共处提供了历史范例。

La Chine et la France, représentants importants des civilisations orientale et occidentale, partagent une longue histoire d'échanges. La Cité interdite àPékin et le Château de Versailles à Paris, qui furent tous les deux les centres administratifs et les lieux où vivaient les souverains et prospéraient les activités culturelles et artistiques, menèrent la tendance de l'époque dans leur pays. Aujourd'hui, symboles de l'histoire et de la culture, ils incarnent respectivement la tradition culturelle et l'esprit des civilisations chinoise et française. De la seconde moitié du XVIIe siècle au XVIIIe siècle, les échanges humains, le croisement des pensées et les échanges culturels entre les deux pays étaient fréquents et ne cessaient de s'approfondir autour de la Cité interdite et du Château de Versailles. L'apprentissage réciproque et l'inspiration mutuelle entre la Chine et la France, ainsi que la complémentarité des connaissances chinoises et françaises, contribué au développement de la société de la sagesse, de l'intelligence et des sources de connaissances inépuisables, et promu le processus des échanges et de l'inspiration mutuelle des civilisations du monde.

Ayant comme thème les échanges diplomatiques, culturels et artistiques entre la Chine et la France, cette exposition retracera l'histoire des échanges politiques au cours de laquelle les deux pays s'appréciaient et se respectaient l'un et l'autre, ainsi que l'histoire des échanges culturels où se développaient l'apprentissage réciproque et l'inspiration mutuelle pendant des siècles, à travers des collections sélectionnées par le musée du Palais, le musée national des châteaux de Versailles et de Trianon et d'autres institutions. Ce dialogue de civilisations constitue un pont entre les civilisations orientale et occidentale, et propose un exemple de coexistence de différentes civilisations, malgré des milliers de kilomètres entre les deux pays.

图版目录

第一单元　龙与百合花的相遇

第二单元　紫禁城中的法国风景

第三单元　凡尔赛里的中国时尚

Catalogue

Unité III Le goût chinois au Château de Versailles

图版
Œuvres

Unité I

龙与百合花的相遇

Rencontre du dragon et du lys

1688年，路易十四派遣的五位“国王数学家”来到北京，得到康熙皇帝接见，其中白晋（Joachim Bouvet）和张诚（Jean-François Gerbillon）留在宫廷，正式开启了中法间的跨文化互动。

17、18世纪的中法关系呈现出独特之处。两国之间未互派正式国家使团，但均采取积极主动的外交政策，推动彼此之交流，并一直持续到18世纪末。这一时期的中法交往主要以服务清宫的法国耶稣会士作为沟通桥梁。两国宫廷和政府始终高度关注，参与其中。科学和艺术交流成为这一时期的主旋律。

随着中国古代文化经典和历史著作的翻译、传播，欧洲掀起中国热。法国启蒙运动的思想家们对中华文明进行了深入解读，中西文化在碰撞中激荡出推进世界文明发展的思想火花。中国文化向世界贡献的智慧在中法交流中得到了充分体现。

En 1688, cinq mathématiciens du Roi envoyés par Louis XIV arrivèrent à Pékin et furent reçus par l'empereur Kangxi. Parmi eux, Joachim Bouvet et Jean-François Gerbillon restèrent à la cour, initiant le début des échanges culturels entre la Chine et la France. Aux XVIIe et XVIIIe siècles, les relations sino-françaises présentaient des particularités. Aucune mission diplomatique officielle n'avait été envoyée entre les deux pays, mais des politiques extérieures actives furent mises en place jusqu'à la fin du XVIIIe siècle pour promouvoir les échanges.
Durant cette période, les échanges ont été principalement réalisés par les missionnaires français en Chine avec l'attention particulière et la participation des souverains et des gouvernements des deux pays. Les sciences et les arts ont fait l'objet des échanges. En même temps, grâce à la traduction et à la diffusion des œuvres classiques et des monographies historiques chinoises, l'Europe connut un véritable engouement pour la Chine. Les penseurs des Lumières ont exploré de manière globale la civilisation chinoise et remodelé leur pensée. La rencontre des cultures chinoise et occidentale a contribué au développement des civilisations du monde. La sagesse de la culture chinoise pour le monde s'est pleinement reflétée dans les échanges sino-français.

001

康熙帝朝服像

清
佚名
绢本设色
纵278厘米　横143厘米
故宫博物院藏

Portrait de l'empereur Kangxi en tenue de cour

Dynastie des Qing
Anonyme
Peinture sur soie
H.: 278 cm; L.: 143 cm
Collection du musée du Palais

康熙帝（1654～1722年），名爱新觉罗·玄烨，8岁继位，是清入关后第二位皇帝。康熙帝在位61年，在位期间，通过长时间的对内、对外战争使统一的多民族国家进一步巩固。同时也对政令进行调整，缓和阶级矛盾，恢复和发展社会生产，使经济得以复苏和繁荣，拉开了“康乾盛世”的序幕。

此图所绘康熙皇帝，年纪在六十岁左右，展现出他君临天下、运筹帷幄的气度。

（周耀卿）

L'empereur Kangxi (1654-1722), dont le nom personnel est Xuanye Aisin Gioro, accéda au trône à l'âge de huit ans et fut le deuxième empereur de la dynastie des Qing après l'établissement de la capitale à Beijing. Il régna 61 ans. Au cours de son règne, il consolida davantage le pays multiethnique unifié à travers de longues guerres internes et externes. Dans le même temps, de nouveaux décrets furent publiés pour atténuer les conflits de classes, restaurer et développer la production sociale et permettre à l'économie de se redresser et de prospérer, ouvrant la voie à « l'ère des Hauts Qing ».

La peinture montre l'autorité et la sagesse de l'empereur Kangxi dans sa soixantaine.

(Zhou Yaoqing)

002

康熙帝常服像轴

清
佚名
绢本设色
纵50.5厘米　横31.9厘米
故宫博物院藏

Portrait de l'empereur Kangxi en tenue décontractée

Dynastie des Qing
Anonyme
Peinture sur soie
H.: 50.5 cm; L.: 31.9 cm
Collection du musée du Palais

此图绘年轻的康熙帝头戴夏常服冠，身着常服袍，端坐于桌前正欲提笔写字。他神态平和，眼望前方，正在思索，好似一位书生，但身后宝座与地毯上的龙纹图案则显示了其尊贵的身份。康熙帝自幼勤奋好学，继位之后深入学习并大力推崇汉族传统文化，利用其改善满汉关系。先后以南怀仁（Ferdinand Verbiest）、徐日昇（Tomas Pereira）、白晋（Joachim Bouvet）等人作为自己学习西方科学知识的老师，并通过他们了解了西方天文、地理、宗教、哲学等方面的内容。西方世界也通过传教士们的介绍对万里之外的中国与中国皇帝有了初步的认识。

（周耀卿）

Cette peinture illustre le jeune empereur Kangxi portant un chapeau d'été et une robe longue, assis à table et sur le point d'écrire. Le visage calme, il regarde devant lui, laissant penser à un lettré ordinaire, mais le motif de dragon derrière lui et sur le tapis révèle son noble statut. L'empereur Kangxi fut diligent et studieux depuis son enfance. Après avoir accédé au trône, il étudia en profondeur et promut vigoureusement la culture traditionnelle des Han, améliorant ainsi les relations entre les Mandchous et les Han. Il apprit également l'astronomie, la géographie, la religion, la philosophie et d'autres connaissances scientifiques occidentales auprès des missionnaires tels que Ferdinand Verbiest, Tomas Pereira et Joachim Bouvet. À des milliers de kilomètres plus loin, le monde occidental commença également à connaître la Chine et son empereur grâce à la présentation des missionnaires.

(Zhou Yaoqing)

003

雍正帝洋装像屏

清
佚名
纸本设色
纵50.7厘米　横32厘米
故宫博物院藏

Portrait de l'empereur Yongzheng en costume occidental

Dynastie des Qing
Anonyme
Peinture sur papier
H.: 50.7 cm; L.: 32 cm
Collection du musée du Palais

图中胤禛头戴法式假发，身着欧式服装，显然是受到了法国波旁王朝路易十四的影响。本幅人物面部五官刻画得生动逼真，和故宫博物院藏另一套《雍正行乐图》十分近似。据学者研究，本幅绘画的表现方式系受当时欧洲流行的"扮装舞会画像"的影响。本幅的制作显示了胤禛内心标新立异的特质以及清代宫廷对于欧洲时尚的浓厚兴趣。
（鲁颖）

Sur la peinture, l'empereur Yongzheng porte une perruque française et des vêtements de style européen, indiquant une influence évidente du style du roi de France Louis XIV. Les traits du visage sont vifs et réalistes, ce qui est similaire à la série de peintures *Yongzheng s'amusant* du musée du Palais. Selon les chercheurs, la méthode d'expression de cette peinture a été influencée par les portraits de soirées déguisées qui étaient populaires en Europe à la même époque. Cette peinture montre le caractère non conventionnel de l'empereur Yongzheng et le fort intérêt de la cour des Qing pour la mode européenne.
(Lu Ying)

004

乾隆帝古装像轴

清
（传）郎世宁、金廷标
绢本设色
纵103厘米　横96厘米
故宫博物院藏

Portrait de l'empereur Qianlong en costume ancien

Dynastie des Qing
Attribué à Giuseppe Castiglione, Jin Tingbiao
Peinture sur soie
H.: 103 cm; L.: 96 cm
Collection du musée du Palais

图绘身着汉装的乾隆皇帝在摆满精致的文房四宝的桌前，提笔思考。画幅上没有作者的名款，从表现技法上分析，人物的脸像应该由西洋画家郎世宁（Giuseppe Castiglione）绘制，人物的服饰及周围的环境应当由中国宫廷画家金廷标所绘。这种中西画家的合作是乾隆时期宫廷艺术的特色之一。

（李湜）

La peinture illustre l'empereur Qianlong en tenue Han, un pinceau à la main, réfléchissant devant une table sur laquelle sont posés les quatre trésors du lettré. Le nom du peintre n'est pas inscrit sur la peinture. D'après l'analyse des techniques d'expression, le visage de l'empereur aurait été réalisé par le peintre occidental Giuseppe Castiglione, tandis que ses vêtements et le décor seraient peints par le peintre de la cour chinoise Jin Tingbiao. La coopération entre peintres chinois et occidentaux était l'une des caractéristiques de l'art de cour sous le règne de Qianlong.

(Li Shi)

005

艺术和科学标志簇拥下的路易十四像

约1672年
让·卡尼尔
布面油画
纵163厘米　横204厘米
凡尔赛宫与特里亚农宫国家博物馆藏
流传经历：艺术家1672年1月进入皇家绘画与雕塑学院时的入院作；学院旧藏；大革命时期收缴；1798年移送凡尔赛宫

Le portrait de Louis XIV parmi les attributs des arts et des sciences

Vers 1672
Jean Garnier (1632-1705)
Huile sur toile
H.: 163 cm; L.: 204 cm
Musée national des châteaux de Versailles et de Trianon
Historique: morceau de réception de l'artiste à l'Académie royale de peinture et de sculpture en janvier 1672; anc. coll. de l'Académie; saisie révolutionnaire; transféré à Versailles en 1798.

这幅路易十四（1638～1715年）像是对艺术和科学的理想资助者、保护人的致敬，而艺术和科学正是王国财富之源。国王在画中以军人形象出现，身披带百合花徽的护胸甲。此肖像模仿的是克劳德·勒菲弗尔（Claude Lefèvre）1665～1670年创作的一幅作品，并绘假画框予以烘托。肖像被艺术相关物品巧妙环绕，以各种乐器（低音提琴、小提琴、吉他、宫廷风笛等）和尼姆四方神殿平面图来体现。显示黄道十二宫的地球仪、深奥的书籍和各种科学仪器则彰显了科学保护人的身份。路易十四在科贝尔（Colbert）的大力支持下，于1666年和1667年分别创立了皇家科学院和巴黎天文台。

路易十四以科学为途径，与康熙皇帝建立联系。他派往北京宫廷的五位耶稣会士以数学家身份出使，并赢得了皇帝的信任。多年以前，两位著名的耶稣会神父汤若望（Johann Adam Schall von Bell）和南怀仁（Ferdinand Verbiest）已经做出榜样，他们应顺治皇帝的要求，掌管钦天监，负责制定历法。耶稣会士不辱使命，向欧洲人介绍他们在中国的种种发现，路易十四的期望也得以实现。1696年起，路易十四的五位数学家之一，且和白晋（Joachim Bouvet）一样与科学院的比尼翁神父（l'abbé Bignon）保持书信往来的李明（Louis Le Comte）在法国出版《中国近事报道》，带来有关中国的最新知识。路易十四派往中国的耶稣会传教团在接下来的一个世纪里取得丰硕成果，尤其是出版了法国耶稣会士和其他国家耶稣会士自1702年起寄给欧洲联络人的《耶稣会士中国书简集》，以及让-巴蒂斯特·杜赫德（Jean-Baptiste Du Halde）1735年编纂的《中华帝国全志》。

（玛丽-洛尔·德·罗什布吕纳）

Cette effigie de Louis XIV (1638-1715) constitue un hommage au mécène idéal, protecteur des arts et des sciences, sources de richesses pour son royaume. Le roi est représenté ici en homme de guerre portant une cuirasse fleurdelisée, dans un portrait souligné d'un cadre feint, exécuté d'après un tableau peint par Claude Lefèvre entre 1665 et 1670. L'effigie est savamment entourée par les arts, illustrés ici par différents instruments de musique (basse de viole, violon, guitare, musette de cour…), et par le plan de la Maison carrée de Nîmes. Le protecteur des sciences, enfin, est évoqué par le globe où l'on distingue les constellations du Zodiaque, par les livres savants et par les différents instruments scientifiques. Rappelons qu'en 1666 et en 1667, avec le soutien appuyé de Colbert, Louis XIV avait créé respectivement l'Académie royale des sciences et l'Observatoire de Paris.

C'est par les sciences que Louis XIV parvint à entrer en contact avec l'empereur Kangxi. Les cinq émissaires jésuites qu'il envoya à la cour de Pékin le furent en tant que mathématiciens et gagnèrent ainsi la confiance de l'empereur. L'exemple avait été donné bien des années plus tôt par deux célèbres pères jésuites, Johann Adam Schall von Bell et Ferdinand Verbiest, qui avaient présidé, à la demande du père de Kangxi, l'empereur Shunzhi, le bureau d'astronomie impérial, chargé d'établir le calendrier. Les espérances de Louis XIV furent comblées par le succès avec lequel les jésuites remplirent leur mission et informèrent les Européens sur tout ce qu'ils découvraient en Chine. Dès 1696, le père Le Comte, l'un des cinq mathématiciens de Louis XIV et l'un des correspondants avec le père Joahim Bouvet de l'abbé Bignon à l'Académie des sciences, publiait en France les *Nouveaux Mémoires sur l'état présent de la Chine* qui apportèrent des connaissances nouvelles sur l'empire du Milieu. La mission des jésuites, envoyés en Chine, par Louis XIV devait trouver des suites fructueuses tout au long du siècle suivant, notamment avec la publication des *Lettres édifiantes et curieuses*, adressées à partir de 1702 par les jésuites français et étrangers à des correspondants européens ou encore avec la *Description géographique historique, chronologique, politique, et physique de l'Empire de la Chine et de la Tartarie chinoise*…, composée en 1735 par le père Jean-Baptiste du Halde. (Marie-Laure de Rochebrune)

006

路易十四像

约1685年
（传）艾蒂安·热斯兰
布面油画
纵127厘米　横96厘米
凡尔赛宫与特里亚农宫国家博物馆藏
流传经历：1833年9月15日入藏凡尔赛宫

Portrait de Louis XIV

Vers 1685
Attribué à Étienne Geuslain (vers 1660-vers 1713)
Huile sur toile
H.: 127 cm; L.: 96 cm
Musée national des châteaux de Versailles et de Trianon
Historique: entré à Versailles le 15 septembre 1833.

这幅路易十四像创作于17世纪80年代中期，当时法国宫廷刚刚入驻凡尔赛宫。画中，赢下法荷战争（1672～1678年）和重盟战争（1683～1684年）的国王身着缀有领带和蕾丝袖口的华丽铠甲，外披红色衬里蓝色大衣，右手执带百合花徽的指挥棒。此戎装肖像与夏尔·勒布伦（Charles Le Brun）为镜厅、和平厅及战争厅绘制天花板的工程属同一时期，后者也是为了颂扬法兰西王国的军事实力。

这幅画似乎是艾蒂安·热斯兰（Étienne Geuslain，约1660～1713年）已失传原作的复制品，原作构图可从柯内尼斯·维穆伦（Cornelis Vermeulen）的一幅版画中得知：国王并非如凡尔赛宫现藏版本中那样身在王宫，而是位于一幅战争场景前。版画质量上乘，明确注明原作系“据陛下”所绘，即摆好姿势后绘制，这是当时最优秀的肖像画家才有的特权。但矛盾的是，艾蒂安·热斯兰一直是位很不被赏识的艺术家。他先是为国王的侄子沙特尔公爵（duc de Chartres）服务，后为王室收藏的一些最杰出画作担任修复师，这些作品包括提香的《帕尔多

的维纳斯》、拉斐尔的《圣米迦勒》、拉斐尔和朱利奥·罗马诺的《圣玛格丽特》。1685年，其子夏尔-艾蒂安（Charles-Étienne）出生，后来成为皇家绘画与雕塑学院的画家。9年之后，其女玛丽-玛德莲娜（Marie-Madeleine）出生。1709年，艾蒂安·热斯兰参加了孔代亲王（Prince de Condé）绘画藏品的清点工作。他大约在1713年去世。除了档案里提到的《圣热罗姆》之外，维穆伦所刻的《路易十四像》是其绘画作品的唯一见证。

然而，凡尔赛宫里的这幅肖像不同于维穆伦刻的那幅作品，两者背景有别。肖像面部表情十分专注，略显冷淡，某些装饰物（如蕾丝花边）刻画得十分细致，与铠甲强烈的反光和装饰形成鲜明对比，似证明此画并非画家创作的第一个版本。这幅作品的构图极少被复制，我们暂且还是认为凡尔赛宫的版本亦为艾蒂安·热斯兰所作，希望将来能够发现其他作品以供比较。唯一可以确定的是，1833年9月15日入藏凡尔赛宫的这幅肖像并非1709年巴依（Bailly）所列王室藏品清单中那件被认为是诺克莱（Nocret）创作的椭圆画幅作品。不过，国王左侧外衣可能使用了青金石，暗示此画来源显赫。据说1716年卢瓦伯爵夫人安娜·德·苏夫雷（Anne de Souvré）的巴黎公馆里有一幅热斯兰创作的巨幅路易十四肖像，但至今尚无证据表明二者为同一幅作品。

（埃洛迪·韦斯）

Peint au milieu des années 1680, ce portrait de Louis XIV montre le visage du roi à l'époque de l'installation de la cour au château de Versailles. Sorti victorieux de la guerre de Hollande (1672-1678) et de la guerre des Réunions (1683-1684), le souverain est représenté dans une armure d'apparat agrémentée d'une cravate et de poignets de dentelle, que complète un grand manteau bleu à la doublure rouge. Il tient de la main droite un bâton de commandement fleurdelisé. Cette représentation martiale est contemporaine des programmes peints au château de Versailles par Charles Le Brun pour les plafonds de la galerie des Glaces, du salon de la Paix et du salon de la Guerre, qui célèbrent eux aussi la puissance militaire du royaume de France.

Le tableau semble être la réplique d'un original perdu d'Étienne Geuslain dont la composition est connue par une gravure de Cornelis Vermeulen: le roi y est représenté non pas dans un palais, comme sur la version aujourd'hui conservée à Versailles, mais devant une scène de bataille. De très belle qualité, la gravure précise que l'œuvre originale a été peinte « d'après Sa Majesté », c'est-à-dire à l'issue d'une séance de pose, un privilège réservé aux meilleurs portraitistes du temps. Étienne Geuslain demeure pourtant, paradoxalement, un artiste très méconnu. Il semble avoir travaillé au service du duc de Chartres, le neveu du roi, avant de devenir le restaurateur de certains des plus beaux tableaux des collections royales comme la *Vénus du Pardo* de Titien, le *grand Saint Michel* de Raphaël ou la *Sainte Marguerite* de Raphaël et Jules Romain. En 1685 naît son fils Charles-Étienne, futur peintre à l'Académie royale de peinture et de sculpture, puis, neuf ans plus tard, sa fille Marie-Madeleine. En 1709, Étienne Geuslain participe à l'inventaire de la collection de tableaux d'Henri-Jules de Bourbon, prince de Condé. Il meurt dans les années suivantes, sans doute vers 1713. Avec un *Saint Jérôme* mentionné par les archives, le *Portrait de Louis XIV* gravé par Vermeulen est le seul témoignage d'un tableau de sa création.

Le portrait de Versailles, cependant, ne peut être l'œuvre gravée par Vermeulen, dont l'arrière-plan est différent. Le caractère très appliqué du visage, un peu sec, et la minutie avec laquelle sont reproduits certains ornements, comme les pièces de dentelle, tranchent avec la vivacité des reflets et décors de l'armure, et tendent à confirmer qu'il ne s'agit pas de la première version créée par l'artiste. La composition ayant été très peu copiée, il est toutefois tentant d'attribuer également la version de Versailles à Étienne Geuslain, dans l'attente de la découverte d'autres œuvres susceptibles de servir de points de comparaison. Seule certitude, ce tableau, entré à Versailles le 15 septembre 1833, ne peut se confondre avec celui mentionné parmi les collections royales dans l'inventaire de Bailly en 1709, attribué à Nocret et de format ovale. L'emploi possible de lapis lazuli pour le manteau du roi, en partie gauche, suggère néanmoins une provenance prestigieuse. Un grand *Portrait de Louis XIV* par Geuslain est ainsi mentionné en 1716 dans l'hôtel parisien d'Anne de Souvré, marquise de Louvois, sans que rien ne prouve à ce jour qu'il puisse s'agir du même tableau.

(Elodie Vaysse)

007

路易十五像

约1761～1765年
路易·米歇尔·范·洛画坊
布面油画
纵72厘米　横56厘米
凡尔赛宫与特里亚农宫国家博物馆藏
流传经历：皇室旧藏

Portrait de Louis XV

vers 1761-1765
Atelier de Louis Michel van Loo (1707-1771)
Huile sur toile
H.: 72 cm; L.: 56 cm
Musée national des châteaux de Versailles et de Trianon
Historique: anciennes collections royales.

路易十五（1710～1774年）与其曾祖父一样热衷于保护法国手工工厂和艺术家。他对中国艺术品以及受其影响的法国艺术品的喜爱，在其凡尔赛宫的私人空间和法兰西岛上他最钟爱的居所，尤其是米埃特城堡和舒瓦西城堡，表现得尤为明显。

巴黎米埃特城堡最早的中国风装饰由华托（Watteau）完成。1719年，路易十五从摄政王手中购入城堡。1741～1745年，雅克·加布里埃尔五世（Jacques V Gabriel）和他的儿子昂热–雅克（Ange–Jacques）对城堡进行了全面翻修。18世纪50年代，路易十五经常在此下榻。国王对中国瓷器的爱好在米埃特城堡得到了充分的满足。1754年4月9日，拉扎尔·迪沃（Lazare Duvaux）"向首席侍臣交付用于国王米埃特城堡的两件'印度'（中国）带铜镀金装饰的浮雕百花罐，288里弗尔……一个折沿漆托盘，72里弗尔"。1755年1月26日，这位商人再次向国王首席侍臣出售"供米埃特城堡所用，与两只蓝色百花罐配套的铜镀金脚，18里弗尔"。

路易十五1739年购入的舒瓦西城堡有几年时间曾经是国王与迈利夫人（Madame de Mailly）的幽会场所。1742年，国王为迈利夫人布置了著名的蓝色卧房，里面的家具仿照中国漆的风格涂上了法国漆。国王套房也充满了浓郁的中国风。

国王对东方的喜爱还体现在他从商人迪沃处为其家族成员和蓬巴杜夫人（Madame de Pompadour）购置的大量礼物。这些礼物通常是东方漆器。1751年5月14日，迪沃以国王的名义向阿黛拉伊德夫人（Madame Adélaïde）交付"砂金石漆盒，配有金质锁片和铰链……365里弗尔"。5月19日，维克图瓦夫人（Madame Victoire）也收到一件类似的礼物。

路易十五坚定不移地支持大臣亨利·莱昂纳尔·贝尔坦（Henri Léonard Bertin）的活动。贝尔坦是资深汉学家，与在华法国耶稣会士保持不间断的书信往来。他为法国赢得了《平定西域战图》册铜版画的制作委托。为保持自路易十四时代以来与中国建立的良好外交关系，贝尔坦代表国王向乾隆皇帝送去礼物，包括科学仪器、塞弗尔瓷器和博韦工厂根据弗朗索瓦·布歇（François Boucher）的图稿所编织的完整的第二套中国挂毯。

（玛丽–洛尔·德·罗什布吕纳）

Comme son arrière-grand-père, Louis XV (1710-1774) avait à cœur de protéger les manufactures et les artistes français. Aussi, son goût pour les productions de la Chine et pour les œuvres françaises influencées par l'art chinois se manifesta-t-il surtout dans les espaces privés qu'il occupait à Versailles et dans ses résidences d'Ile-de-France favorites, notamment la Muette et Choisy.

Le château de la Muette de Paris, où Watteau avait exécuté les premiers décors à la chinoise du XVIIIe siècle, fut acheté par Louis XV au Régent en 1719. Il fut totalement réaménagé entre 1741 et 1745 par Jacques V Gabriel et son fils, Ange-Jacques. Louis XV y séjourna très régulièrement dans les années 1750. À la Muette, le roi laissa libre cours à son goût pour la porcelaine de Chine. Le 9 avril 1754, Lazare Duvaux livra à « M. le Premier pour le Roy [à] la Muette deux pots-pourris de terre des Indes [de Chine] à relief, garnis en bronze doré d'or moulu, 288 l.[…]_ Un plateau de lacq à rebord, 72 l. » Le 26 janvier 1755, le marchand vendait de nouveau à « M. le Premier: Pour la Muette, les pieds en bronze doré d'or moulu faits pour deux pots-pourris bleus, 18 l. ».

Le château de Choisy, acquis par Louis XV en 1739, abrita quelques années les amours du roi et de madame de Mailly pour laquelle fut aménagée en 1742 la célèbre chambre bleue, avec son mobilier peint en vernis français, à la façon des laques de Chine. Le goût chinois régnait aussi à Choisy dans l'appartement du roi comme nous le verrons plus loin.

Le goût du roi pour l'Extrême-Orient se manifesta également dans les nombreux cadeaux qu'il effectua, notamment chez le marchand Duvaux, à l'intention de membres de sa famille ou de madame de Pompadour. Ceux-ci étaient souvent constitués d'objets en laque d'Extrême-Orient. Ainsi, le 14 mai 1751, Duvaux livrait-il de la part du roi à madame Adélaïde « Une boëte à parfiler en lacq aventurine & or, garnie d'entrées & charnières d'or […] 365 l. ». Le 19 mai suivant, madame Victoire recevait un présent similaire.

Louis XV soutint avec constance l'action de son ministre, Henri Léonard Bertin, un sinologue averti, qui entretenait une correspondance assidue avec les jésuites français de Chine. Bertin obtint pour la France la fabuleuse commande des gravures des *Conquêtes de l'Empereur de Chine*. Afin d'entretenir les bonnes relations diplomatiques tissées avec la Chine depuis le règne de Louis XIV, ce dernier adressa au nom du roi des présents à l'empereur Qianlong, constitués entre autres d'instruments scientifiques, de pièces de porcelaine de Sèvres et d'une série complète de la seconde tenture chinoise, tissée à Beauvais d'après les esquisses de Boucher.
(Marie-Laure de Rochebrune)

008

路易十六像

约1775年
约瑟夫·希尔福莱·迪普莱西
布面油画
纵80厘米　横62厘米
凡尔赛宫与特里亚农宫国家博物馆藏
流传经历：皇室旧藏；出现于1852年卢浮宫财产清册中；
1965年存放至凡尔赛宫

Portrait de Louis XVI en buste

Vers 1775
Joseph Silfred Duplessis (1725-1803)
Huile sur toile
H.: 80 cm; L.: 62 cm
Musée national des châteaux de Versailles et de Trianon
Historique: anciennes collections royales; mentionné dans l'inventaire du Louvre en 1852; déposé à Versailles en 1965.

这幅半身像与年轻君主身穿加冕礼服的全身像同时绘制。路易十六（1754～1793年）在画中身披绶带，佩戴着圣灵勋章和金羊毛勋章。

路易十六的藏书中有一本让–巴蒂斯特·杜赫德（Jean–Baptiste Du Halde）的名著《中华帝国全志》，该书于1735年在巴黎出版。路易十六由大臣亨利·莱昂纳尔·贝尔坦（Henri Léonard Bertin）辅佐，而贝尔坦这位中国爱好者的大臣职务则是由路易十五为其量身定制的。贝尔坦深谙如何引导路易十六对中国产生兴趣，说服他购买了乾隆皇帝像瓷板画，瓷板画由夏尔·埃鲁瓦·阿瑟兰（Charles Eloi Asselin）于1776年在塞弗尔绘制完成，放在了凡尔赛宫国王套间内最具象征意义的房间之一——角落书房。贝尔坦还引导路易十六关注他于1776年启动的一项巨大工程——《中国杂纂》的出版发行，该书由在中国的法国耶稣会士搜集资料而成，其中就有贝尔坦的主要联络人之一钱德明（Joseph–Marie Amiot）。

与前几任国王一样，路易十六对中国制品的兴趣在他的套间内展现得淋漓尽致。他让人把书房里的座椅都包裹上中国绸缎，这间书房在1774年由昂热–雅克·加布里埃尔（Ange–Jacques Gabriel）在路易十五的游戏厅基础上改造而成。同年，路易十六还从塞弗尔皇家瓷器厂购买了一套由雷科（Lécot）绘制的中式纹饰茶具。次年，他又购买了另一套极其奢华的茶具，同样由雷科绘制，现今保存于圣彼得堡。1780年，路易十六对塞弗尔瓷器厂制作的中国风彩绘纹饰的追求更上一层楼，购买了两对绘有中国风景和鸟纹的花瓶，放置在房间里。

国王在他自己的套间内放置了几块表现中国皇帝战争场景的雕版，其雕刻工作由科钦（Cochin）指导完成，在当年实属一项政治任务。克里斯蒂安·波莱（Christian Baulez）曾指出，1791年对国王套间特别是游戏厅的财产清点中提到了整个系列中的六幅雕版作品。

（玛丽–洛尔·德·罗什布吕纳）

Ce portrait en buste fut exécuté en même temps que le grand portrait en pied du jeune souverain en costume de sacre. Louis XVI (1754-1793) porte ici le ruban et la plaque de l'ordre du Saint-Esprit ainsi que l'ordre de la Toison d'or.

Louis XVI, qui possédait dans sa bibliothèque un exemplaire du très célèbre ouvrage de Jean-Baptiste Du Halde, *Description géographique historique, chronologique, politique, et physique de l'Empire de la Chine et de la Tartarie chinoise*..., publié à Paris en 1735, garda à son service le ministre sinophile, Henri Léonard Bertin, pour lequel Louis XV avait formé un ministère sur mesure. Bertin sut intéresser Louis XVI à la Chine, le convainquant d'acquérir la plaque représentant l'empereur Qianlong, peinte en 1776 à Sèvres par Charles Eloi Asselin. Celle-ci fut placée dans un des lieux les plus emblématiques de l'appartement intérieur du Roi à Versailles, le cabinet d'Angle. Bertin sut aussi intéresser Louis XVI à la tâche gigantesque à laquelle il s'était attelé depuis 1776, la publication des *Mémoires concernant l'Histoire, les Sciences, les Arts, les Mœurs, les Usages*, etc., des Chinois, *par les Missionnaires de Pékin*, rassemblés par des jésuites français, présents en Chine, comme le père Amiot, l'un des principaux correspondants du Ministre.

Comme chez ses prédécesseurs, le goût du roi pour les productions de la Chine se manifesta surtout dans son appartement intérieur. Il fit garnir de pékin peint les sièges de la bibliothèque qu'il fit aménager dès 1774 par Ange-Jacques Gabriel, à l'emplacement du salon des Jeux de Louis XV. Dès 1774 également, il acquit auprès de la manufacture royale de Sèvres un cabaret à décor chinois, peint par Lécot, présenté à l'exposition. L'année suivante, il acheta un autre cabaret particulièrement somptueux, également peint par Lécot, conservé aujourd'hui à Saint-Pétersbourg. En 1780, Louis XVI donna une place encore plus considérable aux décors chinois peints à Sèvres, en acquérant les deux paires de vases ornés de paysages et d'oiseaux chinois, et en la faisant placer dans la chambre de Louis XIV.

Le roi fit placer dans son appartement intérieur certaines planches des batailles de l'empereur de Chine, dont la gravure sous la direction de Cochin avait constitué une véritable affaire d'État en son temps. Christian Baulez a montré que six gravures de la série étaient mentionnées dans l'inventaire dressé en 1791 dans l'appartement intérieur du Roi, notamment dans le salon des Jeux.

(Marie-Laure de Rochebrune)

009

路易十四致康熙皇帝信

1688年8月7日
纸本墨书手稿
约纵30厘米　横25厘米
法国外交部档案馆藏（《亚洲回忆录和文献》第2卷第111页、112页背面）

Lettre de Louis XIV à l'empereur de Chine Kangxi

Datée du 7 août 1688
Manuscrit à l'encre sur papier
Vers H.: 30 cm; L.: 25 cm
Paris, Archives du ministère des Affaires étrangères (*Mémoires et documents d'Asie*, vol. 2, fol. 111 à 112 verso)

路易十四和他的主要大臣科贝尔（Colbert）数年来一直希望与中国建立紧密的外交关系，并设法派遣法国人入华。最终定下的方案是派遣法国耶稣会士入华，科贝尔和卢瓦（Louvois）认为，这个计划最能够促进宗教和科学的进步，并让中国了解法兰西的伟大之处。

此后路易十四派出多个传教团，其中第一个传教团在1685年派出，成员包括六位有名望的年轻数学家：洪若翰（Jean de Fontaney）、白晋（Joachim Bouvet）、张诚（Jean-François Gerbillon）、李明（Louis Le Comte）、刘应（Claude de Visdelou）、塔夏尔（Tachard）。该传教团由希里伯爵（Comte de Siry）带领。由于迟迟未收到他们的消息，国王曾考虑再组建一个新的传教团。

这封信便同派遣第二个传教团一事有关，不过他们最终并未成行。在这期间，第一个传教团的年轻耶稣会士们（其中五位）经过三年的海上旅行，于1688年抵达北京。他们聪明能干，成功被皇帝接纳，并成为皇帝的地理学和天文学老师。法国传教士的黄金时代在1693年达到巅峰，那一年，神父们用奎宁治好了皇帝的病。皇帝不久便拨给他们一座紧邻皇宫的宅邸，供他们在那里进行研究工作。

（樊尚·巴斯蒂安）

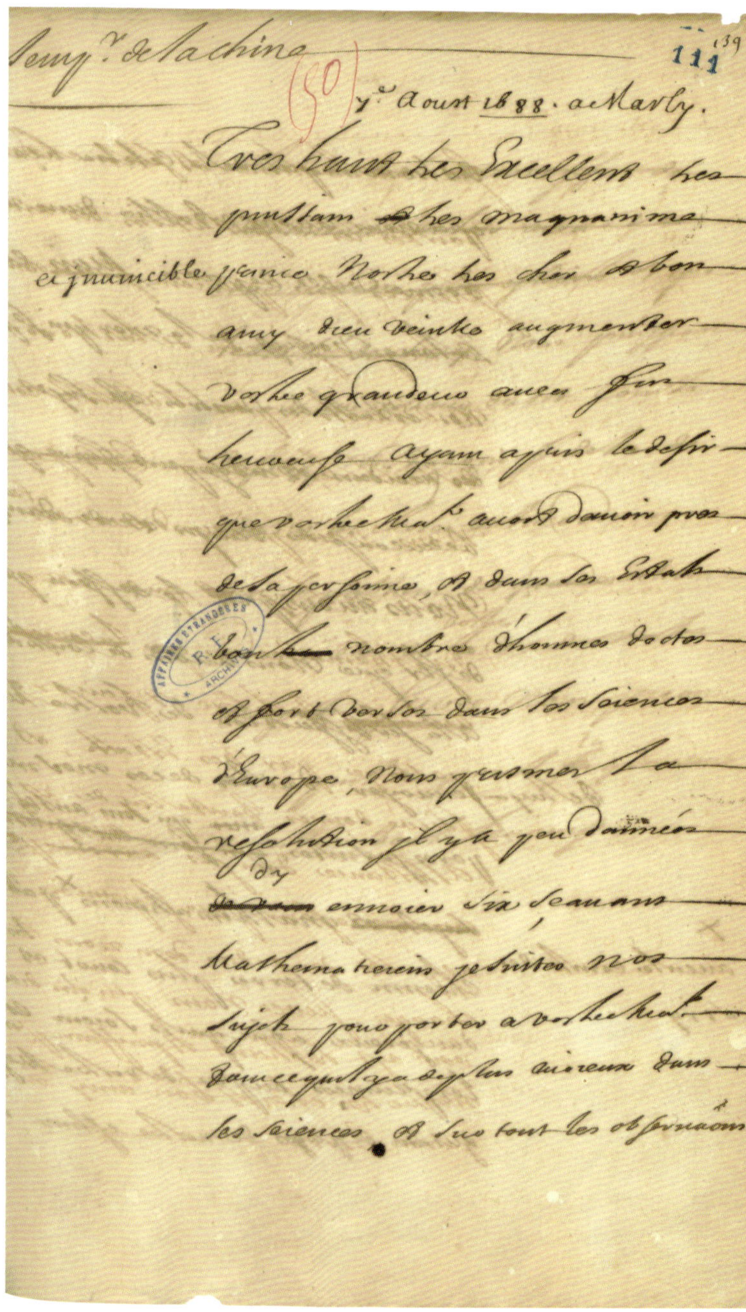
Empr. de la chine
111
(50)
7e Aoust 1688. a Marly.
Tres haut tres Excellent tres puissant et tres magnanime et invincible prince Nostre tres cher et bon amy Dieu veuille augmenter vostre grandeur avec fin heureuse. Ayant appris le desir que vostre Maté avoit d'avoir pres de sa personne et dans ses Estats bon nombre d'hommes doctes et fort versez dans les sciences d'Europe, Nous prismes la resolution il y a peu d'années d'y envoier six scavans Mathematiciens Jesuites nos sujets pour porter a vostre Maté ce qu'il y a de plus curieux dans les sciences et sur tout les observations

Depuis plusieurs années, Louis XIV et son principal ministre Colbert caressaient l'espoir de nouer des relations diplomatiques importantes avec la Chine, et ils cherchaient un moyen pour envoyer des Français en Chine. Le projet retenu fut celui des missionnaires français en Chine, car ce dessein fut jugé par Colbert, puis par Louvois, comme étant les mieux à même de servir au progrès des sciences et de la religion, et d'y faire connaître les grandeurs de la France.

Plusieurs missions furent envoyées, dont la première de 1685, composée de six jeunes mathématiciens réputés (Jean de Fontaney, Joachim Bouvet, Jean-François Gerbillon, Louis Le Comte, Claude de Visdelou, Tachard). Cette dernière aurait dû être dirigée par le comte de Siry. Sans nouvelle de cette première expédition, le Roi songea à en constituer une nouvelle.

Cette lettre est en rapport avec l'envoi de cette deuxième mission, qui ne partira finalement jamais. En effet entre-temps, les pères jésuites constituant la première mission, après trois années de voyage par mer, étaient arrivés à Pékin en 1688. Ils furent assez habiles pour se faire accepter par l'empereur et devenir ses professeurs en géographie et en astronomie. L'âge d'or des missionnaires français atteignit son sommet en 1693, lorsque Kangxi fut guérit par le quiquina (quinine) fourni par les pères. L'empereur mit bientôt une maison à leur disposition, toute proche du palais, afin qu'ils puissent s'y retrouver pour leurs travaux.

(Vincent Bastien)

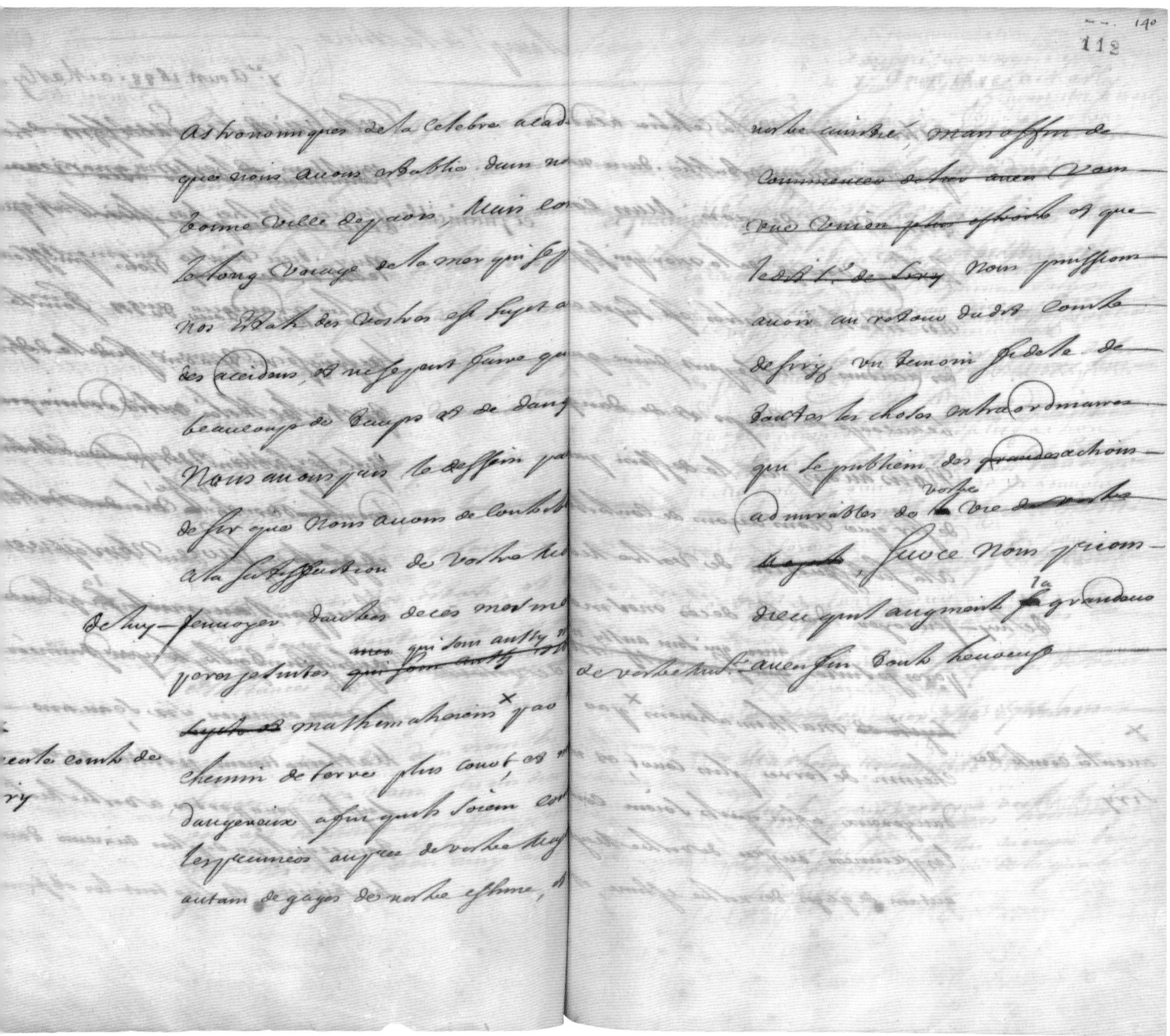

010

铜镀金壳开光人物像怀表

17世纪
巴黎，伊萨克·蒂雷
径6.5厘米　厚4.5厘米　链长18厘米
故宫博物院藏

Montre de poche avec boîtier en bronze doré

XVIIe siècle
Paris, Isaac Thuret (1649-1706)
D.: 6.5 cm; Pr.: 4.5 cm; L. (chaîne): 18 cm
Collection du musée du Palais

铜镀金表壳中央用郁金香花围出圆形开光，开光内是一男士头像，为法国国王路易十四。珐琅二针表盘，表盘中心描绘金色百合花图案，为法国王室标志。指针亦为郁金香形状。打开机芯，可见摆轮保护罩上镂雕一条中国式五爪金龙。机芯夹板上有制作工匠的名款和产地：THVRET A PARIS（蒂雷于巴黎）。黑鲨鱼皮表套，皮套上用金钉镶嵌出团花图案。

蒂雷是法国钟表史上具有重要贡献的人物，其钟表生涯和法国宫廷关系密切。他与惠更斯（Christian Huygens）合作，制作了第一个游丝摆轮表，展现出科学界与钟表界为钟表小型化和提高走时精度共同作出的努力。

此件怀表极有可能是路易十四送给康熙皇帝的礼物，为两位帝王之间交往的重要物证。（关雪玲）

Au milieu du boîtier bronze doré se trouve un portrait masculin entouré d'un cercle au motif de fleurs de tulipes. Il s'agit d'un portrait du roi Louis XIV de France. La montre a un cadran en émail à deux aiguilles, le centre du cadran est décoré d'un motif fleur de lys doré, symbole de la famille royale française. Les aiguilles sont également en forme de tulipes. L'ouverture du mouvement révèle un dragon doré à cinq griffes de style chinois gravé sur le capot du balancier. Le contreplaqué du mouvement porte le nom de l'artisan et le lieu de fabrication: THVRET A PARIS. La montre est accompagnée d'un boîtier en cuir de requin noir incrusté de motif floral doré.

Isaac Thuret est une figure importante dans l'histoire de l'horlogerie française, sa carrière étant étroitement associée à la cour française. Collaborant avec Christian Huygens, il a participé à la fabrication de la première montre à ressort spiral réglant, illustrant les efforts collectifs du monde scientifique et de l'horlogerie pour réduire la taille des montres et augmenter leur précision.

Cette montre de poche était très probablement un cadeau de Louis XIV à l'empereur Kangxi et constitue une preuve matérielle importante des échanges entre les deux souverains.

(Guan Xueling)

THVRET
A PARIS

011

天文学家图挂毯

19世纪
纵250厘米　横190厘米
广州博物馆藏

Tapisserie - Les Astronomes

XIXe siècle
H.: 250 cm; L.: 190 cm
Collection du musée de Guangzhou

1685年，路易十四派遣六名法国耶稣会士以国王数学家的名义前往东方，其中五位于1688年抵达中国，受到了康熙皇帝的接见和赏识，由此开始了中法宫廷的正式交往。在路易十四的倡导下，法国宫廷对中国文化产生了浓厚兴趣，掀起了一股“中国风”的艺术热潮。17世纪80年代末，博韦皇家挂毯厂开始创作和生产“中国皇帝”系列主题挂毯，并成为产品清单中的保留项目，一直到1731年才停止生产。挂毯共9幅，主题场景分别为：觐见皇帝、皇帝出游、天文学家、便宴、菠萝丰收、狩猎归来、皇帝登船、皇后登船及茶叶丰收。这些挂毯的图案虽多为想象，与现实的清宫场景相去甚远，但其设计精巧、取材多样，表现了中国皇帝的宫廷生活和博学雅好，是巴洛克时代中国风艺术的精品，为路易十四的法国宫廷提供了来自东方世界的艺术风情。

本幅挂毯的原型是耶稣会士汤若望（Johann Adam Schall von Bell）与南怀仁（Ferdinand Verbiest）在清廷的活动，两位传教士因其博学多才而深受皇帝的青睐。画面中，中国皇帝和一群耶稣会士站在一起，相互探讨，周围是各类天文仪器，展现了中国皇帝对西方科技的浓厚兴趣及其博学智慧的君主形象。（姚婷）

En 1685, le roi de France Louis XIV envoya six jésuites français en Extrême-Orient, avec le titre de « mathématiciens du roi ». Cinq d'entre eux arrivèrent en Chine en 1688 et furent reçus et appréciés par l'empereur Kangxi. C'est ainsi que débutèrent les relations entre les cours chinoise et française. Sous l'initiative de Louis XIV, la cour de France développa un fort intérêt pour la culture chinoise et déclencha un engouement pour l'art « à la chinoise ».
À la fin des années 1680, la Manufacture royale de tapisseries de Beauvais commença à produire une série de tapisseries sur le thème de « l'Histoire de l'Empereur de Chine ». La production de cette série dura jusqu'en 1731. La tenture comprend 9 scènes: *L'Audience de l'Empereur, L'Empereur en voyage, Les Astronomes, La Collation, La Récolte des ananas, Le Retour de la chasse, L'Embarquement de l'Empereur, L'Embarquement de l'Impératrice, Le Thé de l'Impératrice,* et un retissage de *L'Empereur en voyage* en format vertical. Bien que les scènes de ces tapisseries soient pour la plupart imaginaires et éloignées de la réalité de la cour chinoise des Qing, leur composition exquise et leur variété reflètent la vie de cour et l'érudition de l'empereur chinois. Ces belles œuvres d'art « à la chinoise » de l'époque baroque ont apporté à la cour française de Louis XIV une touche artistique du monde extrême-oriental.
La scène des *Astronomes* s'inspire des activités des jésuites Johann Adam Schall von Bell et Ferdinand Verbiest à la cour des Qing. Les deux missionnaires astronomes étaient très appréciés par l'empereur pour leur érudition. Dans cette scène, l'empereur Shunzhi est au milieu d'un groupe de jésuites entourés d'instruments d'astronomie. Elle montre le vif intérêt de l'empereur Shunzhi pour les sciences occidentales et son image de monarque érudit et sage. (Yao Ting)

012

《在欧洲不同国家和亚洲地区的旅行》

1692年
菲利普·阿弗里尔
巴黎，克洛德·巴宾、让·布多、乔治和路易斯联合出版
纵25厘米　横19.5厘米　厚4厘米
凡尔赛市立图书馆藏
流传经历：路易十四旧藏；夫人们（路易十五女儿）旧藏；大革命时期收缴；塞纳-瓦兹中央学校图书馆旧藏；1801年起藏于凡尔赛市立图书馆

Voyage en divers États d'Europe et d'Asie

1692
Philippe Avril (1654-1698)
Paris, Claude Barbin, Jean Boudot, George et Louis Josse,
H.: 25 cm; L.: 19.5 cm; Ep.: 4 cm
Reliure en maroquin rouge aux armes de Mesdames de France, réimposées sur celles de Louis XIV; dos à nerfs orné du monogramme royal
Bibliothèque municipale de Versailles
Historique: anc. coll. de Louis XIV; anc. coll. de mesdames; confiscation révolutionnaire; anc. coll. de la bibliothèque de l'École centrale de Seine-et-Oise; bibliothèque municipale de Versailles depuis 1801.

红色摩洛哥皮封面，上有夫人们（路易十五女儿）的徽章，重新印在路易十四的徽章之上。带肋线式书脊，上饰有皇室花体缩写签名。

为了寻找一条比海路更加安全的通往中国的陆路，除了五位国王数学家之外，路易十四还派出了耶稣会士菲利普·阿弗里尔（Philippe Avril，1654～1698年），命他们穿越小亚细亚和俄国。阿弗里尔于1687年从马赛出发，与另一位耶稣会士巴尔纳贝（Barnabé）一同抵达莫斯科，但未获得过境许可，不得不在1689年回到法国，随后他便出版了《在欧洲不同国家和亚洲地区的旅行》一书。1696年，他再次尝试与塔夏尔（Tachard）神父通过陆路经南亚前往中国，但不得不在果阿邦（印度）滞留了两年。将他们从苏拉特送至亚洲的船于1698年8月失事。

尽管考察任务失败，阿弗里尔神父还是在法国传播了他在当时鲜为人知之地的见闻：古波斯、亚美尼亚、鞑靼、莫斯科和摩尔多瓦地区，尤其对这些地区可以通行的道路进行了技术性描述。

他的著作在整个18世纪一直为人所传阅，展出的这一本曾经属于皇家图书馆，后传至路易十五女儿的图书馆——很可能是维克图瓦夫人（Madame Victoire）的个人图书馆，她在路易十五的几个女儿里是好奇心最强，也最有学问的一位。她的图书馆内有大量游记类作品以及地理和历史类图书，都是古代或当时的标杆性作品。

（伊丽莎白·梅森尼尔）

Outre les cinq mathématiciens du roi, Louis XIV, cherchant une voie terrestre vers la Chine plus sûre que la voie maritime, y envoya le père jésuite Philippe Avril, à travers l'Asie Mineure et la Russie. Parti de Marseille en 1687, Avril parvint à Moscou avec un autre jésuite, le père Barnabé, mais n'obtint pas l'autorisation de franchir la frontière, et dut rentrer en France en 1689. Il publia alors son *Voyage en divers États d'Europe et d'Asie*. Il tenta à nouveau d'atteindre la Chine par la terre, en passant par l'Asie du Sud en 1696, en compagnie du père Tachard, mais il fut contraint de rester deux ans à Goa; le navire qui devait l'emmener de Surate en Asie fit naufrage en août 1698.

Malgré l'échec de sa mission, le père Avril a diffusé en France la description de terres alors inconnues, Perse, Arménie, Tartarie, Moscovie, Moldavie et surtout la description technique des routes qu'il était possible d'emprunter dans ces contrées.

Son livre fit référence tout au long du XVIIIe siècle, comme en témoigne la transmission de ce bel exemplaire, qui faisait partie de la Bibliothèque du roi, à celle de Mesdames, sans doute celle de Madame Victoire, la plus curieuse et cultivée des filles de Louis XV. Sa bibliothèque était d'ailleurs riche de livres de voyages, de géographie et d'histoire, ouvrages de référence déjà anciens ou d'actualité. (Elisabeth Maisonnier)

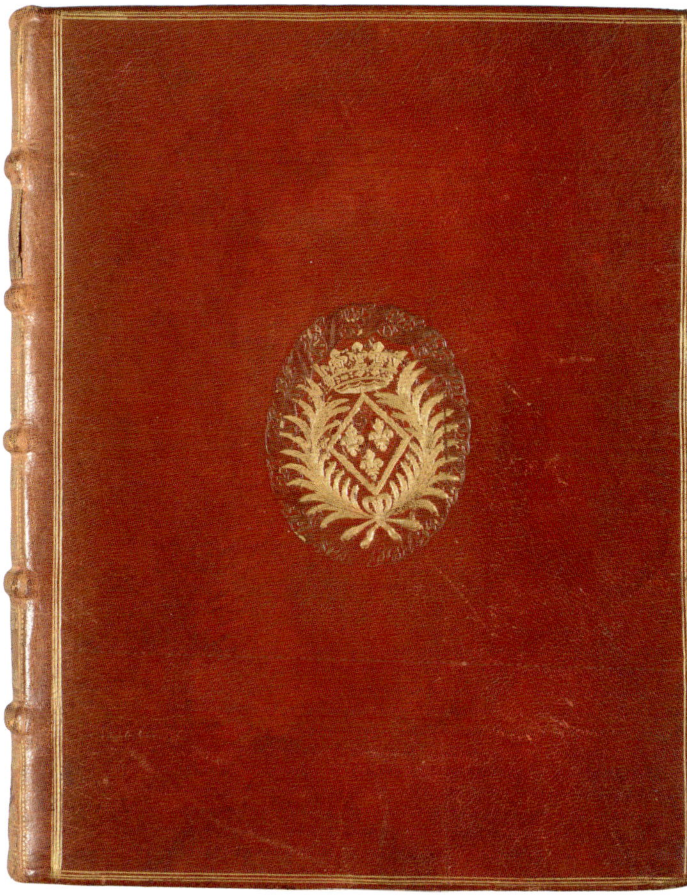

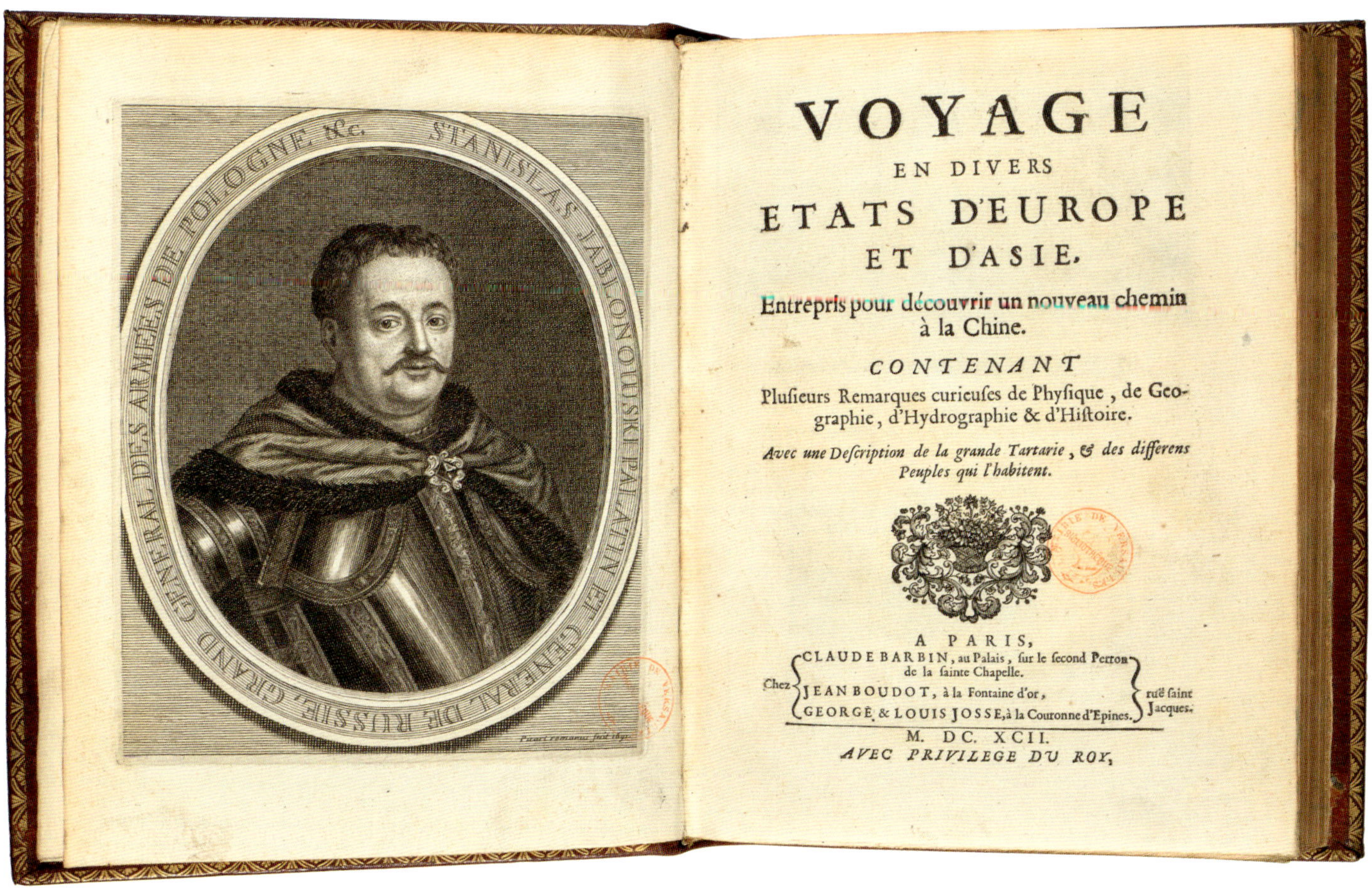

013

暹罗国王使团递呈国书与召见仪式

1687年
巴黎，圣雅克街让–巴蒂斯特·诺兰版画工坊
铜版画
纵88厘米　横55厘米
凡尔赛宫与特里亚农宫国家博物馆藏

La solennelle ambassade du Roy de Siam au Roy pour l'établissement du commerce avec ces peuples d'Orient. Les cérémonies de la lettre et des audiences

1687
Eau-forte et burin
Paris, chez Jean-Baptiste Nolin, rue St Jacques à l'enseigne de la place des Victoires
H.: 88 cm; L.: 55 cm
Musée national des châteaux de Versailles et de Trianon

此画表现了暹罗（今泰国）国王刻在金叶上的信于1686年9月1日到达凡尔赛宫廷时的场景。好奇的围观人群蜂拥而至。有的小孩骑在大人肩膀上。暹罗使节中最年长的一位了解中国康熙皇帝的宫廷。他的主人暹罗国王那莱（Phra Naraï，约1629～1688年），想知道凡尔赛宫廷与中国宫廷相比有何不同。法国与暹罗的军事联盟昙花一现，在那莱去世即告终止。

画面右下角的缘饰中，“国王派往暹罗的院士们”即将登上使团的船只。这些熟悉科学知识的耶稣会士被任命为科学院通讯院士，持续发回关于中国的大量信息，直至18世纪60年代。他们中的最早一批于1684年12月21日科学院会议上被接纳入院。

（伊莎贝尔·兰德里–德隆）

Représentation de l'arrivée dans la cour du château de Versailles le 1er septembre 1686 de la lettre gravée sur une feuille d'or envoyée par le roi de Siam (Thaïlande). La foule des curieux se presse au spectacle. On remarque des enfants juchés sur les épaules des adultes. Le plus âgé des ambassadeurs siamois connaissait la cour de l'empereur de Chine Kangxi. Son maître, le roi Phra Naraï (1629-1688), souhaitait savoir comment la cour de Versailles soutenait la comparaison avec celle de Chine. L'alliance militaire entre la France et le Siam sera éphémère. Elle prendra fin à la mort de Naraï.
La vignette en bas à droite représente « Les académiciens envoyez par le Roy à Siam » sur le point d'embarquer sur le vaisseau de l'ambassade. Il s'agit de jésuites instruits dans les sciences, nommés correspondants de l'Académie des sciences, qui envoyèrent jusque dans les années 1760 de nombreuses informations sur la Chine. Les premiers avaient été reçus en séance de l'Académie le 21 décembre 1684.
(Isabelle Landry-Deron)

LA SOLENNELLE AMBASSADE DU ROY DE SIAM AU ROY, POUR L'ESTABLISSEMENT
DU COMMERCE AVEC CES PEUPLES D'ORIENT, LES CEREMONIES DE LA LETTRE ET DES AUDIENCES.
AUDIENCE DU ROY DONNEE AUX AMBASSADEURS DU ROY DE SIAM
ALLIANCE DE LA FRANCE AVEC LE ROY DE SIAM
ALMANACH POUR L'ANNEE M. DC. LXXXVII.
A PARIS, chez JEAN BAPTISTE NOLIN, rue S. Jacques à l'enseigne de la Place des Victoires.

014

1686年9月1日凡尔赛宫暹罗国王使团召见仪式

1687年
巴黎，圣雅克街皮埃尔·朗德里版画工坊
铜版画
纵94厘米　横60厘米
法国国家图书馆版画与摄影部藏，埃南藏品

L'audience donné [sic] aux ambassadeurs du Roy de Siam le 1er septembre 1686 dans le château de Versailles

1687
Paris, chez Pie. Landry rue St Jacques à St François de Sales
Eau-forte sur cuivre en noir et burin
H.: 94 cm; L.: 60 cm
Bibliothèque nationale de France, département des Estampes et de la photographie, collection Hennin

暹罗使团赠送给路易十四的礼物清单由肖蒙（Chaumont）大使确定，并由他将礼物从暹罗带到法国。大部分瓷器来自中国和日本。中国和日本的船只每年四五月间趁季风泊岸暹罗。

在这幅版画中，路易十四身边围绕着他的直系亲属。在他右边的是他的儿子王太子；他的孙子勃艮第公爵，时年4岁；他与孟德斯潘夫人的非婚生子曼恩公爵，时年16岁；以及波旁公爵。在他左边的是他的弟弟菲利普，人称先生；孔代公爵，即大孔代之子；1683年接替其兄出任外交大臣的科贝尔·德·克鲁瓦西（Colbert de Croissy）以及梁弘任（Artus de Lionne）。梁弘任是巴黎外方传教会驻暹罗传教士，马扎然时期外交大臣于格·德·利奥纳（Hugues de Lionne）之子。

（伊莎贝尔·兰德里–德隆）

La liste des cadeaux offerts à Louis XIV par l'ambassade de Siam a été publiée par l'ambassadeur Chaumont qui les a apportés de Siam en France. La majorité des porcelaines provenait de Chine et du Japon. Les vaisseaux de Chine et du Japon profitaient des vents de mousson pour accoster au Siam chaque année en avril-mai.

Sur cette estampe, Louis XIV est entouré de sa proche famille. Sur sa Droite, son fils le Dauphin; son Petit-fils, le duc de Bourgogne, âgé de quatre ans; le duc du Maine, son fils adultérin avec Madame de Montespan âgé de seize ans, et le duc de Bourbon. Sur sa droite, se trouvent son frère Philippe, appelé Monsieur; M. le Duc, fils du grand Condé; le ministre des affaires étrangères, Colbert de Croissy, qui avait succédé à son frère en 1683, et l'abbé Artus de Lionne. Ce dernier, missionnaire au Siam appartenant aux Missions étrangères de Paris, était le fils de l'ancien ministre des affaires étrangères de Mazarin, Hugues de Lionne.

(Isabelle Landry-Deron)

L'AUDIENCE donnée aux Ambassadeurs Extraordinaires du ROY de SIAM
ALMANACH POUR L'ANNEE M. DC. LXXXVII.

015

银镀金山水花卉纹咖啡壶

约1680年
高16厘米　宽18.2厘米　厚8.5厘米
凡尔赛宫与特里亚农宫国家博物馆藏
流传经历：暹罗国王那莱所赠外交礼物，1686年9月1日由暹罗使节在凡尔赛宫转交路易十四；王室收藏；大革命时期出让；旺代子爵夏尔·吉贝尔·莫雷尔收藏；夏尔·路易·泰雷·德·莫雷尔–旺代及其后代收藏；2016年7月12日宣布为国宝；2018年在LVMH集团资助下购得

Verseuse en agent partiellement dorée

Vers 1680
H.: 16 cm; L.: 18.2 cm; Pr.: 8.5 cm
Marques gravées: écu couronné aux armes de France et marque aux trois couronnes. Inscription gravée: DV. N°. 65 2 m[arcs] 6 g[ros]. Poinçon, deuxième titre, Paris, argent, 1809-1819.
Sous le couvercle: Inscription gravée: DV. N°. 314;Poinçon, moyenne garantie, Paris, argent, 1809-1819; Poinçon, gros étranger, Paris, 1819-1838
Musée national des châteaux de Versailles et de Trianon
Historique: Cadeau diplomatique du roi de Siam Phra Naraï, remis par ses ambassadeurs à Louis XIV, le 1er septembre 1686 à Versailles; coll. de la Couronne; aliénée sous la Révolution; coll. de Charles Gilbert Morel, vicomte de Vindé; coll. de Charles Louis Terray de Morel-Vindé, et par descendance; déclarée trésor national le 12 juillet 2016; achat en 2018, grâce au mécénat du groupe LVMH.

底錾刻：皇冠加顶法国王室盾形徽章及三皇冠标记；DV. N°. 65 2 m 6 g；二等成色银标，巴黎，1809～1819年。壶盖下方铭文：DV. N°. 314；中号质保银标，巴黎，1809～1819年；大号外国标，巴黎，1819～1838年。

暹罗（今泰国）使节赠给路易十四的礼物中，金银器占了一大部分，据肖蒙（Chaumont）所列清单，那莱（Phra Naraï）赠送的礼物中有来自各地（暹罗、中国、日本）的50余件金属制品，他的大臣康斯坦丁·华尔康（Constance Phaulkon）赠送的礼物中则有30余件。卢浮宫博物馆收藏的一幅佚名作者的图样证实了肖蒙的描述，该图样是为若兰（Jollain）刻制1687年皇家年鉴画而准备的。画中，使节脚下可见清晰的文字“金船……中国式，船具齐备”，此即为肖蒙所描述的第四批礼物。画面前景中，我们还可以清楚地看到两个自动玩偶，即“两个中国骑士，手持小杯，上发条后可行走，通体为银质，中式风格”。另外两个自动玩偶则没有出现在画中，肖蒙是这样描述它们的：“两位中国女士，分列两只孔雀之上，手持银质小杯，通体为银和珐琅材质，两只孔雀上发条后可在桌上行走。”

路易十四收到的银器里有一件保存完好，不久前入藏凡尔赛宫。这是一只中国咖啡壶，带盖，银质錾刻，部分镀金，饰有镀金高浮雕花卉与宝塔图案，是暹罗使节敬献金银器里现存唯一一件。壶身有六道亚光椭圆形开光，其内饰以锤压和錾刻的装饰，镶嵌镀金高浮雕人物、鸟兽图案；带花朵形状镂空壶钮的壶盖也镀金。柄和末端镀金的长流分别模仿木头和竹子造型。

壶底标记重量：“2m（马克，约等于八盎司）–6g（格罗斯，约等于八分之一盎司）。”咖啡壶刻有皇家家具保管府的编号：登记时的编号n°. 65，以及1729年重新编号后的n°. 314。1729年和1775年家具保管府所列清单中详细描述了此咖啡壶和一件与之类似的器物。描述如下：“带把手和壶嘴的带盖醋瓶形状壶……壶身雕刻有小屋和鸟类，暹罗产，有浮雕，末端有几处镀金；壶盖带钮，镀金镂空。”这件器物或为暹罗国王本人所赠“日本产两对银盖巧克力壶”之一，或为华尔康所赠五件“日本产银质巧克力壶”之一。肖蒙推测，误以为产自日本亦不足为奇，因为17世纪的欧洲人一直分不清中国和日本。

路易十四和1793年的大革命政府曾先后下令熔化金银器，此壶两次幸免于难，但于1797年在巴黎售出，是大革命时期最后一批拍品之一。此壶大革命后归夏尔·路易·泰雷·德·莫雷尔–旺代（Charles Louis Terray de Morel–Vindé）所有，带有其家族徽章。

（玛丽–洛尔·德·罗什布吕纳）

Parmi les cadeaux offerts à Louis XIV par les ambassadeurs du Siam, l'orfèvrerie tient une place importante puisque, selon le chevalier de Chaumont, qui en dressa la liste, une cinquantaine de pièces de métaux différents (or, tambacq, argent…) et de provenances géographiques variées (Siam, Chine, Japon…) figuraient dans les présents de Phra Naraï et une trentaine dans ceux de son ministre, Constance Phaulkon. Les descriptions de Chaumont sont corroborées par un dessin anonyme conservé au musée du Louvre, préparatoire à la gravure de Jollain pour l'Almanach royal de 1687. On distingue ainsi fort bien aux pieds des ambassadeurs le « navire d'or… à la façon chinoise, avec tous ses agrez. » qui constitue le quatrième lot décrit par Chaumont. Les deux automates formés de « Deux Cavaliers Chinois portans en main deux petites coupes, qui marchent par ressort, le tout d'argent à la façon de la Chine. » sont également bien visibles au premier plan de la composition. En revanche, n'y figurent pas les deux autres automates, ainsi décrits par Chaumont: « Deux dames Chinoises, chacune sur un paon, portant entre leurs mains une petite tasse d'argent, le tout partie d'argent, & émaillées, lesdits paons pouvant par ressort marcher sur une table… ».

Un des objets en argent offert à Louis XIV miraculeusement préservé est entré récemment dans les collections de Versailles. Il s'agit d'une verseuse chinoise, couverte, en argent ciselé et partiellement doré, à décor de fleurs et de pagodes en relief rehaussées de vermeil, qui constitue à ce jour le seul présent d'orfèvrerie des ambassadeurs du Siam connu. Son décor montre sur la panse, six gaudrons à fond amati, décorés au repoussé et ciselé de paysages avec appliques de motifs en haut relief de personnages oiseaux et animaux dorés au mercure; le couvercle à bouton ajouré en forme de fleur est également doré, l'anse et son long bec à l'extrémité dorée simulant le bois et le bambou.

On distingue, gravées sur le fond de la pièce, l'écu aux armes de France et la marque aux trois couronnes, en usage dans l'orfèvrerie royale. On trouve aussi, incisé sur le fond de l'objet, son poids: « 2 m[marcs]- 6 g [ros d'argent]». Enfin, la verseuse porte également les numéros d'inventaire du Garde Meuble de la Couronne: le n° 65, porté au moment de son enregistrement, et le n° 314, gravé à la suite d'une nouvelle numérotation effectuée en 1729.

L'objet est bien décrit avec une pièce similaire dans les inventaires du Garde Meuble, dressés en 1729 et en 1775. Il y est désigné sous le terme de « vase en forme de vinaigrier couvert à anse et biberon… le corps… ciselé de cabanes et oiseaux, d'ouvrage de Siam, en relief, dont quelques extrémités sont dorées; le couvercle terminé d'un bouton vermeil à jour ». On peut reconnaître dans cet objet soit l'une des quatre pièces offertes par Phra Naraï, luimême: « Deux paires de chocolatières avec leurs couvertures d'argent, ouvrage du Japon », soit l'une des cinq « chocolatières d'argent du Japon », offertes par Phaulkon. La provenance supposée japonaise par Chaumont ne doit pas surprendre, la confusion entre la Chine et le Japon étant constante chez les Européens au XVIIe siècle.

Fort heureusement, la verseuse a échappé aux fontes ordonnées par Louis XIV puis par le gouvernement révolutionnaire en 1793, mais elle a fait partie des pièces vendues à Paris en 1797, lors des dernières ventes révolutionnaires. L'objet porte les armes de la famille Terray de Morel-Vindé, propriétaire de l'objet après la Révolution.

(Marie-Laure de Rochebrune.)

016

《荷兰东印度公司使节团访华纪实》

1665年
约翰·尼霍夫
纵36.5厘米　横25.5厘米
中国国家图书馆藏

L'ambassade de la Compagnie orientale des Provinces Unies vers l'Empereur de Chine ou du Grand Cam de Tartarie

1665
Jean Nieuhoff (1618-1672)
H.: 36.5 cm; L.: 25.5 cm
Collection de la Bibliothèque nationale de Chine

约翰·尼霍夫（Jean Nieuhoff，1618~1672年），商人、绘画家、旅行家。1655年，荷兰东印度公司派出首批赴华使团，前往北京谒见顺治皇帝。约翰·尼霍夫作为使团成员之一，全程参与了使团访问中国的活动。在出访途中，他将广东至北京的所见所闻进行了详细记录和绘制，包括河流、山川、城墙、寺庙、人物形态等。返回欧洲后，他将出访时的旅行记录和素描作品手稿交付其兄亨利·尼霍夫（Henry Nieuhoff）整理，成为印刷出版品的基础，该书于1665年正式出版。

该书内容丰富，除文字外，还收录铜版插画140余幅，详细介绍了17世纪中国的地理、文化、风景、建筑等情况，是西方人直观了解中国的重要材料，有极高的史料价值。该书一经出版便广为流行，有多国语言译本，并于后世不断翻印、再版，影响深远。

（王宜若）

Jean Nieuhoff (1618-1672) était un homme d'affaires, peintre et explorateur hollandais. En 1655, la Compagnie néerlandaise des Indes occidentales envoya sa première mission en Chine pour rencontrer l'empereur Shunzhi à Pékin. En tant que membre de la mission, Jean Nieuhoff participa à l'intégralité des activités organisées. Au cours de ses voyages de Canton à Pékin, il nota et peignit en détail tout ce qu'il voyait, notamment les rivières, les montagnes, les murailles, les temples, les personnes, etc. De retour en Europe, il remit ses récits de voyage et ses croquis à son frère Henry Nieuhoff pour la compilation. Le livre fut officiellement publié en 1665. Riche en contenu, l'ouvrage contient plus de 140 gravures sur cuivre, qui présentent en détail la géographie, la culture, les paysages, l'architecture et d'autres aspects de la Chine au XVIIe siècle. Ces illustrations permettaient aux Occidentaux de comprendre intuitivement la Chine et revêtent d'une grande importance pour la recherche. Le livre devint très populaire dès sa publication. Il fut traduit dans de nombreuses langues et fut continuellement réimprimé.

(Wang Yiruo)

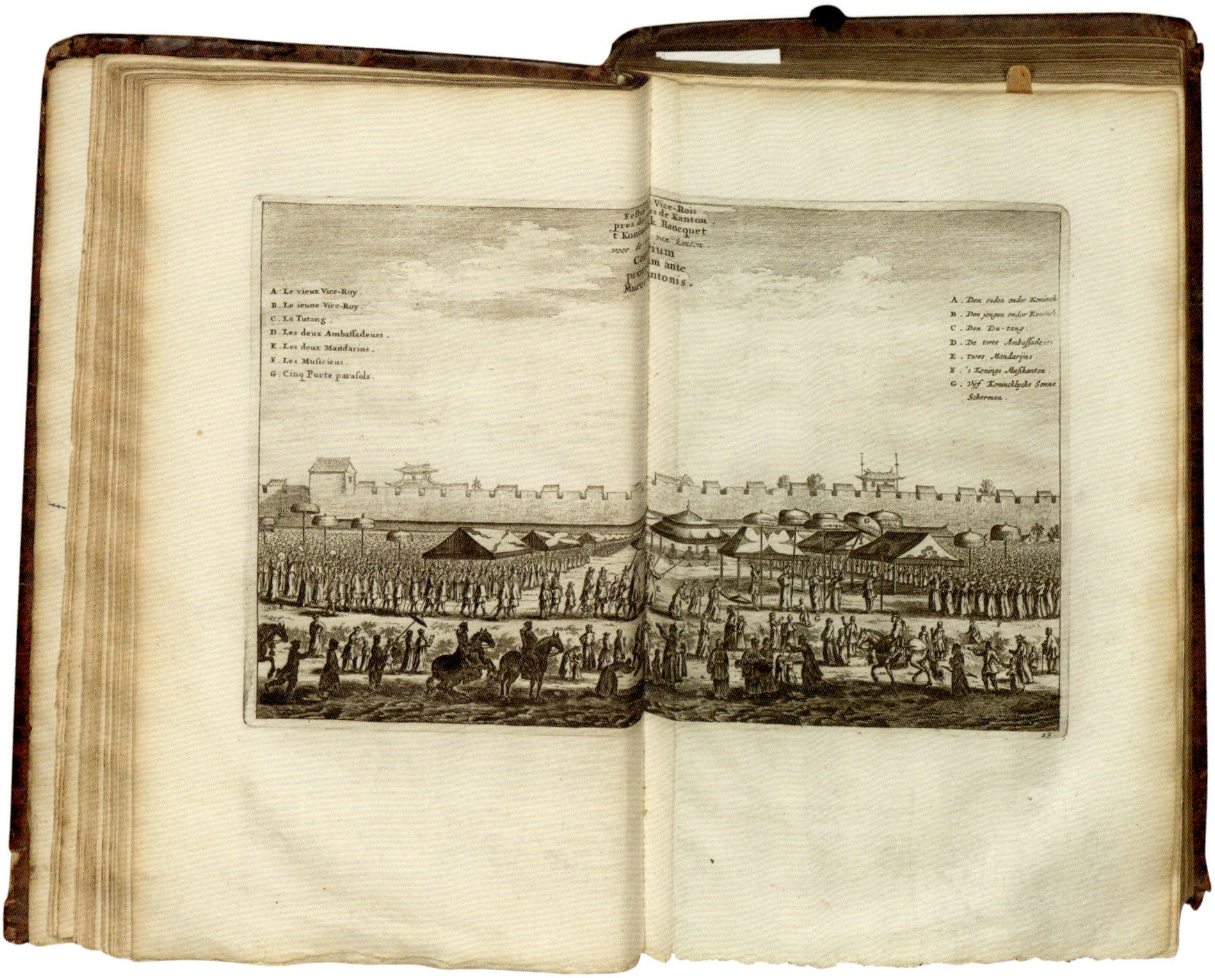
A. Le vieux Vice-Roy.
B. Le ieune Vice-Roy.
C. Le Tutang.
D. Les deux Ambassadeurs.
E. Les deux Mandarins.
F. Les Musiciens.
G. Cinq Porte parasols.
A. Den ouden onder Koninck
B. Den jongen onder Koninck
C. Den Tou-tang.
E. twee Mandaryns.
F. 's Konings Musikanten.
G. Vijf Koninckliyke Sonne Schermen.

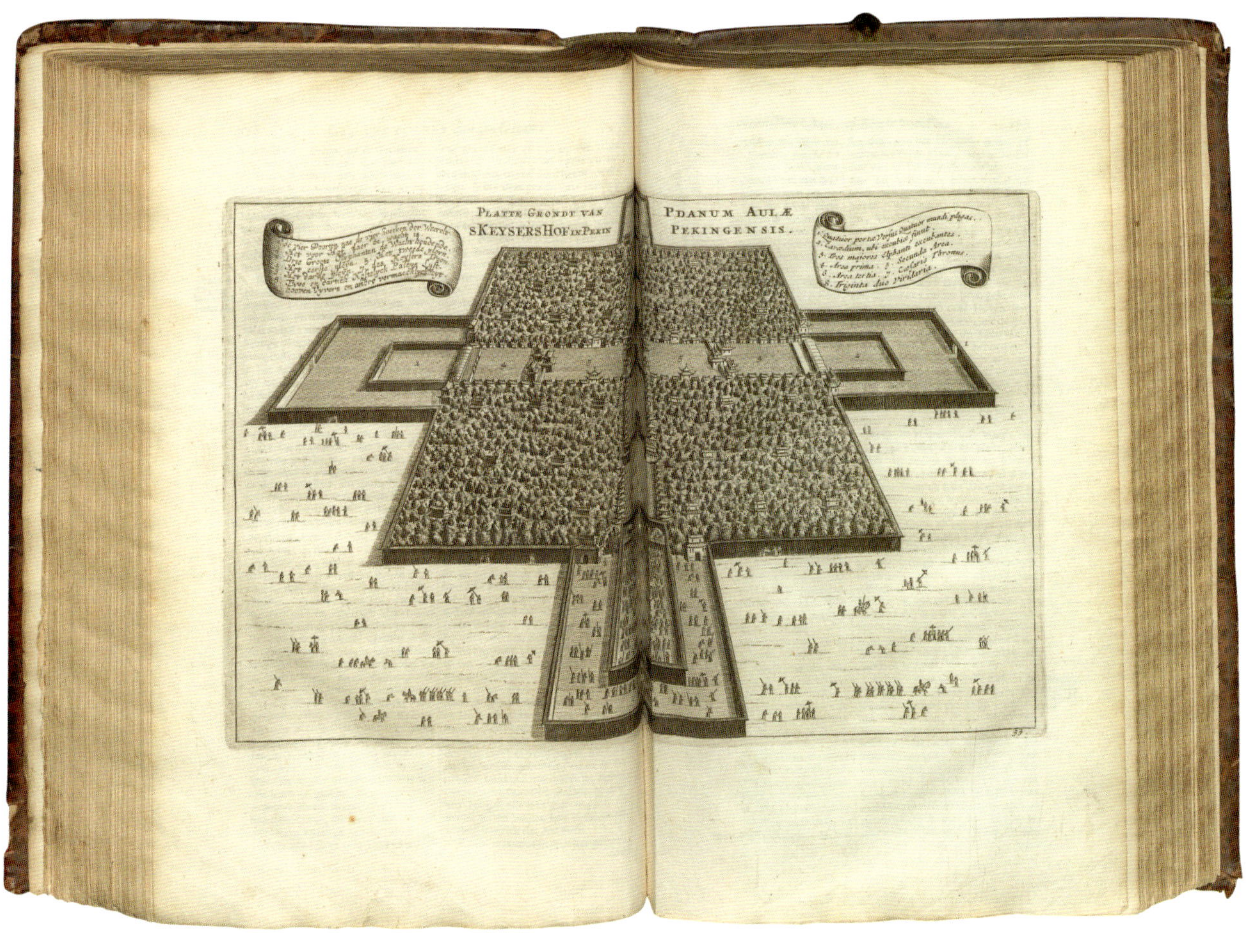
PLATTE GRONDT VAN
sKEYSERS HOF IN PEKIN
PDANUM AULÆ
PEKINGENSIS.

017

伏尔泰像

1724～1725年
尼古拉·德·拉吉利埃
布面油画
纵79厘米　横64厘米
凡尔赛宫与特里亚农宫国家博物馆藏
流传经历：根据传统，此画由伏尔泰赠送给苏珊娜·德·科尔桑布勒·德·里弗利；埃瓦尔·德·罗内收藏；1861年5月6～8日，巴黎，德鲁奥拍卖行售出；普桑收藏；1863年4月29日巴黎售出，编号26；威尔顿斯坦收藏；阿贝尔·布洛赫-勒瓦卢瓦收藏；1924年3月25～26日巴黎小乔治画廊出售，编号17；巴黎，科罗收藏；1961年12月5日巴黎加列拉宫售出，编号17；马西莫·乌莱里收藏；1962年乌莱里夫妇捐赠，但保留用益权；2001年入藏博物馆

François-Marie Arouet, dit Voltaire

1724-1725
Nicolas de Largillière (1656-1746)
Huile sur toile ovale
H.: 79 cm; L.: 64 cm
Musée national des châteaux de Versailles et de Trianon
Historique: Selon la tradition, le tableau aurait été offert par Voltaire à Suzanne de Corsembleu de Livry; collection Evrard de Rhoné; sa vente, Paris, Hôtel Drouot, 6-8 mai 1861; collection Poussin; sa vente, Paris, 29 avril 1863, lot 26; collection Wildenstein; collection Albert Bloch-Levalois; sa vente, Paris, galerie Georges Petit, 25-26 mars 1924, lot 17; collection Colo, Paris; sa vente, Paris, Palais Galliera, 5 décembre 1961, lot 17; collection Massimo Uleri; donation en 1962 par M. et Mme Uleri, sous réserve d'usufruit; entré au musée en 2001.

哲学家、百科全书编写者、历史学家、书简作家、诗人、剧作家、短篇小说家伏尔泰（Voltaire，1694～1778年，原名弗朗索瓦-马利·阿鲁埃，即François-Marie Arouet）引领了启蒙时代的思想。他和许多人一样从中国的神学及政治学模式里寻找批判性比较工具，且比其他人更热衷于此。这位路易大帝耶稣会中学的毕业生通过阅读耶稣会士的著作形成他自己对中国的认识。他的知识主要来源于巴多明（Dominique Parrenin）、基歇尔（Athanasius Kircher）、汤若望（Johann Adam Schall von Bell）、傅圣泽（Jean-François Foucquet）及让-巴蒂斯特·杜赫德（Jean-Baptiste Du Halde）的著作，以杜赫德编纂的《中华帝国全志》（1735年）及《耶稣会士中国书简集》（1702～1776年）为主。

早在1734年，伏尔泰就在他的《哲学书简》中表达了对中国的由衷赞美。18世纪40年代起，中国在他的思想中发挥了至关重要的作用，为他的阐释和评论提供了不竭的源泉。

《路易十四时代》的第三十九章概括了自利玛窦（Matteo Ricci）以来耶稣会在中国从事的活动、抱负和失败。伏尔泰谴责"改宗者的狂热"，赞美中土宗教的温和："这些民族从未向欧洲派遣过传教士，只有我们这些民族才想把自己的观点像贸易一样带到地球的两端。"

1687年后，孔子著作有了柏应理（Philippe Couplet）翻译的法文本。《中国孤儿》（1755年）

的灵感来自纪君祥的杂剧《赵氏孤儿》，1735年由马若瑟（Joseph de Prémare）节译为法文，并将儒家思想置于这出元代悲剧的核心。当马勒伯朗士（Malebranche）、培尔（Bayle）和卢梭（Rousseau）批评中国人的无神论，孟德斯鸠（Montesquieu）和狄德罗（Diderot）批评中国人的狂热主义时，《哲学辞典》里的“论中国”和“中国教理问答”两篇则赞扬孔子是宽容的代表，是伏尔泰自然神论的先驱：“我认识一位哲学家，在他的书房里间悬挂了一幅孔子画像。他在这幅画像下边题了四句诗：‘唯理才能益智能，但凭诚信照人心。圣人言论非先觉，彼土人皆奉大成。’我钻研过他的著作。我还作了摘要。我在书中只发现他最纯朴的道德思想，丝毫不染江湖色彩。”这种道德没有教条，以“人的理性”为基础，这正是伏尔泰的哲学理想。

伏尔泰总是既把中国模式用作论战工具，又对它由衷迷恋。他愿意用一切办法向“无耻之徒”进攻，不管这办法是否来自中国，但他也梦想并赞美一种比其他文明更古老，且在他看来更具哲学性的文明：“在帝王之前，他们没有历史。几乎没有虚构，没有神迹，没有一个受到神启的人如埃及人或希腊人那般自称为半神。这个民族甫一开始书写，就写得合乎理性。”此外，也没有神谱，“他们的历史只是历史时期的历史”。18世纪的西方在科学、机械工艺和财政上占优，中国则在智慧上占优，“他们丝毫不想宣称自己不知道的东西”。

与《中华帝国的专制制度》的作者弗朗索瓦·魁奈（François Quesnay）一样，伏尔泰把乾隆皇帝看作一位开明、理性、由富有洞见的精英群体辅佐的“合法专制者”。这个理性的帝国是由仁善公平的法律所主导的文人国度，为思想家和大臣们提供了样板。

1778年5月30日，这位启蒙思想巨擘逝世，留下的大量著述无不体现他对中国的热爱，在他的书桌上方还有一幅孔子像。

（格威诺拉·菲尔曼）

Philosophe, encyclopédiste, historien, polémiste, épistolier, poète, dramaturge et conteur, François-Marie Arouet, dit Voltaire (1694-1778), domina la pensée du Siècle des Lumières. Comme beaucoup d'autres, mais plus que tous, il trouva dans le modèle théologico-politique de l'Empire du Milieu un outil de comparaison critique. Les travaux des missionnaires de la Compagnie de Jésus offrirent à cet ancien élève du Collège Jésuite Louis le Grand les matériaux dont il élabora sa propre représentation de la Chine. Ses connaissances reposaient essentiellement sur les écrits des Pères Dominique Parrenin, Athanasius Kircher, Johann Adam Schall von Bell, Jean-François Foucquet et Jean-Baptiste du Halde, auteur de *Description géographique historique, chronologique, politique, et physique de l'Empire de la Chine et de la Tartarie chinoise*..., (1735). Ce dernier ouvrage, associé aux *Lettres édifiantes et curieuses* (1702-1776), constitua d'ailleurs une de ses sources principales.
Dès 1734, dans ses *Lettres philosophiques*, Voltaire manifestait une sincère admiration pour le Céleste Empire; à partir des années 1740, il joua un rôle essentiel dans sa pensée et lui fournit une source inépuisable d'illustrations et de commentaires.
Le chapitre XXXIX du *Siècle de Louis XIV* (1752) résumait, depuis Matteo Ricci, les entreprises, les ambitions et l'échec de la Compagnie de Jésus en Chine: « fureur des prosélytes », dénonçait Voltaire, qui louait la modération religieuse du Pays du Milieu: « Jamais ces peuples n'ont envoyé de missionnaires en Europe, et nos nations sont les seules qui aient voulu porter leurs opinions, comme leur commerce, aux deux extrémités du globe. »
Depuis 1687, les écrits de Confucius étaient disponibles en français dans la traduction du père Philippe Couplet. *L'Orphelin de la Chine* (1755), inspiré de *L'Orphelin de la Maison de Tchao* du dramaturge Ji-Juixiang, et traduit partiellement en 1735 par le Père de Joseph de Prémare, mettait la pensée confucéenne au cœur d'une tragédie nouée sous la dynastie Yuan (1279-1368). Alors que Malebranche, Bayle et Rousseau accusèrent les Chinois d'athéisme, Montesquieu et Diderot de fanatisme, « De la Chine » et « Catéchisme chinois », articles du *Dictionnaire philosophique* (1764) saluaient en Confucius un exemple de tolérance, un précurseur du déisme voltairien: « J'ai connu un philosophe qui n'avait que le portrait de Confucius dans son arrière-cabinet; il mit au bas ces quatre vers:

De la seule raison salutaire interprète
Sans éblouir le monde, éclairant les esprits,
Il ne parla qu'en sage, et jamais en prophète,
Cependant on le crut, et même en son pays.

J'ai lu ses livres avec attention, j'en ai fait des extraits, je n'y ai trouvé que morale la plus pure, sans aucune teinture de charlatanisme. » Une morale sans dogme, fondée « sur la raison humaine »: l'idéal philosophique voltairien.
L'instrumentalisation polémique du modèle chinois et une fascination sincère se mêlèrent toujours chez Voltaire. Toute arme lui convenait pour attaquer l'« Infâme », que sa lame fût ou non chinoise, mais il rêvait et admirait une civilisation plus ancienne que les autres, et selon lui, plus philosophe: « Point d'histoire chez eux avant celle des empereurs; presque point de fictions, aucun prodige, nul homme inspiré qui se dise demi-dieu, comme chez les Égyptiens ou chez les Grecs; dès que ce peuple écrit, il écrit raisonnablement. ». D'ailleurs, point de théogonie: « leur histoire n'est que celle des temps historiques. »
Si l'Occident du XVIIIe siècle imposait sa supériorité dans les sciences, les arts mécaniques et les finances, l'Empire du Ciel le surpassait en sagesse: « ils n'ont point voulu affirmer ce qu'ils ne savaient pas. »
Comme le physiocrate François Quesnay, auteur du *Despotisme de la Chine* (1767), Voltaire voyait en l'empereur Quianlong un « despote légal », éclairé, rationnel et conseillé par une élite pleine de discernement. Cet empire de la raison, terre de lettrés aux lois bienfaisantes et équitables, pouvait servir de modèle aux penseurs, comme aux ministres.
À sa mort, le 30 mai 1778, le maître à penser des Lumières laissait un corpus sinophile impressionnant, et, au-dessus de sa table de travail, un portrait de Confucius.
(Gwenola Firmin)

018

生于南京的中国人沈福宗

约1684年
巴黎圣雅克街让–巴蒂斯特·诺兰版画工坊
铜版画
纵40厘米　横27厘米
法国国家图书馆版画与摄影部藏

Chin Fo Cum Chinois né en la Province de Nankin

Vers 1684
Paris, chez Jean-Baptiste Nolin, rue St Jacques à l'enseigne de la place des Victoires
Eau-forte et burin
H.: 40 cm; L.: 27 cm
Bibliothèque nationale de France, département des Estampes et de la Photographie

1684年9月15日，62岁的传教士柏应理（Philippe Couplet，1623 ~ 1693年）带着一名受过洗的年轻人沈福宗（Chin Fo Cum，又名Michel）来到凡尔赛宫。柏应理已在华传教24年，此番被派往欧洲招募新力量，以振兴日渐老迈的传教团。路易十四邀请柏应理和沈福宗参加晚宴。他请沈福宗用中文做祷告并演示如何使用筷子。沈福宗赞美凡尔赛宫的水景。在巴黎，他观看了空气重力真空实验。据《风流信使》创办人让·多诺·德·韦泽（Jean Donneau de Vizé）称，沈福宗的拉丁文说得“相当好”。多诺请沈福宗解释中文书写系统，并让法国工人在他的报纸上刻印一些汉字。图上的沈福宗手握毛笔。左手拿着刻有“天主圣教”字样的卷轴。沈福宗和柏应理等人在皇家图书馆共同完成《中国哲学家孔子》（1687年）的出版。两人返回中国途中均不幸在海上亡故。
（伊莎贝尔·兰德里–德隆）

Le 15 septembre 1684, Philippe Couplet (1623-1693), missionnaire en Chine depuis vingt-quatre ans, âgé de soixante-deux ans, envoyé en Europe pour recruter de nouvelles forces pour rajeunir une mission vieillissante, se rendit à Versailles avec un jeune converti baptisé Michel. Louis XIV invita Couplet et Chin Fo Cum (Shen Fuzong en transcription pinyin actuelle沈福宗) à assister à son dîner. Il demanda à Shen de réciter ses prières en chinois et de faire une démonstration de baguettes. Shen admira les eaux de Versailles. À Paris, il assista à des expériences sur le vide démontrant la pesanteur de l'air. Selon le fondateur du *Mercure Galant*, Jean Donneau de Vizé, il parlait « assez bien » le latin. Donneau demanda des explications sur le système d'écriture chinois et fit graver des caractères dans sa gazette par des ouvriers français. Shen est représenté avec un pinceau d'écriture. Dans sa main gauche il tient un rouleau où est gravé: *Tianzhu Shengjiao*天主圣教 (La sainte religion chrétienne). Shen travailla avec Couplet à la Bibliothèque royale à l'édition du *Confucius Sinarum Philosophus* (1687). Tous deux périrent en mer sur le chemin du retour en Chine.
(Isabelle Landry-Deron)

Chin Fo Cum Chinois né en la Prouince de Nankin de Parens chrestiens. Il fut nommé Michel au Baptesme, et Alphonse en la Confirmation. Il est Venu en Europe l'an 1684. auec le P. Philippe Couplet Iesuite Procureur des Missions de la Chine. passant par la france, il eut l'honneur de saluer sa Majesté et de manger deuant elle a la maniere Chinoise. il a baisé les pieds de sa sainteté à Rome. Paris Chez Nolin rue St Jacques a l'Enseigne de la place des Victoires auec pri du Roy.

019

《中国哲学家孔子》

1687年
殷铎泽、恩理格、鲁日满、柏应理译
巴黎，达尼埃尔·豪特梅尔印制，五卷
纵44厘米　横30厘米
法国国家图书馆印刷品收藏部藏

Confucius Sinarum Philosophus, sive Scientia Sinensis [Confucius, Philosophe des Chinois, ou la Science chinoise présentée en latin]

1687
Traducteurs jésuites missionnaires en Chine: Prospero Intorcetta (1625-1696), Christian Herdtrich (1625-1684), François de Rougemont (1624-1676), Philippe Couplet (1623-1693) également signataire de la préface (ix-cxv)
Paris, Daniel Horthemels, 5 volumes
H.: 44 cm; L.: 30 cm
Ouvrage dédicacé au roi (i-viii) contenant la traduction intégrale de « La Grande Étude » (*Daxue* 大学 Magna Scientia), de « L'Invariable Milieu » (*Zhongyong* 中庸 De Medio Sempiterno). « Les Entretiens » (*Lunyu* 论语) sont partiellement traduits.
Bibliothèque nationale, Réserve du département des Imprimés

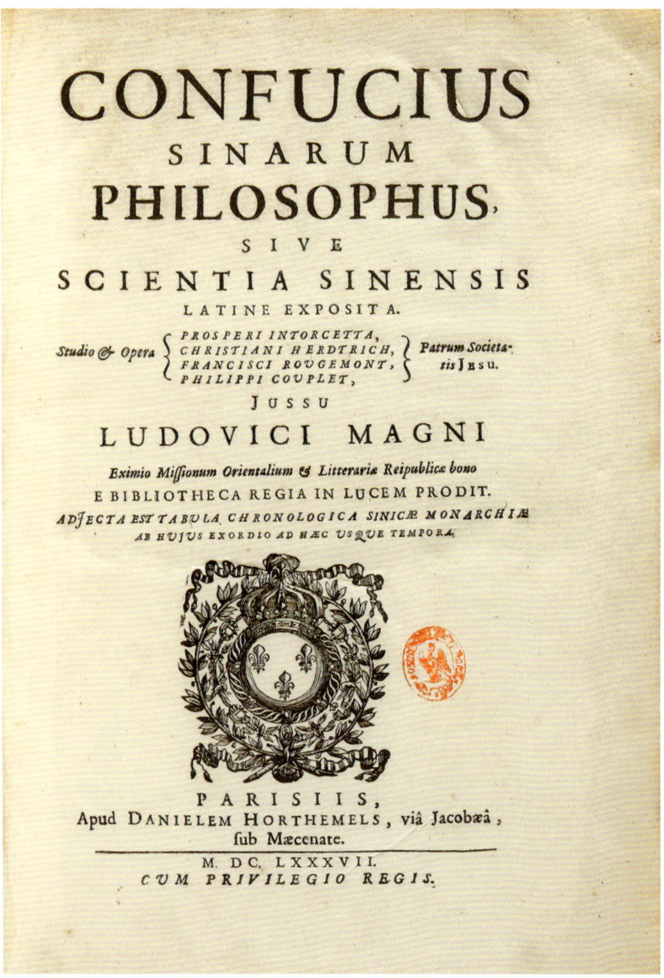

献给国王的著作，含《大学》《中庸》完整译文及《论语》部分译文。此书系欧洲出版的首部欧洲语言译本儒家经典。印刷商诺兰处也单独出售根据柏应理（Philippe Couplet）从中国带回的图样所刻制的孔子肖像。这是法国工人首次尝试刻印汉字。在奥尔良公爵菲利普（Philippe d'Orléans）摄政时期（1715～1723年），中文（活字）印刷技术得到发展，东方学家艾蒂安·傅尔蒙（Étienne Fourmont）受委托负责研究该项目。

说明文字："孔夫子，字仲尼，中国最杰出的哲学家，出生于山东曲阜。其父叔梁纥为陬邑大夫，其母名徵在，出身望族颜氏。孔子生于周灵王二十一年（公元前551年）。其门下弟子三千，贤者七十二。其中十人牌位供奉于国子监。孔子努力尝试改变他所处的时代及各当政者，但以失败告终，于周敬王四十九年去世，享年73岁。孔子后裔至今年1687年已经一直延续了2238年。其六十八代孙居住在他的家乡，封衍圣公。"

（伊莎贝尔·兰德里–德隆）

Cet ouvrage constitue la première parution en Europe de traductions dans une langue européenne de classiques confucéens. Le portrait de Confucius (cxvi) gravé sur un dessin apporté de Chine par Couplet était aussi commercialisé séparément chez l'imprimeur Nolin. C'est une des premières tentatives de gravure de caractères chinois par des ouvriers français. L'impression du chinois (par caractères mobiles) se développera sous la régence de Philippe d'Orléans (1715-1723) avec le programme confié à l'orientaliste Étienne Fourmont.

Traduction de la légende: « 孔夫子 Kongfuzi ou Confucius [Maître Kong], aussi appelé [de son nom social] 仲尼 Zhongni, le plus éminent des philosophes chinois, est né à Qufu, ville de la province du Shandong. Son père Shulianghe était préfet du village Zouyi et sa mère née Zhengzai appartenait à la noble famille Yan. Il naquit la 21e année du règne de l'empereur Ling Wang, vingt-troisième souverain de la troisième dynastie des Zhou, c'est-à-dire en 551 avant J.-C. Il eut 3 000 disciples dont 72 très éminents. Dix d'entre ces derniers ont leurs noms gravés sur des tablettes exposées dans les académies impériales. Au terme de vains efforts et tentatives pour réformer son temps et les gouvernants, il quitta la vie à l'âge de 73 ans, la 49e année du vingt-cinquième souverain [des Zhou] Jing Wang. Sa descendance s'est perpétuée en ligne ininterrompue, soit 2 238 ans jusqu'à la présente année 1687. Son descendant à la 68ème génération réside dans sa ville natale, avec le titre de duc. »

(Isabelle Landry-Deron)

孔夫子 CVM FV ÇU siue CONFVCIVS, qui et honoris gratiâ 仲尼 CHVM NHIJ dicitur, Philosophorum Sinensium Princeps; Oriundus fuit ex oppido KIO FEV Prouinciæ XAN TVM. Patrem habuit XO LEAM HE Praefectum ÇEV ditionis, Matrem CHIM dictam e prænobili yen familiâ. Natus est autem Imperantis LIM VAM (qui fuit e tertiâ CHEV domo Imperiali Princeps 23) anno primo et vigesimo, et ante Christum 551. discipulos numerauit ter mille, quos inter eminebant duo et 70, et hos inter rursus decem Selectissimi, quorum nomina his tabellis inscripta, Visuntur in Imperij gymnasijs. post irritos conatus et labores desperatâ temporum Suorum et principum reformatione, migrauit e vita anno æt. 73 et KIM VAM Imperatoris 25ti. anno 49o. huius prosapia non interruptâ serie propagata, hoc anno 1687. quo Nepos ordine 68 in natali Confucij Sede cum Ducis titulo residet, Computat annos 2238.

A Paris. Chez Nolin Rue S. Iacques A L'Enseigne de la Place des Victoires. Auec Priuilege du Roy.

020

历代帝王圣贤名臣大儒像册

清康熙二十四年（1685年）
勃碣常岫
纸本设色
纵28厘米　横26.8厘米
法国国家图书馆手稿部藏
流传经历：1771年由钱德明赠予皇家图书馆

Portraits de quelques uns d'entre les principaux chinois qui se sont rendus célèbres

La 24e année du règne de Kangxi (1685), dynastie des Qing
Bo Jie Chang Xiu
Album de peinture sur papier
H.: 28 cm; L.: 26.8 cm
Paris, Bibliothèque nationale de France, département des Manuscrits
Historique: offert par Amiot à la Bibliothèque Royale en 1771.

钱德明（Joseph-Marie Amiot）在这本全插图图册封面的黄色丝绸标签上写道："中国朝廷和文武两界部分重要人物肖像集。共一百一十页，一百零九幅肖像，第一张是开创中国君主制的伏羲，最后一张是目前在位的清代第一代皇帝。这些肖像临摹的原本现保存于供奉先贤的庙宇中……此册由勃碣常岫临摹于康熙二十四年（1685年），由钱德明购入，并于1771年敬献皇家图书馆。"钱德明又在背面补充写道："临摹这些肖像的人……在画作前面书写了一段中文的告读者，以下为译文：康熙二十四年（1685年）十一月初，我勃碣常岫临摹了肖像后……认为有必要对每一幅肖像进行说明……（康熙二十有四年，岁次旃蒙赤奋若，月维黄钟上浣，勃碣常岫拜手恭书……则披图见容，聆言知德，聊述什一作后世格）。"表明勃碣常岫是图片下方说明性文字的作者。钱德明接着写道："购入此图集后，窃以为其必有用处，哪怕只是供人初步了解中国的服饰。我又想办法添加了几张丢失的肖像：这些肖像临摹在木版画上。我用'后补'一词标记这些肖像，写在了每幅肖像的旁边。总共只有七幅，其他都出自勃碣常岫之手。我还提供了画像上名人的故事，以满足好奇之人的口味，也供历史百科词典研究者工作之用。此外，我谨将这部作品原封不动地献给皇家图书馆收藏，望其可在图书馆内占据一席之地。1771年8月30日，即乾隆三十六年七月二十一日，于北京。"

（娜塔莉·莫内）

Le propos de cet album entièrement illustré est inscrit par Amiot sur l'étiquette de soie jaune de la couverture: « Portraits de quelque uns d'entre les principaux chinois qui se sont rendus célèbres dans le gouvernement, les lettres et les armes. Il y a en tout cent dix feuilles et cent neuf portraits à commencer depuis Fu xi fondateur de la monarchie chinoise, jusqu'au fondateur de la dynastie des Tartares-mantchoux, qui est actuellement sur le trône. Ces portraits ont été copiés sur les originaux qu'on conserve dans le temple où l'on apprécie sans partialité le mérite de ceux qui ont pratiqué la vertu [...] par Bo Jie Chang Xiu, la 24e année du règne de Kang xi (l'an 1685) et le P. Amiot en ayant fait l'acquisition l'offre avec respect pour la bibliothèque du Roi, l'an 1771. » Au verso, Amiot ajoute: « Celui qui s'est donné la peine de copier les portraits [...] a mis à la tête de ses peintures l'avertissement qu'on voit en lettres chinoises, en voicy la traduction: Au commencement de la 11e lune de la 24e année de Kang xi (c'est-à-dire fin de l'année 1685), moi Bo Jie surnommé Chang Xiu, ayant achevé de copier les portraits [...] j'ai cru devoir dire quelque chose de chacun [...] » ce qui signifie que Bo Jie est aussi l'auteur des légendes. Puis Amiot reprend: « ayant fait l'acquisition de ce recueil, j'ay crû qu'il pourrait avoir son usage, ne fut ce que pour donner une idée du costume chinois. J'ai fait ajouter quelques portraits qui avaient été égarés: ils ont été copiés sur des estampes. J'en avertis par ce mot Suppléé, que j'ay écrit à côté de chacun des portraits ajoutés. Il n'y en a que sept... tous les autres sont de Bo Jie Chang Xiu. Je donnerai à part l'histoire des hommes célèbres qu'ils représentent, pour la satisfaction des curieux, et pour l'utilité particulière de ceux qui travaillent à des dictionnaires historiques universels. En attendant j'offre avec respect ce recueil, tel qu'il est, pour être déposé dans la bibliothèque du Roi, si l'on le juge digne d'y occuper une place. A Péking le 30e août 1771 et 21e de la 7e lune de la 36e année de Qianlong. »

(Nathalie Monnet)

021

《中国通史》

1777～1785年
冯秉正
巴黎，皮埃尔和科鲁西联合出版，勒鲁贤和戴奥特莱编写，十二卷
纵26厘米　横20.5厘米
凡尔赛市立图书馆藏
流传经历：普罗旺斯伯爵夫人旧藏；大革命时期收缴；塞纳-瓦兹中央学校图书馆旧藏；1801年起藏于凡尔赛市立图书馆

Histoire générale de la Chine ou Annales de cet empire

1777-1785
Joseph-Marie-Anne de Moyriac de Mailla (1669-1748)
Paris, Ph.-D. Pierres et Clousier, publiées par M. l'abbé Grosier et dirigées par M. Le Roux des Hautesrayes, 12 volumes
H.26 cm; L.20.5 cm
Reliure en veau écaille aux armes de Marie-Joséphine-Louise de Savoie, comtesse de Provence (1753-1810), triple filet d'encadrement doré et fleurons sur les plats; dos à nerfs orné.
Bibliothèque municipale de Versailles
Historique: anc. coll. de la comtesse de Provence; confiscation révolutionnaire; anc. coll. de la bibliothèque de l'École centrale de Seine-et-Oise; bibliothèque municipale de Versailles depuis 1801.

鱼鳞牛皮封面，上有玛丽-约瑟芬娜-路易斯·德·萨瓦（Marie-Joséphine-Louise de Savoie）即普罗旺斯伯爵夫人徽章，有三层烫金框线，有花叶饰。带肋线书脊。

冯秉正神父（Joseph-Marie-Anne de Moyriac de Mailla，1669～1748年）于1703年定居中国，作为一位数学家、地图绘制师和历史学家，他被康熙皇帝指定绘制清朝疆域地图。他与巴多明（Dominique Parrenin）和宋君荣（Antoine Gaubil）两位神父走访了很多省份，他的中国和"鞑靼"全图在法国由让-巴蒂斯特·布吉尼翁·当维尔（Jean-Baptiste Bourguignon d'Anville）刻制完成。

1737年，他在12世纪的历史、政治和宗教汇编性著作《通鉴纲目》的基础上，撰写了《中国通史》（十二卷本），这是欧洲出版的第一部完整的中国历史。这部著作在他去世后多年才由格鲁贤（Jean-Baptiste Grosier，1743～1823年）教士编辑发行。格鲁贤与多份报刊和评论杂志保持合作，他为著作增加了由东方学者和皇家图书馆翻译米歇尔·戴奥特莱（Michel des Hauterayes）编写的图表，以及他自己编纂的第十三卷，最终制成《论中国：根据北京传教团论文集编写的帝国通典》，巴黎，穆塔德出版社，1786年。

这部文选涉及中国文化、文学、科学、医学、地理、历史、动植物、政治、宗教、风俗等各方面，在很长一段时间里被欧洲人视作了解中国的主要工具。这部著作出现在普罗旺斯伯爵夫人的图书馆里，表明旧制度末期法国皇室对中国有着强烈的好奇心。

（伊丽莎白·梅森尼尔）

Établi en Chine à partir de 1703, le père de Mailla, mathématicien, cartographe et historien, fut chargé par l'empereur Kangxi de cartographier l'Empire. Il visita de nombreuses provinces en compagnie des pères Parrenin et Antoine Gaubil. Sa carte générale de Chine et de Tartarie fut gravée en France par Jean-Baptiste Bourguignon d'Anville.

À partir du *Tongjian gangmu*, compilation historique, politique et religieuse réalisée au XIIe siècle, il rédigea en 1737 *l'Histoire générale de la Chine*, première histoire complète de la Chine publiée en Europe. Elle ne fut éditée que plusieurs années après sa mort par l'abbé Jean-Baptiste Grosier (1743-1823), collaborateur de très nombreux journaux et critique, qui la compléta par un volume de tables établi par Michel des Hauterayes, orientaliste et interprète à la Bibliothèque du roi, puis par un treizième volume par lui-même: *De la Chine, ou Description générale de cet empire, rédigée d'après les Mémoires de la mission de Pékin*, Paris, Moutard, 1786.

Tous les aspects de la culture, de la littérature, de la science, de la médecine, de la géographie, de l'histoire, de la faune et de la flore, de la politique, de la religion, des mœurs chinoises y sont évoqués. Cette anthologie fut longtemps pour les Européens la principale source de connaissances sur la Chine. La présence de cet ouvrage dans la bibliothèque de la comtesse de Provence indique la curiosité persistante pour la Chine à la cour de France à la fin de l'Ancien Régime.

(Elisabeth Maisonnier)

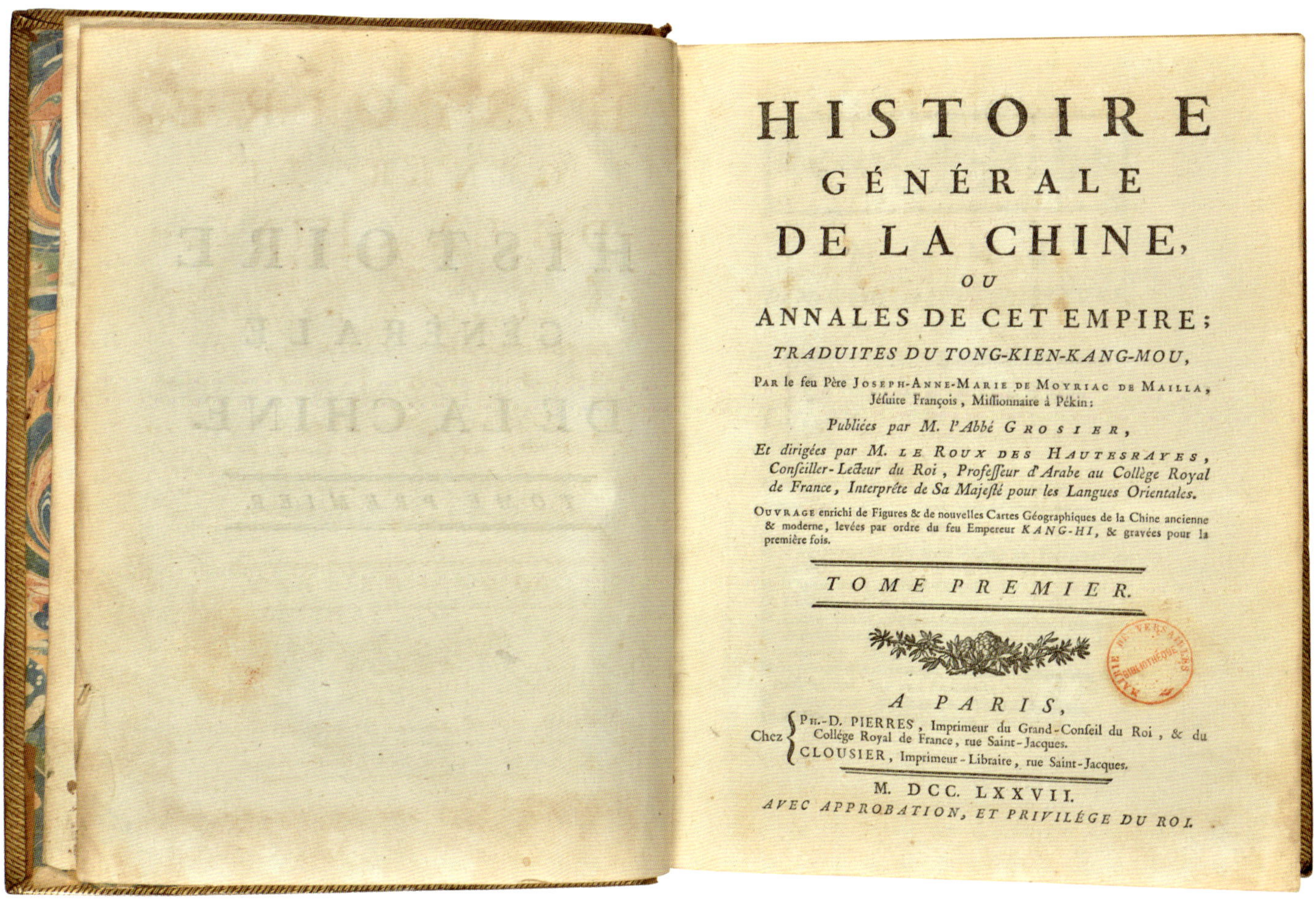

HISTOIRE
GÉNÉRALE
DE LA CHINE,
OU
ANNALES DE CET EMPIRE;
TRADUITES DU TONG-KIEN-KANG-MOU,
PAR le feu Père JOSEPH-ANNE-MARIE DE MOYRIAC DE MAILLA, Jésuite François, Missionnaire à Pékin:
Publiées par M. l'Abbé GROSIER,
Et dirigées par M. LE ROUX DES HAUTESRAYES, Conseiller-Lecteur du Roi, Professeur d'Arabe au Collège Royal de France, Interprête de Sa Majesté pour les Langues Orientales.
OUVRAGE enrichi de Figures & de nouvelles Cartes Géographiques de la Chine ancienne & moderne, levées par ordre du feu Empereur *KANG-HI*, & gravées pour la première fois.
TOME PREMIER.
A PARIS,
Chez PH.-D. PIERRES, Imprimeur du Grand-Conseil du Roi, & du Collége Royal de France, rue Saint-Jacques. CLOUSIER, Imprimeur-Libraire, rue Saint-Jacques.
M. DCC. LXXVII.
AVEC APPROBATION, ET PRIVILÉGE DU ROI.

022

《成吉思汗传和元代全史》

1739年
宋君荣译
巴黎，布里松和皮热联合出版
纵26厘米　横20.5厘米
凡尔赛市立图书馆藏
流传经历：维克图瓦夫人旧藏；大革命时期收缴；塞纳–瓦兹中央学校图书馆旧藏；1801年起藏于凡尔赛市立图书馆

Histoire de Gentchiscan et de toute la dynastie des Mongous ses successeurs, conquérans de la Chine

1739
Antoine Gaubil (1689-1759)
Paris, Briasson et Piget
H.: 26 cm; L.: 20.5 cm
Reliure en maroquin vert aux armes de Madame Victoire; triple filet d'encadrement doré sur les plats; ex-libris gravé: *Bibliothèque de Madame Victoire de France.*
Bibliothèque municipale de Versailles
Historique: anc. coll. de Madame Victoire; confiscation révolutionnaire; anc. coll. de la bibliothèque de l'École centrale de Seine-et-Oise; bibliothèque municipale de Versailles depuis 1801.

绿色摩洛哥皮封面，上有维克图瓦夫人徽章，有三层烫金框线。藏书印：维克图瓦夫人（Madame Victoire）图书馆。

耶稣会士、传教士宋君荣（Antoine Gaubil，1689～1759年）于1722年被派往中国。作为皇室翻译、天文学家和历史学家，他的主要著作便是《中国天文史及论述》。他将多部中文正典翻译成法文，特别是《尚书》。他的历史学著作涉及成吉思汗和满族人入关前的蒙古王朝，也涉及唐代和编年学。

（伊丽莎白·梅森尼尔）

Le père jésuite Antoine Gaubil fut envoyé en Chine en 1722. Interprète à la cour impériale, astronome, historien, il publia notamment une *Histoire de l'astronomie chinoise avec des dissertations*. Il traduisit plusieurs livres canoniques chinois en français, en particulier le *Choo-King*. Son œuvre historique porte sur Gengis Khan et la dynastie mongole avant l'arrivée des Mandchous, mais aussi sur la dynastie Tang, et sur la chronologie.

(Elisabeth Maisonnier)

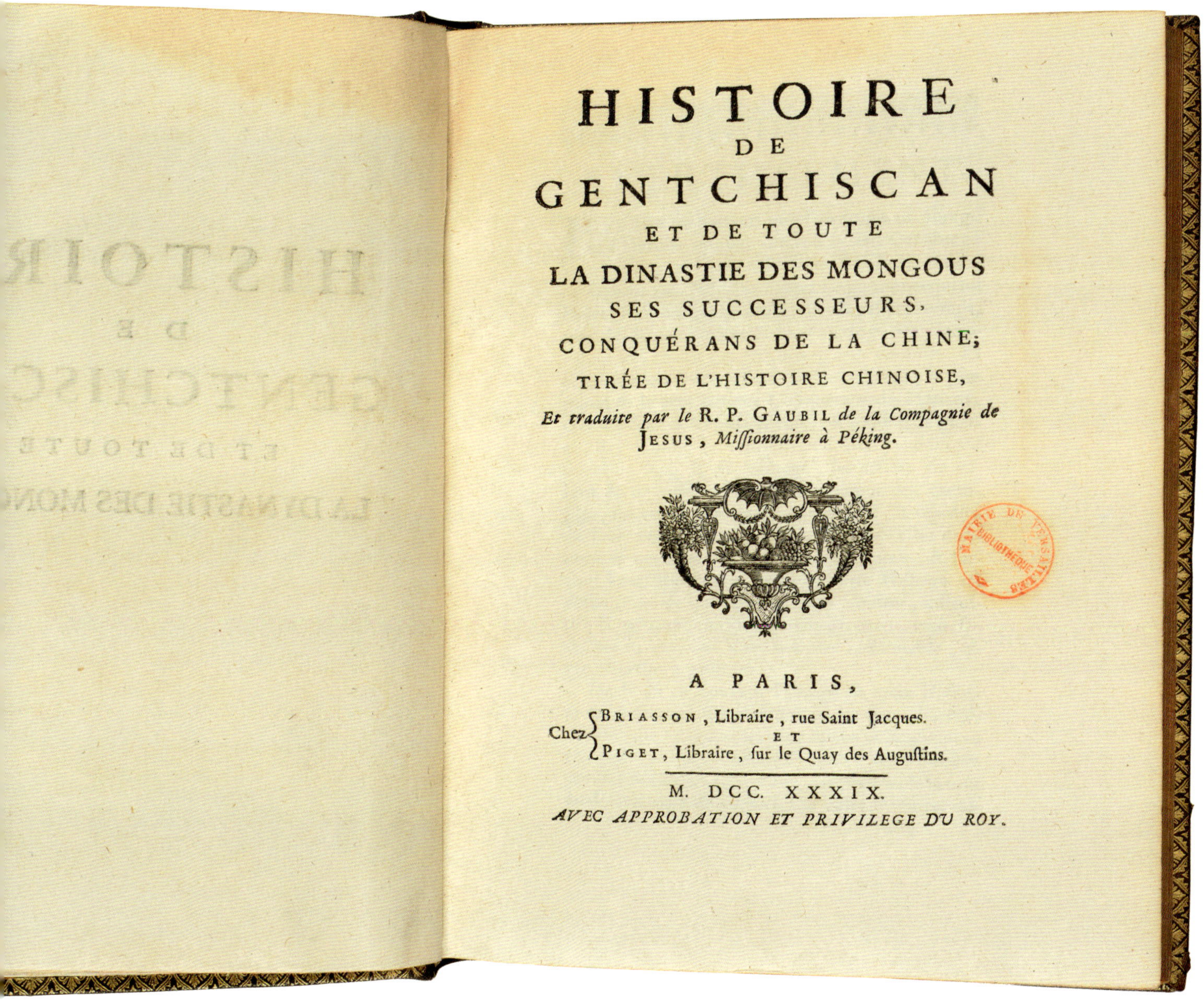

HISTOIRE
DE
GENTCHISCAN
ET DE TOUTE
LA DINASTIE DES MONGOUS
SES SUCCESSEURS,
CONQUÉRANS DE LA CHINE;
TIRÉE DE L'HISTOIRE CHINOISE,
Et traduite par le R. P. GAUBIL *de la Compagnie de* JESUS, *Missionnaire à Péking.*

A PARIS,
Chez BRIASSON, Libraire, rue Saint Jacques.
ET
PIGET, Libraire, sur le Quay des Augustins.

M. DCC. XXXIX.
AVEC APPROBATION ET PRIVILEGE DU ROY.

023

《中国新志（含对这一伟大帝国最重要特征的描述）》

1690年
安文思
巴黎，路易·卢卡出版，由克劳德·贝尔努从葡萄牙文译成法文
纵25厘米　横20厘米
凡尔赛市立图书馆藏
流传经历：路易十四和路易十五旧藏；夫人们（路易十五女儿）旧藏；大革命时期收缴；塞纳-瓦兹省中心学校图书馆旧藏；1801年入藏凡尔赛市立图书馆

Nouvelle Relation de la Chine, contenant la description des particularités les plus considérables de ce grand Empire

1690
R.P. Gabriel de Magaillans (1609-1677)
Paris, Louis Lucas, et traduite du portugais en françois, par le Sr B [Claude Bernou]
H.: 25 cm; L.: 20 cm
Reliure en maroquin rouge aux armes de Mesdames sur les armes lavées de Louis XIV, triple filet d'encadrement doré sur les plats; dos à nerfs orné du L entrelacé et couronné
Bibliothèque municipale de Versailles
Historique: anc. coll. de de Louis XIV et de Louis XV; anc. coll. de Mesdames; confiscation révolutionnaire; anc. coll. de la bibliothèque de l'École centrale de Seine-et-Oise; bibliothèque municipale de Versailles depuis 1801.

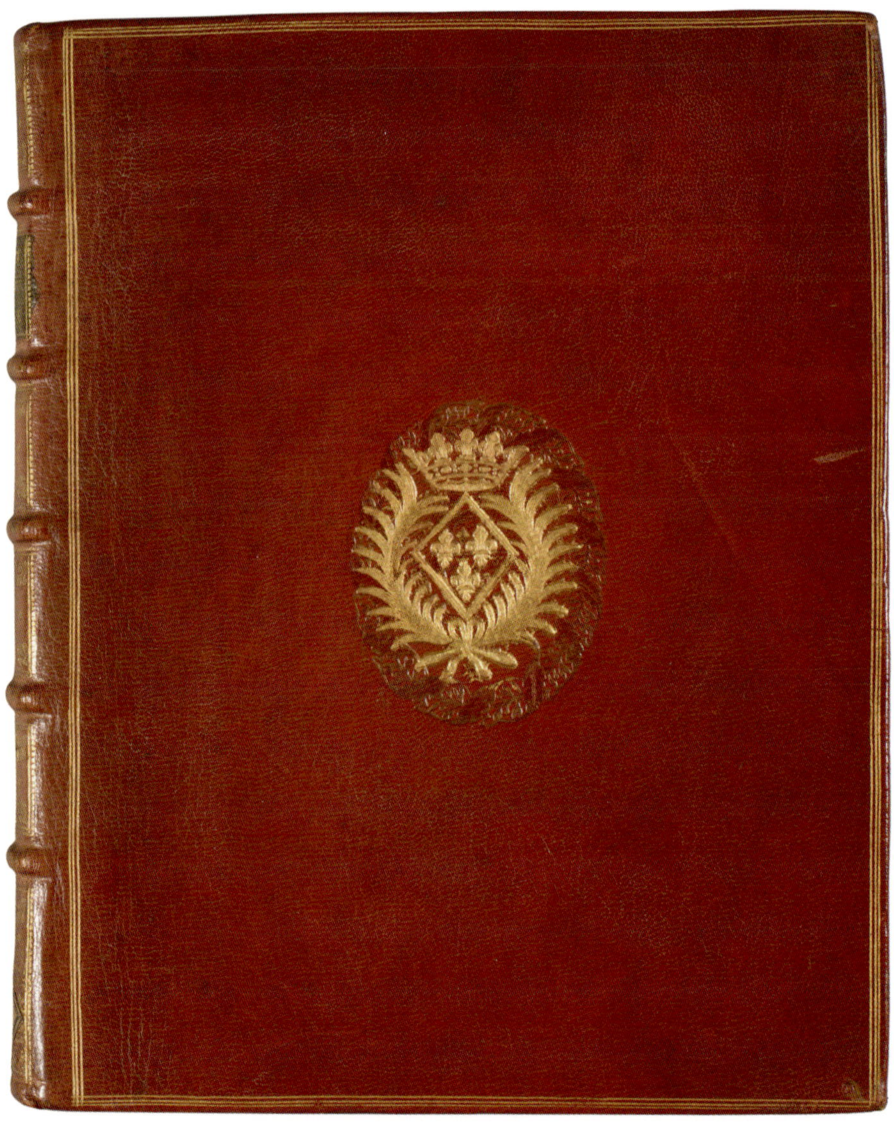

精装红色摩洛哥皮封面，带夫人们（路易十五女儿）的徽章，原路易十四的徽章被洗去，有三道烫金框线。带肋线书脊饰有交错的字母L，上加王冠。

本书葡萄牙文版于1668年出版，是对中国最早的可靠描述之一。克劳德·贝尔努（Claude Bernou）神父将其译成法文，他是于格·德·利奥纳（Hughes de Lionne）和科贝尔（Colbert）在西班牙和葡萄牙问题上的合作者，也是泰奥弗拉斯特·勒诺多（Théophraste Renaudot）的朋友，并为后者创办的《公报》撰稿。

（伊丽莎白·梅森尼尔）

L'édition en portugais de l'une des premières descriptions sérieuses de la Chine fut publiée en 1668. Elle fut traduite en français par l'abbé Claude Bernou, collaborateur d'Hugues de Lionne et de Colbert sur les questions espagnoles et portugaises, et collaborateur de *la Gazette* de Théophraste Renaudot dont il était l'ami.
(Elisabeth Maisonnier)

024

《中国皇帝历史肖像》（《康熙帝传》）

1697年
白晋
巴黎，艾蒂安·米夏莱出版
纵16.5厘米　横10厘米
凡尔赛市立图书馆藏
流传经历：战争部旧藏；大革命时期收缴；塞纳–瓦兹省中心学校图书馆旧藏；1801年入藏凡尔赛市立图书馆

Portrait historique de l'empereur de la Chine

1697
Joachim Bouvet
Paris, Étienne Michallet
H.: 16.5 cm; L.: 10 cm
Reliure maroquin rouge, encadrement de dentelle fleurdelisée; fleurons représentant deux dauphins entrelacés autour d'un soleil; dos à nerf orné de fleurs de lys.
Ex-libris manuscrit: Lebel commissaire des guerres.
Bibliothèque municipale de Versailles
Historique: anc. coll. du ministère de la guerre; confiscation révolutionnaire; anc. coll. de la bibliothèque de l'École centrale de Seine-et-Oise; bibliothèque municipale de Versailles depuis 1801.

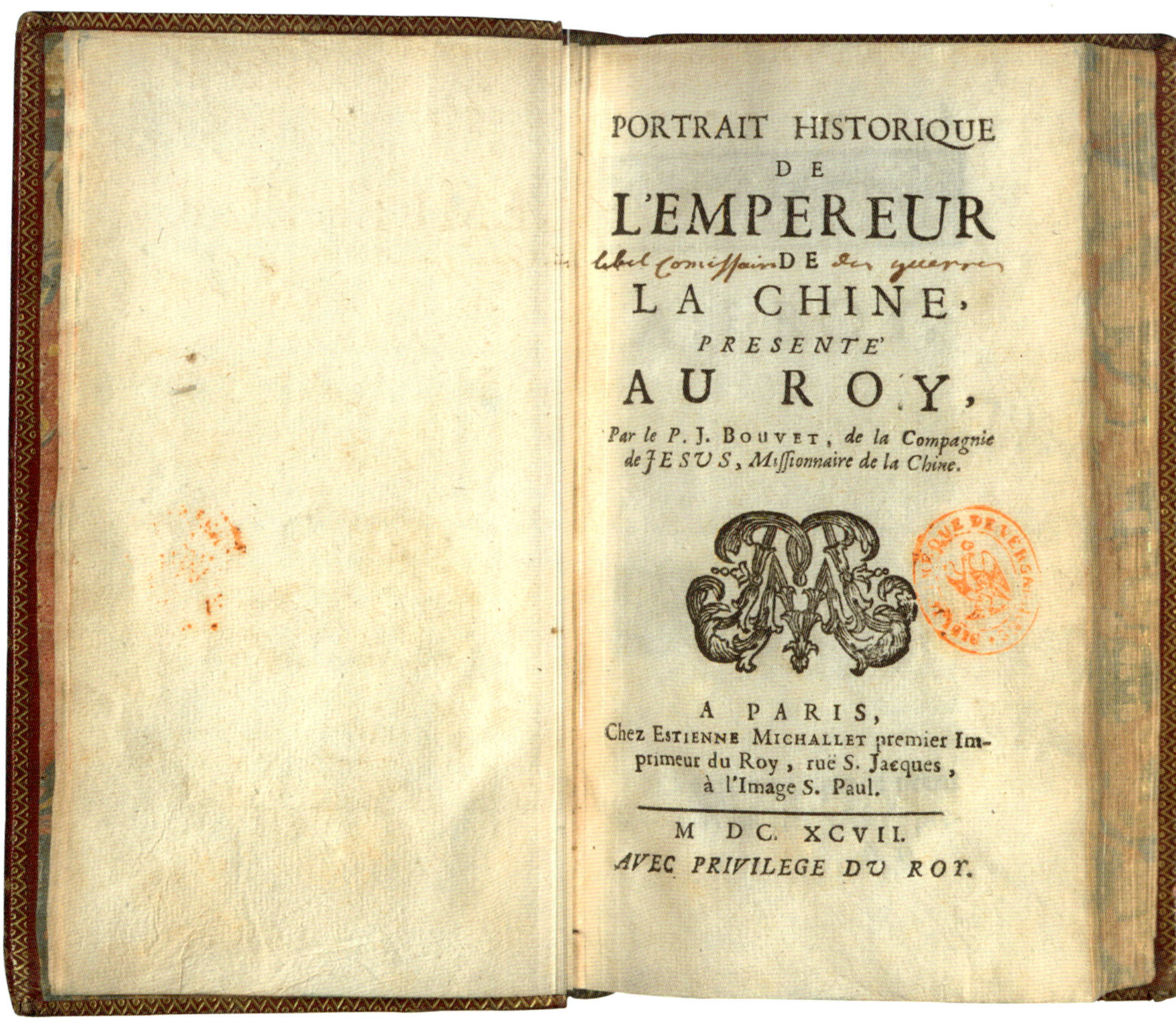

PORTRAIT HISTORIQUE
DE
L'EMPEREUR
lebel comissaire DE des guerres
LA CHINE,
PRESENTE'
AU ROY,
Par le P. J. Bouvet, de la Compagnie de JESUS, Missionnaire de la Chine.

A PARIS,
Chez Estienne Michallet premier Imprimeur du Roy, ruë S. Jacques, à l'Image S. Paul.
M DC. XCVII.
AVEC PRIVILEGE DU ROY.

精装红色摩洛哥皮封面，镶百合花图案花边。代表两只海豚的花叶饰环绕太阳。带肋线书脊饰有百合花。手写藏书标签：军事专员勒贝尔。

路易十四派往中国的五位国王数学家之一白晋（Joachim Bouvet）留在了康熙的宫廷，在那里学会了满文和汉文，并教授皇帝数学和天文学知识，乃至法国医学，白晋等人正是靠它治好了康熙的病。白晋与莱布尼茨（Leibniz）讨论数学问题的往来信函闻名于后世。他试图证明只有依据天主教才能解释汉语文本，但遭到一些耶稣会士的反对。返回法国时，白晋为皇家图书馆带回22本最重要的汉文书籍，主要涉及地理、自然科学和中国礼仪。

他的《中国皇帝历史肖像》是对中国和中国政府十分理想化的描绘，强调康熙皇帝和路易十四的相似之处：二人均在幼年登基，经历了漫长的摄政期，期间不乏叛乱与阴谋。他们很早就必须承担起掌权者的责任，并对艺术有着同样的兴趣。

在给路易十四的献词中，白晋解释道，他描绘了“一位和陛下一样的君主，有着高尚的人格、非凡的智慧，更具备与帝王相称的坦荡胸襟。他治民修身同样严谨，受本国人民的爱戴和邻国人民的尊敬；他开拓伟业，威名显赫，且实力雄厚，德高望重。简言之，这位君主集英雄所具备大多数品质于一身，若非他与陛下同时在位，便可称自古以来统治天下最圣明的君主”。这本著作数次再版，并被译成多种语言。

（伊丽莎白·梅森尼尔）

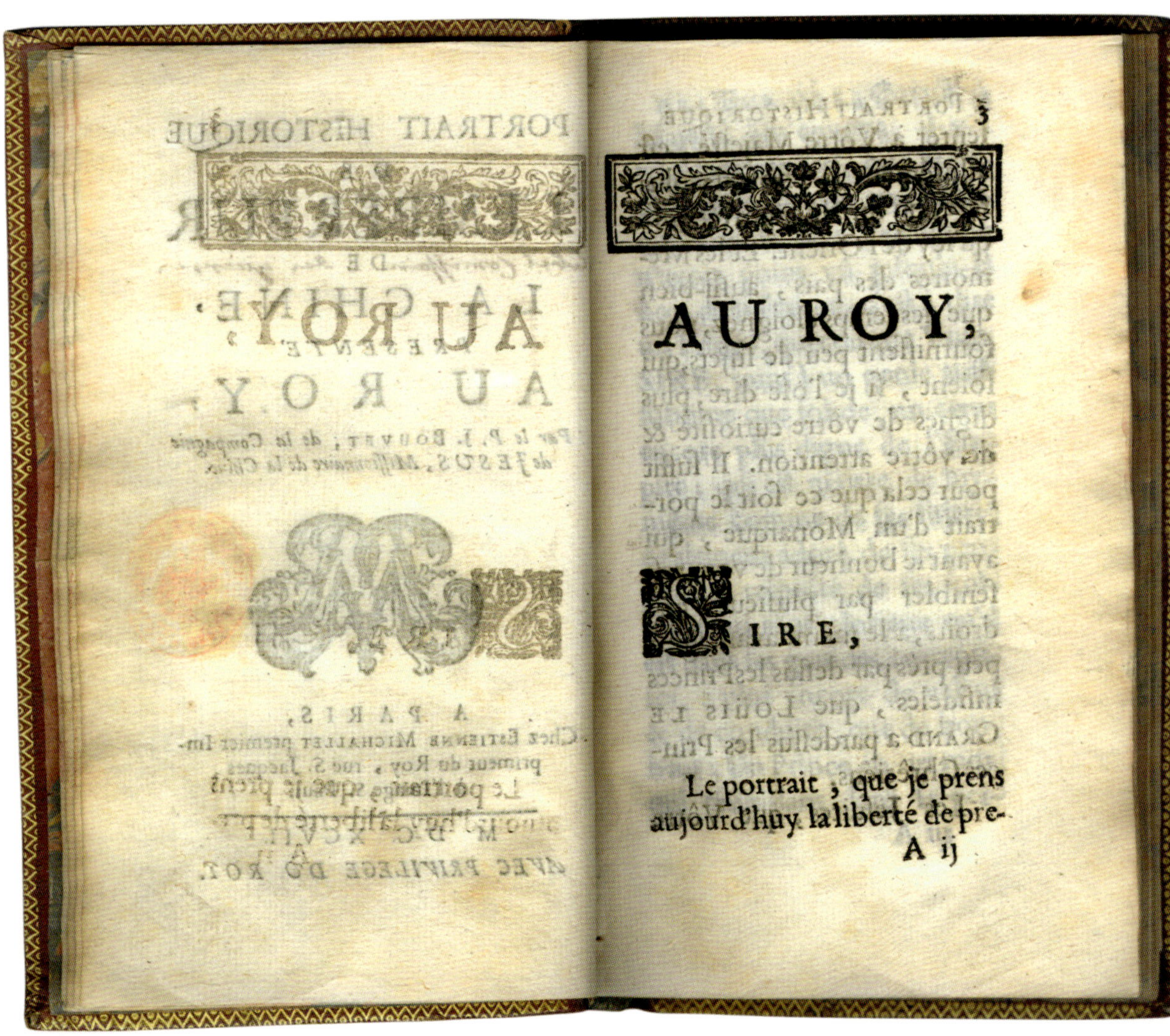

Le père jésuite Bouvet, l'un des cinq mathématiciens du roi envoyés en Chine par Louis XIV, demeura à la cour de l'empereur Kangxi, où il apprit les langues mandchoue et chinoise, et lui enseigna ses connaissances en mathématiques et astronomie, et même la médecine française, qui lui permit de le soigner. Sa correspondance avec Leibniz sur les questions mathématiques est restée célèbre. Il tenta de prouver que l'interprétation des textes chinois ne pouvait se faire qu'à la lumière du christianisme, mais il se heurta à l'opposition de certains jésuites. De retour en France, Bouvet rapporta pour la Bibliothèque du roi vingt-deux livres chinois parmi les plus importants, notamment sur la géographie, les sciences naturelles ou le cérémonial chinois.

Son *Portrait historique de l'empereur de la Chine*, description très idéalisée de la Chine et de son gouvernement, accentue les parallèles entre l'empereur Kangxi et Louis XIV: ayant accédé au trône très jeunes, ils avaient subi une longue régence, marquée de révoltes et de conspirations. Ils eurent à assumer très tôt les responsabilités du pouvoir et développèrent le même goût pour les arts.

Dans la dédicace à Louis XIV, Bouvet explique qu'il dresser le portrait d'« un Prince, qui comme vous Sire, joint à un génie aussi sublime que solide, un cœur encore plus digne de l'Empire; qui est maître de lui-même comme de ses sujets, également adoré par ses peuples, et respecté de ses voisins; qui tout glorieux qu'il est dans ses grandes entreprises, a plus encore de valeur et de bonheur que de conduite: un Prince en un mot, qui réunissant dans sa personne la plupart des grandes qualités qui forment le héros, serait le plus accompli monarque qui depuis longtemps ait régné sur la terre, si son règne ne concourrait point avec celui de votre Majesté ». L'ouvrage fut plusieurs fois réédité, et traduit en plusieurs langues. (Elisabeth Maisonnier)

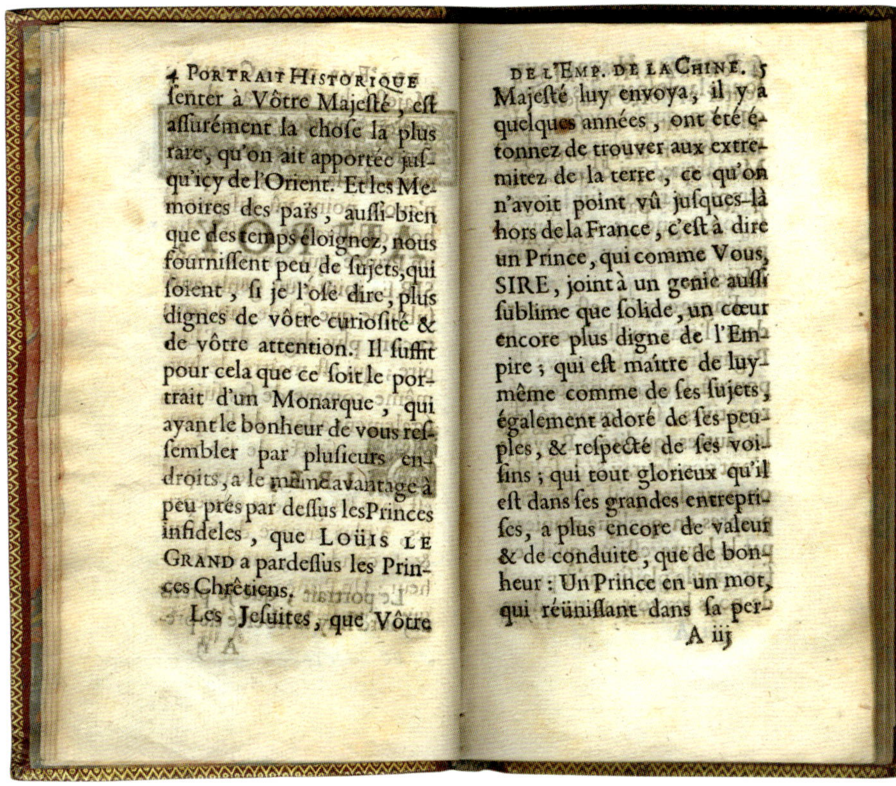

4 PORTRAIT HISTORIQUE

ſenter à Vôtre Majeſté, eſt aſſurément la choſe la plus rare, qu'on ait apportée juſqu'icy de l'Orient. Et les Memoires des païs, auſſi-bien que des temps éloignez, nous fourniſſent peu de ſujets, qui ſoient, ſi je l'oſe dire, plus dignes de vôtre curioſité & de vôtre attention. Il ſuffit pour cela que ce ſoit le portrait d'un Monarque, qui ayant le bonheur de vous reſſembler par pluſieurs endroits, a le même avantage à peu prés par deſſus les Princes infideles, que LOÜIS LE GRAND a pardeſſus les Princes Chrêtiens.

Les Jeſuites, que Vôtre

A

DE L'EMP. DE LA CHINE. 5

Majeſté luy envoya, il y a quelques années, ont été étonnez de trouver aux extremitez de la terre, ce qu'on n'avoit point vû juſques-là hors de la France, c'eſt à dire un Prince, qui comme VOUS, SIRE, joint à un genie auſſi ſublime que ſolide, un cœur encore plus digne de l'Empire; qui eſt maître de luy-même comme de ſes ſujets, également adoré de ſes peuples, & reſpecté de ſes voiſins; qui tout glorieux qu'il eſt dans ſes grandes entrepriſes, a plus encore de valeur & de conduite, que de bonheur: Un Prince en un mot, qui réüniſſant dans ſa per-

A iij

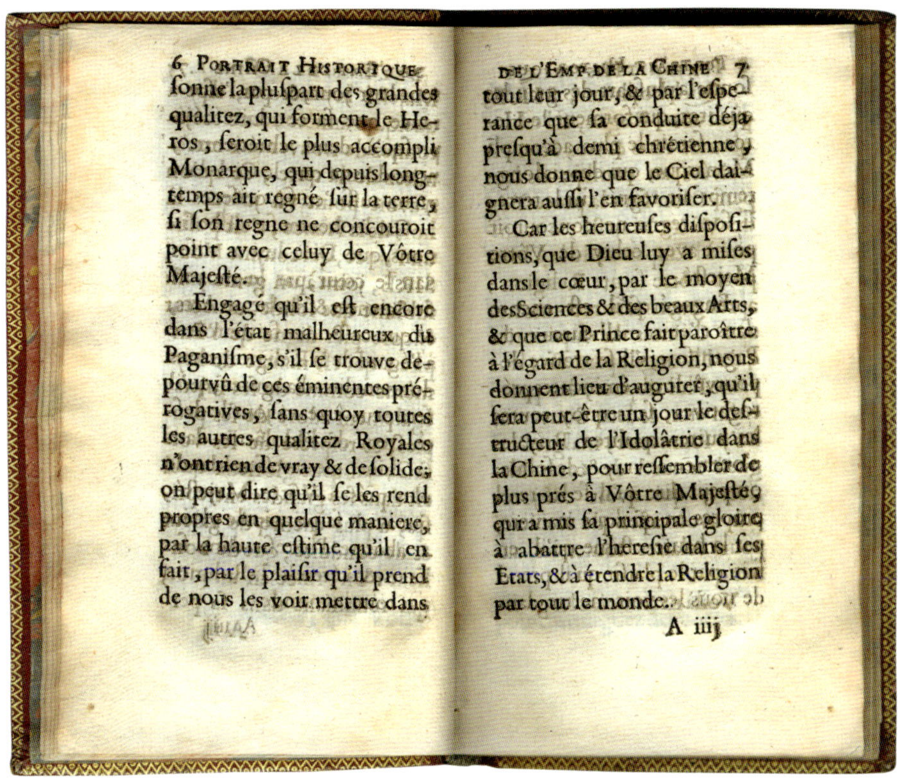

6 PORTRAIT HISTORIQUE

ſonne la pluſpart des grandes qualitez, qui forment le Heros, ſeroit le plus accompli Monarque, qui depuis longtemps ait regné ſur la terre, ſi ſon regne ne concouroit point avec celuy de Vôtre Majeſté.

Engagé qu'il eſt encore dans l'état malheureux du Paganiſme, s'il ſe trouve dépourvû de ces éminentes prérogatives, ſans quoy toutes les autres qualitez Royales n'ont rien de vray & de ſolide; on peut dire qu'il ſe les rend propres en quelque maniere, par la haute eſtime qu'il en fait, par le plaiſir qu'il prend de nous les voir mettre dans

DE L'EMP. DE LA CHINE. 7

tout leur jour, & par l'eſperance que ſa conduite déja preſqu'à demi chrêtienne, nous donne que le Ciel daignera auſſi l'en favoriſer.

Car les heureuſes diſpoſitions, que Dieu luy a miſes dans le cœur, par le moyen des Sciences & des beaux Arts, & que ce Prince fait paroître à l'égard de la Religion, nous donnent lieu d'augurer, qu'il ſera peut-être un jour le deſtructeur de l'Idolâtrie dans la Chine, pour reſſembler de plus prés à Vôtre Majeſté, qui a mis ſa principale gloire à abattre l'hereſie dans ſes Etats, & à étendre la Religion par tout le monde.

A iiij

025

《中国近事报道》

1701～1702年
李明
巴黎，让·阿尼松出版，三卷
纵16.5厘米　横10厘米
凡尔赛市立图书馆藏
流传经历：路易十四旧藏；大革命时期收缴；塞纳–瓦兹省中心学校旧藏；1801年起收藏于凡尔赛市立图书馆

Nouveaux Mémoires sur l'État présent de la Chine

1701-1702
Louis Le Comte (1655-1728)
Paris, Jean Anisson, 3 volumes
H.: 16.5 cm; L.: 10 cm
Reliure en maroquin rouge aux armes de Louis XIV, encadrement de dentelle fleurdelisée; dos à nerfs orné de fleurs de lys
Bibliothèque municipale de Versailles
Historique: anc. coll. de Louis XIV; confiscation révolutionnaire; anc. coll. de la bibliothèque de l'École centrale de Seine-et-Oise; bibliothèque municipale de Versailles depuis 1801.

精装红色摩洛哥皮封面，带路易十四徽章，边框饰百合花图案花边。带肋线书脊饰有百合花。

在1696年初版随后多次再版的《中国近事报道》中，耶稣会士、数学家、天文学家李明（Louis Le Comte，1655~1728年）神父希望证明中国人按照不同于天主教徒的方式崇敬上帝，但他的论据在礼仪之争中却对耶稣会士不利，最终导致他们被逐出中国。他的著作大力赞扬中国的思想和文明，1761年被巴黎高等法院禁止出版，随后勒令焚毁。

《中国近事报道》资料翔实，包含许多让–巴蒂斯特·杜赫德（Jean–Baptiste Du Halde）30年后使用的插图。

该书前两卷献给国王，第三卷则献给曼恩公爵（duc du Maine）。路易十四的这名合法化非婚生子博学多才，对各种科学发现有浓厚兴趣。他在经济上和政治上支持首个入华耶稣会传教团，他让李明神父运去一批数学仪器和天文学仪器。李明在他1700年《就中国仪式致曼恩公爵的信》中还提到他的渊博知识："您几乎是欧洲最早了解中国的人。您从小就喜欢听我们谈论中国，但我们谈论的不是中国的财富，不是中国宫廷的奢华，也不是中国皇帝的战功，那些都比不上您身边的一切和您每天都在欣赏的东西，我们对此又有什么好谈的呢？但当大人您听说信仰在中国早已战胜偶像崇拜时，您大受触动。"

（伊丽莎白·梅森尼尔）

Dans ses *Nouveaux Mémoires sur l'État présent de la Chine*, publiés d'abord en 1696 et plusieurs fois réédités, le père Le Comte, jésuite mais aussi mathématicien et astronome, souhaitait démontrer que les Chinois adoraient le vrai Dieu sous des manières différentes de celles des chrétiens; mais ses arguments se retournèrent contre les jésuites dans la querelle des Rites, et aboutirent à leur exclusion de Chine. Panégyrique insistant de la pensée et de la civilisation chinoises, l'ouvrage fut interdit, puis condamné au feu par le Parlement de Paris en 1761.

Très richement documentés, les Nouveaux Mémoires renferment de nombreuses illustrations utilisées par Du Halde trente ans plus tard.

Les deux premiers volumes sont dédiés au roi, tandis que le troisième l'est au duc du Maine. Homme d'études, intéressé par toutes les découvertes scientifiques, le fils légitimé de Louis XIV soutint financièrement et politiquement la première mission jésuite en Chine; il demandait au père Le Comte l'envoi d'instruments de mathématique ou d'astronomie. Dans sa *Lettre à Monseigneur le duc du Maine sur les cérémonies de la Chine*, parue en 1700, Le Comte revenait encore sur ses connaissances: « Vous avez connu la Chine presque aussitôt que l'Europe. Dès votre enfance vous vous faisiez un plaisir de nous entendre parler, non pas de ses richesses, ni de la magnificence de la Cour, ni des victoires des empereurs, que pouvions nous en dire, qui ne fut au-dessous de ce qui vous environnait, et de ce que vous admiriez tous les jours ? Mais vous étiez vivement touchés, Monseigneur, d'apprendre que la foi dans la Chine triomphait depuis longtemps de l'idolâtrie.

(Elisabeth Maisonnier)

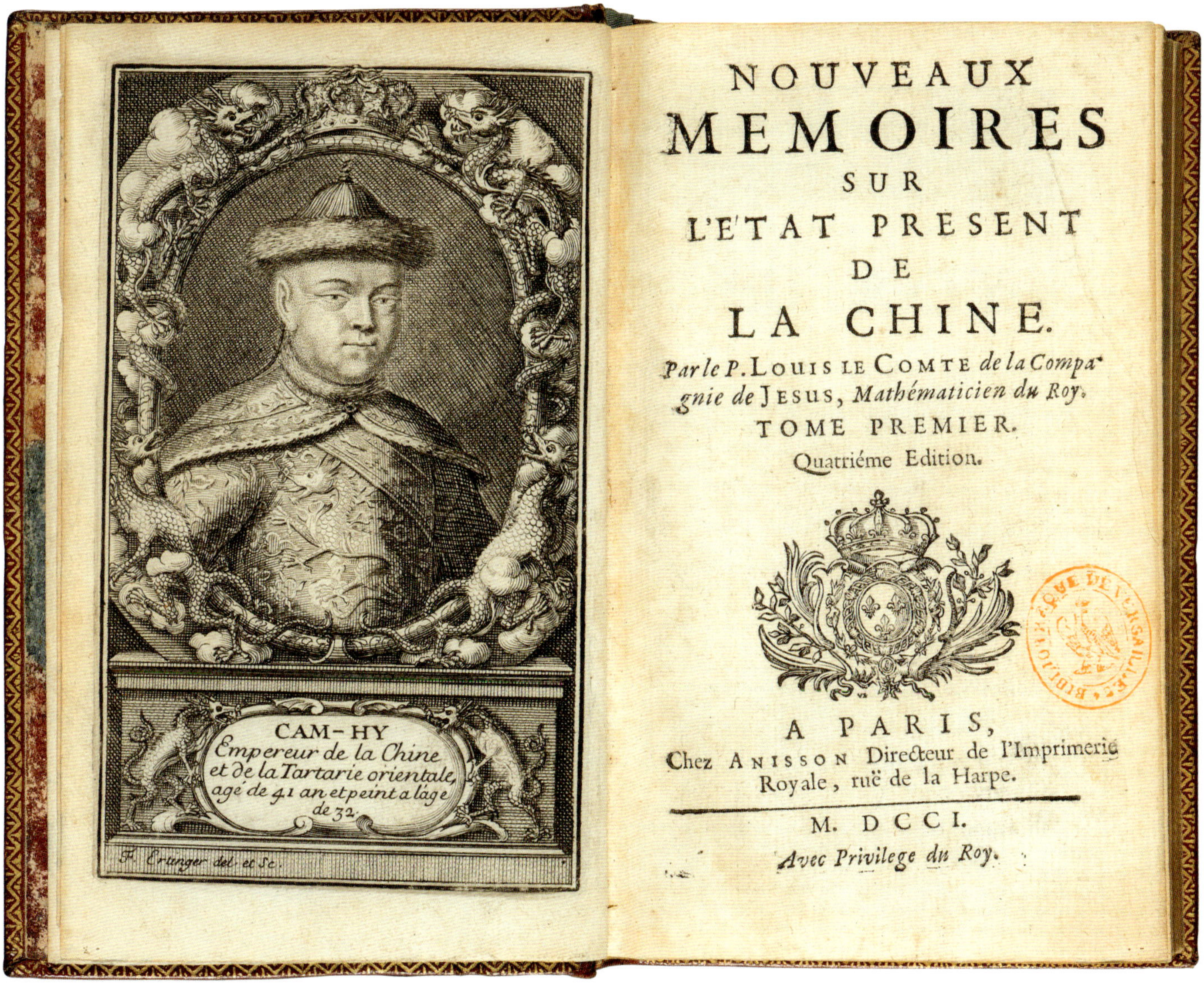

026

《中国宗教状况趣闻》

1733～1735年
多罗
巴黎，耶稣会承担费用，六卷
纵16.5厘米　横10.5厘米
凡尔赛市立图书馆藏
流传经历：维克图瓦夫人旧藏；大革命时期收缴；塞纳–瓦兹中央学校图书馆旧藏；1801年起藏于凡尔赛市立图书馆

Anecdotes sur l'état de la religion dans la Chine

1733-1735
Charles Thomas Maillard de Tournon (1668-1710)
Paris, aux dépens de la société, 6 volumes
H.16.5 cm; L.10.5 cm
Reliure en veau brun; ex-libris gravé: *Bibliothèque de Madame Victoire de France*
Bibliothèque municipale de Versailles
Historique: anc. coll. de Madame Victoire; confiscation révolutionnaire; anc. coll. de la bibliothèque de l'École centrale de Seine-et-Oise; bibliothèque municipale de Versailles depuis 1801.

棕色小牛皮封面。藏书印：维克图瓦夫人图书馆。

18世纪，耶稣会士与方济各会会士、多明我会会士和海外传教会之间就传教的方式爆发礼仪之争。争议涉及孔子、对先人的祭礼以及上帝之名的翻译问题：耶稣会士希望将中国的学说同天主教教理结合起来，从而更好地向当地民众传教。

1692年，康熙皇帝颁布容教令，将天主教从邪教名单上移除。1700年，《关于中国礼仪或习俗含义的宣言》使天主教成为同佛教和道教一样的本地宗教。1704年，教皇克雷芒十一世签署了禁止中国习惯做法的敕谕。次年，他向中国派遣特使多罗（Charles Thomas Maillard de Tournon，1668～1710年），多罗在南京传述了禁令的内容。康熙帝于1715年下令废止天主教，并于1717年禁止天主教布道，1723年更是下令驱逐传教士。

（伊丽莎白·梅森尼尔）

La querelle des Rites opposa au XVIIIe siècle les jésuites aux franciscains, aux dominicains et à la Société des missions étrangères sur la manière de pratiquer l'évangélisation. Les sujets de mésentente concernaient Confucius, le culte des ancêtres et la question de la traduction du nom de Dieu: les jésuites souhaitaient rapprocher les doctrines chinoise et chrétienne pour mieux évangéliser les populations locales.

En 1692, l'édit de tolérance de l'empereur Kangxi avait retiré le christianisme des doctrines pernicieuses. En 1700, la Déclaration concernant la signification des rites ou coutumes chinois avait fait du christianisme une religion indigène, au même titre que le bouddhisme et le taoïsme. En 1704, le pape Clément XI, signa un décret interdisant les pratiques chinoises. L'année suivante, il envoya en Chine son légat monseigneur Maillard de Tournon, qui fit part de cette interdiction à l'empereur Kangxi. Celui-ci décréta l'abolition du christianisme en 1715 et interdit la prédication chrétienne en 1717. En 1723 fut ordonnée l'expulsion des missionnaires.

(Elisabeth Maisonnier)

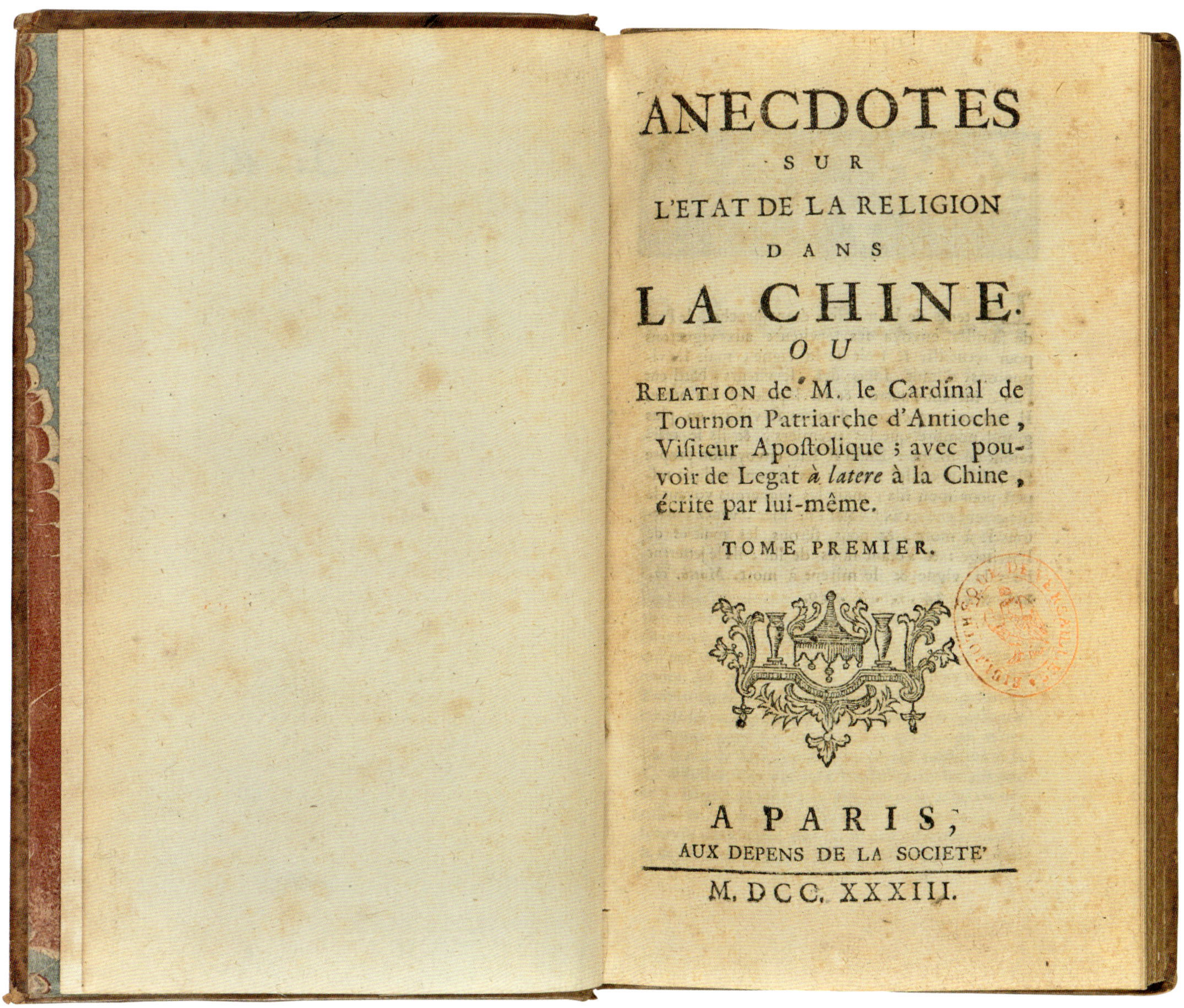

ANECDOTES SUR L'ETAT DE LA RELIGION DANS LA CHINE. OU Relation de M. le Cardinal de Tournon Patriarche d'Antioche, Visiteur Apostolique ; avec pouvoir de Legat *à latere* à la Chine, écrite par lui-même.

TOME PREMIER.

A PARIS, AUX DEPENS DE LA SOCIETE'

M. DCC. XXXIII.

027

《耶稣会士中国书简集》

1717年、1724年
巴黎，尼古拉·勒克莱尔出版，第十二卷（第253～365页）和第十六卷（第318～368页）分别出版于1717年和1724年
纵17厘米　横10厘米
法兰西公学院汉学研究所图书馆藏
流传经历：1929年4月26日进入图书馆

Lettres édifiantes et curieuses, écrites des Missions étrangères, par quelques missionnaires de la Compagnie de Jésus

1717, 1724
Paris, Nicolas Le Clerc, douzième et seizième recueils, publiés respectivement en 1717 (p. 253-365) et 1724 (p. 318-368)
H.: 17 cm; L.: 10 cm
Bibliothèque de l'institut des hautes études chinoises du Collège de France
Historique: rentré dans le fonds de la bibliothèque le 26 avril 1929.

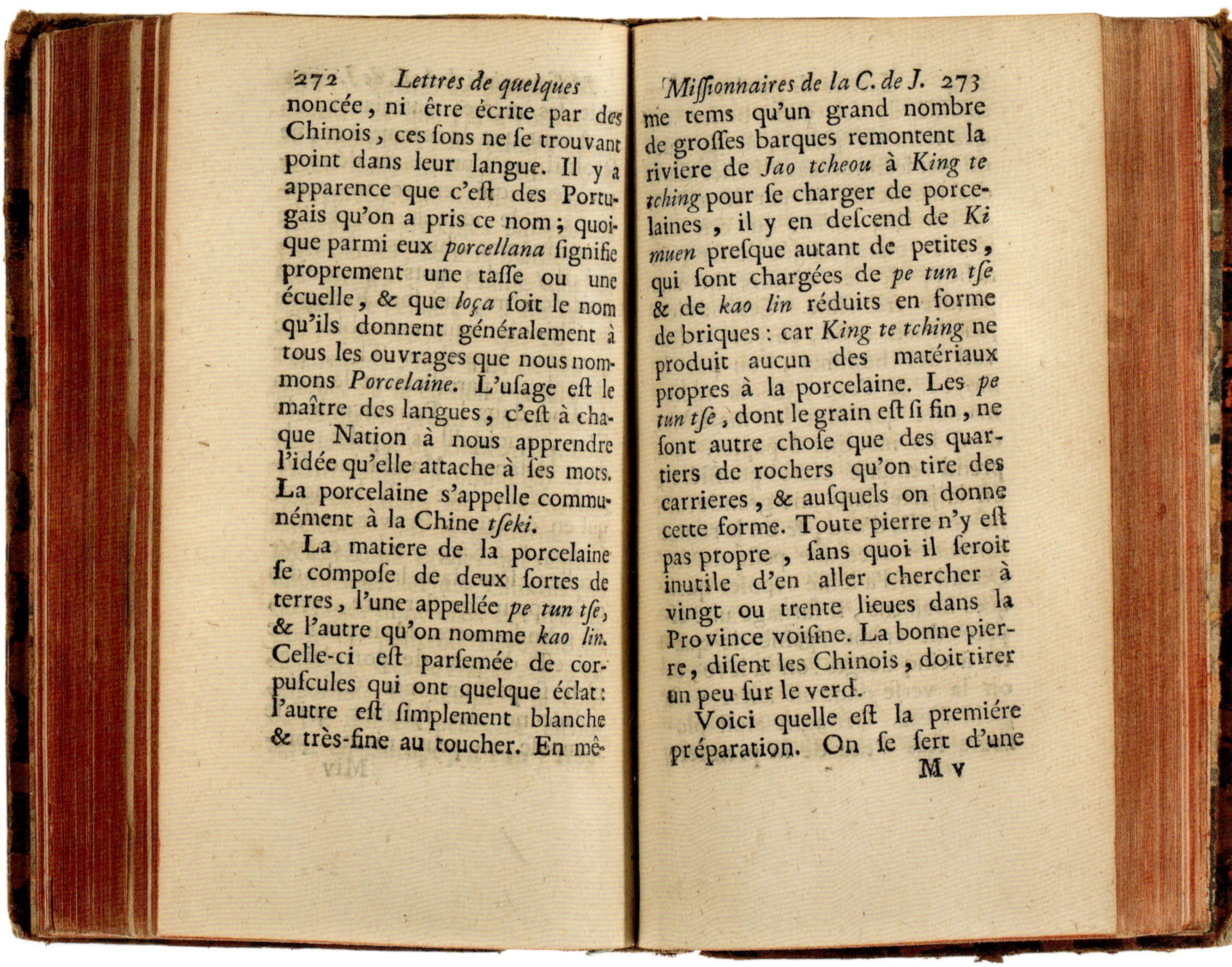

272 *Lettres de quelques*

noncée, ni être écrite par des Chinois, ces ſons ne ſe trouvant point dans leur langue. Il y a apparence que c'eſt des Portugais qu'on a pris ce nom; quoique parmi eux *porcellana* ſignifie proprement une taſſe ou une écuelle, & que *loça* ſoit le nom qu'ils donnent généralement à tous les ouvrages que nous nommons *Porcelaine.* L'uſage eſt le maître des langues, c'eſt à chaque Nation à nous apprendre l'idée qu'elle attache à ſes mots. La porcelaine s'appelle communément à la Chine *tſeki.*

La matiere de la porcelaine ſe compoſe de deux ſortes de terres, l'une appellée *pe tun tſe*, & l'autre qu'on nomme *kao lin.* Celle-ci eſt parſemée de corpuſcules qui ont quelque éclat: l'autre eſt ſimplement blanche & très-fine au toucher. En mê-

Miſſionnaires de la C. de J. 273

me tems qu'un grand nombre de groſſes barques remontent la riviere de *Jao tcheou* à *King te tching* pour ſe charger de porcelaines, il y en deſcend de *Ki muen* preſque autant de petites, qui ſont chargées de *pe tun tſe* & de *kao lin* réduits en forme de briques: car *King te tching* ne produit aucun des matériaux propres à la porcelaine. Les *pe tun tſe*, dont le grain eſt ſi fin, ne ſont autre choſe que des quartiers de rochers qu'on tire des carrieres, & auſquels on donne cette forme. Toute pierre n'y eſt pas propre, ſans quoi il ſeroit inutile d'en aller chercher à vingt ou trente lieues dans la Province voiſine. La bonne pierre, diſent les Chinois, doit tirer un peu ſur le verd.

Voici quelle eſt la premiére préparation. On ſe ſert d'une

M v

书页展示内容为殷弘绪1712年9月1日从饶州寄给奥里神父（传教团代理人）的信，1722年1月25日从景德镇寄给奥里神父的信。

殷弘绪（François-Xavier d' Entrecolles，1664～1741年）于1699年抵达中国，居住在上海以西300公里的江西省。他的主教堂在饶州，但也会到御窑厂所在地景德镇向当地陶工家庭传教。他在信中详细描述了瓷器制造的各个步骤和分工。行业术语按照江西方言音译。这些信件在《科学院备忘录》和《百科全书》“瓷器”一篇中均有转载。殷弘绪从中国寄给勒内·安托万·费尔肖·德·雷奥米尔（René Antoine Ferchault de Réaumur）的高岭土样本帮助人们鉴别出了圣伊利耶的矿藏。

（伊莎贝尔·兰德里-德隆）

Du père d'Entrecolles au P. Orry [procureur des missions] A Jao tcheou [Raozhou en transcription pinyin] ce 1 septembre 1712; au P… A Kim te tchim [Jingdezhen] le 25 janvier 1722.
François-Xavier d'Entrecolles (1664-1741) arriva en Chine en 1699. Il résidait dans la province du Jiangxi, à trois cents kilomètres à l'ouest de Shanghai. Son église principale était à Raozhou, mais il évangélisait aussi des familles de potiers à Jingdezhen, site de la manufacture impériale de porcelaine. Les lettres décrivent les détails des stades successifs de la fabrication de la porcelaine et la division du travail. La transcription phonétique des termes de métier est dans le dialecte du Jiangxi. Les lettres ont été reproduites dans les *Mémoires de l'Académie des Sciences*[1] et dans l'article « Porcelaine » de l'*Encyclopédie*. Les échantillons de kaolin que d'Entrecolles fit parvenir de Chine à René Antoine Ferchault de Réaumur ont aidé à l'identification du gisement de Saint-Yrieix.

(Isabelle Landry-Deron)

1 Année 1727, Paris, 1729, p. 185-203; année 1729, Paris, 1731, p. 325 *sq*.

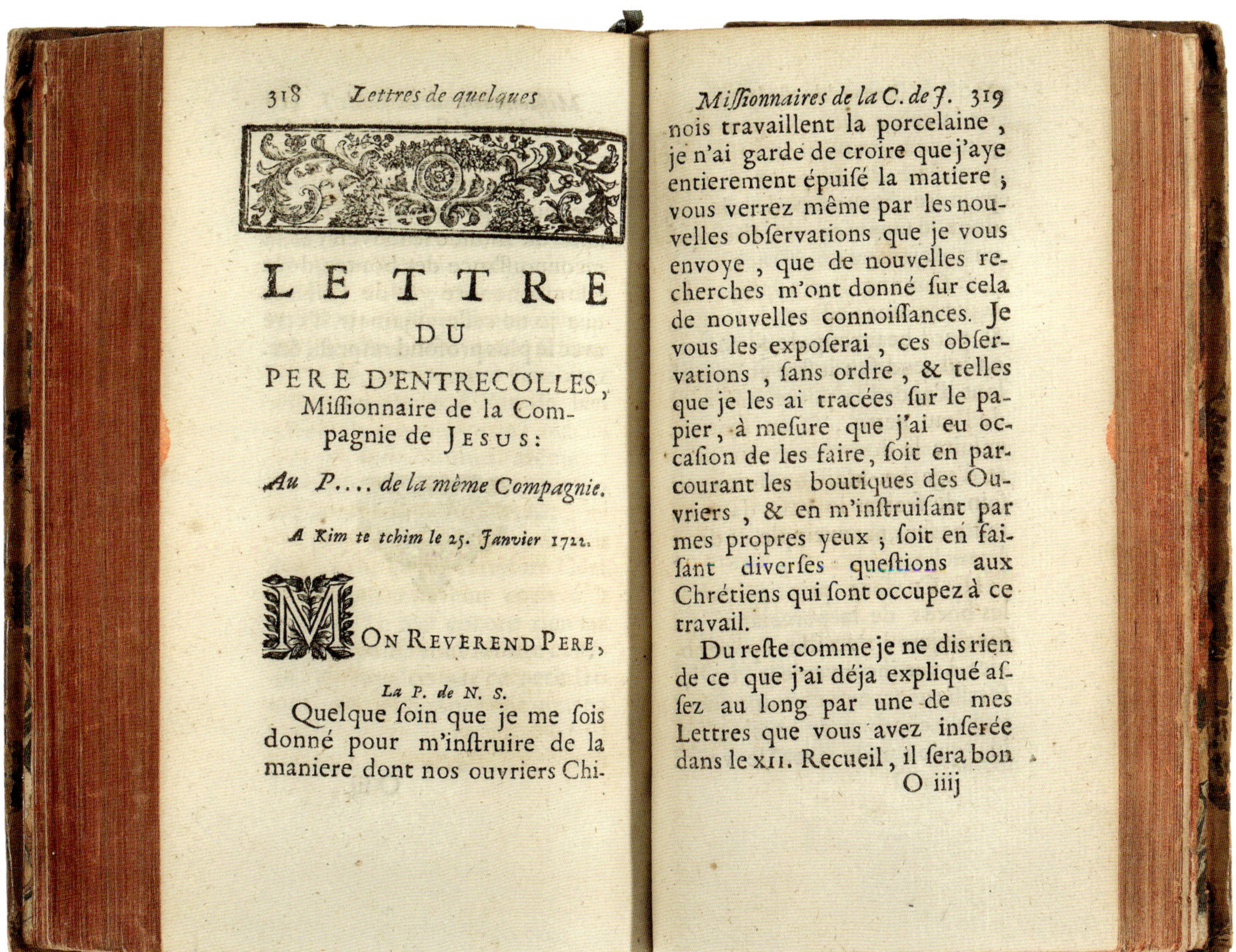

318 *Lettres de quelques*

LETTRE DU PERE D'ENTRECOLLES, Miſſionnaire de la Compagnie de JESUS:

Au P.... de la même Compagnie.

A Kim te tchim le 25. Janvier 1722.

MON REVEREND PERE,

La P. de N. S.

Quelque ſoin que je me ſois donné pour m'inſtruire de la maniere dont nos ouvriers Chi-

Miſſionnaires de la C. de J. 319

nois travaillent la porcelaine, je n'ai garde de croire que j'aye entierement épuiſé la matiere; vous verrez même par les nouvelles obſervations que je vous envoye, que de nouvelles recherches m'ont donné ſur cela de nouvelles connoiſſances. Je vous les expoſerai, ces obſervations, ſans ordre, & telles que je les ai tracées ſur le papier, à meſure que j'ai eu occaſion de les faire, ſoit en parcourant les boutiques des Ouvriers, & en m'inſtruiſant par mes propres yeux; ſoit en faiſant diverſes queſtions aux Chrétiens qui ſont occupez à ce travail.

Du reſte comme je ne dis rien de ce que j'ai déja expliqué aſſez au long par une de mes Lettres que vous avez inſerée dans le XII. Recueil, il ſera bon

O iiij

028

《中华帝国全志》

1770年
让–巴蒂斯特·杜赫德
巴黎，穆塔德出版，四卷
纵44厘米　横30厘米
凡尔赛市立图书馆藏
流传经历：普罗旺斯伯爵夫人旧藏；大革命时期收缴；塞纳–瓦兹中央学校图书馆旧藏；1801年起藏于凡尔赛市立图书馆

Description géographique historique, chronologique, politique, et physique de l'Empire de la Chine et de la Tartarie chinoise

1770
Jean-Baptiste Du Halde (1674-1743)
Paris, N.-L. Moutard, 4 volumes
H.: 44 cm; L.: 30 cm
Reliure en maroquin rouge aux armes de Marie-Joséphine-Louise de Savoie, comtesse de Provence (1753-1810), triple filet d'encadrement, t. I, III et IV
Bibliothèque municipale de Versailles
Historique: anc. coll. de la comtesse de Provence; confiscation révolutionnaire; anc. coll. de la bibliothèque de l'École centrale de Seine-et-Oise; bibliothèque municipale de Versailles depuis 1801.

红色摩洛哥皮封面，上有玛丽–约瑟芬娜–路易斯·德·萨瓦（Marie-Joséphine-Louise de Savoie）即普罗旺斯伯爵夫人徽章，有三层烫金框线。

这部重要著作初次出版于1735年，汇集了当时所有关于中国的知识，伏尔泰称其是“世界范围内对中华帝国最丰富、最精彩的描述”，后翻译成英文、德文和俄文，并于1770年再版。

普罗旺斯伯爵夫人设立图书馆时，馆藏包括这部著作的最新版，以及多部关于中国的著作，还有不少关于欧洲和遥远地区的地理和历史，足见皇室成员对这些知识的好奇心。

（伊丽莎白·梅森尼尔）

La première édition de cet ouvrage essentiel, rassemblant toutes les connaissances disponibles sur la Chine, dont Voltaire disait qu'elle était « la plus ample et la meilleure description de l'empire de la Chine qu'on ait dans le monde », date de 1735. Traduite en anglais, en allemand et en russe, elle fut à nouveau publiée en 1770.
Lorsque la bibliothèque de la comtesse de Provence fut constituée, l'édition la plus récente y figura, à côté de plusieurs ouvrages sur la Chine, mais aussi sur la géographie et l'histoire de l'Europe ou de contrées éloignées, témoignant de la curiosité des membres de la famille royale.
(Elisabeth Maisonnier)

局部
partie de l'image

029

《致一位身在北京的传教士的信（对〈中国杂纂〉的补充）》

1782年
让-雅克·多尔图·德梅朗
巴黎，尼永出版
纵19.5厘米　横13厘米
凡尔赛市立图书馆藏
流传经历：夫人们（路易十五女儿）旧藏；大革命时期收缴；塞纳-瓦兹中央学校图书馆旧藏；1801年起藏于凡尔赛市立图书馆

Lettres d'un missionnaire à Pékin, contenant diverses questions sur la Chine, pour servir de supplément aux Mémoires concernant l'Histoire, les Sciences, les Arts, les Mœurs, les Usages des Chinois, par les Missionnaires de Pékin

1782
Jean-Jacques Dortous de Mairan (1678-1771), physicien, mathématicien, astronome
Paris, Nyon l'aîné
H.: 19.5 cm; L.: 13 cm
Reliure en maroquin vert aux armes de Mesdames; triple filet d'encadrement.
Bibliothèque municipale de Versailles
Historique: anc. coll. de Mesdames; confiscation révolutionnaire; anc. coll. de la bibliothèque de l'École centrale de Seine-et-Oise; bibliothèque municipale de Versailles depuis 1801.

绿色摩洛哥皮封面，上有夫人们（路易十五女儿）徽章，三层烫金框线。

让-雅克·多尔图·德梅朗（Jean-Jacques Dortous de Mairan，1678～1771年）是18世纪最负盛名的物理学家之一，他与马勒伯朗士（Malebranche）、伏尔泰（Voltaire）、哈雷（Halley）、夏特莱侯爵夫人（la marquise du Châtelet）均有私交和书信往来，几乎是所有学术协会的成员。1718年，他刚刚抵达巴黎就被皇家科学院接纳，1740～1743年在科学院担任终身秘书，后接替圣-奥莱尔侯爵（Marquis de Sainte-Aulaire）成为法兰西学院院士。他是《学者报》的主编，其著作涉猎甚广，包括车轮悖论、自然历史、北极光的成因（与哈雷观点相悖）、冷热理论、身体的反射等。

他的《致一位身在北京的传教士的信（对〈中国杂纂〉的补充）》初次出版于1759年，1770年和1782年由皇家印刷厂再版。德梅朗在致巴多明（Dominique Parrenin，1665～1741年）的信中的比较性研究涉及阿拉伯语和汉语，以及中国、希腊和埃及的建筑，并在中国和埃及之间建立起了某些联系。这本书还探讨了美术、物理学、天文学和编年史，以及中医关于血液循环的理论。

耶稣会士巴多明于1697年被派往中国，向康熙皇帝教授物理学、医学和欧洲历史。他还负责中国的地图绘制，绘制了多个省份的地图，并协助完成了北京及周边地区的地图。他还将多部由皇家科学院出版的著作翻译成满文。关于他的《耶稣会士中国书简集》于1753年在巴黎出版，共二十六卷，包含许多关于天主教在中国发展情况的信息。

（伊丽莎白·梅森尼尔）

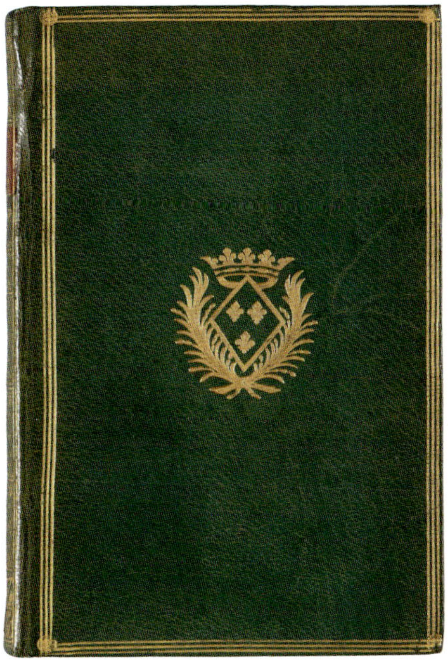

Jean-Jacques Dortous de Mairan, physicien parmi les plus réputés du XVIIIe siècle, fut en relation et en correspondance avec Malebranche, Voltaire, Halley, la marquise du Châtelet et appartint à presque toutes les sociétés savantes. Il fut accueilli à l'Académie royale des sciences, dès son arrivée à Paris, en 1718, en fut secrétaire perpétuel de 1740 à 1743, puis remplaça le marquis de Sainte-Aulaire à l'Académie française. Directeur du *Journal des Savants*, il fut l'auteur de travaux qui portaient aussi bien sur la roue d'Aristote que sur l'histoire naturelle, sur l'origine des aurores boréales qui l'opposa à Halley, sur la théorie du chaud et du froid, sur la réflexion des corps…

Ses *Lettres d'un missionnaire à Pékin, contenant diverses questions sur la Chine, pour servir de supplément aux Mémoires concernant l'Histoire, les Sciences, les Arts, les Mœurs, les Usages des Chinois, par les Missionnaires de Pékin*, furent publiées en 1759, rééditées en 1770 à l'Imprimerie royale, puis en 1782. Mairan s'y livrait à une étude comparée des langues arabe et chinoise, des architectures chinoise, grecque et égyptienne, et en déduisait des liens entre la Chine et l'Égypte. Les *Lettres* traitent également sur les beaux-arts, la physique et l'astronomie, la chronologie, mais aussi sur la théorie de la circulation du sang dans la médecine chinoise.

Quant au père jésuite Dominique Parrenin, envoyé en Chine en 1697, il enseigna la physique, la médecine et l'histoire de l'Europe à l'empereur Kangxi. Il fut chargé de la cartographie de l'Empire, élaborant les plans de plusieurs provinces et contribuant à dresser celui de Pékin et ses environs. Il traduisit en mandchou plusieurs des œuvres publiées par l'Académie des sciences de Paris. Ses *Lettres édifiantes et curieuses*, publiées à Paris en vingt-six volumes en 1753, contiennent de nombreuses informations sur la progression du catholicisme en Chine.

(Elisabeth Maisonnier)

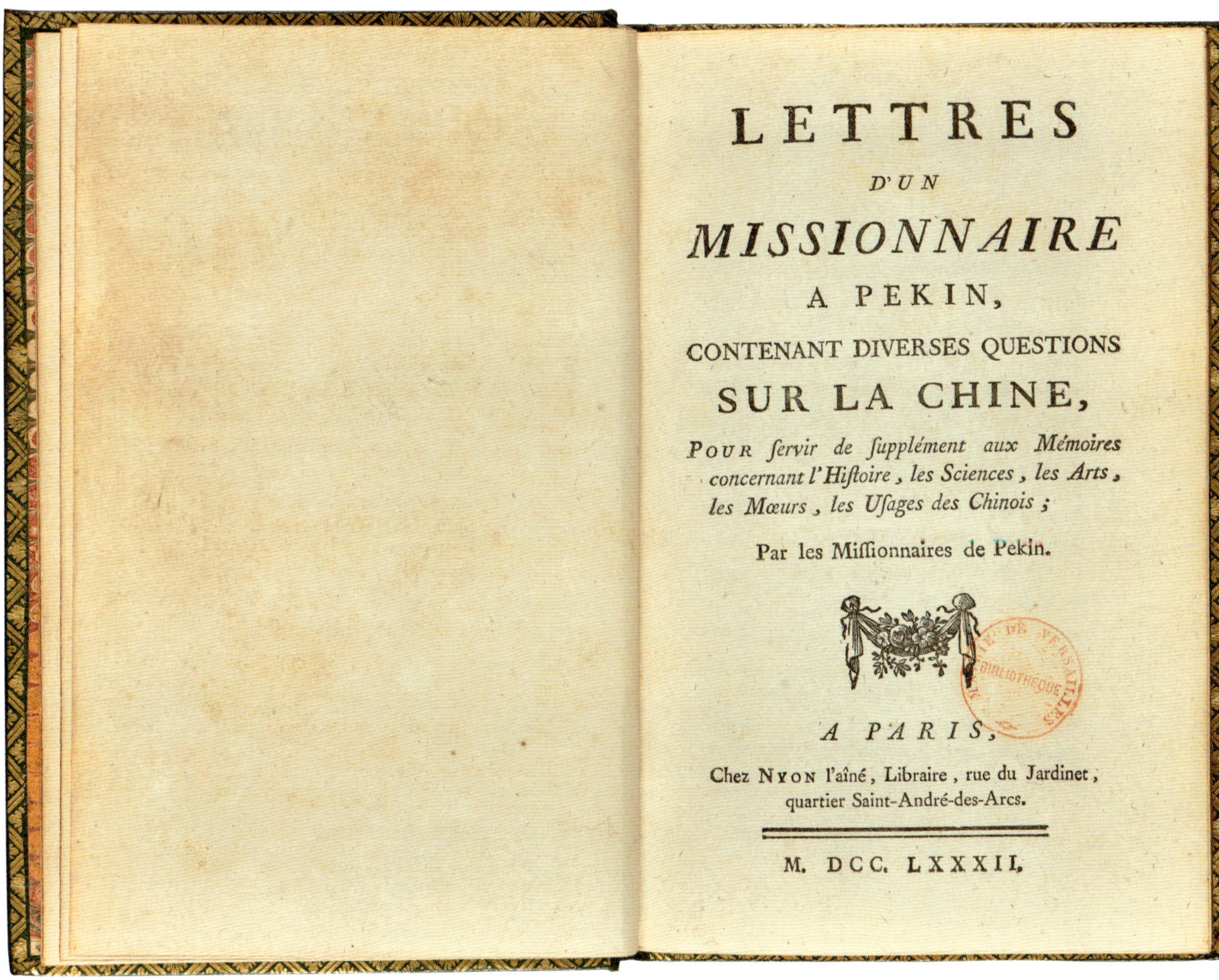

LETTRES
D'UN
MISSIONNAIRE
A PEKIN,
CONTENANT DIVERSES QUESTIONS
SUR LA CHINE,
POUR servir de supplément aux Mémoires concernant l'Histoire, les Sciences, les Arts, les Mœurs, les Usages des Chinois ;
Par les Missionnaires de Pekin.
A PARIS,
Chez NYON l'aîné, Libraire, rue du Jardinet, quartier Saint-André-des-Arcs.
M. DCC. LXXXII.

030

《伊丽莎白夫人藏书之旅行篇》

1788年
让-安托万·鲁谢
巴黎，塞庞特路与塞庞特府，十一卷，上下部（旅行篇、地图册）
纵13.5厘米　横9厘米
凡尔赛市立图书馆藏
流传经历：伊丽莎白夫人旧藏于蒙特勒伊；大革命时期收缴；塞纳-瓦兹中央学校图书馆旧藏；1801年起藏于凡尔赛市立图书馆

Voyages

1788
Jean-Antoine Roucher (1745-1794)
Paris, rue et Hôtel Serpente, 11 volumes en 2 parties (*Voyages; Atlas*)
H.: 13.5 cm; L.: 9 cm
Reliure en veau moucheté, triple filet d'encadrement, plats frappés au centre des armes de Madame Élisabeth; dos long orné de fleurs de lys dorées, pièces de titre et de tomaison en maroquin vert; Inscription frappée sur fond de maroquin vert en queue: *Montreuil*; ex-libris gravé aux armes d'Élisabeth de France sur le contreplat recto: *Bibliothèque de Madame Elisabeth*
Bibliothèque municipale de Versailles
Historique: anc. coll. de Madame Élisabeth à Montreuil; confiscation révolutionnaire; anc. coll. de la bibliothèque de l'École centrale de Seine-et-Oise; bibliothèque municipale de Versailles depuis 1801.

花斑牛皮封面，有伊丽莎白夫人徽章，三层烫金框线。饰有金百合花的长书脊，分卷封面为绿色摩洛哥皮。绿色摩洛哥皮底部冲印：蒙特勒伊。封底正面刻有伊丽莎白夫人藏书印：伊丽莎白夫人藏书。

诗人让-安托万·鲁谢（Jean-Antoine Roucher，1745～1794年）与诗人安贝尔（Imbert）、天文学家拉朗德（Lalande）、植物学家迪西厄（Dussieux）和帕尔芒捷（Parmentier）一同撰写了《贵妇通用藏书》，著作于1785～1797年陆续出版，共一百五十六卷。这套文集旨在向上流社会的妇女提供通识教育，"为了给她们省去麻烦，几位文人设计了一套丛书，包罗一切有益而有趣的知识：旅行、历史、哲学、文学、科学和艺术"（卷一序言）。鲁谢负责"旅行篇"，不过这一部分最终只涉及非洲和亚洲；第四、五、六卷以中国为主要内容。

这套藏书以认购形式出售，丛书内的分卷"或装订完毕，或以浅黄褐色或鱼鳞牛皮精装，切口涂金，可在每本分卷的书名页印上每位认购者的名字"。来自蒙特勒伊庄园的这套牛皮精装版属于路易十六的妹妹伊丽莎白夫人（Madame Élisabeth），书名为《伊丽莎白夫人藏书》，一方面显示伊丽莎白夫人十分关注其图书馆藏书是否与时俱进，另一方面也表现出公主要掌握的知识范围甚广。
（伊丽莎白·梅森尼尔）

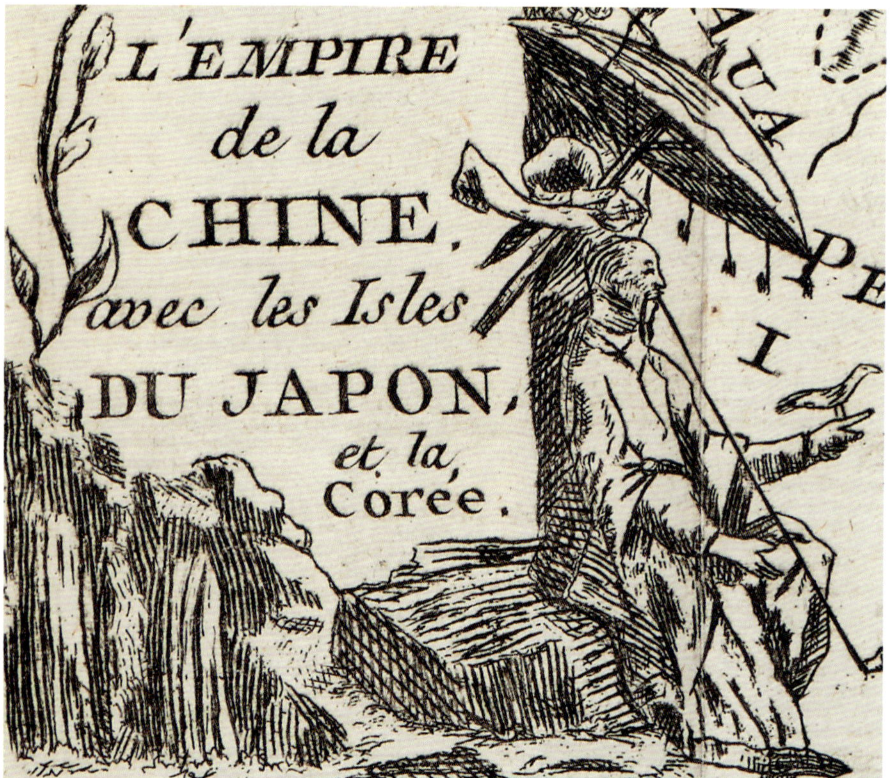

局部
partie de l'image

Le poète Jean-Antoine Roucher, contribua, avec le poète Imbert, l'astronome Lalande, les botanistes Dussieux et Parmentier, à la *Bibliothèque universelle des Dames*, publiée entre 1785 et 1797 en cent cinquante-six volumes. Recueil destiné à donner une éducation générale aux femmes de la bonne société, « c'est pour leur épargner du travail, qu'une société de gens de lettres a conçu le projet d'une collection où l'on trouve tout ce que peuvent fournir de connaissances utiles et agréables: les voyages, l'histoire, la philosophie, les belles-lettres, les sciences, et les arts » (*Avant-propos*, vol. 1). Roucher se chargeait des Voyages, qui finalement ne traitèrent que de l'Afrique et de l'Asie; les tomes 4, 5 et 6 furent consacrés à la Chine.

La *Bibliothèque* était vendue par souscription, en volumes « soit brochés, soit reliés en veau fauve ou écaille, et dorés sur tranche, ainsi qu'avec ou sans le nom de chaque souscripteur, imprimé au frontispice de chaque volume ». La série reliée en veau provenant du domaine de Montreuil, qui appartint à la sœur de Louis XVI, Élisabeth de France, porte le titre *Bibliothèque de Madame Élisabeth de France*, ce qui témoigne à la fois d'un souci d'actualité dans la constitution de sa bibliothèque, et de la variété des connaissances que devait acquérir la princesse.
(Elisabeth Maisonnier)

031

《华夷译语》（弗喇安西雅语）

清乾隆抄本
傅恒、陈大受等
纵25.9厘米　横17.3厘米
故宫博物院藏

Dictionnaire des vocabulaires sino-étrangers

Copié sous le règne de Qianlong, dynastie des Qing
Fu Heng, Chen Dashou *et al.*
H.: 25.9 cm; L.: 17.3 cm
Collection du musée du Palais

《华夷译语》不分卷，清傅恒、陈大受等奉敕编纂，清乾隆年间抄本。版框纵21.5厘米、横15.5厘米。四周双边，无行格。白口，无鱼尾。故宫博物院现存42种71册，原藏方略馆。

此书是由清代皇帝敕纂而未经刊行的一部翻译词典。据文献记载，为了纠正翻译辞书的讹误，以昭同文盛治，乾隆十三年（1748年）九月，乾隆帝上谕礼部汇纂国内外翻译之书，其中"所有西天及西洋各书，于咸安宫就近查办。其暹罗、百夷、缅甸、八百、回回、高昌等书，着交与该国附近省分之督抚，令其采集补正。此外，如海外诸夷并苗疆等处，有各成书体者，一并访录，亦照西番体例，将字音与字义用汉文注于本字之下，缮写进呈，交馆勘校，以昭同文盛治。着傅恒、陈大受、那延泰总理其事"。

书中各语种均由四译馆和有关各省督抚采录。汉字墨笔楷书，番、夷字依形体特点或行或楷。半页分右上、左上、右下、左下横写四组单词。每组3行，第1行是本字（词），第2行是字义，第3行是发音。字义和发音用汉字注。行距疏朗，字体清晰典雅。

各种译语包括：英、法、拉丁、意、葡、德及西天译语（梵文）7种28册；缅甸、暹罗、苏禄、琉球译语4种8册；西番译语（藏语）1种5册；川番译语9种9册；倮罗译语5种5册；云南耿马、僰夷、车里、猛麻等17个地区民族译语13种13册；广西省庆远府、镇安府、太平府属地民族译语3种3册。各语种按门类分为天文、地理、时令、香药、花木、人事、宫殿、饮食、衣服、方域、珍宝、经部、身体、人物、器用、文史、鸟兽、数目、通用诸门不等。

此内府抄本《华夷译语》收录了英、法、拉丁、意、葡、德及我国四川、云南、广西三省的少数民族语种。对于研究三百年前的西欧、东南亚及我国西南地区民族语言文字，是罕见的珍贵资料。

（杨国彭）

Le *Dictionnaire des vocabulaires sino-étrangers* n'est pas divisé en volumes. Il fut compilé par Fu Heng, Chen Dashou *et al.* sous l'ordre impérial et fut copié sous le règne de Qianlong de la dynastie des Qing. Le cadre mesure 21,5 cm de long et 15,5 cm de large et est matérialisé par une double ligne. L'intérieur du cadre n'est pas divisé. 71 exemplaires en 42 versions de ce dictionnaire sont conservés par le musée du Palais. Ils furent initialement conservés par le musée des Stratégies de la cour des Qing.

Il s'agit d'un dictionnaire pour l'étude des langues étrangères compilé sous l'ordre de l'empereur des Qing, mais non publié. Selon les archives, afin de corriger les erreurs dans les traductions de livres, en septembre 1748, l'empereur Qianlong ordonna au ministère des Rites de compiler des livres traduits dans le pays et à l'étranger. « Le palais de Xian'an à proximité sera chargé des livres occidentaux; les gouverneurs des provinces voisines de pays étrangers seront chargés des livres en siamois, en thaï, en birman, en lanna, en persan, en ouïghour et en d'autres langues étrangères. En outre, dans les zones frontalières des barbares et des Miao, il convient d'interroger les auteurs des livres. Selon le style occidental, la prononciation et la signification des caractères seront annotées en chinois. Les textes seront soumis à la bibliothèque pour vérification. Fu Heng, Chen Dashou et Nayantai sont chargés de superviser la compilation. »

Chaque langue du livre a été collectée et éditée par le bureau de la Traduction et les gouverneurs des provinces concernées. Les caractères chinois sont écrits en style régulier, et les mots étrangers sont soit en écriture semi-cursive, soit en écriture régulière. Chaque page est divisée en quatre groupes de mots écrits horizontalement. Chaque groupe comporte 3 lignes: la première ligne correspond au mot, la deuxième ligne à sa signification et la troisième ligne à sa prononciation. La signification et la prononciation des mots sont annotées en chinois. Les lignes sont espacées et les polices sont claires et élégantes.

Les langues couvertes sont: anglais, français, latin, italien, portugais, allemand et sanskrit (7 langues en 28 livres); birman, siamois, sulu et ryukyu (4 langues en 8 livres); tibétain (une langue en 5 livres); barbare du Sichuan (9 langues en 9 livres); dialecte luoluo (des Yi, 5 langues en 5 livres); dialectes de 17 régions dans le Yunnan dont Gengma, Baiyi, Cheli et Mengma (13 langues en 13 livres); langues locales dans les préfectures de Qingyuan, de Zhen'an et de Taiping de la province du Guangxi (3 langues en 3 livres).

Chaque langue est divisée en différentes catégories: astronomie, géographie, saisons, arômes, plantes, activités, palais, nourriture, habits, localités, trésors, sutras, corps, personnages, ustensiles, littérature et histoire, animaux, nombres et catégorie générale.

Cet exemplaire copié par la maison Impériale contient de l'anglais, du français, du latin, de l'italien, du portugais, de l'allemand et des langues minoritaires des provinces chinoises du Sichuan, du Yunnan et du Guangxi. Il fournit des informations rares et précieuses pour l'étude des langues des peuples d'Europe occidentale, d'Asie du Sud-Est et du sud-ouest de la Chine il y a trois cents ans.

(Yang Guopeng)

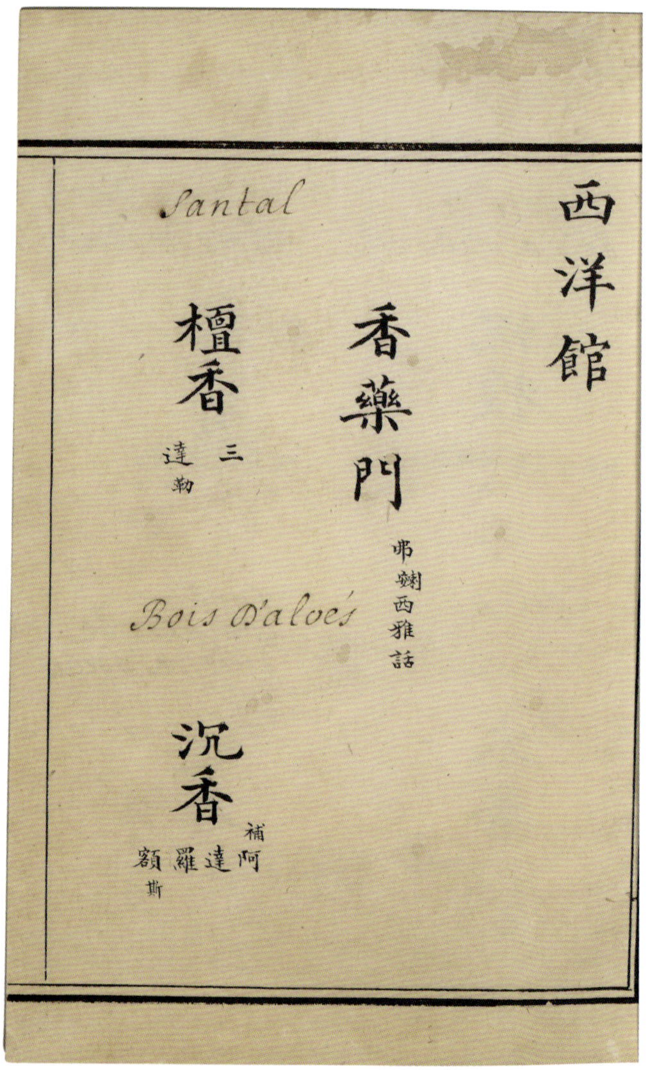

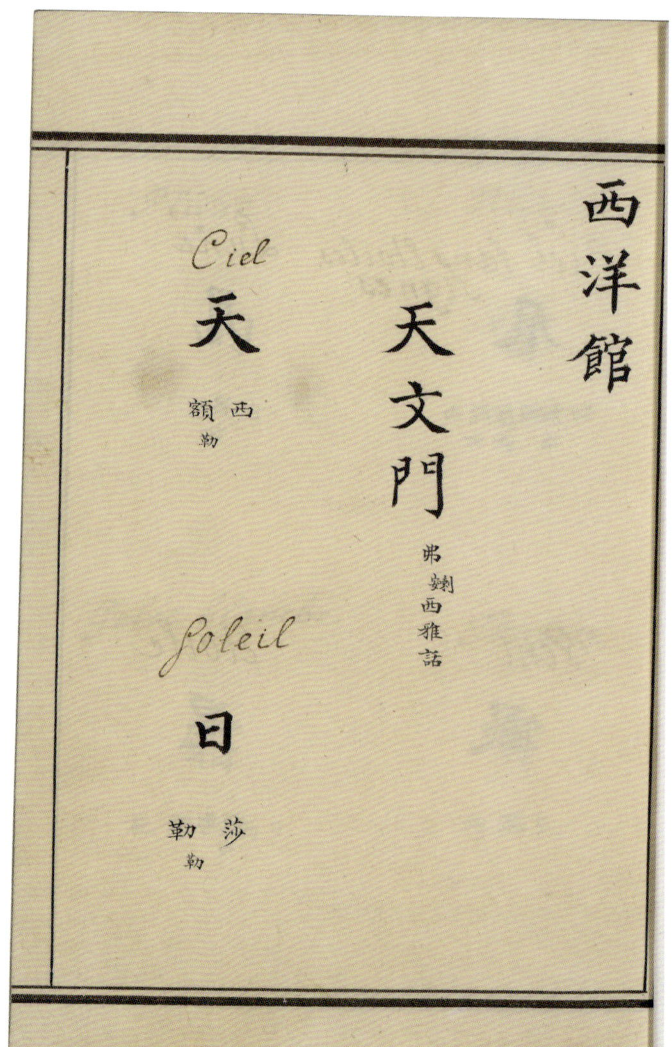

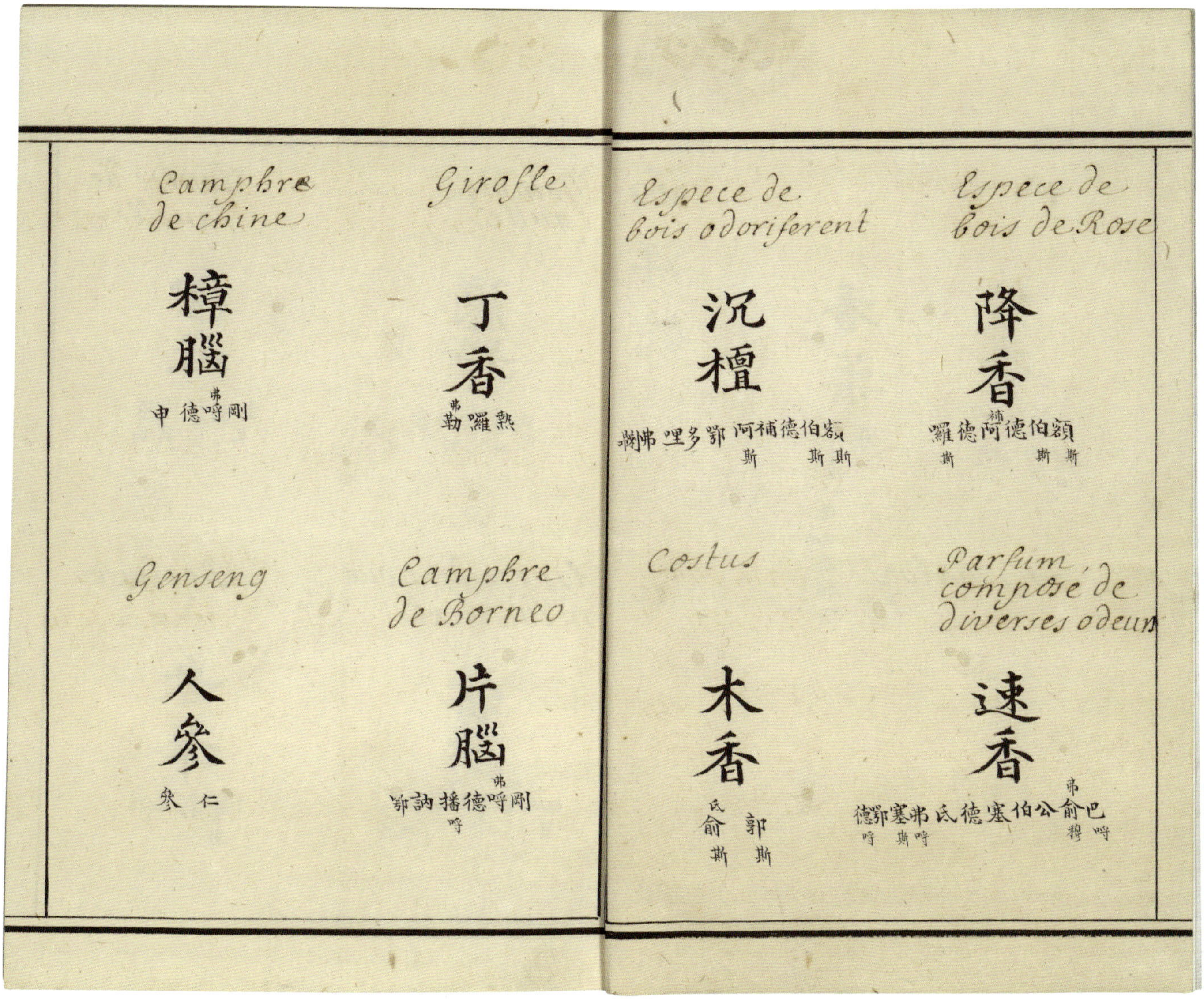
Camphre de chine
樟腦
申德呼剛
Girofle
丁香
勒囉熱
Espece de bois odoriferent
沉檀
嘞弗哩多鄂阿補德伯岺
Espece de bois de Rose
降香
囉德阿德伯額
Genseng
人參
參仁
Camphre de Borneo
片腦
郛訥播德呼剛
Costus
木香
俞郭
Parfum composé de diverses odeurs
速香
德鄂塞弗氏德塞伯公俞巴

IIIIII Unité **II**

紫禁城中的法国风景

Paysage français dans la Cité interdite

17至18世纪中西文化大规模接触和交流的过程中，中国宫廷并非游离于世界之外，而是融于其中。中外交往和文化交流是这一时期中国宫廷运行的常态，大量异域文明的物质成果进入宫廷视野，纳入宫廷收藏，见证了中国不断融入和影响世界的步伐。紫禁城本身也成为中外艺术、科学、技术交流融合的舞台。不同文化在这里互为影响，相互促进，既接续传统，又融合新知，取得的成果在宫廷收藏的各类文物中多有体现。法国在清代宫廷对外交流中占有重要地位，对清代宫廷的科学、艺术、建筑、医学、地图编绘等诸多领域都产生了重要影响。中法之间的交流互鉴形成了中国宫廷内独特的法国风景，构成清代中西文化交流极为重要的内容。

Au lieu de s'isoler, la cour chinoise s'est intégrée dans les contacts et les échanges à grande échelle entre les cultures chinoise et occidentale aux XVIIe et XVIIIe siècles. Les échanges humains et culturels ayant cours dans la vie royale chinoise, une grande quantité de réalisations étrangères sous l'aspect matériel sont entrées dans le champ de vision et la collection de la cour chinoise, témoignant ainsi l'intégration et l'influence de la Chine dans le monde. La Cité interdite était elle-même une scène où s'intégraient les arts, sciences et techniques chinois et étrangers. Différentes cultures s'y influençaient et se promouvaient l'une et l'autre. Les traditions et les nouvelles connaissances s'y rencontraient et s'intégraient, dont les résultats fructueux ont été démontrés dans le patrimoine conservé dans la cour chinoise. La France occupait une place importante dans les échanges de la cour de la dynastie Qing avec l'extérieur et a eu une influence considérable sur la cour chinoise dans les domaines tels que les sciences, l'art, l'architecture, la médecine et la cartographie. Les échanges et l'inspiration mutuelle entre la Chine et la France ont permis un paysage français unique dans la cour chinoise et sont devenus une partie importante des échanges culturels entre la Chine et l'Occident.

2.1 礼品和定制

Cadeaux et commandes

在清代宫廷收藏中，来自法国的物品种类丰富，它们见证了两国宫廷交往的历史。这些法国物品或来自两国交往的礼品，或来自耶稣会士的贡献，或来自两国之间的贸易。值得关注的是，随着中西方交往的不断深入，清宫向西洋定制物品之举应运而生。早在康熙年间，康熙皇帝就责成广东粤海关，通过在广州的洋商，将制作意向和要求传达给西洋。乾隆时期，这种定制更为常见。其中法国承接了中国宫廷发出的诸多制作任务。

Parmi les collections inpériales à l'époque de la dynastie Qing, des objets très riches en provenance de la France témoigent l'histoire des échanges entre les cours chinoise et française. Ces objets français étaient soit des cadeaux échangés, soit des cadeaux offerts par les missionnaires, soit les résultats du commerce bilatéral. Il est à souligner qu'avec les échanges approfondis entre les deux pays, la cour chinoise a commencé à commander des objets occidentaux. L'empereur Kangxi a fait passer son intention et ses besoins de commande par les douanes de la province du Guangdong à l'Occident par l'intermédiaire des commerçants occidentaux. Sous le règne de l'empereur Qianlong, ce genre de commandes se multipliait. La France a réalisé beaucoup de ces commandes demandées par la cour chinoise.

032

胪欢荟景图册之万国来朝图

清乾隆
佚名
绢本设色
纵97.5厘米　横161.2厘米
故宫博物院藏

Une myriade de nations rendant hommage à la Cour

Règne de Qianlong, dynastie des Qing
Anonyme
Peinture sur soie
H.: 97.5 cm; L.: 161.2 cm
Collection du musée du Palais

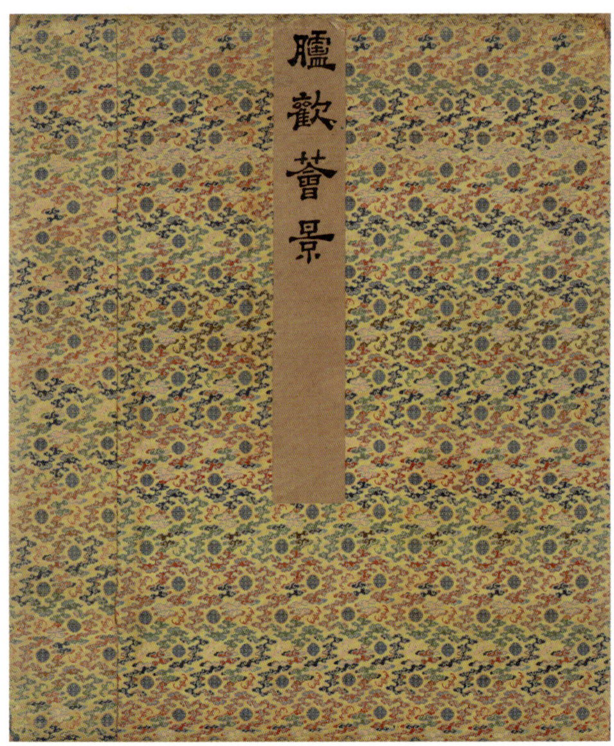

此图描绘中国新年元旦之际藩属及外国使臣前来朝贺的场面。画中太和殿前皇家侍卫身着华丽官服列队警戒，文武官员肃立静候待命，各国使臣们带着琳琅满目的外交礼品云集在太和门外，在御道两侧指定区域内等候乾隆皇帝的接见，整个场面十分宏大。宫中洋溢着节日期间喜庆祥和的气氛。乾隆盛世国力强盛，每逢新春，各国各地使臣争相朝贡，包括我们熟悉的朝鲜、日本、琉球、柬埔寨、越南、泰国、英国、法国、荷兰及中亚等国家和地区。乾隆皇帝曾谕令宫廷画家创作了数幅此类题材的作品。

画幅以鸟瞰角度描绘太和门广场，这种全景式的构图对于表现此类题材非常适宜，宫殿建筑尽收眼底，场面铺叙得宏大壮观。在清代宫廷中，这类题材和构图的画作数量颇多。众画家们尽量将紫禁城内有关部分容纳进来，运用了近大远小的处理办法，但又不完全拘泥于实地，个别宫殿适当挪位、压缩，尽量使画幅集中于最主要的部位。整个画面规整、豪华，体现了皇家的气派。

（李天垠）

Cette peinture représente la scène où des vassaux féodaux et des envoyés étrangers viennent rendre hommage à la cour chinoise le jour de Nouvel An chinois. Sur l'image, les gardes impériaux vêtus d'uniformes officiels somptueux sont alignés devant le pavillon de l'Harmonie suprême, et les courtisans se tiennent au garde-à-vous, attendant les ordres. Des envoyés de divers pays se sont rassemblés devant la porte de l'Harmonie Suprême avec toutes sortes de cadeaux diplomatiques et attendent d'être convoqués par l'empereur Qianlong. La scène représentée est très grandiose. La Cité Interdite dégage une atmosphère festive et paisible. Sous le règne de l'empereur Qianlong, la Chine était très puissante. Chaque nouvel an, des envoyés de divers pays se précipitaient pour venir rendre hommage à la cour, y compris la Corée, le Japon, Ryukyu, le Cambodge, le Vietnam, la Thaïlande, le Royaume-Uni, la France, le Pays-Bas et des pays d'Asie centrale. Plusieurs œuvres sur ce thème furent réalisées par des peintres de la cour sous l'ordre de l'empereur Qianlong.

Sur cette peinture, le pavillon de l'Harmonie suprême est représenté par une vue plongeante. Cette composition panoramique est très appropriée pour exprimer le sujet. Les bâtiments du palais sont bien en vue et la scène est grandiose et spectaculaire. À la cour des Qing, un grand nombre de peintures avec ce genre de thème et de composition furent créées. Les peintres faisaient de leur mieux pour inclure les parties pertinentes de la Cité Interdite, en utilisant les principes de la perspective, mais sans s'en tenir complètement à la disposition réelle des bâtiments. Certains palais sont déplacés et comprimés de manière appropriée pour concentrer la peinture sur les éléments les plus importants. L'ensemble de l'image est soigné et luxueux, reflétant la noblesse royale.

(Li Tianyin)

英吉利
大西洋

小西洋

太和門

喀什噶爾
庫車
葉爾羌

033

黑漆彩绘嵌铜活鼓字盘二套钟

17世纪
巴黎，巴尔萨泽·马蒂诺
高63厘米　宽38厘米　厚14厘米
故宫博物院藏

Horloge en laque noire et bronze doré

XVIIe siècle
Paris, Balthazar Martinot (1636-1714)
H.: 63 cm; L.: 38 cm; Pr.14 cm
Collection du musée du Palais

此钟木质钟壳髹黑漆，黑漆地上彩绘描金色卷草纹，钟边框、边角包镶铜镀金神像和花叶，顶部两层平台四角均饰铜塔，四足呈铜杯状。铜钟盘上錾刻卷草纹，镶嵌鼓形白色珐琅罗马数字一周，钟盘上半部开光处有“乾隆年制”四字，下半部有两个弦孔，表明此钟有走时、报时两套系统。钟盘下方铸一组西方神话人物，居中的是执掌地球的小爱神厄洛斯（Eros），左右两女神分别持丰饶角与书籍，又各举一手，托举钟盘。

此钟是法国路易十四晚期的作品。机芯上有作者名款和产地：Baltazar Martinot À Paris（巴尔萨泽·马蒂诺于巴黎）。乾隆年间有所改造，是以增加了“乾隆年制”款。改造修复钟表是乾隆时期做钟处的主要任务之一，造办处活计档中常见添配钟盘、改换机芯、收拾钟架、添补铜活等内容。参考同一时期的法国钟表，此钟表面的原始镶嵌已被彩漆花草纹饰所取代，钟表两侧和钟盘下部均有所改造。

（姚婷）

La caisse en bois de l'horloge est peinte en laque noire, décorée de motifs de rinceaux. Le cadre et les coins sont décorés de sculptures de divinités, de fleurs et de feuilles en bronze doré. Le sommet est décoré de pots à feu en bronze doré aux quatre coins. Les quatre pieds sont en forme de coupes en cuivre. Le cadran en bronze doré est orné de motifs de rinceaux. Les chiffres romains se détachent sur l'émail blanc.. Le cadre comporte également quatre caractères chinois indiquant « Fabriqué pendant le règne de Qianlong » et la moitié inférieure du cadran comporte deux orifices de remontage, indiquant que c'est une horloge qui sonne. Trois figures mythologiques occidentales sont moulées sous le cadran. Au centre se trouve Eros, divinité de l'amour. À sa gauche, une déesse tenant un livre à la main, à sa droite, une autre déesse tenant la corne d'abondance. Chacune d'elles lève une main pour maintenir le cadran de l'horloge.

Cette horloge est une œuvre tardive de l'époque de Louis XIV. Le mouvement porte le nom de l'horloger et le lieu de fabrication: Baltazar Martinot À Paris. Quelques changements furent apportés à l'horloge au cours du règne de Qianlong et l'inscription en chinois « Fabriqué pendant le règne de Qianlong » fut ajoutée. La rénovation des horloges était l'une des tâches principales du bureau de l'horlogerie sous le règne de Qianlong. Le travail du bureau comprenait, entre autres, l'ajout de cadrans, le remplacement de mouvements, le nettoyage des cadres, la rénovation du cuivre, etc. Par rapport aux horloges françaises de la même époque, les gravures d'origine sur le cadran de cette horloge ont été remplacées par des motifs floraux laqués, et les côtés de l'horloge ainsi que la partie inférieure du cadran ont été modifiés.

(Yao Ting)

034

铜镀金嵌玻璃圆把镜表（一对）

18世纪
巴黎
长33厘米　宽11.5厘米　厚3.5厘米
故宫博物院藏

Paire de montres montées sur miroir à main en bronze doré

XVIIIe siècle
Paris
H.: 33 cm; L.: 11.5 cm; Pr.: 3,5 cm
Collection du musée du Palais

此表将小表镶挂在梳妆用的把镜上。把镜正面为一椭圆形水银镜，镜周围装饰花叶并嵌有红色料石。背面通体铜镀金，雕有各式花纹，并镶嵌各色料石，具有显著的洛可可风格。镜把底盖可拧开，内装一只单筒可调式望远镜。镜顶花环中间挂一小表，正面为白色珐琅二针表盘，后盖为蓝色玻璃。机芯后夹板有“PARIS”字样，为法国巴黎制造。
（邢丽娜）

Il s'agit d'une petite montre montée sur un miroir à main. Le devant est un miroir ovale au mercure, décoré de feuilles d'or et de pierres rouges incrustées. L'arrière est entièrement en bronze doré, sculpté de motifs floraux et incrusté de pierres de différentes couleurs, lui conférant un style rococo distinct. L'embout de la poignée du miroir peut être dévissé et une jumelle monoculaire réglable se trouve à l'intérieur. Une petite montre est montée dans la guirlande sur le dessus du miroir. À l'avant, on distingue un cadran à deux aiguilles en émail blanc et à l'arrière, le couvercle est en verre bleu. Le mouvement porte l'inscription « PARIS », indiquant qu'il s'agit d'une fabrication française
(Xing Lina)

035

铜镀金圆规矩箱表

18世纪
巴黎，比埃尔·雷诺
高15厘米　径10厘米
故宫博物院藏

Coffret-nécessaire en bronze doré avec une montre sur le couvercle

XVIIIe siècle
Paris, Pierre Le Roy (1717-1785)
H.: 15 cm; D.: 10 cm
Collection du musée du Palais

此规矩箱表通体錾刻房屋、山石、树木花草，一派恬静田园风光。口沿及下沿饰以彩色料石，箱盖上嵌有双针小表，盘上有上弦孔。机芯上刻有外文：P[re] LE ROY Paris（比埃尔·雷诺于巴黎造）。比埃尔·雷诺（Pierre Le Roy，1717~1785年），法国18世纪著名王室御用钟表师，服务于路易十五、路易十六时期。规矩箱盖里是面镜子，箱里有香水瓶、刀、勺、剪子、挖耳勺、尺子、鼻烟壶、望远镜、指南针、牙质牌等规矩。

（关雪玲）

Les parois du nécessaire sont ornées de scènes pastorales représentant des maisons, des montagnes, des arbres et des fleurs. Les bords supérieur et inférieur du couvercle sont décorés de pierres de couleur, et une petite montre à deux aiguilles est incrustée sur le couvercle, avec un trou de remontage sur le cadran. Le mouvement porte l'inscription « Pierre Le Roy Paris ». Pierre Le Roy (1717-1785) est un célèbre horloger royal français du XVIIIe siècle qui a travaillé sous Louis XV et Louis XVI. L'intérieur du couvercle est muni d'un miroir et le coffret contient un flacon de parfum, un couteau, une cuillère, des ciseaux, un cure-oreille, une règle, une tabatière, une jumelle, un compas et d'autres outils.

(Guan Xueling)

036

铜镀金壳画珐琅开光人物图怀表

17世纪末至18世纪初
巴黎，巴尔萨泽·马蒂诺
径5.8厘米　厚3.8厘米
故宫博物院藏

Montre de poche en l'émail peint avec boîtier en bronze doré

Fin XVIIe – début XVIIIe siècle
Paris, Balthazar Martinot (1636-1714)
D.: 5.8 cm; Pr.: 3.8 cm
Collection du musée du Palais

铜镀金表壳背面彩绘一组室内音乐会场景，画面中两位贵族分别弹奏鲁特琴和维奥尔琴，配以手持乐谱的女性低声吟唱，形成了美妙的器乐三重奏。表壳侧面铜镀金镂雕莨苕纹与小鸟纹样，三处开光嵌珐琅片，绘蓝色人物风景画。正面白色珐琅二针表盘，表盘中心彩绘田园风光。机芯夹板上有制作者名款和产地：BALTAZAR MARTINOT A PARIS（巴尔萨泽·马蒂诺于巴黎），表明怀表是巴尔萨泽二世（Balthazar II，1636～1714年）在巴黎期间的作品。怀表黑鲨鱼皮套，表套上下圈口和中央部分用金钉镶嵌涡卷纹和花卉图案。

钟表是中西文化交流中的重要媒介。1765年，在法留学的杨德望和高类思带回了路易十五送给乾隆皇帝的礼品，其中就包括两块巴尔萨泽二世制作的金表。此件铜镀金壳怀表可能就是其中的一件。进入清宫的这件怀表，一直被保存在养心殿，成为皇帝私人赏玩之物。（姚婷）

Le dos du boîtier en cuivre plaqué or est peint d'un ensemble de scènes de concert de chambre, dans lesquelles deux nobles jouent du luth et de la viole, accompagnés d'une femme tenant une partition chantant à voix basse, formant un merveilleux trio instrumental. Le tour du boîtier est cuivré et gravé d'ajours aux motifs d'acanthes et d'oiseaux. Des pièces d'émail sont incrustés à trois endroits. Elles sont peintes de figures et de paysages en bleu. La montre a un cadran à deux aiguilles en émail blanc avec une scène pastorale peinte au centre. Le contre-plaqué du mouvement porte le nom de l'artisan et le lieu de fabrication: BALTAZAR MARTINOT A PARIS, indiquant qu'il s'agit d'une œuvre de l'horloger Balthazar Martinot (1636-1714) lorsqu'il était à Paris. La montre est accompagnée d'un boîtier en cuir de requin noir, incrusté de motifs dorés de volutes et de fleurs.

Les horloges étaient un moyen important dans les échanges culturels entre la Chine et l'Occident. En 1765, Yang Dewang et Gao Leisi, qui avaient étudié en France, rapportèrent des cadeaux de Louis XV à l'empereur Qianlong, dont deux montres en or fabriquées par Balthazar. Cette montre de poche au boîtier en cuivre plaqué or en fait peut-être partie. Elle fut conservée dans le Hall de la culture mentale et était appréciée par l'empereur.
(Yao Ting)

BALTAZAR

037

铜镀金嵌珐琅望远镜

18世纪
欧洲
长25厘米　径5厘米
故宫博物院藏

Télescope en bronze doré incrusté d'émaux bleus

XVIIIe siècle
Europe
L.: 25 cm; D.: 5 cm
Collection du musée du Palais

这是一件由欧洲制造的铜镀金圆筒折射望远镜。此望远镜可抽拉四节，物镜前有铜镀金盖，盖上装饰花卉纹。此望远镜镜筒装饰华丽，筒身外整体装饰花卉鸟羽纹，并嵌有蓝色珐琅，内装饰花、草、蝴蝶等图案。
（万秀锋）

Il s'agit d'un télescope réfracteur cylindrique en bronze doré fabriqué en Europe. Il est divisé en quatre sections dont trois rétractables. L'objectif est doté d'un couvercle en cuivre doré, décoré de motifs floraux. L'extérieur du télescope est richement décoré de motifs floraux et de plumes d'oiseaux. Il est également incrusté d'émaux bleus décorés de fleurs, d'herbes, de papillons et d'autres motifs.
(Wan Xiufeng)

038

铜镀金绘图平板仪

17世纪末至18世纪初
巴黎，路易·沙皮托
长33.5厘米　宽22.5厘米
故宫博物院藏

Goniographe en cuivre doré

Fin XVIIe – début XVIIIe siècle
Paris, Louis Chapotot
H.: 33.5 cm; L.: 22.5 cm
Collection du musée du Palais

平板仪铜镀金，长方形，三边刻0°–90°–120°–180°，另一边刻0°–310°。平板仪一侧两端各置立耳瞄准器，可作为定标，左下角置一活动游标，游标上刻0°–380°，可以辅助画图。平板仪上夹有绘图纸，测量时可以边测边绘，便捷实用。在平板仪的下面正中有一可自由旋转的套筒式接口，使用时既可手持，也可以放置在特制的架子上，非常便利。绘图平板仪上镌刻“CHAPOTO A PARIS”“Centve des degvez ”，表明该仪器出自巴黎的路易·沙皮托（Louis Chapotot）光学和仪器制作工坊。（许静）

La planchette du goniographe est en cuivre, rectangulaire, avec trois bords inscrits de 0° à 90°, puis à 120° et à 180°, et un bord inscrit de 0° à 310°. La planchette dispose d'une alidade à pinnules comme instrument de visée. Il y a un curseur mobile, gravé de 0° à 380°, dans le coin inférieur gauche pour aider les levées. Du papier à dessin est clipsé sur la planchette, ce qui permet de dessiner tout en mesurant. Sous la planchette, il y a une interface rotative de type manchon. Grâce à cette interface, la planchette peut être tenue à la main ou posée sur le support dédié. Sur la planchette est gravé « CHAPOTO A PARIS » « Centve des degvez », Cet instrument est issu de l'atelier de fabrication d'instruments optiques et mathématiques de Louis Chapotot à Paris.
(Xu Jing)

039

铜镀金提环赤道晷仪

17世纪末至18世纪初
巴黎，路易·沙皮托
径19厘米
故宫博物院藏

Cadran équatorial en cuivre doré

Fin XVIIe – début XVIIIe siècle
Paris, Louis Chapotot
D.: 19 cm
Collection du musée du Palais

赤道式日晷，是在地球上各个纬度都可以使用的公晷。仪器分内外三重，由外向内分别是铜架、子午圈、赤道圈。测时间时，需要将提环固定在相应的纬度上，再将子午圈对正南北，直表、晷盘分别平行于赤道圈、赤道面，并令游标处于相应位置，根据透过游标上小孔的日光在晷盘上的投影知晓时刻。该日晷子午圈上镌刻“CHAPOTOT A PARIS”，表明该仪器出自巴黎的路易·沙皮托（Louis Chapotot）光学和仪器制作工坊。
（滕德永）

Il s'agit d'un cadran solaire équatorial, utilisable à toutes les latitudes de la Terre. L'instrument est divisé en trois éléments: de l'extérieur vers l'intérieur, le cadre en cuivre, le cercle méridien et le cercle équatorial. Pour indiquer le temps, il faut fixer l'anneau de levage à la latitude correspondante, puis aligner le cercle méridien au nord et au sud, rendre le cadran droit parallèle au cercle équatorial et le cadran solaire au plan équatorial, et maintenir le curseur dans la position correspondante. La projection de la lumière du soleil sur le cadran indiquera l'heure. Le nom « CHAPOTOT A PARIS » est gravé sur le cercle méridien de ce cadran solaire, Cet instrument est issu de l'atelier parisien de fabrication d'instruments optiques et mathématiques de Louis Chapotot à Paris.
(Teng Deyong)

CHAPOTOT A PARIS

040

铜镀金测角器

17世纪末至18世纪初
巴黎，巴特菲尔德
法国
半径26厘米
故宫博物院藏

Goniomètre en cuivre doré

Fin XVIIe – début XVIIIe siècle
Paris, Butterfield
France
R.: 26 cm
Collection du musée du Palais

仪器半圆形，弧盘上刻0°–180°，中间镶嵌大罗盘一，上有“NORT”（北）、“EST”（东）、“SUDT”（南）、“OUESTT”（西）等表示方向的法文。半圆仪上也刻有法文“BUTTERFIELD A PARIS”，这表明该仪器来自法国，为巴黎著名的仪器制作工匠巴特菲尔德（Butterfield）制作。

据张诚（Jean-François Gerbillon）日记显示：1691年8月14日，法国传教士李明（Louis Le Comte）和洪若翰（Jean de Fontaney）通过张诚向康熙皇帝进献了从欧洲带来的科学仪器：“一个大天文环，它可以同时显示一天内的时和分、太阳的高度和指针的偏差。一个约半英尺直径的半圆仪，附精密分度的罗盘。”而这些仪器都是由巴特菲尔德制造。
（滕德永）

L'instrument est semi-circulaire, avec une règle en arc graduée de 0 à 180° et une grande plaque ronde incrustée au milieu, sur laquelle est marqué en lettres « NORT » « EST » « SUD » « OUEST »… L'instrument est également gravé de « BUTTERFIELD A PARIS », qui indique que l'instrument vient de France et a été fabriqué par Butterfield, célèbre fabricant d'instruments scientifiques de Paris.
Selon le journal de Jean-François Gerbillon, le 14 août 1691, les missionnaires français Louis Le Comte et Jean de Fontaney présentèrent des instruments scientifiques apportés d'Europe à l'empereur Kangxi par l'intermédiaire de Jean-François Gerbillon. Il y avait « un grand anneau astronomique, qui affichait simultanément l'heure, la minute, la hauteur du soleil et la déviation des aiguilles; un demi-cercle d'environ un demi-pied de diamètre, avec un plateau finement gradué ». Ces instruments ont tous été fabriqués par Butterfield.
(Teng Deyong)

镀金大半圆仪一件木架

041

铜镀金矩尺

17世纪末至18世纪初
巴黎
长17厘米　宽17厘米　厚0.4厘米
故宫博物院藏

Équerre en cuivre doré

Fin XVIIe – début XVIIIe siècle
Paris
H.: 17 cm; L.: 17 cm; Pr.: 0.4 cm
Collection du musée du Palais

“矩”就是木工用以量直角的两臂曲尺，是中国古代重要的测量工具之一。汉代以前的矩两臂等长且无刻度，汉代以后的矩两臂一长一短并有了刻度。

此矩尺由传教士带入清宫，尺面上有刻度，并刻有花体法文，有“Paris”（巴黎）、“Demi Píed de Roq”（皇家半尺）及人名“Macquart”等字样。“皇家半尺”即法国的标准尺。

（滕德永）

L'équerre est un instrument formé de deux pièces et utilisé par les charpentiers pour vérifier les angles droits. C'est l'un des outils de mesure importants dans la Chine ancienne. Avant la dynastie des Han, les deux pièces étaient de longueur égale et ne comportaient pas d'échelle. À partir de la dynastie des Han, les deux pièces, une longue et une courte, étaient graduées.
Cette équerre fut apportée au palais des Qing par des missionnaires. Elle est graduée et est gravée d'inscriptions en français « Paris » et « Demi pied du Roq » et signée « Macquart ». Le « demi-pied du Roy » est l'équerre standard française.
(Teng Deyong)

042

铜镀金矩尺

17世纪末至18世纪初
巴黎
长17厘米　宽17厘米　厚0.4厘米
故宫博物院藏

Équerre en cuivre doré

Fin XVIIe – début XVIIIe siècle
Paris
H.: 17 cm; L.:17 cm; Pr.: 0.4 cm
Collection du musée du Palais

矩尺上有刻度，以及“Lignes”（线条）、“Echelle”（刻度）、“Pouces”（法寸）等法文，还有花体“Paris”（巴黎）“Demy pied de Roy”（皇家半尺）“Demy pied du Rhin”（半莱茵尺）等铭文。矩尺可绘图时使用，也可测定直角，所以清宫存留多件。

（滕德永）

Équerre graduée en unités françaises (lignes, échelle et pouces), portant des inscriptions en français « Paris », « Demy pied de Roy » « Demy pied du Rhin ». L'équerre peut être utilisée dans les dessins ou pour vérifier des angles droits. De nombreuses équerres étaient conservées dans le palais des Qing.
(Teng Deyong)

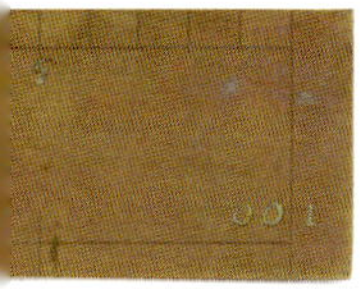

043

铜镀金半圆仪

17世纪末至18世纪初
巴黎，巴特菲尔德
径9厘米
故宫博物院藏

Rapporteur en cuivre doré

Fin XVIIe – début XVIIIe siècle
Paris, Butterfield
D.: 9 cm
Collection du musée du Palais

半圆仪是绘图时量角与画角的工具，在清代称作“半圆分角器”。这件半圆仪周面自右至左、自左至右刻两层180°，并刻有款：Butterfield Paris（巴特菲尔德于巴黎），说明其是由法国科学家巴特菲尔德制造。
（许静）

Le rapporteur est un outil permettant de mesurer et de tracer des angles lors du dessin. Il s'agit ici d'un rapporteur en demi-disque gradué en 180 degrés, de droite à gauche et de gauche à droite. Il porte l'inscription « Butterfield Paris », indiquant qu'il a été réalisé par le scientifique français Michael Butterfield.
(Xu Jing)

044

巴尔撒吗油

清
瓶高14.6厘米　宽7.6厘米　厚5.3厘米
故宫博物院藏

Huile de baume du Pérou

Dynastie des Qing
Vase, H.: 14.6 cm; L.: 7.6 cm; Pr.: 5.3 cm
Collection du musée du Palais

巴尔撒吗油盛放于光素玻璃瓶中。巴尔撒吗油是巴尔撒吗香的油状形态。巴尔撒吗香是豆科植物南美槐分泌的胶质树脂，具有浓烈的芳香气味。16世纪被西班牙殖民者发现后进入欧洲，再由欧洲使团、商人、传教士输入中国。赵学敏《本草纲目拾遗》称："此树生脂膏极香烈，可入药。傅金刃伤，一昼夜肌肉复合如故。涂痘不瘢。涂尸千年不腐。"

巴尔撒吗油于康熙时期进入清宫。雍正四年（1726年）二月初四日，耶稣会士法国人巴多明（Dominique Parrenin）、意大利人罗怀忠（Jean-Joseph da Costa）认看的西洋物品中有两种巴尔撒吗油，其中两锡瓶是"毕绿地方出的"。毕绿即秘鲁，时人认为秘鲁所产的巴尔撒吗油品质最佳。

雍正、乾隆时期巴尔撒吗油作为外伤药成为军营用药之一。此外，巴尔撒吗油香气较持久、挥发较缓慢的特点，使其可以作为定香剂，配伍调和制作特有香气的防暑药，如避暑香珠、避风巴尔撒木香。

（关雪玲）

Ce flacon en verre transparent contient de l'huile de baume du Pérou. L'huile de baume du Pérou est la forme huileuse du baume du Pérou qui est une résine sécrétée par *Myroxylon peruiferum*, un arbre riche en arômes de la famille des Fabacées. Après avoir été découvert par des colons espagnols au XVIe siècle, le baume du Pérou entra en Europe puis fut importé en Chine par des délégations, marchands et missionnaires européens. Dans le *Supplément au Compendium de la matière médicale*, Zhao Xuemin indiquait que « la résine de cet arbre est très parfumée et peut être utilisée comme médicament. Elle peut guérir rapidement les coupures. Elle soigne l'acné sans laisser de cicatrices. Et elle empêche les cadavres de se décomposer. »

L'huile de baume du Pérou fut introduite dans le palais des Qing pendant le règne de Kangxi. Sous le règne de Yongzheng, en 1726, parmi les objets occidentaux que le jésuite français Dominique Parrenin et le jésuite italien Jean-Joseph da Costa examinèrent, il y avait deux bouteilles d'huile de baume, originaire de « Bilu ». « Bilu » était la transcription phonique du Pérou. À l'époque, l'huile de baume produite au Pérou était considérée comme de la meilleure qualité.

Pendant les règnes de Yongzheng et de Qianlong, l'huile de baume du Pérou devint l'un des médicaments utilisés dans les camps militaires pour soigner les traumatismes. De plus, le baume du Pérou dégage un parfum longue durée et s'évapore très lentement, ce qui en fait un excellent fixateur. Il était mélangé avec d'autres arômes pour fabriquer des médicaments de prévention contre des coups de chaleur.
(Guan Xueling)

琥珀油

清
罐高6.2厘米　口径3.2厘米　底径4厘米
外盒高8厘米　宽8厘米　厚8厘米
故宫博物院藏

Huile d'ambre

Dynastie des Qing
Pour le pot, H.: 6.2 cm;
Vase, D. (ouverture): 3.2 cm; D. (fond): 4 cm
Pour la boîte, H.: 8 cm; L.: 8 cm; Pr.: 8 cm
Collection du musée du Palais

上墨书“琥珀油”。外配木盒，前脸抽拉式盒盖，盖内外两面均贴黄签。其中一面黄签上墨书：“琥珀油，乾隆二十一年十二月十一日，钦命西洋人郎世宁、汤执中等认看，云未详所用。”郎世宁（Giuseppe Castiglione）、汤执中（Pierre Nicolas Le Chéron d' Incarville）是供职清宫的耶稣会士，意大利人郎世宁为画家，法国人汤执中为植物学家，两人不掌握琥珀油的相关知识，因此回复不清楚所用。

现代研究表明，琥珀油是一种具有丰富古龙香气、浓郁琥珀色的天然香精油，广泛应用于医学、化妆品及香氛等领域。
（关雪玲）

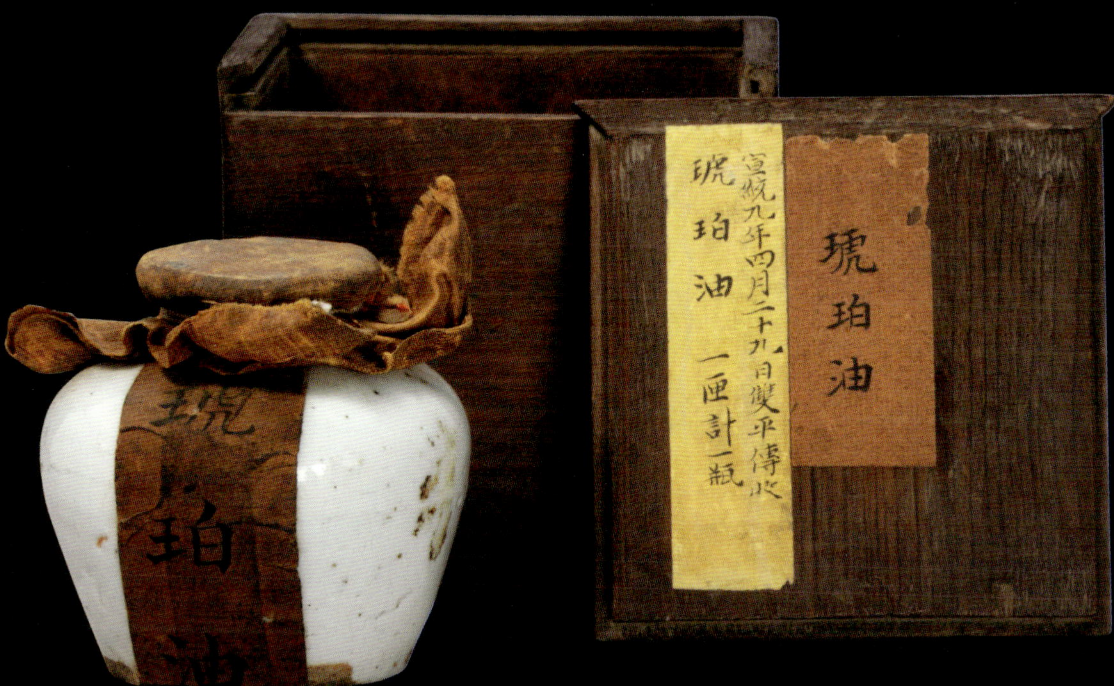

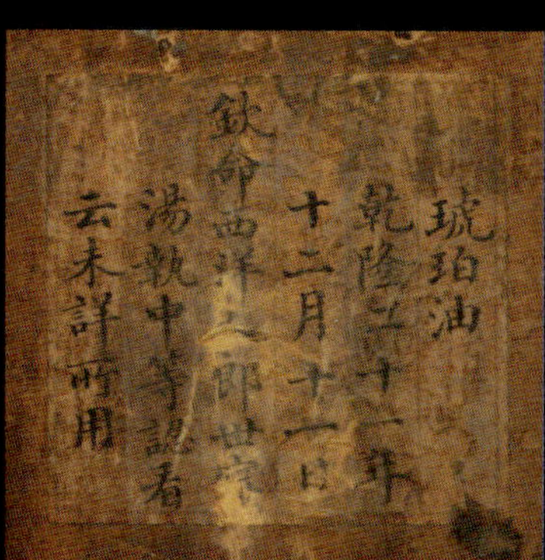

L'huile d'ambre est placée dans un pot en porcelaine blanche, avec une étiquette jaune apposée sur le pot indiquant « Huile d'ambre » à l'encre. Le pot est placé dans une boîte en bois avec un couvercle coulissant. Une étiquette jaune est collée sur les surfaces intérieure et extérieure du couvercle. Sur l'une des étiquettes jaunes, l'écriture à l'encre indique: « Huile d'ambre. Le 11e jour du 12e mois lunaire, 21e année du règne de Qianlong, les Occidentaux Giuseppe Castiglione et Pierre Nicolas Le Chéron d'Incarville l'ont examinée sans préciser à quoi elle sert. » Giuseppe Castiglione et Pierre Nicolas Le Chéron d'Incarville étaient des jésuites qui ont servi la cour des Qing. Le premier était peintre et le second botaniste. Les deux n'avaient pas de connaissances pertinentes sur l'utilisation de l'huile d'ambre.
La recherche moderne montre que l'huile d'ambre est une huile essentielle naturelle avec un riche arôme d'eau de Cologne et une couleur ambrée. Elle est largement utilisée en médecine, en cosmétique, en parfumerie et dans d'autres domaines.
(Guan Xueling)

046

丁香油

清
瓶高15.4厘米　宽7厘米　厚5厘米
故宫博物院藏

Huile de clou de girofle

Dynastie des Qing
Vase, H.: 15.4 cm; L.: 7 cm; Pr.: 5 cm
Collection du musée du Palais

丁香油装于玻璃瓶中。玻璃瓶身饰莨苕叶纹、菱形纹、波点纹和花朵、飞鸟等景物。圆形玻璃盖钮密封完好，瓶中油剩余四分之三，挥发性强，气味辛香，油质较稠，呈膏状。

《本草纲目拾遗》记载：“（丁香油）乃用母丁香榨取其油，色紫，芳香辛烈，性大热。番人贮以琉璃器，盖偶不密，即香达于外……透关窍驱寒……治胃寒痛，或滴少许入煎药，或以油涂脐上痛处。”还可用于口腔消毒，治疗牙痛、口臭等。外国向清朝进贡的物品中常有此物，康熙年间就已进入宫廷。

（李逢源）

Il s'agit d'un flacon en verre rempli d'huile de clou de girofle. Le flacon est décoré de motifs de feuilles d'acanthe, de motifs de losanges, de motifs à pois, de fleurs, d'oiseaux et d'autres éléments. Le bouchon en verre est bien scellé et il reste trois quarts de l'huile dans le flacon. De texture épaisse et pâteuse, l'huile de clou de girofle est très volatile, avec un arôme épicé.

Selon le *Supplément au Compendium de la matière médicale*, « l'huile de clou de girofle est extraite de la 'mère des clous de girofle'. Elle est de couleur violette, d'arôme piquant et de nature chaude. Les locaux le conservent dans des récipients en verre, avec des couvercles non hermétiques, afin que le parfum puisse atteindre l'extérieur et pénétrer les orifices du corps pour expulser le froid. Elle peut traiter les douleurs d'estomac causées par le froid. Pour cela, ajoutez une petite quantité à la décoction ou appliquez de l'huile sur la zone douloureuse au-dessus du nombril. » Elle peut également être utilisée pour la désinfection buccale, le traitement des maux de dents, de la mauvaise haleine, etc. L'huile de clou de girofle était souvent inclue dans les hommages des pays étrangers à la dynastie des Qing. Elle était déjà présente à la cour pendant le règne de Kangxi.

(Li Fengyuan)

047

檀香油

清
瓶高12.6厘米　宽4.2厘米　厚4.2厘米
故宫博物院藏

Huile de bois de santal

Dynastie des Qing
Vase, H.: 12.6 cm; L.: 4.2 cm; Pr.: 4.2 cm
Collection du musée du Palais

檀香油装于玻璃瓶中，瓶身饰折枝花，圆形玻璃盖钮密封完好。檀香油是檀香科植物檀香的心材经蒸馏所得的挥发油。赵学敏《本草纲目拾遗》记述檀香油的药性、功效：“味苦。除恶，开胃，止吐逆。”

檀香油清前期进入宫廷。清宫对西洋药品的使用是基于熟悉药性的前提下，而当时宫中了解西洋药品的渠道很少，只有供职宫中的西洋传教士和专职医生能担当介绍药性的职责，所以档案中屡屡出现命西洋人认看药品的记载。雍正四年（1726年）二月初四日，太监杜寿交给造办处一批西洋物品，传旨让耶稣会士法国人巴多明（Dominique Parrenin）、意大利人罗怀忠（Jean-Joseph da Costa）认看。两人辨识其中有：檀香油六小玻璃瓶，一锡盒。（关雪玲）

L'huile de bois de santal est conservée dans un flacon en verre décoré de motifs de fleurs. Le flacon est fermé hermétiquement par un bouchon en verre. L'huile de bois de santal est une huile volatile obtenue par distillation du duramen de Santal blanc. Dans le *Supplément au Compendium de la matière médicale*, Zhao Xuemin décrit ainsi les propriétés médicinales de l'huile de bois de santal: « De goût amer, elle élimine les nausées, donne de l'appétit et arrête les vomissements. »

L'huile de bois de santal est entrée dans la cour de Chine au début de la dynastie des Qing. À la cour des Qing, l'utilisation des médicaments occidentaux était basée sur le principe de la connaissance des propriétés. À cette époque, peu de canaux permettaient à la cour d'en apprendre davantage sur les médecines occidentales. Seuls les missionnaires et les médecins occidentaux servant dans la cour pouvaient expliquer les propriétés des médicaments. C'est pourquoi les archives ont enregistré de nombreuses séances d'identification des médicaments par des Occidentaux. Le quatrième jour du deuxième mois lunaire de la quatrième année du règne de Yongzheng (1726), l'eunuque Du Shou remit un lot de produits occidentaux au Département des affaires internes et demanda au jésuite français Dominique Parrenin et au jésuite italien Jean-Joseph da Costa de les identifier. Parmi ces produits, les deux hommes identifièrent six flacons en verre d'huile de bois de santal et une boîte en étain.
(Guan Xueling)

048

彩绘描金花卉纹双耳盖碗碟

1782年
塞弗尔皇家瓷器厂
盖碗通高11厘米　最大径13.5厘米　足径7.7 厘米　宽17.5厘米
碟高4厘米　口径21.3厘米　足径13.2厘米　宽23厘米
故宫博物院藏

Écuelle en porcelaine occidentale à fleurs et à bords dorés avec sa soucoupe

1782
Manufacture royale de porcelaine de Sèvres
Écuelle, H. (totale): 11 cm; D. (maximal): 13.5 cm;
D. (fond): 7.7 cm; L.: 17.5 cm
Soucoupes, H.: 4 cm; D. (ouverture): 21.3 cm;
D. (fond): 13.2 cm; L.: 23 cm
Collection du musée du Palais

此套碗、碟器形规整，以玫瑰和矢车菊二者缠绕而成的花环为主要题材，口沿施金彩，并以立体画法的珍珠项链装饰。碗盖提钮为仿生含苞玫瑰造型，碗耳和碟耳为仿生枝条造型，与器物彩绘相得益彰。碗底绘有两个蓝色交叉花体字母“L”，之间有两个字母“e”，是法国塞弗尔皇家瓷器厂1782年产品的纪年款识。另外还有蓝彩花押，为工匠埃雷尔·德·舒瓦西（Hirel de Choisy）的标识。

碗、碟分体两件，清室善后委员会点查清宫文物时，藏于养心殿华滋堂、燕喜堂区域，记作“双耳洋磁盖碗一个（带磁盘一个）”。（李逢源）

Les deux pièces sont ornées de motifs de roses et de bleuets. Les bords sont décorés d’or et ornés d’un rang de perles. La poignée du couvercle a la forme d’un bouton de rose. Les anses de l’écuelle et de la soucoupe ont la forme de branches, qui complètent le thème de la peinture sur la porcelaine. Le fond de l’écuelle comporte deux lettres « L » bleues croisées, avec deux lettres « e » entre elles, indiquant qu’il s’agit d’une fabrication de la Manufacture royale de porcelaine de Sèvres en 1782. On distingue également la marque du peintre Hirel de Choisy, une hermine. Lorsque la Commission pour la garde des biens de la maison mandchoue a inspecté les reliques culturelles du palais des Qing, l’écuelle et la soucoupe se trouvaient dans les zones de la salle Huazi et de la salle Yanxi du Hall de la culture mentale, et ont été enregistrées comme « Une écuelle en porcelaine avec anses (avec sa soucoupe) ».
(Li Fengyuan)

049

描金折枝花纹碟（一对）

1783年
塞弗尔皇家瓷器厂
高3厘米　口径12.3厘米　足径7.8厘米
故宫博物院藏

Paire de soucoupes en porcelaine occidentale à décor de fleurs peintes à l'or

1783
Manufacture royale de porcelaine de Sèvres
H.: 3 cm; D. (ouverture): 12.3 cm;
D. (fond): 7.8 cm
Collection du musée du Palais

碟底色洁白，施以金彩，内壁边缘和底面分别以一圈首尾相连的月桂树枝装饰，象征王室的荣誉与胜利。两圈月桂树枝中间间隔点缀各种花卉和蜂蝶，碟心为一矢车菊，代表着民主与自由、勇敢与忠诚。碟为法国塞弗尔皇家瓷器厂生产，底绘有两个蓝色交叉花体字母"L"，之间有字母"ff"，并冠以王冠，表明此对碟是法国塞弗尔皇家瓷器厂1783年烧制的。此外还有蓝彩字母"D"，可能是装饰工匠的签名标识。

碟以盒盛装，木盒上刻"白磁描金花圆碟二件"，盒内分上下两格，各盛一碟。清室善后委员会点查清宫文物时，藏于养心殿体顺堂，当时记作"白磁描金花碟一对"。

（李逢源）

Les deux soucoupes sont peintes à l'or. Le bord et le fond de la paroi intérieure sont décorés d'un cercle de branches de laurier reliées bout à bout, symbolisant l'honneur et la victoire de la famille royale. L'espace entre les deux cercles de branches de laurier est parsemé de diverses fleurs, et d'insectes. Au centre de la soucoupe, on voit des bleuets. Le fond du plat comporte deux lettres « L » bleues croisées, avec les lettres « ff » entre elles et une couronne. Il y a aussi une lettre bleue « D » qui pourrait être la signature du décorateur.
Les soucoupes sont rangées dans une boîte en bois sur laquelle est gravée « Une paire de soucoupes en porcelaine blanche à fleurs dorées ». La boîte est divisée en deux compartiments supérieur et inférieur, chacun contenant un plat. Lorsque la Commission pour la garde des biens de la maison mandchoue a inspecté les reliques culturelles du palais des Qing, les soucoupes se trouvaient dans la salle Tishun du Hall de la culture mentale, et ont été enregistrées comme « une paire de soucoupes en porcelaine blanche à fleurs dorées » à cette époque.
(Li Fengyuan)

050

彩绘描金花卉纹碟（一对）

1786年
塞弗尔皇家瓷器厂
高3.1厘米　口径12.3厘米　足径7.8厘米
故宫博物院藏

Paire de soucoupes en porcelaine occidentale à décor de fleurs peintes à l'or

1786
Manufacture royale de porcelaine de Sèvres
H.: 3.1 cm; D. (ouverture): 12.3 cm;
D. (fond): 7.8 cm
Collection du musée du Palais

碟内壁以四个椭圆形开光分割，开光内绘有玫瑰或矢车菊图案，开光之间均匀分布三排小花。底面有圆形开光，内绘玫瑰花及黄色和红色小花图案，此种田园装饰风格曾在法国宫廷十分流行。碟内均以蓝彩勾边，上压金线并装饰金点。碟底绘有两个蓝色交叉花体字母“L”，之间有两个字母“i”，另外还有蓝彩花押，表明此对碟是法国塞弗尔皇家瓷器厂1786年烧制的。

碟以盒装，木盒上刻“乾隆年制洋磁五彩碟一对”，盒内分上下两格，各盛一碟。清室善后委员会点查清宫文物时，藏于养心殿华滋堂、燕喜堂区域，当时记作“洋磁盘一对”。（李逢源）

La paroi intérieure des soucoupes est divisée par quatre couronnes de forme ovale, avec des motifs de roses ou de bleuets à l'intérieur. Trois rangées de petites fleurs sont uniformément réparties entre les couronnes. Le fond est décoré d'un cercle, avec des roses et des petites fleurs jaunes et rouges peintes à l'intérieur. Ce style décoratif pastoral était très populaire à la cour de France. L'intérieur de la soucoupe est bordé de couleur bleue, gaufrée de lignes dorées et décorée de points dorés. Le fond de la soucoupe comporte deux lettres « L » bleues croisées, avec deux lettres « i » entre elles, et un cachet bleu, indiquant qu'il s'agit d'une fabrication de la Manufacture royale de porcelaine de Sèvres en 1786.

Les soucoupes sont emballées dans une boîte en bois sur laquelle est gravée « Une paire de soucoupes multicolores en porcelaine étrangère fabriquées pendant le règne de Qianlong ». La boîte est divisée en deux compartiments, chacun contenant une soucoupe. Lorsque la Commission pour la garde des biens de la maison mandchoue a inspecté les reliques culturelles du palais des Qing, les soucoupes se trouvaient dans les zones de la salle Huazi et de la salle Yanxi du Hall de la culture mentale, et ont été enregistrées comme « une paire de soucoupes en porcelaine étrangers » à cette époque.

(Li Fengyuan)

051

红地彩绘描金花卉纹双耳杯碟

18世纪
塞弗尔皇家瓷器厂
杯高11.2厘米　口径10.3厘米　足径7.2厘米
碟高3.5厘米　口径19.5厘米　足径12厘米
故宫博物院藏

Tasse en porcelaine à motif floral sur fond rouge avec sa soucoupe

XVIIIe siècle
Manufacture royale de porcelaine de Sèvres
Pour la tasse, H. :11.2 cm; D. (ouverture): 10.3 cm; D. (fond): 7.2 cm
Pour la soucoupe, H.: 3.5 cm; D. (ouverture): 19.5 cm; D. (fond): 12 cm
Collection du musée du Palais

此套杯碟彩绘以红白两色为主，白色部分为开光，绘有插满鲜花的花瓶和盛满水果的果盘。红彩部分布满以月桂树枝和绶带为主的描金装饰，象征着荣誉、胜利与王权。杯子造型独特，侈口窄腰，可能与当时欧洲宫廷饮食的传统习惯和流行风尚有关。碟底绘有两个金色交叉花体字母“L”，从而判断此套杯碟由法国塞弗尔皇家瓷器厂生产。此外还有金彩字母“LG”，为工匠勒·古伊（Le Guay）的签名标识。

杯、碟分体两件，清室善后委员会点查清宫文物时，藏于颐和轩，当时记作“洋瓷杯盘二件”。

（李逢源）

Les deux pièces sont partiellement ornées d’un fond rouge. La partie laissée en blanc est décorée de vases remplis de fleurs et de corbeille de fruits. Le fond rouge est recouvert de décors peints en or composés principalement de branches de laurier et de rubans. Le fond de la soucoupe comporte deux lettres « L » dorées croisées, ce qui indique que cet ensemble de tasse et soucoupe a été fabriqué par la Manufacture royale de porcelaine de Sèvres. Il y a aussi les lettres « LG » qui sont la marque du doreur Le Guay.

La tasse et la soucoupe sont deux pièces distinctes. Lorsque la Commission pour la garde des biens de la maison mandchoue a inspecté les reliques culturelles du palais des Qing, elles se trouvaient dans le palais Yihexuan et ont été enregistrées comme « Une tasse et une soucoupe en porcelaine occidentale ».

(Li Fengyuan)

052

蓝地彩绘描金开光人物图带柄杯（一对）

1779年
塞弗尔皇家瓷器厂
高6.8厘米　口径6.9厘米　底径6.4厘米　宽9.2厘米
故宫博物院藏

Paire de tasses à décor de figures en porcelaine occidentale

1779
Manufacture royale de porcelaine de Sèvres
H.: 6.8 cm; D. (ouverture): 6.9 cm;
D. (fond): 6.4 cm; L.: 9.2 cm
Collection du musée du Palais

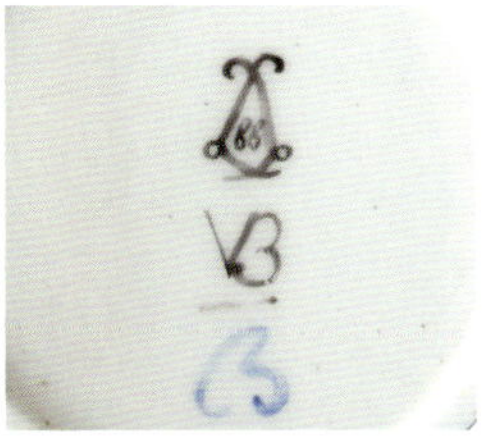

杯的器形简约规整，色泽艳丽，釉面光滑。杯身施钴蓝釉，口沿、开光和外壁底部以金彩勾边，口沿下饰缠枝花藤图案。开光内绘有一对男女和绵羊玩耍的田园风景，人物描绘和色彩晕染手法略显粗拙。杯底均有法国塞弗尔皇家瓷器厂的双花体交叉“L”标识，之间有两个字母“B”，表明此对杯子为塞弗尔皇家瓷器厂1779年生产。蓝彩花押“B”“G-D”为装饰工匠的签名标识，其中“B”代表描金匠布朗热（Boulanger）。

清室善后委员会点查清宫文物时，藏于养心殿华滋堂、燕喜堂区域，当时记作“洋磁带把杯二个”。

（李逢源）

Las tasses sont de forme cylindrique. Le corps des tasses est émaillé de bleu cobalt. Le rebord, la partie blanche et le bas de la paroi extérieure sont bordés d'or. La partie supérieure des tasses est décorée d'un motif de fleurs et de vignes entrelacées. Dans les médaillons laissés en blanc on distingue un homme et une femme jouant avec des moutons. Le fond des tasses comporte une marque en lettres « L » croisées de la Manufacture royale de porcelaine de Sèvres, avec deux lettres « B » entre elles, indiquant que les tasses ont été produites par la Manufacture de Sèvres en 1779. Les lettres « G-D » pourraient être la signature du décorateur. La lettre « B » est la marque du doreur Boulanger.

Lorsque la Commission pour la garde des biens de la maison mandchoue a inspecté les reliques culturelles du palais des Qing, les tasses se trouvaient dans les zones de la salle Huazi et de la salle Yanxi du Hall de la culture mentale, et ont été enregistrés comme « Une paire de tasses en porcelaine étrangers » à cette époque.

(Li Fengyuan)

053

粉地彩绘描金开光花卉人物图两截瓶（一对）

1759～1760年
塞弗尔皇家瓷器厂
通高22.5厘米　宽17.5厘米　厚14.3厘米
故宫博物院藏

Paire de Vases en porcelaine occidentale ornés de fleurs et de figures

1759-1760
Manufacture royale de porcelaine de Sèvres
H. (totale): 22.5 cm; L.: 17.5 cm; Pr.: 14.3 cm
Collection du musée du Palais

这种造型的花瓶被称为荷兰花瓶（Vase hollandois），是塞弗尔皇家瓷器厂最受欢迎的造型之一。花瓶分为上下相互扣合的两部分，通体粉地，以绿釉涡卷纹四面开光。上半部分为椭圆形花瓶，喇叭口，底部有孔；下半部分为椭圆形底座，肩部四面有镂空。两件花瓶的主题图案，是模仿17世纪佛兰德斯画家特尼尔斯（David Teniers II）的绘画风格，绘制的两组田园风光图案：一组为一对乡村夫妇坐在屋舍旁边品尝红酒的景观，底座正面绘葡萄酒木桶与各类作业工具；另一组绘制一家三口在户外的温馨场景，底座正面绘陶罐等生活用具。花瓶与底座的侧面、背面开光处均饰色彩明艳的花果图案。

荷兰花瓶底款为两个蓝色交叉花体字母“L”，中间有代表年份的字母“G”，下部有画工签名“K”，表明此件花瓶是塞弗尔皇家瓷器厂画工多丁（Dodin）1759～1760年绘制的作品，底部“cn”的刻划符号，则是陶工尚乌（Chanou）的签名。

（姚婷）

Ce modèle de vase est appelé vase « hollandais » et est l'un des styles les plus populaires de la Manufacture royale de porcelaine de Sèvres. Le vase est divisé en deux parties qui s'emboîtent l'une dans l'autre. Le corps entier est sur un fond rose, décoré de tous côtés par des images peints dans un cadre vert en forme de volutes. La partie supérieure est un vase ovale avec une ouverture en forme de trompette et des trous au fond. La partie inférieure est une base ronde avec des ajours sur tous les côtés de l'épaule. La décoration thématique des deux vases imite le style de peinture de David Teniers II, un peintre flamand du XVIIe siècle. Il s'agit de deux ensembles de scènes pastorales: l'un représente un couple assis à côté d'une maison en train de déguster du vin, avec des tonneaux de vin et divers outils de travail peints sur le devant de la base, l'autre représente une scène familliale montrant trois personnes en plein air, avec des pots en terre et d'autres ustensiles quotidiens peints sur le devant de la base. Les côtés du vase et l'arrière de la base sont décorés de motifs de fleurs et de fruits aux couleurs vives.

La base du vase « hollandais » comporte deux lettres « L » bleues croisées, accompagnées de la lettre « G » au milieu qui indique l'année de fabrication et de la lettre « K » en bas en tant que signature du peintre. Selon ces marques, le vase est une œuvre peinte par le peintre Dodin de la Manufacture royale de porcelaine de Sèvres entre 1759-1760. Le symbole gravé « cn » sur le fond est la signature du mouleur Chanou.

(Yao Ting)

054

集市图挂毯

民国
玻璃底片
纵30.4厘米　横25.3厘米
故宫博物院藏

Tapisserie - La Foire chinoise

1911-1949
Négatif sur verre
H.: 30.4 cm; L.: 25.3 cm
Collection du musée du Palais

这件玻璃底片拍摄了一件挂毯，又名壁衣，是古代装饰墙壁的织物。

底片中的挂毯是由法国博韦皇家挂毯厂织做的“中国题材”挂毯中的一幅，名《集市》（La Foire chinoise），表现的是中国集市喧嚣热闹的场景。

“中国题材”挂毯是根据中国风艺术设计大师弗朗索瓦·布歇（François Boucher，1703～1770年）在1742年创作的中国风情风俗画设计，由博韦工坊在1758～1760年间编织。挂毯以洛可可风格的风俗画技巧描绘了想象中的中国宫廷内的游乐情景，集合了那个时代及其以前多种关于中国的图像元素。

（杨国彭）

Ce négatif sur verre montre une tapisserie autrefois utilisée pour décorer les murs.
Cette pièce fait partie d'un en semble de tapisseries à décor chinois exécutées par la manufacture royale de tapisserie de Beauvais. Intitulée *La Foire chinoise*, elle montre la scène animée d'un marché en Chine.
Ces tapisseries à décor chinois s'inspirent des dessins sur les coutumes chinoises réalisés en 1742 par François Boucher (1703-1770). Elles furent tisées par l'atelier de Beauvais de 1758 à 1760. Elles représentent des scènes de divertissement imaginaires à la cour de l'empereur de Chine. Elles combinent divers éléments picturaux sur la Chine utilisés par le monde occidental de cette époque.
(Yang Guopeng)

055

舞蹈图挂毯

民国
玻璃底片
纵30.4厘米　横25.3厘米
故宫博物院藏

Tapisserie - La Danse chinoise

1911-1949
Négatif sur verre
H.: 30.4 cm; L.: 25.3 cm
Collection du musée du Palais

底片中的挂毯是由法国博韦皇家挂毯厂织做的“中国题材”挂毯中的一幅，名《舞蹈》（La Danse chinoise），画面中一位贵族模样的男子坐于高台上，欣赏伶人弹奏乐器。
（杨国彭）

La tapisserie fait partie d'une suite à décor chinois exécutée par la manufacture royale de tapisserie de Beauvais. Intitulée *La Danse chinoise*, elle montre un homme à l'allure noble assis sur une place haute, regardant des artistes jouer de la musique.
(Yang Guopeng)

056

宴会图挂毯

民国
玻璃底片
纵30.4厘米　横25.3厘米
故宫博物院藏

Tapisserie - Le Repas chinois

1911-1949
Négatif sur verre
H.: 30.4 cm; L.: 25.3 cm
Collection du musée du Palais

底片中的挂毯是由法国博韦皇家挂毯厂织做的"中国题材"挂毯中的一幅，名《宴会》（Le Repas chinois），画面中远处一对贵族男女相对而坐，正在用餐，而近处的士兵手持长矛盾牌警戒。其人物相貌、衣着及器物，均是出于对古代中国人的想象。
（杨国彭）

La tapisserie fait partie d'un suite à décor chinois exécutée par la manufacture royale de tapisserie de Beauvais. Sur cette tapisserie intitulée *Le Repas chinois*, au loin, un homme et une femme nobles sont assis l'un en face de l'autre et prennent un repas; plus près, des soldats montent la garde en tenant une pique et un bouclier. L'apparence, les vêtements des personnages et les ustensiles utilisés sont tous basés sur l'imagination des Occidentaux de l'époque.
(Yang Guopeng)

057

狩猎图挂毯

民国
玻璃底片
纵30.4厘米　横25.3厘米
故宫博物院藏

Tapisserie - La Chasse chinoise

1911-1949
Négatif sur verre
H.: 30.4 cm; L.: 25.3 cm
Collection du musée du Palais

底片中的挂毯是由法国博韦皇家挂毯厂织做的“中国题材”挂毯中的一幅，名《狩猎》（La Chasse chinoise），画面中绘制了捕获禽鸟的场景，两名女子设置了网绳陷阱，用于捕捉禽鸟。
（杨国彭）

La tapisserie fait partie d'un suite à décor chinois exécutée par la manufacture royale de tapisserie de Beauvais. Intitulée *La Chasse chinoise*, elle représente une scène de chasse aux oiseaux. Sur l'image, deux femmes sont en train d'installer un piège à filet pour capturer les oiseaux.
(Yang Guopeng)

058

《中国近事报道》

1696年
李明
巴黎，让·阿尼松出版
纵16.5厘米　横11厘米
中国国家图书馆藏

Nouveaux Mémoires sur l'État présent de la Chine

1696
Louis Le Comte (1655-1728)
Paris, Jean Anisson
H.: 16.5 cm; L.: 11 cm
Collection de la Bibliothèque nationale de Chine

李明（Louis Le Comte，1655～1728年），法国耶稣会士。1685年，法国国王路易十四派遣李明与其他五位耶稣会士组成的“国王数学家”远赴中国。在滞留暹罗国王身边一段时日后，有五位耶稣会士于1688年抵达目的地。李明神父在中国停留数年后返回欧洲。

1696年，李明神父的著作《中国近事报道》以书信集的形式发表，该书收录李明神父写给当时重要人物的14封书信，出版后即引起轰动，数年间再版多次，有英文、意大利文、德文等语言。因书中触及中西之间最微妙、最本质的“礼仪问题”，引发巨大争论。部分人士认为该书偏袒中国人，尤其是对其宗教行为过于宽容，不愿对祭祖仪式有所妥协。此称“礼仪之争”，延续十余年，造就许多相关出版品发表。在教皇的支持下，索尔邦神学院判定该书背离天主教主旨，下令禁绝。此书多遭毁弃，少有存世。

（邢丽娜）

Louis Le Comte (1655-1728) est un jésuite français. Il fait partie des six missionnaires envoyés en Chine par le roi de France Louis XIV en 1685, avec le titre de « mathématiciens du roi ». Après avoir séjourné quelque temps auprès du roi de Siam, les Jésuites arrivèrent en Chine en 1688. Le père Louis Le Comte retourna en Europe après avoir séjourné plusieurs années en Chine.

En 1696, le livre du père Louis Le Comte *Nouveaux Mémoires sur l'État présent de la Chine* fut publié sous la forme d'un recueil de lettres. L'ouvrage comprenait 14 lettres écrites par Louis Le Comte à des personnalités importantes de l'époque. Il eut un retentissement considérable après sa publication, fut réimprimé plusieurs fois et traduit en anglais, en italien, en allemand et dans d'autres langues. Le livre déclencha également d'énormes débats du fait qu'il abordait la question à la fois délicate et essentielle des rites chinois. Certains estimaient que l'auteur était trop tolérant à l'égard de la pratique chrétienne des Chinois, qui ne faisaient aucun compris sur leurs rites indigènes de culte des ancêtres. Ces débats furent appelés « la querelle des rites ». La querelle dura plus de dix ans et donna lieu à de nombreuses publications connexes. Avec le soutien du pape, la faculté de théologie de Paris jugea le livre contraire aux principes chrétiens et le censura. Ce livre fut interdit en Occident. La plupart des exemplaires furent détruits et peu d'entre eux existent encore aujourd'hui.

(Xing Lina)

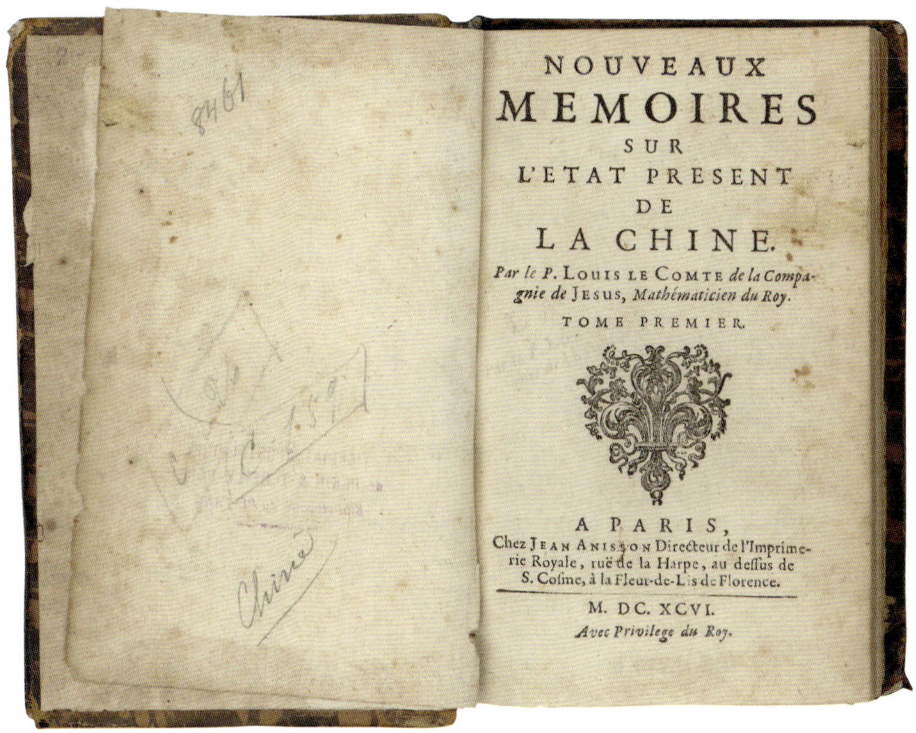

059

《中华帝国全志》

1735年
让-巴蒂斯特·杜赫德
巴黎，勒迈西耶出版，四卷
纵44厘米　横30厘米
中国国家图书馆藏

Description geographique historique, chronologique, politique, et physique de l'Empire de La Chine et de la Tartarie chinoise

1735
Jean-Baptiste Du Halde (1671-1743)
Paris, Le Mercier, 4 volumes
H.: 44 cm; L.: 30 cm
Collection de la Bibliothèque nationale de Chine

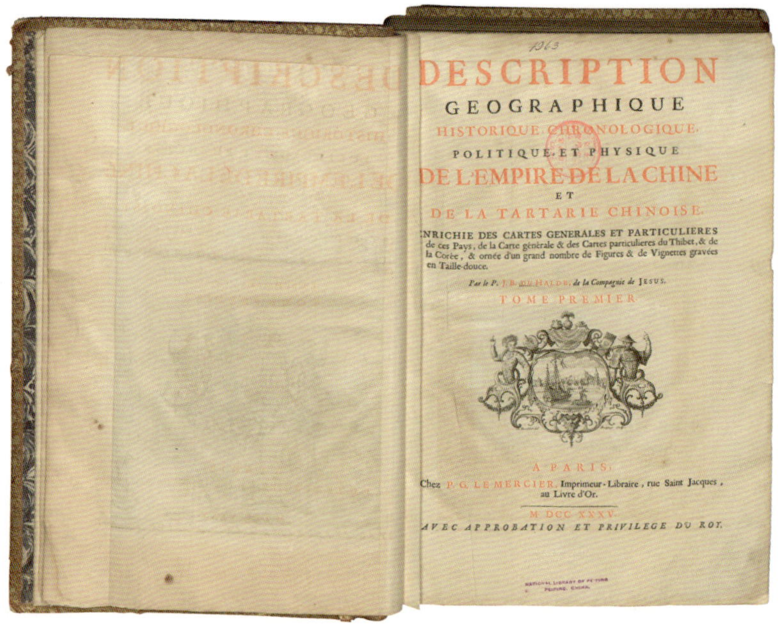

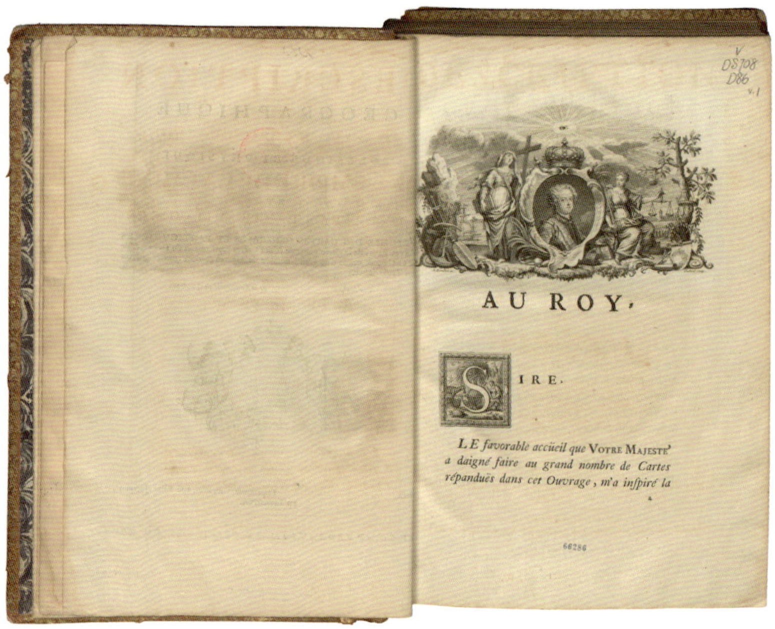

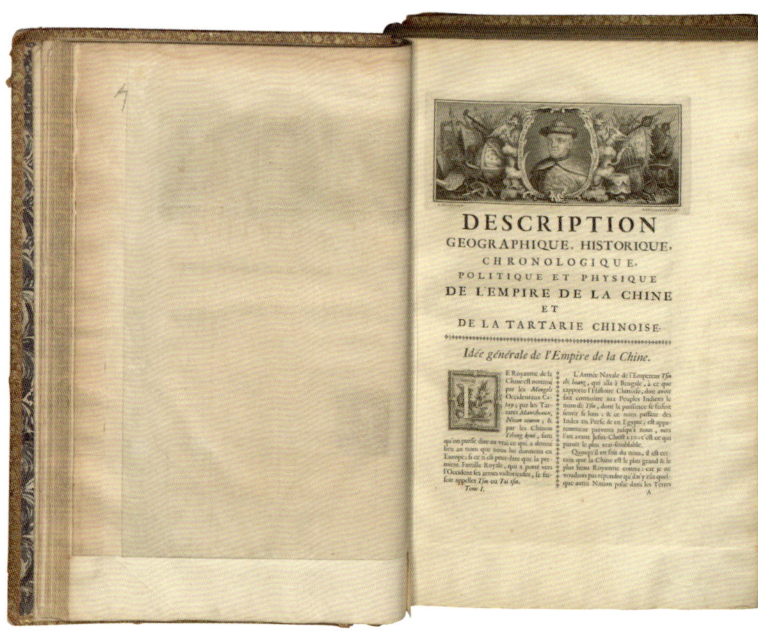

让-巴蒂斯特·杜赫德（Jean-Baptiste Du Halde，1674～1743年），法国耶稣会士、汉学家、历史学家。17～18世纪欧洲出现“中国热”，入华耶稣会士在其中起到了桥梁和纽带的作用，推动促进了欧洲宫廷贵族和平民百姓对中国的了解。他们通过大量书籍和信件，不仅将欧洲的文化和科技传到中国，还将中国的文化和知识传回欧洲，杜赫德当时即负责收集整理各国耶稣会士的书籍和信函，为其著书提供了便利。

本书由杜赫德根据27位来华传教士的通信、著作、研究报告编撰而成，还包含了法国地理学家让-巴蒂斯特·布吉尼翁·当维尔（Jean-Baptiste Bourguignon d'Anville）根据康熙《皇舆全览图》《张诚日记》等资料改绘的中国地图。全书四卷，系统描绘了中国历史地理、宫廷政治、社会风俗、文学艺术等信息，涉及中国的方方面面，曾被看作是关于中国问题的知识手册，成为西方认识中国的重要知识来源，影响颇广。

（李逢源）

Jean-Baptiste du Halde (1674 - 1743) est un jésuite, sinologue et historien français. Aux XVIIe et XVIIIe siècles, l'Europe développa un fort attrait pour la Chine, grâce aux liens créés par les jésuites envoyés en Chine. La Mission jésuite favorisa la compréhension de la Chine parmi les nobles de la cour européenne et les gens ordinaires. Grâce à un grand nombre de livres et de lettres, les jésuites diffusèrent la culture et la science européennes en Chine, tout en faisant connaître la culture et les connaissances chinoises en Europe. Jean-Baptiste du Halde était chargé de rassembler et de trier les livres et les lettres des missionnaires de divers pays, ce qui facilitait son travail d'écriture.

Cet ouvrage fut compilé par du Halde sur la base des lettres, des écrits et des rapports de 27 missionnaires venus en Chine. Il comprend également les cartes des provinces chinoises réalisées par le géographe français Jean-Baptiste Bourguignon d'Anville sur la base de *l'Atlas de l'Empire de Chine de Kangxi* et *des écrits de Jean-François Gerbillon*. L'ouvrage comprend quatre volumes et traitent de façon systémique de tous les aspects de la Chine, tels que l'histoire et la géographie, la cour et la politique, les coutumes sociales, la littérature et l'art. Il fut considéré comme une encyclopédie sur les questions chinoises et était une source importante de connaissances permettant à l'Occident de comprendre la Chine.

(Li Fengyuan)

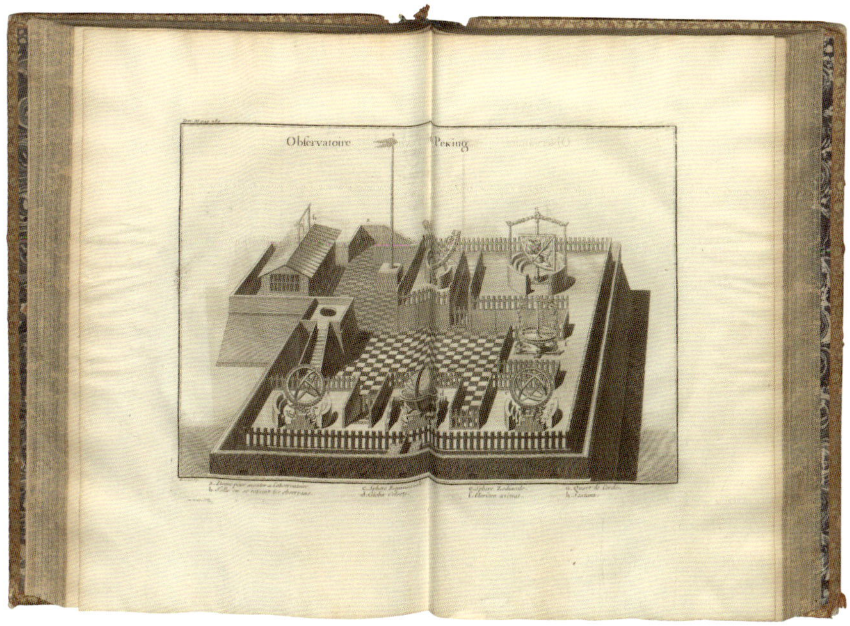

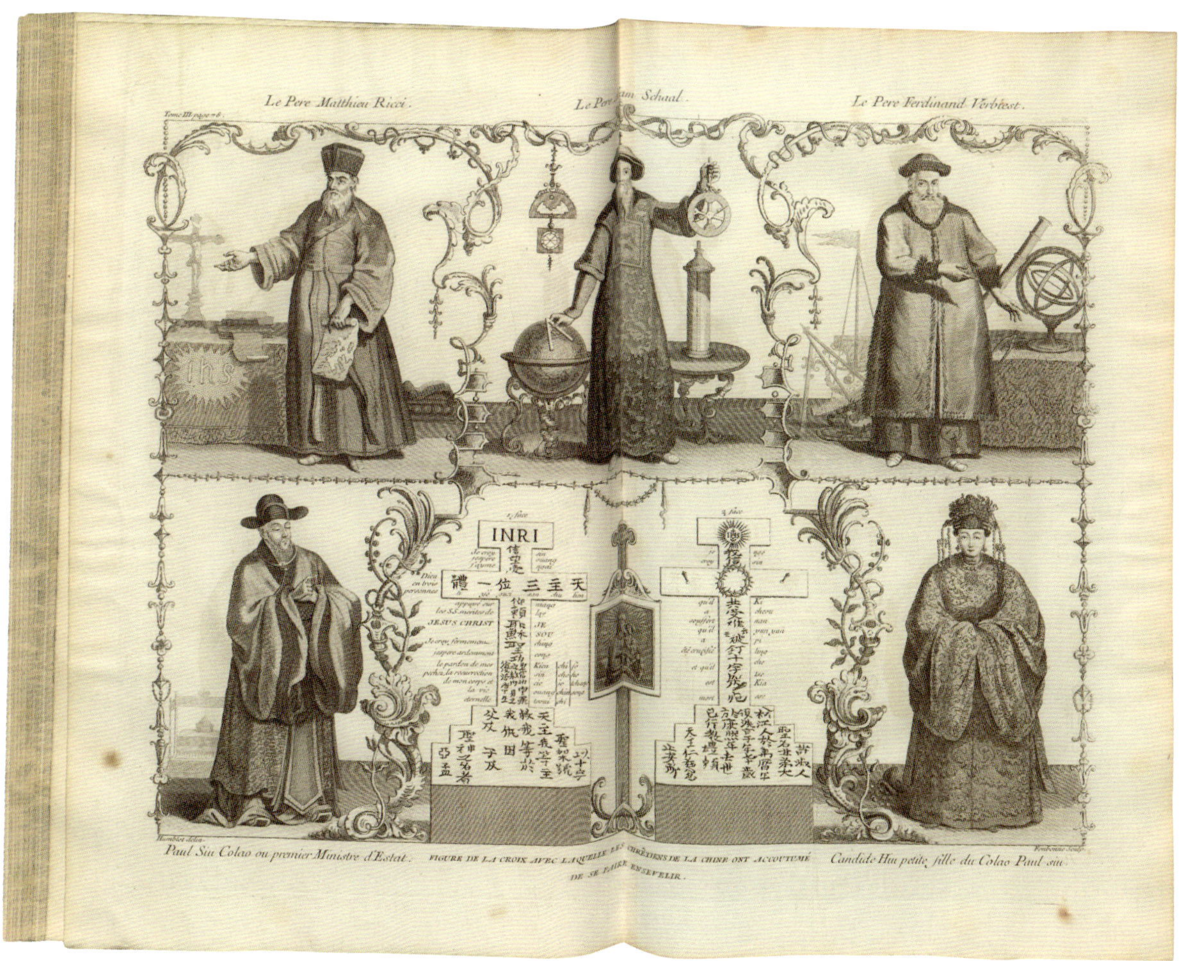

060

平定西域战图册之凯宴成功诸将士

18世纪
郎世宁等
铜版画
纵50.4厘米　横88.3厘米
故宫博物院藏

Suite de seize estampes représentant les conquêtes de l'Empereur de la Chine

XVIIIe siècle
Giuseppe Castiglione *et al.*
Gravure sur cuivre
H.: 50.4 cm; L.: 88.3 cm
Collection du musée du Palais

郎世宁（Giuseppe Castiglione，1688～1766年），意大利天主教耶稣会士，年轻时曾学习绘画技法。清康熙末年来华传教，雍正时供奉内廷，乾隆年间绘制大量作品，深受乾隆皇帝的喜爱。他的画风可谓"中西合璧"，用明暗变化、远近透视来表现客观事物形体的西方技法进行创作，又以中国的毛笔和传统颜料为绘事工具，在中国绘画史上独树一帜，别具风貌。就作品而言，郎世宁的人物、花鸟、走兽、山水极为精致，其中尤以纪实性的历史绘画价值最大。

乾隆二十年（1755年）、乾隆二十三年（1758年）、乾隆二十四年（1759年），清政府为平定地处西北边陲的厄鲁特蒙古准噶尔部首领达瓦齐、阿睦尔撒纳及维吾尔族首领大和卓波罗尼都、小和卓霍集占发动的叛乱，先后进行过数次较大规模的战争，并取得了最后的胜利。为此，乾隆皇帝命人用图画的形式再现此次平叛过程中的种种作战、凯旋与庆功的场面，以彰显清军将士们"百死一生，为国宣力"的赫赫战功，这在乾隆三十一年（1766年）为画册所作题记里有明确记载。

这套册页又名《乾隆帝平定准部回部战图》或《乾隆帝平定西域得胜图》，共16幅，图名如下：1.平定伊犁受降；2.格登鄂拉斫营；3.鄂垒扎拉图之战；4.库陇癸之战；5.和落霍澌之捷；6.乌什酋长献城降；7.通古思鲁克之战；8.黑水围解；9.呼尔璊大捷；10.阿尔楚尔之战；11.伊西洱库尔淖尔之战；12.霍斯库鲁克之战；13.拔达山汗纳款；14.平定回部献俘；15.郊劳回部成功诸将士；16.凯宴成功诸将士。每幅图上方均有乾隆帝御题的记述争战功绩的诗作，弥足珍贵。图中对清军的历次战斗进行了细致入微的描绘，就表现战斗中的紧张、惨烈的氛围和波澜壮阔的气势而言，堪称不可多得的历史纪实绘画。这应归功于它们的创作者——供职于宫廷里的西洋画家郎世宁、王致诚（Jean-Denis Attiret）、艾启蒙（Jgnatius Sickeltart）和安德义（Jean-Damascène Sallusti）四人。绘制此套组画的底稿过程中，他们采用了欧洲绘画表现战争场面的构图手法，在当时实属别开生面，独树一帜。

得到乾隆帝首肯的版画底稿漂洋过海，被送到法国，由雕刻名手勒巴（Le Bas）、圣奥本（Saint Aubin）、布勒佛（B.L.Prevot）、阿里默（Aliamet）、马斯克立业（Masgulier）、讷伊（Nee）、学法（Choffard）等人负责刻版。完成后，原版与印成的铜版画被送回中国。原雕版已经流失海外，现藏德国柏林国立民俗博物馆。

《平定西域战图》册作为200多年前中国与欧洲文化交流的产物，开一时风气之先。其后，又有《平定安南战图》册、《平定台湾战图》册等构图、风格与之相近的纪实铜版画作品陆续问世，但因皆由中国画家和刻工制作，艺术表现和工艺技巧均略逊于此图册。（汪亓）

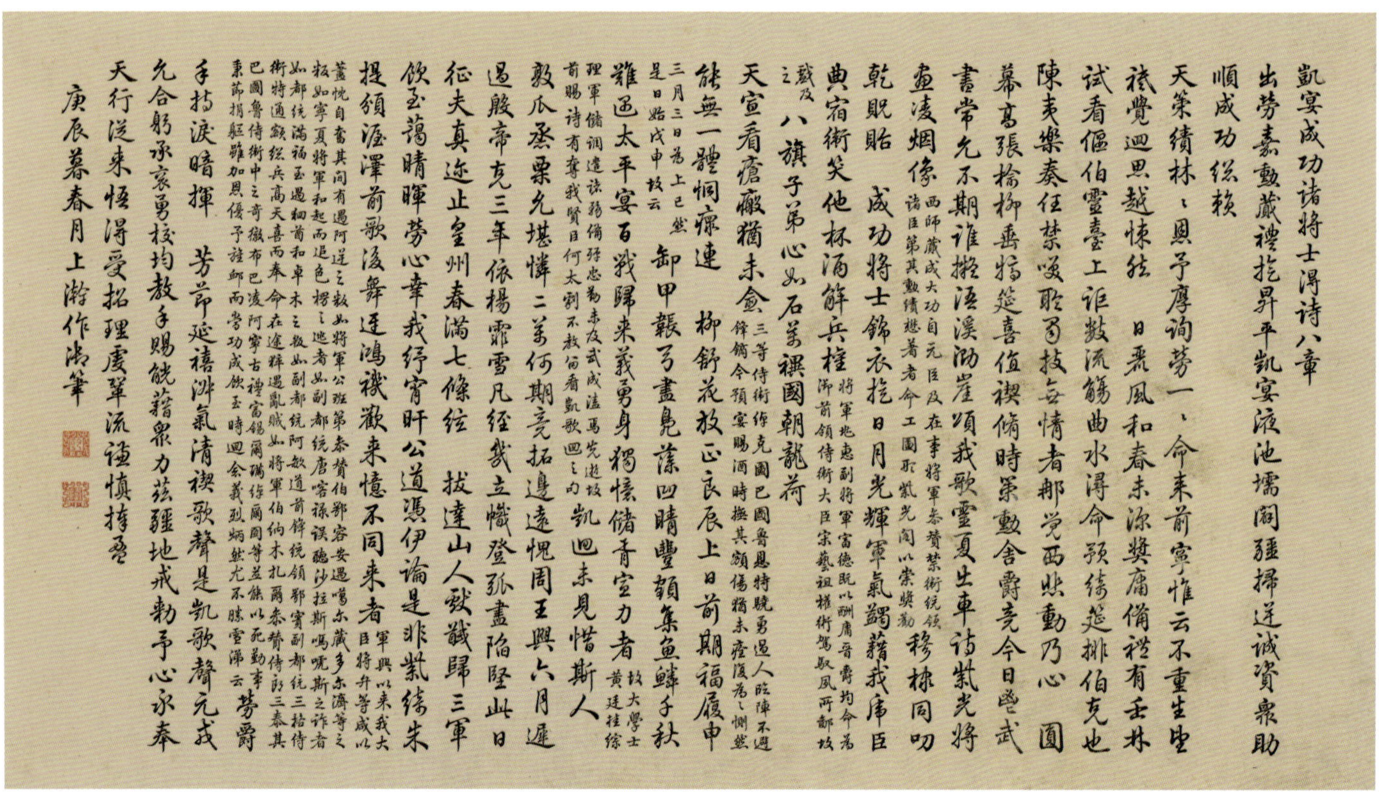

Giuseppe Castiglione (1688-1766) est un jésuite italien. Il étudia les techniques de peinture dans sa jeunesse. À la fin du règne de Kangxi de la dynastie des Qing, il arriva en Chine pour prêcher. Sous le règne de Yongzheng, il entra à la cour. Puis, sous le règne de Qianlong, il peignit un grand nombre d'œuvres fortement appréciées par l'empereur. Son style peut être décrit comme une combinaison de la peinture chinoise et occidentale. Il utilise des techniques occidentales telles que les jeux de lumière et la perspective pour exprimer la forme, tout en adoptant les pinceaux et les pigments traditionnels chinois comme outils de peinture, laissant un style unique dans l'histoire de la peinture chinoise. En ce qui concerne ses œuvres, les figures, les fleurs, les oiseaux, les animaux et les paysages de Giuseppe Castiglione sont extrêmement exquis.

Ses peintures historiques sont particulièrement précieuses en raison de leur valeur documentaire. Sous le règne de Qianlong, en 1755, en 1758 et en 1759, afin de réprimer la rébellion lancée par Dawaachi et Amoursana, les chefs du Khanat dzoungar et la révolte les Khojas de l'Altishar à la frontière nord-ouest, le gouvernement des Qing mena plusieurs campagnes militaires et remporta la victoire finale. L'empereur Qianlong ordonna alors aux artistes de reproduire les différentes batailles, triomphes et scènes de célébration, afin de mettre en valeur les illustres exploits militaires des soldats vaillants de l'armée des Qing, tel indiqué dans la préface d'un album de 1766.

Cet ensemble d'estampes, également connu sous le nom de « Victoires de l'Empereur Qianlong lors de la soumission des Dzoungar et des Musulmans » ou encore « Les conquêtes de l'Empereur de Chine », comporte les seize images suivants: 1. Reddition de Yili; 2. Prise du camp de Gadan-Ola; 3. La bataille d'Oroi-Jalatu; 4. La bataille de Khurungui; 5. La bataille de Khorgos; 6. La reddition du leader Huo Jisi de Us; 7. La bataille de Tonguzluq; 8. La bataille de la rivière Eaux Noires; 9. La bataille de Qurman; 10. La bataille d'Arcul; 11. La bataille de Yesil Kol Nor; 12. La bataille de Qos-Qulaq; 13. Le Khan du Badakhshan demande à se rendre; 14. L'Empereur reçoit des prisonniers de la pacification des tribus musulmanes; 15. L'Empereur reçoit des nouvelles des officiers et soldats distingués dans la campagne; 16. Un banquet de victoire offert par l'Empereur pour les officiers et soldats distingués. Au-dessus de chaque image se trouve un précieux poème écrit par l'empereur Qianlong décrivant les exploits militaires. Les images représentent en détail les batailles de l'armée des Qing et constituent des dessins documentaires historiques rares en termes d'expression de la tension, de l'atmosphère tragique et de l'élan des guerriers. Les artistes des peintures originales sont quatre peintres occidentaux travaillant à la cour chinoise: Giuseppe Castiglione, Jean-Denis Attiret, Jgnatius Sickeltart et Jean-Damascène Sallusti. Ils adoptèrent les techniques de composition utilisées dans les peintures européennes pour exprimer des scènes de guerre, ce qui était innovant et unique pour la peinture chinoise de l'époque.

Les peintures approuvées par l'empereur Qianlong furent ensuite envoyées en France pour être gravées par de célèbres graveurs: Jacques Aliamet, Pierre-Philippe Choffard, Jacques-Philippe Le Bas, Benoît-Louis Prévost et Augustin de Saint-Aubin sous la direction de Charles-Nicolas Cochin le fils. Une fois terminées, les estampes furent livrées à la cour chinoise avec les plaques de cuivre. La gravure originale fut perdue à l'étranger et se trouve maintenant au Musée ethnologique de Berlin, en Allemagne.

Fruit des échanges culturels entre la Chine et l'Europe il y a plus de 200 ans, *Les Conquêtes de l'empereur de la Chine* furent un album très populaire à l'époque. Plus tard, des gravures documentaires sur cuivre avec des compositions et des styles similaires furent publiées, comme *La pacification de l'Annam et La pacification de Taiwan*. Cependant, celles-ci étant réalisées par des peintres et des graveurs chinois, leur expression artistique et le savoir-faire légèrement inférieurs à ceux de cet album.

(Wang Qi)

061

画珐琅菊花纹执壶

1783年
巴黎，约瑟夫·丹尼尔·多尔弗、约瑟夫·科托
通高9厘米　口径6厘米　足径5.8厘米　宽15.5厘米
故宫博物院藏

Théière en émail à décor de chrysanthème peint sur fond jaune

1783
Paris, Jean Daniel Doerffer, Joseph Coteau
H. (totale): 9 cm; D. (ouverture): 6 cm;
D. (fond): 5.8 cm; L.: 15.5 cm
Collection du musée du Palais

金胎，壶体呈扁方形，圆角，口、盖、足均为菊瓣式，嵌珐琅团菊纹方流、柄。壶身黄色珐琅釉地上彩绘折枝菊花纹，四面凸起椭圆形菊瓣式开光，内饰彩釉大团菊纹。壶底白釉，中心蓝色双圈内署“乾隆年制”双竖行楷书款。款识正上方紧靠足沿处有一细小红色痕迹，放大后即见是一个西洋工匠签名“coteau”。“coteau”极有可能是法国18世纪著名珐琅画师约瑟夫·科托（Joseph Coteau，1740～1801年），出生于日内瓦，1772年以后一直在巴黎工作和生活，期间与同时代的钟表大师合作制造了诸多经典钟表。

壶盖沿内侧还有三个微小戳印痕记，放大后可辨识为18世纪法国金匠相关戳记，分别是金匠标章、巴黎地区征税标章、金属纯度标章。将戳记和壶底签名综合研究分析即可明确认定，此壶是1783年（乾隆四十八年）在法国巴黎地区由金银器工匠约瑟夫·丹尼尔·多尔弗（Jean Daniel Doerffer）制作的金质胎体，并由珐琅画师科托烧制的表面珐琅。

乾隆四十年（1775年）十一月乾隆帝命人将十件康熙、雍正款画珐琅器送到广州，要求粤海关官员仿制这些器物并落“乾隆年制”款识。于是，粤海关官员将器物画样后，把图样送到法国制作。这件菊花纹壶即是按照其中一件康熙御制款画珐琅菊花纹执壶仿制而成，制成后于乾隆四十九年（1784年）被送入清宫。（王罍）

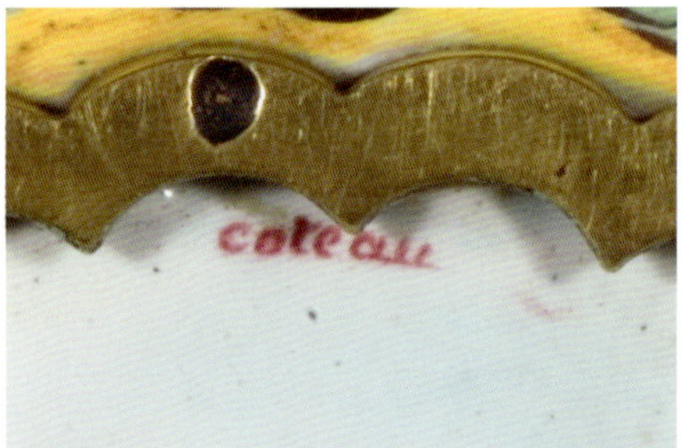

Il s'agit d'une théière en or émaillé. Le couvercle et la base sont en forme de pétales de chrysanthème. Le bec et l'anse sont décorés à l'émail de motifs de fleurs de chrysanthème. Le corps en émail jaune est peint d'un motif de plante de chrysanthème, avec un cercle ovale en relief sur tous les côtés et un grand motif de fleur de chrysanthème à l'intérieur du cercle. Le fond est en glaçure blanche, avec une inscription chinoise au milieu indiquant « Fabriqué sous le règne de Qianlong ». Une petite marque rouge est visible au-dessus de l'inscription, près du bord. En agrandissant, nous pouvons voir qu'il s'agit de la signature d'un artisan occidental au nom de « coteau ». L'artisan « coteau » est très probablement le célèbre peintre émailleur français Joseph Coteau (1740 - 1801). Né à Genève, Joseph Coteau travailla et vécut à Paris à partir de 1772. Durant cette période, il collabora avec les grands maîtres horlogers de son époque pour créer de nombreux garde-temps classiques.

Sur le bord intérieur du couvercle se trouvent trois petites marques de poinçon. En agrandissant, nous pouvons voir qu'il s'agit des poinçons liés à l'orfèvrerie française du XVIIIe siècle: un poinçon d'orfèvre, un poinçon des impôts de la région parisienne et un poinçon de pureté du métal. Une étude approfondie des poinçons et de la signature au fond permet de déterminer clairement que cette théière est une fabrication française de 1783 (48e année du règne de Qianlong) : son corps en or fut fabriqué par l'orfèvre Jean Daniel Doerffer et son émail fut réalisé par le peintre émailleur Joseph Coteau dans leur atelier à Paris.

En novembre 1775, sous l'ordre de l'empereur Qianlong, dix objets à l'émail peint du règne de Kangxi et du règne de Yongzheng furent envoyés à Guangzhou pour que les douanes les reproduisent et les marquent comme « Fabriqué sous le règne de Qianlong ». Pour cela, les douaniers du Guangdong dessinèrent les œuvres et envoyèrent les dessins en France pour la production. Cette théière à motif de chrysanthème, livrée au palais des Qing en 1784, est une imitation d'une théière impériale à l'émail de l'époque de Kangxi.

(Wang He)

062

画珐琅缠枝花纹海棠式花篮

清康熙
高13.5厘米　口径17×16.5厘米　足径8.7厘米
故宫博物院藏

Panier à fleurs en émail peint à décor floral

Règne de Kangxi, dynastie des Qing
H.: 13.5 cm; D. (ouverture): 17×16.5 cm; D. (fond): 8.7 cm
Collection du musée du Palais

铜胎，海棠花式，上有提梁，圈足。通体施黄色珐琅釉，器身绘盛开的红色花卉，间饰紫色、湖蓝色小花四朵。提梁上绘花卉纹。篮内施天蓝色釉。外底白釉，中心书红色“康熙御制”双竖行楷书款。

乾隆四十年（1775年）十一月乾隆帝命人将十件康熙、雍正款画珐琅器送到广州，要求粤海关官员仿制这些器物并落“乾隆年制”款识。此花篮即为档案中记载的十件器物之一——康熙御制款铜胎西洋珐琅花篮。乾隆四十二年（1777年）十一月，此花篮连同另外九件器物被送回宫廷。

（王翯）

Il s'agit d'un panier en cuivre émaillé, avec une ouverture en forme de fleur de pommier de Chine, une anse par-dessus et une base. Le corps entier est recouvert d'émail jaune peint au motif de grandes fleurs rouges épanouies, complétées de quatre petites fleurs violettes et bleues. L'anse est peinte de motifs floraux. L'intérieur du panier est émaillé de glaçage bleu ciel. Le fond extérieur est en glaçure blanche, avec une inscription chinoise au centre indiquant « Fabriqué sous le règne de Kangxi ».

En novembre 1775, sous l'ordre de l'empereur Qianlong, dix objets à l'émail peint du règne de Kangxi et du règne de Yongzheng furent envoyés à Guangzhou pour que les douanes les reproduisent et les marquent comme « Fabriqué sous le règne de Qianlong ». Ce panier à fleurs fait partie des dix objets enregistrés dans les archives: « Un panier à fleurs en cuivre à l'émail occidental fabriqué sous l'édit impérial de Kangxi ». En novembre de la 42e année du règne de Qianlong (1777), ce panier à fleurs fut livré au palais avec les neuf autres objets originaux.

(Wang He)

063

画珐琅缠枝花纹海棠式花篮

1777～1783年
法国
高13厘米　口径18.7×14.9厘米　足径8.7厘米
故宫博物院藏

Panier à fleurs en émail peint à décor floral

1777-1783
France
H.: 13 cm; D. (ouverture): 18.7×14.9 cm; D. (fond): 8.7 cm
Collection du musée du Palais

花篮为海棠花式，上有提梁，圈足。通体施黄色珐琅釉，器身绘盛开的红色花卉，间饰紫色、蓝色小花四朵。提梁上绘花卉纹。篮内施天蓝色釉。外底白釉，中心书红色“乾隆年制”双竖行楷书款。

乾隆四十年（1775年）十一月乾隆帝命人将十件康熙、雍正款画珐琅器送到广州，要求粤海关官员仿制这些器物并落“乾隆年制”款识。于是，粤海关官员将器物画样后，把图样送到法国制作。这件花篮即是按照其中康熙御制款铜胎西洋珐琅花篮仿制而成，制成后于乾隆四十九年（1784年）被送入清宫。

经科学检测，此花篮内里为铜胎，外边包裹了一层金皮，再于其上烧制珐琅装饰。器身上的白色均使用锡白作为呈色剂，即依靠二氧化锡（SnO_2）晶体在珐琅中产生乳浊效应得到的白色，这是当时西洋画珐琅中最常见的白色颜料。而当时的中国则通常采用砷白作为呈色剂，即依靠砷酸铅（$PbHAsO_4$）晶体的乳浊效应得到白色。

（王鹖）

Il s'agit d'un panier à fleurs avec une ouverture en forme de fleur de pommier de Chine, une anse par-dessus et un fond avec rebord. Le corps entier est recouvert d'émail jaune peint au motif de grandes fleurs rouges épanouies, complétées de quatre petites fleurs violettes et bleues. L'anse est peinte de motifs floraux. L'intérieur du panier est émaillé de glaçage bleu ciel. Le fond extérieur est en glaçure blanche, avec une inscription chinoise au centre indiquant « Fabriqué sous le règne de Qianlong ».

En novembre 1775, sous l'ordre de l'empereur Qianlong, dix objets à l'émail peint du règne de Kangxi et du règne de Yongzheng furent envoyés à Guangzhou pour que les douanes les reproduisent et les marquent comme « Fabriqué sous le règne de Qianlong ». Pour cela, les douaniers du Guangdong dessinèrent les œuvres et envoyèrent les dessins en France pour la production. Ce panier à fleurs, livré au palais des Qing en 1784, est une imitation d'un panier à fleurs en cuivre à l'émail occidental fabriqué sous l'édit impérial de Kangxi.

D'après les analyses scientifiques, le corps du panier est en cuivre et son extérieur est enveloppé d'une couche d'or, puis décoré à l'émail. La couleur blanche est obtenue avec du blanc d'étain, grâce à l'effet opacifiant des cristaux de dioxyde d'étain (SnO_2) dans l'émail. C'était le pigment blanc le plus courant dans l'émail occidental à cette époque. À la même époque, la Chine utilisait généralement le blanc d'arsenic comme agent colorant pour obtenir une couleur blanche grâce à l'effet opacifiant des cristaux d'arséniate de plomb ($PbHAsO_4$).

(Wang He)

064

画珐琅缠枝花纹海棠式花篮

清乾隆四十二年（1777年）至乾隆四十八年（1783年）
广州
高14.5厘米　口径17×16厘米　足径8.8厘米
故宫博物院藏

Panier à fleurs en émail peint à décor floral

Entre la 42e et la 48e année du règne de Qianlong(1777-1783), dynastie des Qing
Guang Zhou
H.: 14.5 cm D. (ouverture): 17×16 cm D. (fond): 8.8 cm
Collection du musée du Palais

铜胎，海棠花式，上有提梁，圈足。通体施黄色珐琅釉，器身绘盛开的红色花卉，间饰紫色、蓝色小花四朵。提梁上绘花卉纹。篮内施天蓝色釉。外底白釉，中心书红色“乾隆年制”双竖行楷书款。

乾隆四十年（1775年）十一月乾隆帝命人将十件康熙、雍正款画珐琅器送到广州，要求粤海关官员仿制这些器物并落“乾隆年制”款识，之后又要求“照样成做，陆续送来”。粤海关官员将器物画样后，既把图样送到法国制作，同时又在广州本地多次制作，陆续送入宫廷。如今，在两岸故宫博物院的收藏中，有众多这十件器物的仿品，既有法国制作，亦有广州制作。此件花篮即是按照康熙御制款铜胎西洋珐琅花篮在广州仿制而成。

（王翯）

Il s'agit d'un panier en cuivre, avec une ouverture en forme de fleur de pommier de Chine, une anse par-dessus et un fond avec rebord. Le corps entier est recouvert d'émail jaune peint au motif de grandes fleurs rouges épanouies, complétées de quatre petites fleurs violettes et bleues. L'anse est peinte de motifs floraux. L'intérieur du panier est émaillé de glaçage bleu ciel. Le fond extérieur est en glaçure blanche, avec une inscription au centre indiquant « Fabriqué sous le règne de Qianlong ».

En novembre 1775, sous l'ordre de l'empereur Qianlong, dix objets à l'émail peint du règne de Kangxi et du règne de Yongzheng furent envoyés à Guangzhou pour que les douanes les reproduisent et les marquent comme « Fabriqué sous le règne de Qianlong ». L'empereur précisa que « les objets reproduits devraient être identiques aux originaux et renvoyés successivement à la cour ». Pour cela, les douaniers du Guangdong dessinèrent les œuvres et envoyèrent les dessins en France pour la production, mais ils les firent également reproduire plusieurs fois à Guangzhou, puis les livrèrent au palais. Aujourd'hui, il existe de nombreuses imitations de ces dix objets dans les collections du musée du Palais de Beijing et au musée du Palais de Taipei. Certaines furent fabriquées en France et d'autres à Guangzhou. Ce panier à fleurs est une imitation fabriquée à Guangzhou d'un panier à fleurs en cuivre à l'émail occidental du règne de Kangxi.

(Wang He)

065

画珐琅缠枝莲纹执壶

1777～1783年
法国
通高9厘米　通长11.2厘米　口径5.8厘米　足径4.3厘米
故宫博物院藏

Théière émaillé à décor de lotus

1777-1783
France
H.: (totale): 9 cm; L. (totale): 11.2 cm;
D. (ouverture): 5.8 cm; D. (fond): 4.3 cm
Collection du musée du Palais

壶通体以白色珐琅釉为地，盖与壶身通绘宝蓝色缠枝莲纹和如意云头纹，口边和近足处饰如意云头纹。盖上有一压柄，轻轻按下，壶盖随之开启。壶外底内白釉，书蓝色“乾隆年制”双竖行楷书款。

乾隆四十年（1775年）十一月乾隆帝命人将十件康熙、雍正款画珐琅器送到广州，要求粤海关官员仿制这些器物并落“乾隆年制”款识。于是，粤海关官员将器物画样后，把图样送到法国制作。这件乾隆款白地蓝花壶即是按照其中一件雍正年制款铜胎画珐琅壶仿制而成，制成后于乾隆四十九年（1784年）被送入清宫。

经科学检测，此壶为金胎，器身上的白色均使用锡白作为呈色剂。其款识书写歪斜，繁体“製”字缺笔，与器物精美程度形成极大反差，应是法国工匠仿写汉字所致。

（王翯）

Le corps entier de la théière est recouvert d'émail blanc. Le couvercle et le corps sont peints de motifs de lotus entrelacés bleu saphir et de motifs de nuage. Les bords de l'ouverture et du fond sont décorés de motifs de nuages. Le couvercle est équipé d'une manche de pression. Il suffit d'appuyer doucement dessus et le couvercle s'ouvrira. Le fond extérieur est en glaçure blanche, avec une inscription bleue au milieu indiquant « Fabriqué sous le règne de Qianlong ».

En novembre 1775, sous l'ordre de l'empereur Qianlong, dix objets à l'émail peint du règne de Kangxi et du règne de Yongzheng furent envoyés à Guangzhou pour que les douanes les reproduisent et les marquent comme « Fabriqué sous le règne de Qianlong ». Pour cela, les douaniers du Guangdong dessinèrent les œuvres et envoyèrent les dessins en France pour la production. Cette théière blanche aux motifs floraux bleus, livrée au palais des Qing en 1784, est une imitation d'une théière en cuivre à l'émail peint fabriquée sous le règne de Yongzheng. D'après les analyses scientifiques, la théière est en or et la couleur blanche est obtenue à l'aide du blanc d'étain. L'inscription en chinois au fond de la théière, erronée et peu élégante, contraste fortement avec la finesse de la théière. Il est fort possible qu'elle soit écrite par des artisans français imitant l'écriture chinoise.

(Wang He)

2.2 交汇与新创

Croisement et innovation

清宫内有诸多受到法国技艺影响或带有法国文化印记的器物。地理测绘、数学、医学、建筑等科学领域，珐琅、玻璃、绘画、版画等艺术领域受到法国的深刻影响。法国的钟表、油画、纺织品等成为清宫内艺术创作借鉴的对象。透明珐琅更是直接来自法国的新工艺品种。中法两国丰富而精致的文化在紫禁城内密切互动，激发出丰富的想象力和新创意，催生了清代宫廷文化的新元素和新风貌，展现出双方文化艺术交流的广度和深度。

Il y avait beaucoup d'objets dans la cour de la dynastie Qing influencés par les techniques françaises ou portant des empreintes culturelles françaises. Les domaines de sciences naturelles tels que la topographie, les mathématiques, la médecine et l'architecture, ainsi que les artisanats comme l'émail, le verre, la peinture et la gravure, ont été également très influencés par la France. L'horlogerie, la peinture et le textile français sont devenus des inspirations de la création artistiques de la cour chinoise. L'émail transparent était une toute nouvelle technique transmise depuis la France en Chine. Les cultures chinoise et française se mélangeaient à la Cite interdite et ont fait naître une imagination et une innovation qui ont apporté de nouveaux éléments et de nouveaux aspects à la culture de la cour de la dynastie Qing et montré l'ampleur et la profondeur des échanges culturels et artistiques entre les deux pays.

066

《皇朝礼器图式》

清乾隆三十一年（1766年）武英殿刻本
允禄、蒋溥等初纂，福隆安、王际华等补纂
纵30.5厘米　横19.6厘米
故宫博物院藏

Modèles des instruments rituels de la dynastie régnante

La gravure fut réalisée par les Presses impériales du Wuyingdian au cours de la 31e année du règne de Qianlong (1766), dynastie des Qing
Le prince Yunlu et Jiang Pu furent initialement chargés de la compiler, et Fu Long'an et Wang Jihua furent ensuite chargés de la compléter
H.: 30.5 cm; L.: 19.6 cm
Collection du musée du Palais

《皇朝礼器图式》十八卷，目录一卷。清允禄、蒋溥等奉敕初纂，乾隆二十四年（1759年）完成。清福隆安、王际华等奉敕补纂。清乾隆三十一年（1766年）武英殿刻本。版框纵21.8厘米、横16.2厘米。半页11行，行20字，白口，单鱼尾，四周双边。

《皇朝礼器图式》是记载典章制度类器物的政书，图文并茂，分为六部分：卷一、卷二为祭器，卷三为仪器，卷四至卷七为冠服，卷八、卷九为乐器，卷十至卷十二为卤簿，卷十三至卷十八为武备。每器皆列图于右，系说于左，说明每件器物的详细尺寸、质地、纹样以及与相应官职品级的对照。《四库全书总目》评述该书："所述则皆昭代典章，事事得诸目验，故毫厘毕肖，分寸无讹。"本书对了解和研究清朝的典章制度具有重要价值。

（杨国彭）

Les *Modèles des instruments rituels de la dynastie régnante* comportent 18 volumes, dont un dédié au catalogue. Le prince Yunlu et Jiang Pu de la dynastie des Qing furent initialement chargés de compiler l'ouvrage et l'achevèrent au cours de la 24e année du règne de Qianlong (1759). Fu Long'an et Wang Jihua furent ensuite chargés de le compléter. La gravure fut réalisée par les Presses impériales du Wuyingdian au cours de la 31e année du règne Qianlong (1766). Le cadre mesure 21,8 cm de long et 16,2 cm de large. Chaque page est divisée en 11 lignes, 20 caractères par ligne. Le cadre est formé par une ligne double.

C'est un livre politique qui recense les instruments rituels et institutionnels. Il est richement illustré et divisé en six parties: les volumes 1 et 2 sont destinés aux ustensiles sacrificiels, le volume 3 aux instruments, les volumes 4 à 7 aux vêtements, les volumes 8 et 9 aux instruments de musique, les volumes 10 à 12 aux armes de cérémonie et les volumes 13 à 18 aux instruments militaires. Chaque instrument est représenté à droite et décrit à gauche. La description comprend les dimensions, la texture, le motif de l'instrument et sa correspondance au rang officiel. Le *Catalogue complet annoté de la bibliothèque impériale* commente que les descriptions du livre correspondent parfaitement aux rites et que chaque détail est précis et correct. Ce livre est d'une grande valeur pour comprendre et étudier les codes et les rites de la dynastie des Qing.

(Yang Guopeng)

遊動地平公晷儀 謹按

本朝製遊動地平公晷儀鑄銅為之圓座徑二寸一分高一寸八分內遊環三層繫日晷地平盤於三層環內中施指南針周圍時刻線三層依北極高三十度四十度五十度北有弧表畫線赤如之自地平中心出斜線對弧表線以指北極視線影以知時刻為舟行測驗之器

提環赤道公晷儀

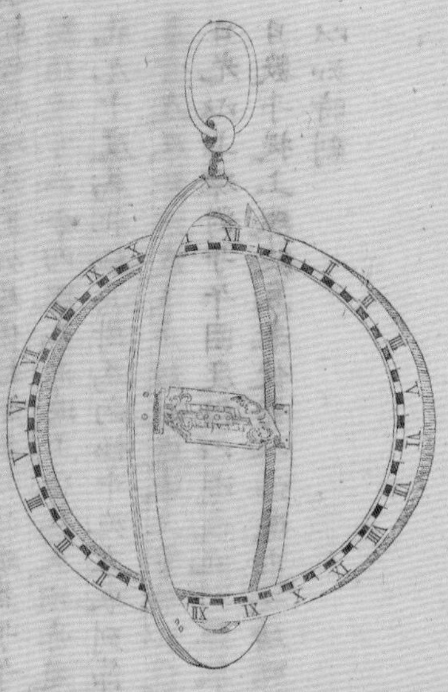

赤道地平合璧日晷儀 謹按

本朝製赤道地平合璧日晷儀鑄銅為之長一尺三寸闊八寸六分前為地平盤列二十四節氣圓盤加直表其上按節氣進退以就日行黃道度外橢圓形列時刻西起卯正東盡酉正後為赤道盤內列時刻西起寅初東盡亥初外列周天度中施斜表表下施墜線以指北極高度承以半圓以輪齒低昂之兩盤相合定南北視表影以知時刻

定南針指時刻日晷儀

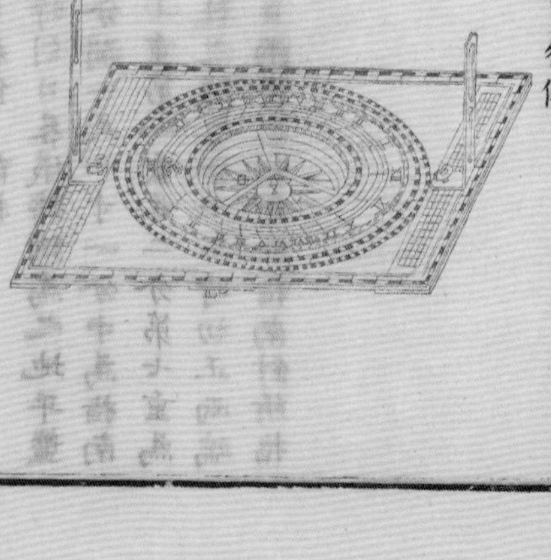

067

皇朝礼器图册（仪器）

清
冷鉴、门应兆等
绢本设色
每开纵41.3厘米　横40.3厘米
故宫博物院藏

Album des instruments rituels de la dynastie régnante

Dynastie des Qing
Leng Jian, Men Yingzhao *et al.*
Peinture sur soie
Page de H.: 41.3 cm; L.: 40.3 cm
Collection du musée du Palais

冷鉴、门应兆等绘《皇朝礼器图》册为《皇朝礼器图式》编纂过程中产生的珍贵绘本，由清代宫廷画师冷鉴、门应兆、姜润书、刘墀、苏廷楷、章佩瑜、余鸣风、周木、顾铨、贾全等多人合作而成，共计92本1974开。所绘礼器的图像运笔勾线准确，风格精美华丽，除了具有承载清代典章制度的功能外，还是艺术史上的艺术珍品。

《皇朝礼器图》册分祭器、仪器、冠服、乐器、卤簿、武备六部。作为册页式的图谱，其册页右开多为器物图像，左开则为对应器物的解说，解说包括器物详尽的尺寸、材质、色彩形制、品级数量等。

此册为全套《皇朝礼器图》册中的第28本，属仪器部，包括天文、地理、测绘、时钟和光学等仪器，反映出从清康熙朝开始至乾隆中期发展到顶峰的中西文化交流的历史，尤其是西方科学艺术在中国宫廷的盛行情况。

（李天垠）

L'*Album des instruments rituels de la dynastie régnante* est un ensemble de dessins précieux réalisés au cours du processus de compilation de l'ouvrage *Modèles des instruments rituels de la dynastie régnante.* Les dessins furent réalisés par des peintres de la cour de la dynastie des Qing, tels que Leng Jian, Men Yingzhao, Jiang Runshu, Liu Chi, Su Tingkai, Zhang Peiyu, Yu Mingfeng, Zhou Mu, Gu Quan et Jia Quan. L'album comporte un total de 1 974 pages répartis dans 92 livres. Les instruments rituels sont peints avec des traits très précis dans un style raffiné. En plus de transmettre les rituels de la dynastie des Qing, ces dessins sont également un trésor de l'histoire de l'art.

L'*Album des instruments rituels de la dynastie régnante* est divisé en six parties: les ustensiles sacrificiels, les instruments, les vêtements, les instruments de musique, les armes de cérémonie et les instruments militaires. Au sein de l'album, les pages de droite contiennent principalement des images d'instruments, tandis que les pages de gauche donnent des explications sur l'instrument, telles que ses dimensions, ses matériaux, ses couleurs, sa forme, sa qualité et sa quantité.

Ce livre, le 28e de l'Album, est consacré aux instruments pour l'astronomie, la géographie, l'arpentage et la cartographie, l'horlogerie et l'optique. Il reflète les échanges entre la Chine et l'Occident du début du règne de Kangxi à la période médiane de l'empereur Qianlong, en particulier la popularité de la science et de l'art occidentaux à la cour de la dynastie des Qing.

(Li Tianyin)

四定表全圓儀

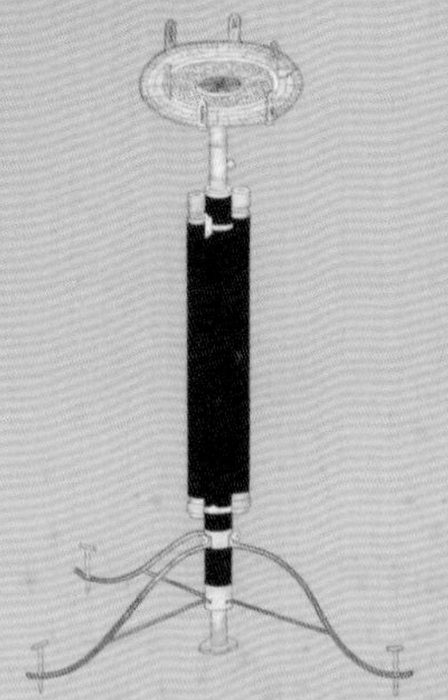

四定表全圓儀　謹按本朝製四定表全圓儀鑄銅為之通徑一尺全周三百六十度中施指南針圓線十層以斜線相交成十格分四象限通徑線兩端各施立耳為定表中心設旋圓盤其通徑線兩端施立耳為遊表表兩端直邊對立耳中線以指度數以定表遊表相距度分為所測之角平測立測惟所宜

矩度全圓儀

矩度全圓儀　謹按本朝製矩度全圓儀鑄銅為之通徑六寸全周三百六十度分半周通徑線兩端各施立耳為定表中心施遊表表中線兩端加立耳立耳中線與遊表中線對上施指南針前施墜線表端銳處指度數以兩表相距度分為所測之角圓內下半周矩度縱橫各六十分為勾股比例之用平測立測惟所宜

小花全圓儀

小花全圓儀　謹按本朝製小花全圓儀鑄銅為之通徑二寸施定表遊表指南針與矩度全圓儀同以中圓花隙銳處對遊表立耳指度數平測立測惟所宜

四遊千里鏡半圓儀

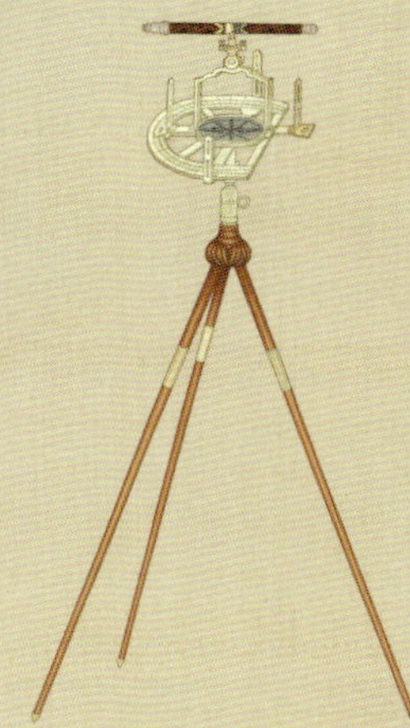

四遊千里鏡半圓儀　謹按

本朝製四遊千里鏡半圓儀鑄銅為之通徑一尺三寸五分半周一百八十度外圓線三重內層十二重每度末斜線與圓線相交成十二格通徑線兩端立耳為定表其半圓心施遊表表兩端有立耳表端中線以指外重度分立耳方孔中線以指內重度分立耳內施墜線表心施指南針圓盤外兩柱承千里鏡以兩軸左右上下之以遊表定表相距度為所測之角座三足能升降平測立測惟所宜

雙半圓儀

雙半圓儀　謹按

本朝製雙半圓儀鑄銅為之平置直尺長一尺內開空槽束以銅如帶鋌施輪軸使遊動兩半圓通徑皆三寸一加尺端一綰槽內半周一百八十度內畫半方矩縱横皆十二分圓心各有立耳又施遊表長與直尺等表端各有立耳圓心立耳旋之與直尺對則為定表之用與遊表立耳對則為遊表之用後施墜線測量法以定表遊表之距度為所測之角量算法以所知一邊與直尺為比例兩半圓進退施之按度分以定所測之二角兩遊表相交成三角形承以直柱三足能升降平測立測惟所宜

雙遊表半圓儀

雙遊表半圓儀　謹按

本朝製雙遊表半圓儀鑄銅為之通徑四寸八分半周一百八十度圓心施遊表二其長皆為一百五十分其端各有立耳開中線與遊表中線對圓心亦有立耳旋之與遊表中線參直遊表上各帶指表一中心與遊表中線對共綰一直表長與二遊表共度等一端當指表中心一端隨遊表開闔中施指南針後施墜線測量法以兩遊表相距度分為所測之角量算法兩邊夾一角者以所知之邊角按度分安定成三角形承以直柱三足能升降平測立測惟所宜

雙千里鏡象限儀

雙千里鏡象限儀　謹按
本朝製雙千里鏡象限儀鑄銅
為之半徑一尺四寸五分象
限之周九十度圓線十重以
斜線相交成十格平半徑千
里鏡為定表平中心千里鏡
為遊表下為半圓縱橫設兩
輪低昂之測量法以兩表相
距度分為所測之角承以直
柱三足平測立測惟所宜

測太陽高度象限儀

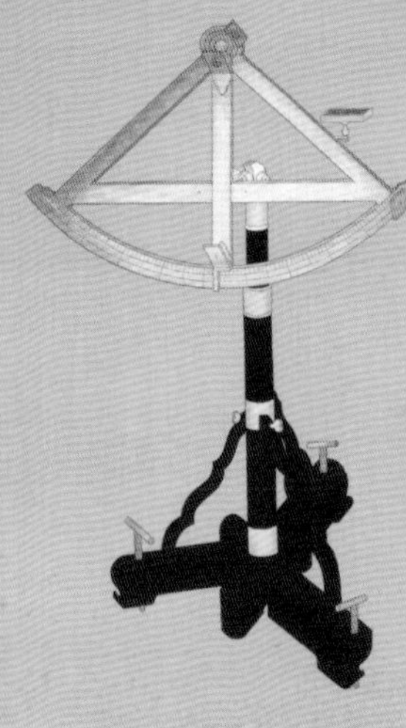

測太陽高度象限儀　謹按
本朝製測太陽高度象限儀鑄銅為之半
徑一尺二分象限之周九十度圓線十
重以斜線相交成十格平半徑兩端各
有立耳上立耳中線穿小孔下立耳中
線為空圈內交十字半徑旁施指南針
午正日光從小孔透十字心與表耳參
直圓心施墜線於方銅管內以護風由
管末玻璨中視墜線距日光線知太陽
距天頂之度以時刻儀驗準對太陽測
之知太陽隨時高度易墜線為遊表兩
立耳皆如定表法與所測參直以二表
距度為所測之角承以直柱三足能升
降平測立測惟所宜

測高弧象限儀

測高弧象限儀　謹按
本朝製測高弧象限儀鑄銅為之
半徑一尺七分象限之周九十
度圓線十五層以斜線相交成
十五格兩半徑線末各施立耳
為定表中圓柱四面穿直孔旋
之使孔中線與立耳中線相對
以受日光圓心施銅墜線表穿
長孔有比例分以指分數座中
施指南針以墜線距定表度為
太陽距天頂度承以直柱有輪
能升降

測礮象限儀

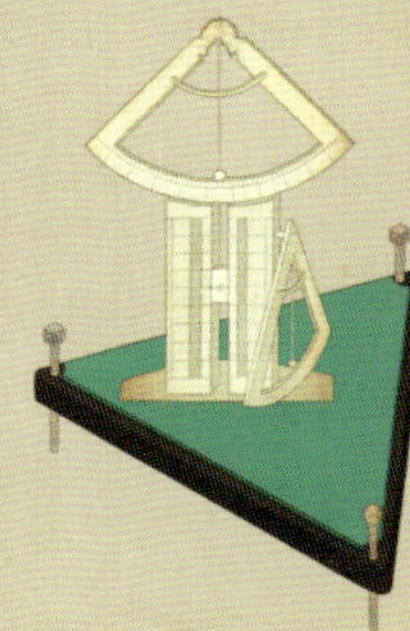

測礮象限儀　謹按
本朝製測礮象限儀鑄銅為之
用兩象限周皆九十度中為
初度左右各四十五度圓心
皆施墜線當初度以取平座
上為橫方柱一加柱端一倚
柱旁用時置礮上以柱旁墜
線所指合礮末所起之度柱
中空左右各四十五度中施
遊表穿小孔對礮末所起之
度於孔內視礮之星斗

地平方位儀

地平方位儀　謹按
本朝製地平方位儀木質螺鈿
飾徑二寸三分中施指南針
周列十二辰八方列八卦內
周施遊盤盤面分十二宮對
立直表其長兩相等先定子
午線轉銅環令表與所測之
處參直距正午東西若干度
為地平偏度以分界知其所
屬方位

圭表

圭表　謹按周禮春官大司徒以土圭之法
測日景考工記玉人土圭尺有五寸以致日
宋史云宋何承天始立表候日景皇祐圭表
考古法立八尺銅表厚二寸博四尺下連石圭
一丈三尺以盡冬至景長之數明代觀象臺
下設晷影堂南北平置銅圭於石臺長一丈
六尺二寸濶二尺七寸周以水渠南端植銅
表高八尺上設橫梁用影符以取中景
本朝加表二尺上端施銅葉中穿圓孔徑二分
午正日景自圓孔透圭面成橢形南界為日
體上景北界為日體下景中心為中景
京師夏至景二尺九寸四分八釐冬至景一丈
九尺九寸四分以次贏縮北端設立圭高三
尺五寸冬至景上立圭二尺七寸四釐

日影表

日影表　謹按
本朝製日影表木質立表
高八寸上施墜線平表
長二尺七寸中銜銅尺
三角施螺柱以指南針
盤九十度對表候影正
時自立表下量之視影
之長短以定節氣時刻

壺漏

御製壺漏銘

壺漏　謹按周禮夏官挈壺氏注主挈壺水以為漏後
漢書志孔壺為漏浮箭為刻隋書志黃帝創觀漏水制
器取則以分晝夜宋史有求壺複壺廢壺建壺及平水
壺之制
本朝製壺漏播水壺三形方上曰日天壺即宋之求壺面
濶一尺九寸底濶一尺三寸高一尺七寸水欲常滿次
曰夜天壺即宋之複壺又次曰平水壺高濶遞減一寸
層累而下承以朱座有亭覆之亭座通高一丈八尺四
寸分水壺一形方即宋之廢壺高濶如平水壺在平水
壺下少後受水壺一形圓曰萬水壺即宋之建壺徑一
尺四寸高三尺一寸在座前地平上壺皆有蓋播水三
壺前近下皆為龍口玉滴以次漏於受水壺平水壺後
近上穿孔洩於分水壺以均水平漏受水壺上為銅人
抱箭長三尺一寸鐫兩晝夜時刻上起午正下盡午初
壺中安箭舟如銅鼓形水長舟浮則箭上出水盈箭盡
則洩之於池壺面俱鐫
大清乾隆年製平水壺面鐫
御製銘後欵識乾隆歲在乙丑孟夏之月
御銘

自鳴鐘

自鳴鐘　謹按
本朝製自鳴鐘鑄金為之中承以柱下為
方匱面設表盤均十二分上起子午正
右旋一日再周以短針指時長針指刻
起丑未初鐘一鳴盡子午正十二鳴其
初正自一鳴至四鳴各四刻匱內藏鋼
輪三重中為大輪四軸上間小輪三聯
之以旋時刻針左為大輪三軸上間小
輪二聯之旁大輪一綰擊具以擊鐘知
時右亦如之以擊鐘知刻三重皆施墜
線擊具皆有銅片為作止之限表盤徑
二尺一寸五分羃以玻瓈匱木質髹漆
繪金花文四隅皆有柱中為周闌髹以
金縱距四尺七寸橫五尺七寸五分通
高一丈六尺六寸

時辰表　謹按

本朝製時辰表鑄金為之形圓盤徑一寸五分二釐均分時刻以針指之內施輪齒皆如自鳴鐘之法具體而微盛以金合當盤面處空之合徑一寸五分二釐通厚八分周飾雜寶金索三行三就間鏤花文

攝光千里鏡　謹按

本朝製攝光千里鏡筩長一尺三分接銅管二寸六分鏡凡四重管端小孔內施顯微鏡相接處施玻瓈鏡皆凸向外筩中施大銅鏡凹向外以攝影鏡心有小圓孔近筩端施小銅鏡凹向內周隙通光注之大鏡而納其影筩外為鋼鋌螺旋貫入進退之以為視遠之用承以直柱三足高一尺一寸五分

068

银镀金浑仪

清康熙八年（1669年）
通高37厘米　底座长36厘米　宽36厘米
故宫博物院藏

Sphère armillaire en argent doré

Huitième année du règne de Kangxi (1669), dynastie des Qing
H. (totale): 37 cm; L. (socle): 36 cm; Pr. (socle): 36 cm
Collection du musée du Palais

此浑仪是小型的天体演示仪器，可以演示太阳、月亮围绕地球转动的情况，以及日食、月食现象。仪器安设在紫檀框架中。仪器上的水平圆圈为地平圈，与地平圈垂直相交的为子午圈，刻有四象限子午圈以内的各环分别为黄道带、黄道圈、赤道、白道。地球位于通轴的中心，上刻有“亚西亚”“欧罗巴”“阿美利加”等当时大洲的名称。

此浑仪是当时的钦天监官员、比利时传教士南怀仁（Ferdinand Verbiest）于康熙八年（1669年）制作的，采用了中国传统的“六合・三辰・四游”的结构设计和托勒密的“地心说”理论。

（万秀锋）

Cette sphère armillaire est un petit instrument de modélisation de corps céleste utilisé pour montrer le mouvement apparent du Soleil et celui de la Lune autour de la Terre, ainsi que les phénomènes d’éclipses solaires et lunaires. L’instrument est placé dans un cadre en palissandre. Le cercle horizontal sur l’instrument est le cercle d’horizon, et le cercle vertical qui coupe le cercle d’horizon est le plan méridien. Les armilles à l’intérieur du cercle méridien avec quatre quadrants sont le zodiaque, le cercle du zodiaque, l’équateur et l’équinoxe. La Terre est située au centre de l’axe traversant, sur laquelle sont gravés les noms des continents de l’époque tels que « Asie », « Europe » et « Amérique ».

Cette sphère armillaire a été réalisée en 1669 par Ferdinand Verbiest, un missionnaire flamand chargé du Bureau de l’astronomie à la cour de la dynastie des Qing. Elle adopte la conception structurelle traditionnelle chinoise et la théorie géocentrique de Ptolémée.

(Wan Xiufeng)

康熙八年仲夏臣南懷仁等製

069

《乾隆内府舆图》铜版

清乾隆二十五年（1760年）至乾隆三十五年（1770年）
长71厘米　宽46厘米　厚1.5厘米
故宫博物院藏

Plaque de cuivre de *l'Atlas de impérial de chine du règne de Qianlong*

25e année à la 35e année du règne de Qianlong (soit de 1760 à 1770), dynastie des Qing
H.:71 cm; L.: 46 cm; Pr.: 1.5 cm
Collection du musée du Palais

这是清朝乾隆年间由清宫造办处制造的地图铜版。清代《乾隆内府舆图》是乾隆年间在康熙《皇舆全览图》的基础上修订补充而成的全国地图，又被称为《乾隆皇舆全图》。

乾隆二十五年（1760年）至乾隆三十五年（1770年），法国传教士蒋友仁（Michel Benoît）负责将乾隆时期绘制的《乾隆内府舆图》制成铜版104方，其所用的经纬纲、投影和比例尺仍本康熙舆图，内容详密。铜版于1925年发现，1932年重印。该地图以纬度每隔5°为一排，共分十三排，这是其中的一块铜版。

（万秀锋）

Il s'agit d'une plaque de cuivre cartographique produite par les ateliers du palais des Qing sous le règne de Qianlong. *L'Atlas impérial du règne de Qianlong* de la dynastie des Qing était une carte nationale révisée et complétée pendant le règne de Qianlong sur *l'Atlas de impérial de chine* de Kangxi. Elle est également appelée « carte impériale de Qianlong ». De la 25e année à la 35e année du règne de Qianlong (soit de 1760 à 1770), le missionnaire français Michel Benoist fut chargé de graver cette carte sur 104 plaques de cuivre. Les latitudes et longitudes, ainsi que la projection et l'échelle, sont basées sur la carte impériale de Kangxi. Les plaques de cuivre furent découvertes en 1925 et réimprimées en 1932. La carte est divisée en treize parallèle, un tous les 5 degrés de latitude. Il s'agit ici d'une des plaques de cuivre.

(Wan Xiufeng)

十三排西二
十八
十八

070

铜镀金盘式手摇计算器

清康熙
高9.5厘米　长56.5厘米　宽12.8厘米
故宫博物院藏

Pascaline en cuivre doré

Règne de Kangxi, dynastie des Qing
H.: 9.5 cm; L.: 56.5 cm; Pr.: 12.8 cm
Collection du musée du Palais

法国科学家帕斯卡（Blaise Pas-cal，1623～1662年）于1642年制造了第一台手摇计算器，后由传教士把这种盘式手摇计算器介绍给爱好自然科学的康熙皇帝，深得康熙皇帝的喜爱。18世纪前后，清宫亦开始制造手摇计算器，有盘式和筹式两种。

这种盘式手摇计算器是清宫依帕斯卡计算器的原理自制的。利用齿轮装置可进行加减乘除运算。计算器表面有十个圆盘，表示十位数。每个圆盘分为上盘和下盘，下盘由上盘挡住看不到，上盘中央刻有数位名称分别用汉字“拾”“万”“千”“百”“十”“两”“钱”“分”“厘”“毫”标明，周围按逆时针方向刻着由一至九汉字，一至九之间有一空格，在空格中安一能上下移动的铜挡片。移动挡片，可以看到下盘两种刻数的一个数码。

下盘周围分为12格，里外分为三圈，其外圈均布12个小圆孔，用拨针插入小圆孔，可以按顺时针方向转动下层圆盘。下盘的12个圆盘之下各安装一个十齿的齿轮，下盘转动，齿轮也随之转动。当上盘空格的读数超过9时，如继续转盘，齿轮可带动左边的齿轮转动一格，就使左边的读数增加1或减少1。明确地说，按顺时针方向转动下盘，读其中圈的数码，可体现进位，中圈的数码用于加法及乘法，读其内圈的数码，可体现退位，适用于减法及除法。

（万秀锋）

Le scientifique français Blaise Pascal (1623 -1662) a fabriqué la première machine à calculer en 1642. Plus tard, les missionnaires ont présenté ce type de calculatrice dénommée « pascaline » à l'empereur Kangxi qui, passionné de sciences naturelles, l'appréciait beaucoup. Autour du XVIIIe siècle, le palais des Qing a également commencé à fabriquer des calculatrices mécaniques à roues ou à tiges.

Cette calculatrice à roues a été fabriquée par le palais des Qing selon le principe de la pascaline. Son dispositif de pignons permet d'effectuer des opérations d'addition, de soustraction, de multiplication et de division. Le devant comporte dix disques pour indiquer jusqu'à des nombres à dix chiffres. Sous chaque disque se trouve également un disque non visible. Le centre des disques supérieurs est gravé des noms numériques en caractères chinois et le cadran est gravé de chiffres en chinois (un à neuf dans le sens inverse des aiguilles d'une montre). Les chiffres « un » et « neuf » sont séparés par une case vide qui accueille une plaque de cuivre mobile. En bougeant la plaque, nous pouvons voir les chiffres gravés sur le disque inférieur.

Le disque inférieur est également divisé en 12 cases et trois cercles. Le cercle extérieur est uniformément réparti avec 12 petits trous ronds. Une clé qui s'insère dans le trou permet de faire tourner le disque inférieur dans le sens des aiguilles d'une montre. Un engrenage à dix pignons est installé sous chacun des 12 disques inférieurs. Lorsque le disque inférieur tourne, son engrenage tourne également. Lorsque le chiffre sur le disque supérieur dépasse 9, l'engrenage du disque de gauche sera entraîné pour effectuer le report. Plus précisément, en tournant le disque inférieur dans le sens des aiguilles d'une montre, les chiffres dans le cercle du milieu peuvent refléter le report. Le cercle du milieu est utilisé pour l'addition et la multiplication. Le cercle intérieur peut refléter l'abdication et convient à la soustraction et à la division.

(Wan Xiufeng)

071

绘图仪器（一套）

清康熙
盒长26厘米　宽22厘米　厚5厘米
故宫博物院藏

Instruments de dessin

Règne de Kangxi, dynastie des Qing
Coffret, H.: 26 cm; L.: 22 cm; Pr.: 5 cm
Collection du musée du Palais

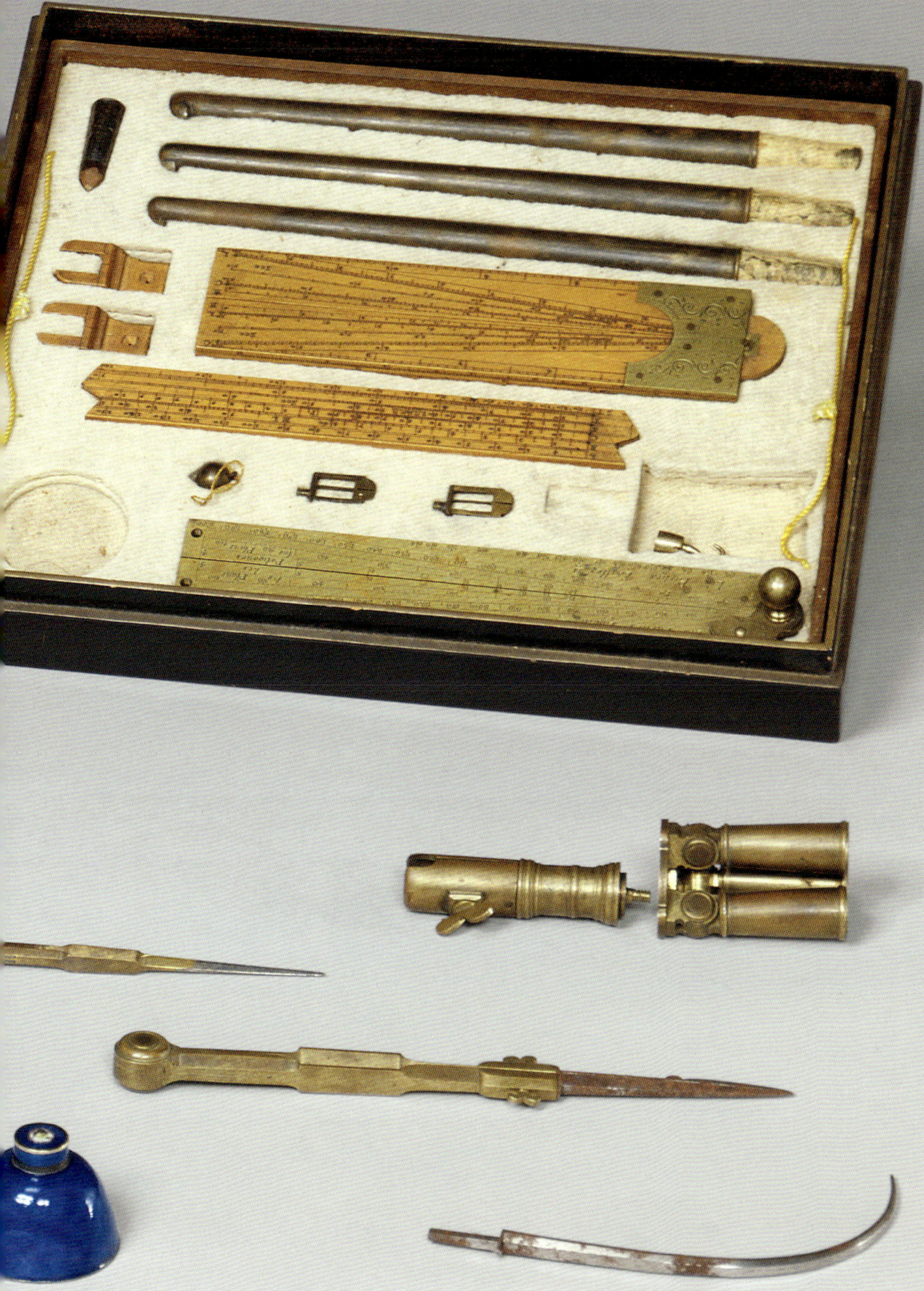

此盒绘图仪器为康熙时期由造办处将法国制和清宫自制仪器组合配套而成。整套放置在黑漆方盒内，盒内分上下两层，共有各类仪器30余件，包括比例尺、直尺、矩尺、圆规、测角尺等。盒内还有一铜镀金三角支架，小巧实用。还有一件蓝色珐琅的水盛，底部镌刻“康熙御制”四字。整套仪器功能齐备，摆放有序，简单实用。

（万秀锋）

Il s'agit d'un ensemble d'instruments de dessin fabriqués par les ateliers du palais des Qing sous le règne de Kangxi. Les instruments sont placés dans une boîte carrée en laque noire, divisée en deux niveaux, contenant plus de 30 instruments, dont des règles, une équerre, un compas, un goniomètre, etc. Le coffret comprend également un support triangulaire en cuivre plaqué or, compact et pratique, ainsi qu'un pot à eau à l'émail bleu portant la gravure « Fabriqué sous l'ordre de Kangxi » sur le fond. Les instruments sont disposés de manière ordonnée et offrent des fonctions complètes.

(Wan Xiufeng)

072

铜量角器

清康熙
长24.9厘米　宽10厘米　厚2.5厘米
故宫博物院藏

Rapporteur en cuivre

Règne de Kangxi, dynastie des Qing
H.: 24.9 cm; L.: 10 cm; Pr.: 2.5 cm
Collection du musée du Palais

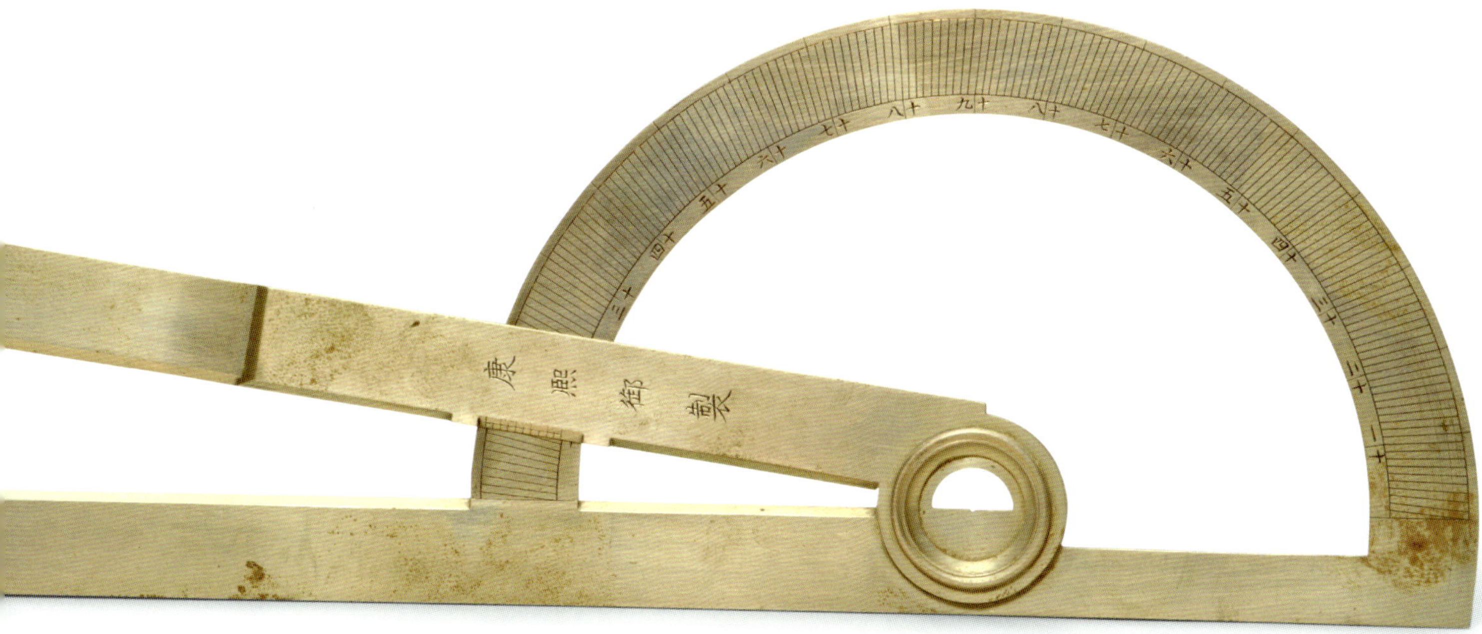

此量角器是一件角尺。此角尺在一个半圆弧的中心安装一个能在半圆弧上自由滑动的尺，半圆弧上的刻度用汉字表示。使用时，将滑动的尺对准半圆上的刻度，便可以测量角度。角尺上刻有“康熙御制”款，因此这种角尺通常也被称为“康熙角尺”。

（许静）

Il s’agit d’un rapporteur d’angle en semi-circulaire. Il est équipé d’une règle qui peut pivoter librement sur le demi-disque. Sa graduation en degrés est exprimée en caractères chinois. Lors de l’utilisation, il suffit de faire pivoter la règle pour mesurer l’angle. La règle est gravée d’une inscription en chinois indiquant « Fabriqué sur l'ordre de Kangxi ».

(Xu Jing)

073

铜镀金比例规

清康熙
长25.2厘米　宽6.8厘米　厚0.5厘米
故宫博物院藏

Compas de proportion en cuivre doré

Règne de Kangxi, dynastie des Qing
H.: 25.2 cm; L.: 6.8 cm; Pr.: 0.5 cm
Collection du musée du Palais

此种比例规是由意大利科学家伽利略（Galileo Galilei）于1597年发明的，是用能开合的两把带刻度的直尺，通过比例相似原理进行计算。比例规在17世纪流行于欧洲，意大利传教士罗雅谷（Giacomo Rho）于明末崇祯年间著《比例规解》，将比例规介绍到中国。康熙皇帝在学习数学时曾多次使用比例规进行计算，传教士洪若翰（Jean de Fontaney）曾记述："给他（康熙）讲固体的成分时，他就会拿起一个球，准确地讲出它的重量，测出它的直径。然后，他就算出同样材料、不同直径的另一个球的重量，或者算出另一个比较大的或比较小的球的直径该是多少。"（《法国传教士洪若翰致拉雪兹神父信》）进行这种计算时所用的仪器很有可能就是比例规。

此件比例规用半圆仪做枢心，两臂上刻有分体线、平分线、五金线、分面线等中文字及罗马数字，不但可用来计算线段比例、面积、体积等，还可用来量角。

（王宜若）

Le compas de proportion est un instrument de mathématiques inventé par le savant italien Galilée en 1597. Il utilise deux règles graduées qui peuvent être ouvertes pour effectuer des calculs basés sur le principe de proportionnalité. Le compas de proportion était populaire en Europe au XVIIe siècle et fut introduit en Chine par le missionnaire italien Giacomo Rho, notamment à travers son ouvrage expliquant l'usage de l'instrument écrit pendant le règne de Chongzhen de la fin de la dynastie des Ming. L'empereur Kangxi utilisa à plusieurs reprises les compas de proportion pour effectuer des calculs lorsqu'il étudiait les mathématiques. Comme le rapporta le jésuite français Jean de Fontaney: « Quand on lui (à Kangxi) expliquait, par exemple, les proportions des corps solides, il prenait une boule, la faisait peser exactement et en mesurait le diamètre. Il calculait ensuite quel poids devait avoir une autre boule de même matière, mais d'un plus grand ou d'un plus petit diamètre, ou quel diamètre devait avoir une boule d'un plus grand ou d'un plus petit poids. » (*Lettre du père Fontaney au père de La Chaise*) L'instrument utilisé pour ce calcul est probablement le compas de proportion.

Ce compas de proportion utilise un rapporteur comme pivot. Les deux bras sont gravés de caractères chinois et de chiffres romains tels que la ligne des parties égales, les plans et les métaux. Il peut être utilisé pour calculer les proportions, la surface et le volume, ou encore pour mesurer des angles.

(Wang Yiruo)

074

铜镀金比例规

清康熙
长17.8厘米　宽4.4厘米　厚0.4厘米
故宫博物院藏

Compas de proportion en cuivre doré et gravé

Règne de Kangxi, dynastie des Qing
H.: 17.8 cm; L.: 4.4 cm; Pr.: 0.4 cm
Collection du musée du Palais

比例规的外形与圆规相似，有尖脚和平脚两种，它是利用相似三角形对应边成比例的原理制成，可以用来进行乘、除、求比例项、开平方、开立方、求比重等各种计算。

这是一件铜镀金平脚式比例规，在两臂上刻有平分线、分面线、分圆面、分圆度、分体线、五金线等六种规度，规度均用阿拉伯数字表示，可计算一般比例式中的数值、相似性的面积、体积和铅银铜铁锡等五种金属体的轻重等。比例规的两臂可任意张合，当两臂成180度时，比例规变成一直尺。

（王宜若）

La forme du compas de proportion est similaire à celle d'un compas courant et existe en pointes sèches ou en pointes plates. Il est basé sur le principe de la proportionnalité des triangles semblables. Il peut être utilisé pour effectuer divers calculs tels que la multiplication, la division, les termes proportionnels, la racine carrée, la racine cubique et la densité. Ce compas de proportion est composé de deux règles plates en cuivre plaqué or. Les deux règles sont gravées de différentes échelles dont la ligne des parties égales, les plans et les métaux, toutes exprimées en chiffres arabes. Il peut calculer les valeurs numériques dans des formules proportionnelles générales, la surface et le volume des corps similaires et le poids de cinq corps métalliques: le plomb, l'argent, le cuivre, le fer et l'étain. Les deux règles peuvent être ouvertes et fermées. Lorsqu'elles sont à 180 degrés, le compas devient une règle droite.

(Wang Yiruo)

075

《数学用表》

18世纪
纵15.5厘米 横11.2厘米
故宫博物院藏

Table mathématique

XVIIIe siècle
H.: 15.5 cm; L.: 11.2 cm
Collection du musée du Palais

康熙帝对西方科技抱有极大的热忱，曾向传教士学习西方数学、天文、地理等知识。故宫博物院收藏的数学用表《对数广运》和《御制数表精详》，其中既有汉文书写的，也有用拉丁文书写的。汉字书写的数学用表是清宫自制的，用拉丁文书写的应该是由传教士带入并经过清宫改造而成的中西合璧数表。这些数表大小、薄厚不均，有用工笔精抄的，也有用两色木版套印的，装帧精良。既可以查三角函数值，也可以查多种物质的比重，是一种非常实用的数学工具书。

康熙皇帝运用当时已经掌握的西方科学知识修正古代典籍上的有关差错，弥补其不足，作为君主文治的重要内容，所谓“取一代大典，以淑天下而范万世”。从康熙五十二年（1713年）开始，历时八年修成《律历渊源》一书，此书包括《数理精蕴》《律吕正义》和《历象考成》三部分。其中的《数理精蕴》分上、下编和数表，是一部完整的数学总集。《数理精蕴》中的这些数表包括《御制数表精详》《对数广运》《方寸数目》和拉丁文的《正弦正切正割以及对数》等，在《正弦正切正割以及对数》中已经开始使用小数点。

（王宜若）

L'empereur Kangxi avait un grand enthousiasme pour les sciences et les technologies occidentales et apprit les mathématiques, l'astronomie, la géographie et d'autres connaissances occidentales auprès des missionnaires. Parmi la collection du musée du Palais, il y a les *Logarithmes Guangyun* et les *Tables numériques en détail*. Certains d'entre eux sont rédigés en chinois et d'autres en latin. Les tables de logarithme rédigés en chinois ont été réalisées par la cour des Qing, tandis que les tables en latin devraient être un résultat de transformation des tables numériques apportées par les missionnaires à la cour de Chine. Ces tables numériques varient en taille et en épaisseur. Certaines sont minutieusement copiées, tandis que d'autres sont surimprimées à la planche de bois bicolore et soigneusement décorées. Elles permettent de vérifier les valeurs des fonctions trigonométriques et la densité de diverses substances. C'est un ouvrage de référence mathématique très pratique.

L'empereur Kangxi utilisait les connaissances scientifiques occidentales qu'il maîtrisait pour corriger les erreurs dans les classiques anciens et combler leurs lacunes. Cela constituait une partie importante de sa gouvernance civile, qui consistait à « laisser des ouvrages classiques pour embellir le monde à toutes les générations ». À partir de la 52e année du règne de Kangxi (1713), huit ans furent consacrés à la compilation de l'ouvrage *Origine des lois*, qui comprend trois parties: *L'essence des mathématiques, Traité de musiques* et *Calcul du calendrier*. Parmi eux, la partie *L'essence des mathématiques* est divisée en deux volumes accompagnés de tables numériques. Il s'agit d'une collection complète de mathématiques. Les tables incluent les *Tables numériques en détail*, les *Logarithmes Guangyun et L'essence des nombres* ainsi que les *Tables de Sinus, Tangentes, Sécantes* en latin, dans lequel le point décimal a commencé à être utilisé.

(Wang Yiruo)

076

《几何原本》

清康熙二十九年（1690年）满文抄本
白晋、张诚编译
纵29厘米　横17.8厘米
故宫博物院藏

Traduction mandchoue des Éléments

Copie manuscrite en langue mandchoue, datant de la 29e année du règne de Kangxi (1690), dynastie des Qing
Compilée et traduite par Joachim Bouvet et Jean-François Gerbillon
H.: 29 cm; L.: 17.8 cm
Collection du musée du Palais

《几何原本》译本共三册一函，半页9行，行字不等。无界栏行格，书口右开，上图下文，无序跋。全书共分为七卷：卷一为点、线、面、角等基本概念，卷二为三角形，卷三为四边形及多边形，卷四为圆，卷五为立体几何知识，卷六为比例理论，卷七为几何作图。

《几何原本》为古希腊欧几里得（Euclide）所撰，明代末年曾由意大利人利玛窦（Matteo Ricci）口述，徐光启笔译成中文版本。清康熙年间，法国传教士白晋（Joachim Bouvet）、张诚（Jean-François Gerbillon）在宫中学习满文，为康熙皇帝讲授西方数学。因利玛窦、徐光启译本《几何原本》难懂，不便于向康熙皇帝讲授，白晋、张诚另编译了这套满文手抄译本。此译本是按讲稿于康熙二十九年（1690年）编辑成册的。

此满文抄本是国内外唯一的一部欧几里得《几何原本》的满文编译本，是一部研究数学史、中西文化交流史的珍贵史料。

（杨国彭）

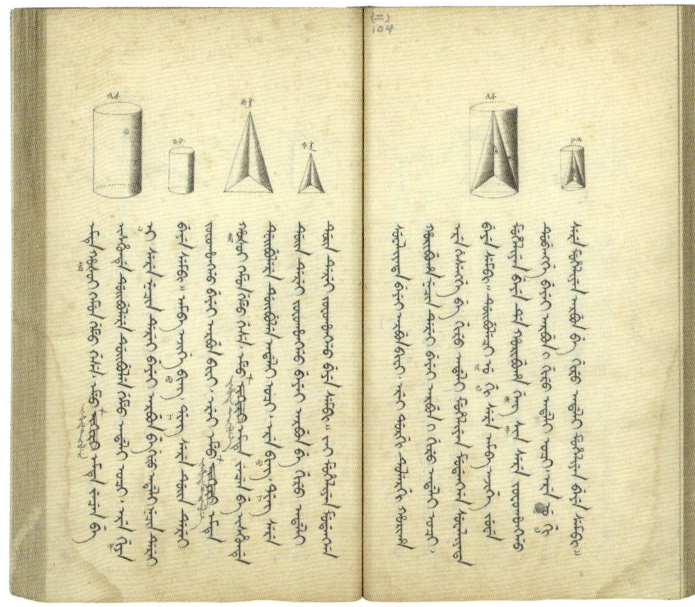

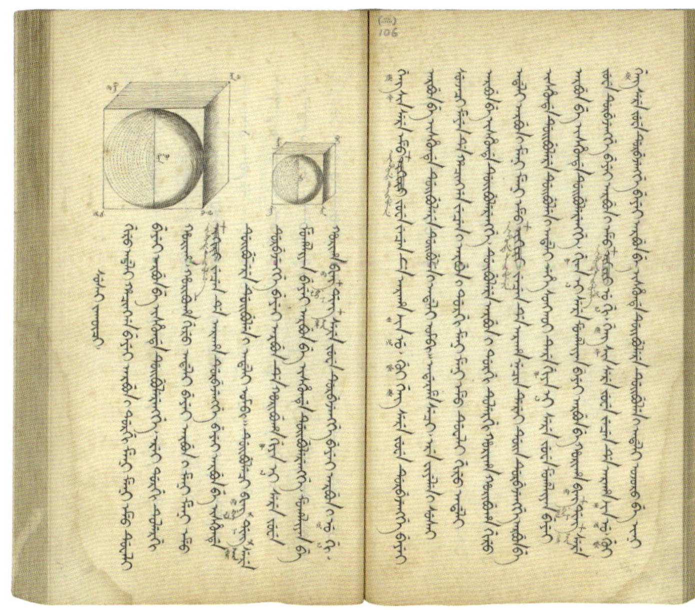

Cette traduction des *Éléments* d'Euclide se compose de trois livres en une seule partie. Chaque page est divisée en 9 lignes non encadrées. Le livre s'ouvre par la droite et les illustrations se situent en haut des textes. L'ouvrage total est divisé en sept volumes: le volume 1 couvre les concepts de base tels que les points, les lignes, les plans et les angles; le volume 2 traite de triangles; le volume 3 couvre les quadrilatères et les polygones; le volume 4 traite de cercles; le volume 5 traite de géométrie dans l'espace; le volume 6 couvre la théorie des proportions et le volume 7 porte sur le dessin géométrique.

Les *Éléments* est un traité écrit par Euclide de la Grèce antique. Il fut traduit en chinois par Xu Guangqi à la fin de la dynastie des Ming, à l'aide des explications orales du jésuite italien Matteo Ricci. Pendant le règne de Kangxi de la dynastie des Qing, les missionnaires français Joachim Bouvet et Jean-François Gerbillon étudièrent le mandchou à la cour de Chine et enseignèrent les mathématiques occidentales à l'empereur Kangxi. Cependant, les *Éléments* traduits par Matteo Ricci et Xu Guangqi étant difficiles à comprendre et à enseigner à l'empereur, Joachim Bouvet et Jean-François Gerbillon compilèrent donc une autre traduction manuscrite en mandchoue. Cette traduction fut compilée en 1690 sur la base des notes de cours.

Ce manuscrit en mandchou est la seule compilation en mandchou des *Éléments* en Chine et à l'étranger. Il constitue un matériau historique précieux pour l'étude de l'histoire des mathématiques et de l'histoire des échanges culturels entre la Chine et l'Occident.

(Yang Guopeng)

077

《西洋药书》

清康熙满文抄本
白晋、张诚编译
纵14.2厘米　横9.6厘米
故宫博物院藏

Traité de médecine occidentale en mandchou

Copie manuscrite en langue mandchoue, datant de l'ère Kangxi, dynastie des Qing
Compilée et traduite par Joachim Bouvet et Jean-François Gerbillon
H.: 14.2 cm; L.: 9.6 cm
Collection du musée du Palais

《西洋药书》不分卷，清康熙内府满文袖珍抄本。版框纵9.7厘米、横7.7厘米。半页6行，行字数不等，无行格，白口，黑鱼尾，版心有满文药名及汉文页码，四周双边。一函三册。

清康熙二十七年（1688年）法国天主教耶稣会士白晋（Joachim Bouvet）、张诚（Jean-François Gerbillon）受到康熙皇帝的召见，被任命为御前侍讲。在供职内廷期间，他们多次用满文翻译有关西药学方面的文章讲稿，并在此基础上参考了当时西方医药学的最新成果，汇成此篇。

全书主要部分记述了当时西方流行的药品，计有金鸡纳（奎宁）、巴思地略及各式药露20余种，烧伤药、跌打损伤药10余种，酒剂、酊剂10余种，共40余种。另一部分，综合论述了瘟疫、水痘、肝胆胃肠等疾病的病因、病理及治疗方法。这部满文《西洋药书》为丰富和发展我国传统的医学理论提供了有利条件，是一部研究清代宫廷医学及中、西文化交流的重要著作。

（杨国彭）

Ce *Traité de médecine occidentale* n'est pas divisé en volumes, il s'agit d'un manuscrit de poche en mandchou réalisé par la Maison Impériale des Qing, sous le règne de Kangxi. Le cadre mesure 9,7 cm de long et 7,7 cm de large. Chaque page est divisée en 6 lignes, avec un nombre de caractères différent et doubles marges de tous côtés. Le nom du médicament en mandchou et le numéro de page en chinois sont indiqués au centre de la double-page. L'ouvrage compte trois livres en une seule partie.

Au cours de la 27e année du règne de l'empereur Kangxi sous la dynastie des Qing (1688), les jésuites français Joachim Bouvet et Jean-François Gerbillon furent nommés professeurs de la cour par l'empereur Kangxi. Pendant leur service à la cour de Chine, ils traduisirent de nombreux articles et manuscrits sur la médecine occidentale en mandchou. Sur cette base, ils compilèrent ce traité tout en se référant aux dernières réalisations de la médecine occidentale à cette époque.

La partie principale du traité décrit plus de 40 médicaments populaires en Occident à cette époque, dont plus de 20 sortes d'extraits tels que la quinine, plus de 10 médicaments contre les traumatismes tels que les brûlures et les contusions, et plus de 10 liquides médicinaux. L'autre partie traite de manière approfondie des causes, de la pathologie et des méthodes de traitement de la peste, de la dysenterie, de la varicelle, des maladies hépatobiliaires et gastro-intestinales. Ce *Traité de médecine occidentale* en mandchou a contribué au développement de la théorie médicale traditionnelle de la Chine. Il s'agit d'un ouvrage important sur l'étude de la médecine de la dynastie des Qing et des échanges culturels entre la Chine et l'Occident.

(Yang Guopeng)

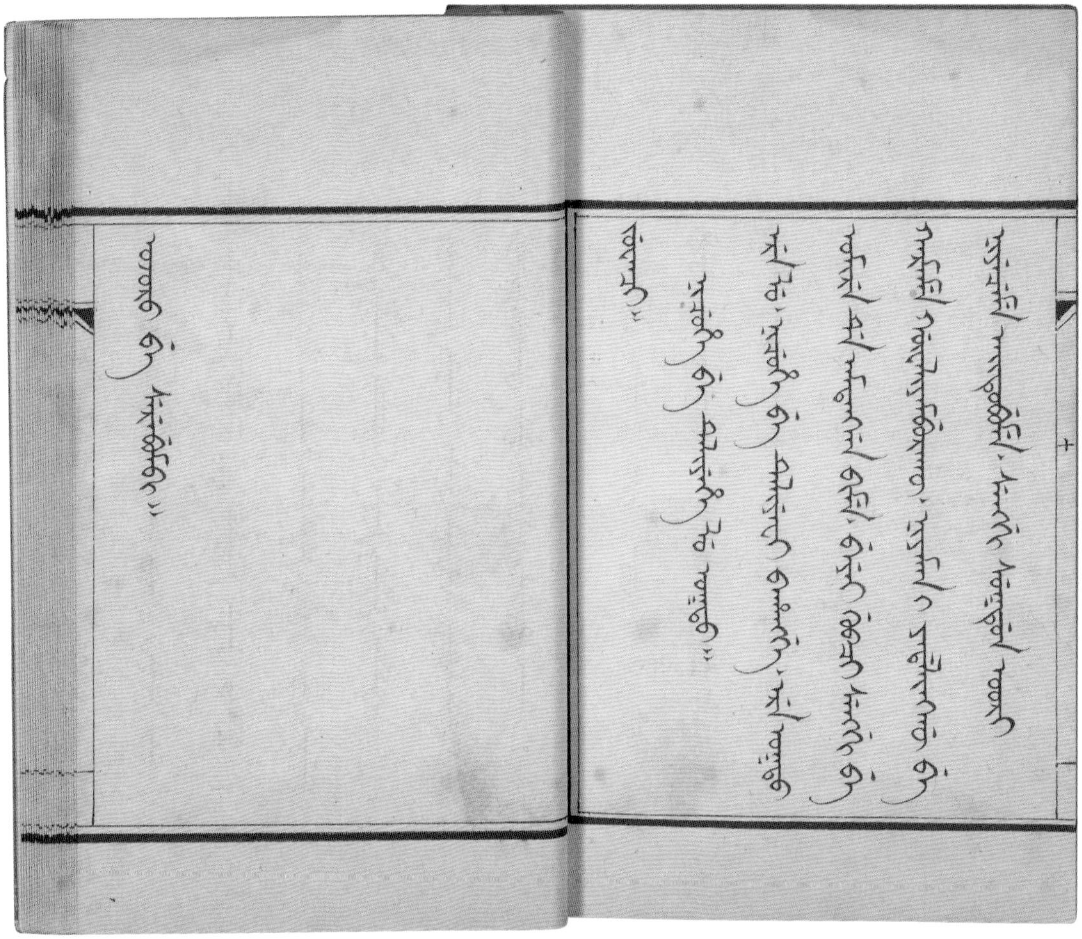

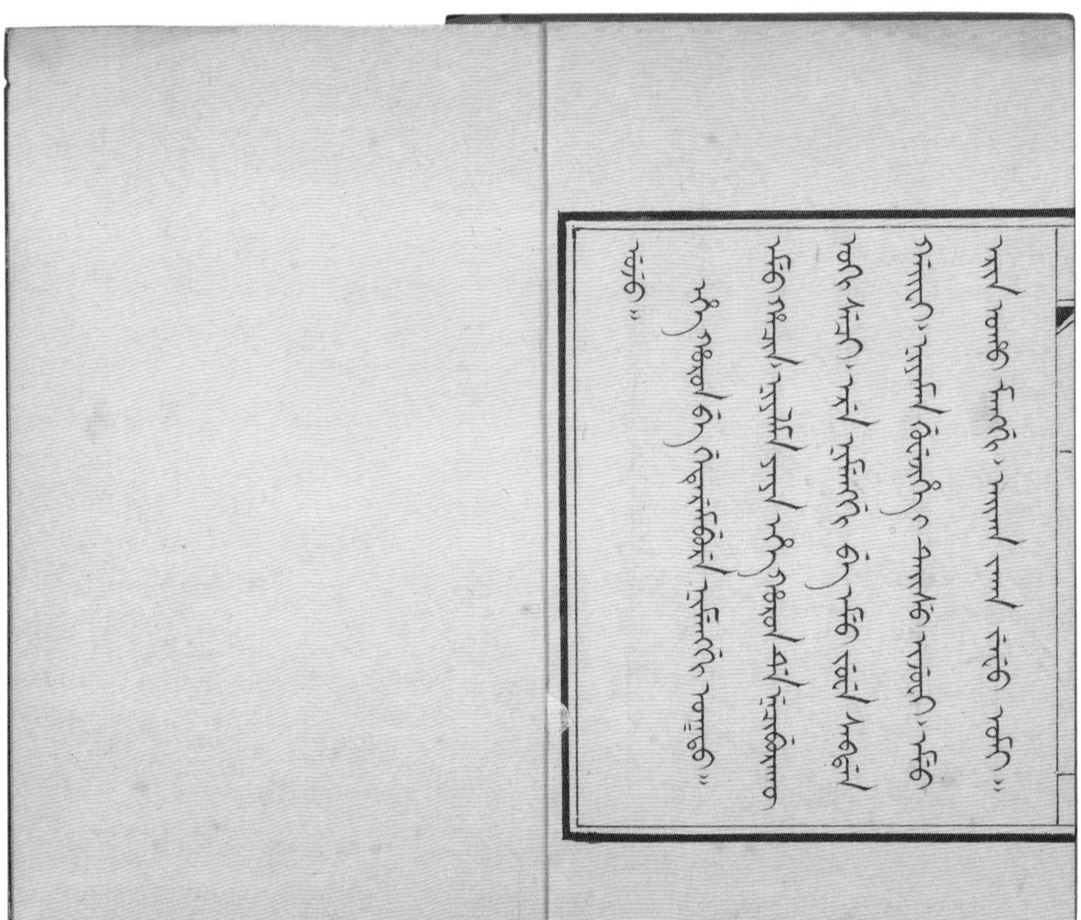

078

《燕京开教略》

清光绪三十一年（1905年）救世堂铅印本
樊国梁
纵26.8厘米　横16.4厘米
故宫博物院藏

Narration sur le début de la mission à Yanjing

Ce livre est un exemplaire imprimé par l'église saint-Sauveur de la 31e année du règne de Guangxu (1905), dynastie des Qing
Pierre-Marie Alphones Favier
H.: 26.8 cm L.: 16.4 cm
Collection du musée du Palais

该书是一部天主教在华传教史。作者乃法国传教士樊国梁（Pierre-Marie Alphones Favier），他在北京任主教期间，命人于《北京考略》一书中，摘录有关天主教在华传教事迹并附以人物图考，翻译汇编后成是书。书中记载，清康熙三十二年（1693年），“皇上偶染疟疾，洪若（翰）、刘应进金鸡纳，张诚、白进（晋）又进他味西药”。康熙皇帝服用后疟疾痊愈，为赏其功，于皇城西安门内赐广厦一所。此处后被耶稣会士辟建为“北堂”，又称“救世堂”。此书为清光绪三十一年（1905年）救世堂铅印本。

（袁理）

Ce livre raconte l'histoire du travail des missionnaires catholiques en Chine. L'auteur est le missionnaire français Pierre-Marie Alphones Favier. Lorsqu'il était vicaire apostolique de Pékin, il fit extraire de son livre *Pékin: Histoire et description* des événements liés à la mission en Chine, afin qu'ils soient traduits et compilés dans ce livre, avec des figures et illustrations correspondantes. Le livre rapporte qu'en 1693, l'empereur Kangxi des Qing contracta accidentellement le paludisme. Les missionnaires français Jean de Fontaney et Claude de Visdelou lui apportèrent la quinine, et Jean-François Gerbillon et Joachim Bouvet d'autres médicaments de la médecine occidentale. L'empereur Kangxi se remit du paludisme grâce à ces médicaments. En récompense, un bâtiment situé à l'intérieur de la porte Xi'an de la Cité Interdite fut offert aux missionnaires. Plus tard, une cathédrale sous le nom de « Beitang », connue également sous le nom « église Saint-Sauveur » fut construite par les Jésuites à ce lieu. Ce livre est un exemplaire imprimé par l'église Saint-Sauveur en 1905.

(Yuan Li)

降生後一千九百零五年歲次乙巳救世堂印

燕京開教畧

北京主教樊國樑准

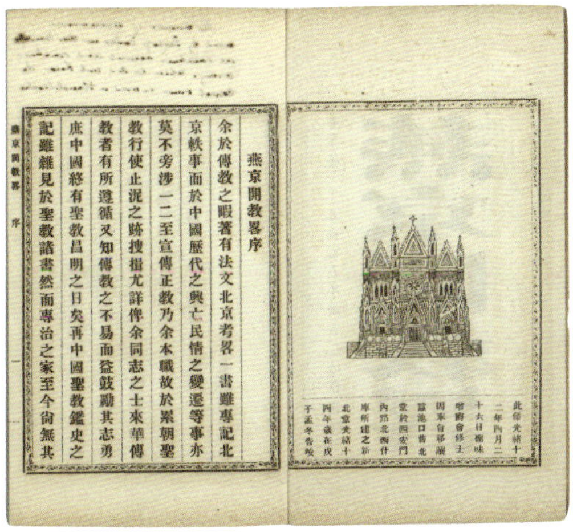

燕京開教畧序

余於傳教之暇著有法文北京考畧一書雖專記北京軼事而於中國歷代之興亡民情之變遷等事亦莫不旁涉一二至宣傳正教乃余本職故於累朝聖教行止之跡搜輯尤詳俾余同志之士來華傳教者有所遵循又知傳教之不易而益鼓勵其志勇庶中國終有聖教昌明之日矣再中國聖教鑑史之記雖見於聖教諸書然而專治之家至今尚無其

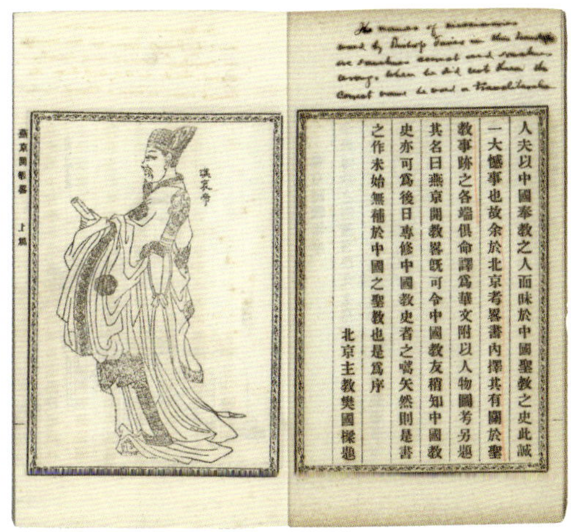

人夫以中國奉教之人而昧於中國聖教之史此誠一大憾事也故余於北京考畧書內擇其有關於聖教事跡之各端俱命譯爲華文附以人物圖考另題其名曰燕京開教畧既可令中國教友稍知中國教史亦可爲後日專修中國教史者之嚆矢然則是書之作未始無補於中國之聖教也是爲序

北京主教樊國樑題

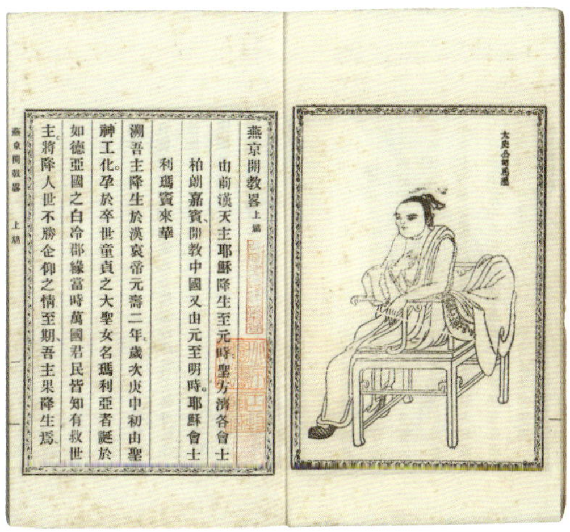

燕京開教畧 上篇

由前漢天主耶穌降生至元時聖方濟各會士柏朗嘉賓開教中國又由元至明時耶穌會士利瑪竇來華

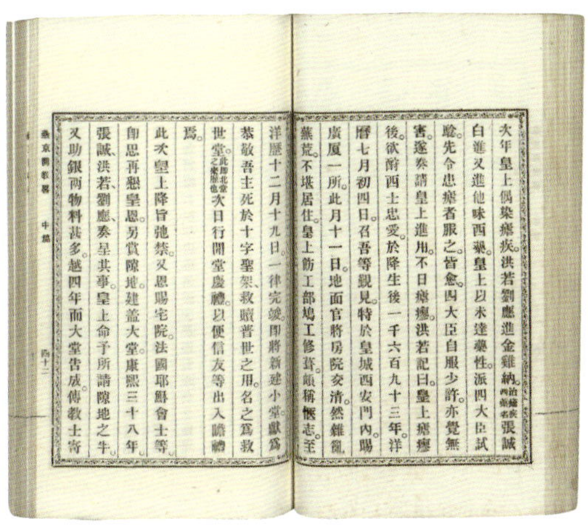

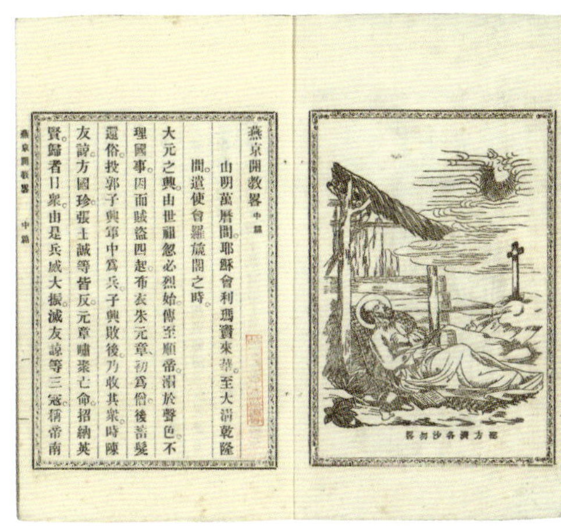

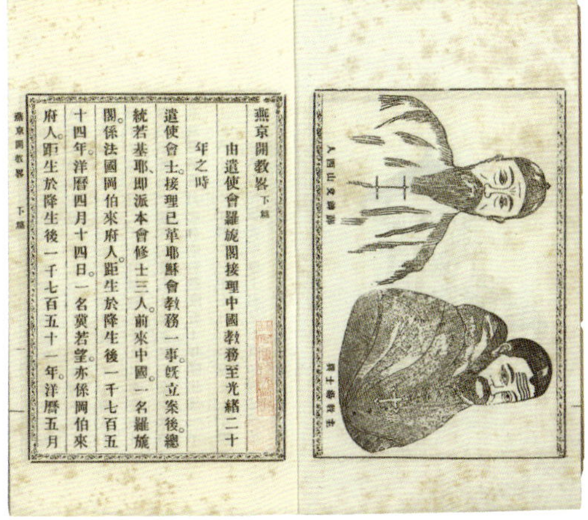

079

圆明园册之大水法正面

清乾隆五十一年（1786年）
伊兰泰
铜版画
纵50厘米　横87厘米
故宫博物院藏

Ancien Palais d'Été: vue de face de la Grande Fontaine

51e année du règne de Qianlong(1786), Dynastie des Qing
Yi Lantai
Gravure sur cuivre
D.: 50 cm; L.: 87 cm
Collection du musée du Palais

在北京的海淀区有一座规模宏大的皇家园林——圆明园，这座被称为"万园之园"的皇帝花园由绮春园、圆明园和长春园三园组成。清代帝后每到夏季就来此避暑、听政，直到秋天才返回紫禁城中居住，因此圆明园也称夏宫。圆明园始建于康熙年间，历经雍正、乾隆、嘉庆、道光、咸丰几代皇帝经营，在这共计150余年的时间里不断扩建，并由通晓西洋建筑学的意大利传教士郎世宁（Giuseppe Castiglione）、法国传教士蒋友仁（Michel Benoît）、王致诚（Jean-Denis Attiret）等一起担当园内西洋楼景区的设计和工程督造，由中国匠师建造。位于长春园北部的西洋楼欧式园林景区由谐奇趣、养雀笼、方外观、海晏堂、远瀛观、大水法、观水法、线法山、线法画等十余座建筑和庭院组成。这使得圆明园成了汇集东西方建筑艺术精华的璀璨之作。

此套长春园西洋楼铜版画是由宫廷画师旗人伊兰泰奉旨为园中西洋楼建筑所绘，并由中国工匠雕版，于乾隆五十一年（1786年）二月完成的。伊兰泰在创作此套册页时，严格按照线法画技法进行绘制。所谓线法画即指"定点引线之法"，也就是现代的焦点透视法。郎世宁供职清代宫廷期间，还将焦点透视技法传授给了中国画师。雍正年间，官员年希尧（年羹尧之兄）出版了一本名为《视学》的著作，专门讲述欧洲的焦点透视画法，根据书中序言可知，是郎世宁教会了其精确的焦点透视。这组完全西式的铜版组画也成为清代宫廷建筑绘画全新技法的代表作。此版册页刻成后，共印制了200套，每套由20幅版画组成。西洋楼铜版图曾同时存放于圆明园西洋楼、避暑山庄、盘山行宫以及内务府造办处等处，亦曾赏赐给皇子及王公大臣等。

此幅大水法正面图，是以由南向北的角度观看大水法。大水法建筑群坐北朝南，建成于乾隆二十四年（1759年），是以石龛式建筑为背景的一处喷泉群，椭圆形菊花式喷水池内有猎狗逐鹿喷泉，左右前方各有一座十三级喷水塔，一齐开放时蔚为壮观。

（李天垠）

Situé dans le district Haidian à Beijing, l'ancien Palais d'Été fut un vaste palais impérial. Surnommé « jardin des jardins », il était composé de trois jardins impériaux: le jardin élégant de l'été, le jardin de la clarté parfaite et le jardin du printemps éternel. Les empereurs et impératrices de la dynastie des Qing s'y rendaient chaque été pour échapper à la chaleur tout en travaillant aux affaires du gouvernement, et ne retournaient vivre dans la Cité Interdite qu'à l'automne, d'où le nom de « palais d'été ». La construction initiale du palais commença sous le règne de l'empereur Kangxi et le palais fut continuellement agrandi sous les règnes de Yongzheng, de Qianlong, de Jiaqing, de Daoguang et de Xianfeng, pendant plus de 150 ans. Le missionnaire italien Giuseppe Castiglione et les missionnaires français Michel Benoist et Jean Denis Attiret, qui étaient des connaisseurs de l'architecture occidentale, furent les

concepteurs des pavillions de style européen dans le palais, dont la construction fut confiée aux artisans chinois. La zone des édifices de style européen située au nord du jardin du printemps éternel était composée de plus de dix structures, dont le palais Xieqiqu, la Volière des paons, le belvédère carré Fangwaiguan, le palais Haiyantang, le palais Yuanyingguan, la Grande fontaine (Dashuifa), le belvédère Guanshuifa, la Colline de la perspective (Xianfashan) et le Tableau de la perspective (Xianfahua). Ces structures font de l'ancien Palais d'Été un chef-d'œuvre unique qui rassemble la quintessence de l'art architectural oriental et occidental.

Cet ensemble de gravures sur cuivre représentant des édifices de style occidental dans le jardin du printemps éternel fut peint par Yi Lantai, peintre de la cour, sur l'ordre de l'empereur. Il fut gravé par des artisans chinois et terminé en février de la 51e année du règne de Qianlong (1786). Les techniques de la perspective furent utilisées par Yi Lantai dans la réalisation de cet album. Ces techniques furent enseignées aux peintres chinois par Giuseppe Castiglione, jésuite et peintre à la cour impériale des Qing. Sous le règne de Yongzheng, le fonctionnaire chinois Nian Xiyao (frère de Nian Gengyao) publia un livre intitulé *La Vue* (shixue), dédié à la méthode occidentale de peinture en perspective. Selon la préface du livre, c'était Giuseppe Castiglione qui lui avait appris les techniques de la perspective. Cet ensemble de gravures sur cuivre de style entièrement occidental est également une œuvre représentative des nouvelles techniques de peinture architecturale de palais de la dynastie des Qing. Une fois la gravure terminée, un total de 200 jeux ont été imprimés, chaque jeu comprenant 20 tirages. Les gravures étaient autrefois conservées dans les bâtiments de style occidental de l'ancien Palais d'Été, dans la résidence impériale d'été à Chengde, dans le palais Jingji et au bureau de construction du Département de la Maison Impériale. Certaines furent également offertes aux princes et aux courtisans.

Cette représentation de la Grande Fontaine est une vue du sud. Orientée au sud, la Grande Fontaine fut construite la 24e année du règne de Qianlong (1759). Il s'agit d'un complexe de fontaines avec un édifice en façade de style européen comme arrière-plan. Dans la fontaine ovale en forme de chrysanthème au milieu, une scène de chiens chassant un cerf était représentée. Devant, une tour de fontaine à treize niveaux était érigée à chaque côté. La vue était spectaculaire lorsque les jeux d'eau étaient en marche en même temps.

(Li Tianyin)

080

圆明园册之谐奇趣南面

清乾隆五十一年（1786年）
伊兰泰
铜版画
纵50厘米　横87厘米
故宫博物院藏

Ancien Palais d'Été: façade sud du Xieqiqu

51e année du règne de Qianlong(1786),
Dynastie des Qing
Yi Lantai
Gravure sur cuivre
H.: 50 cm; L.: 87 cm
Collection du musée du Palais

此幅《谐奇趣南面图》，描绘的是谐奇趣建筑的正面。谐奇趣位于西洋楼景区西端南部，是乾隆十六年（1751年）秋季竣工的第一座欧式水法宫殿。其主楼部分共有三层，其中一、二层皆七间，顶层三间；楼前左右各九间弧形游廊，连着两端的双层八角楼厅，应是演奏中西乐器之处。主楼以南有一大型海棠式喷水池，池内设有铜羊、铜鸭和西洋翻尾石鱼等组成的喷泉。

（李天垠）

Il s'agit d'une gravure représentant la façade du sud du palais Xieqiqu (« palais des délices de l'harmonie »). Situé au sud-ouest de la zone des édifices de style européen, le palais Xieqiqu fut le premier palais de style européen avec jeux d'eau construit dans l'ancien Palais d'Été. Il fut achevé à l'automne de la 16e année du règne de Qianlong (1751). L'édifice principal était composé de trois niveaux, avec sept pièces aux premier et deuxième niveaux et trois pièces au dernier niveau. Chaque côté de l'édifice principal était relié à un pavillon octogonal à deux niveaux via une galerie à neuf porches. Ces pavillons devaient accueillir des concerts de musique chinoise et occidentale. Au sud du bâtiment principal se trouvait une grande fontaine en forme de fleur de pommier de Chine, dans laquelle étaient représentés des moutons en bronze, de canards en bronze et des poissons en pierre à queue roulée.

(Li Tianyin)

諧奇趣南面一

081

十骏马图册

清乾隆
王致诚
纸本设色
每开纵24.2厘米　横29.1厘米
故宫博物院藏

Album des Dix Chevaux

Règne de Qianlong, dynastie des Qing
Jean-Denis Attiret (1702-1768)
Peinture sur papier
Page de H.: 24.2 cm; L.: 29.1 cm
Collection du musée du Palais

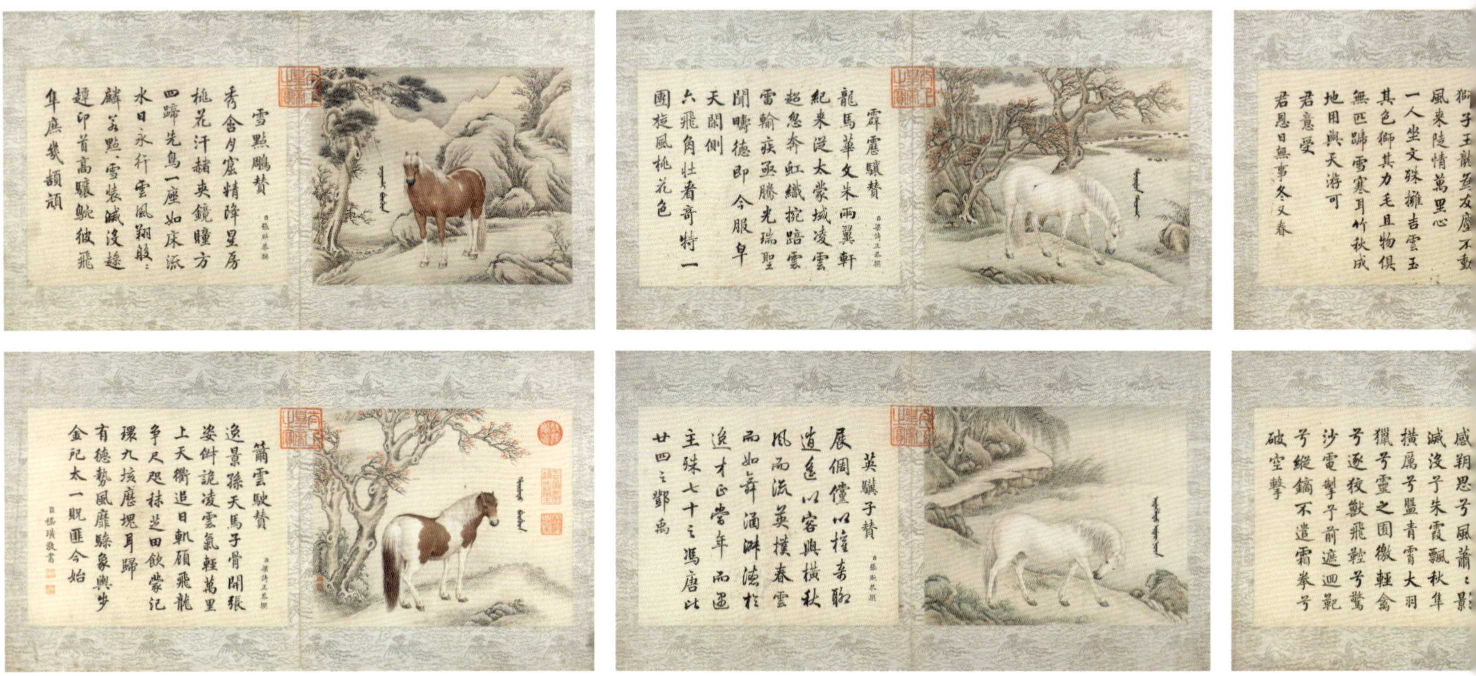

此册为法国传教士王致诚（Jean-Denis Attiret）所作，是目前已知唯一带有其署款的作品。全册依次绘万吉骦、阚虎駵、狮子玉、霹雳骧、雪点雕、自在驈、奔霄骢、赤花鹰、英骥子、籋云驶十匹骏马，皆为乾隆帝坐骑。

图中骏马造型准确，体态生动，用笔工致细腻，赋色清新明快，展现了王致诚高超的写实能力与绘画技巧。背景树石以中国传统笔墨技法绘制而成，应出自中国画家之手。每图本幅写有满文马名，左侧对题有张照、梁诗正奉敕撰赞，为嵇璜所书。

王致诚（Jean-Denis Attiret，1702～1768年），生于法国多雷。早年随其父学习油画，后前往意大利罗马深造。1735年加入耶稣会，乾隆三年（1738年）以传教士身份由耶稣会法国传道部派遣来华，抵京后向乾隆帝进献了个人作品，并受到赞赏，供奉内廷。

根据档案记载，王致诚最初多受命绘制装饰性油画和玻璃画，此后在乾隆帝的授意下，开始学习借鉴中国传统绘画技法，逐渐形成了个人的新风格，并获得了乾隆帝的肯定。王致诚独立或与其他西洋传教士画家合作绘制了多件重要的肖像和纪实性绘画作品，并参与了圆明园的设计工作。

此册曾经清内府收藏，钤有内府鉴藏玺印多枚。《石渠宝笈续编》著录。

（郁文韬）

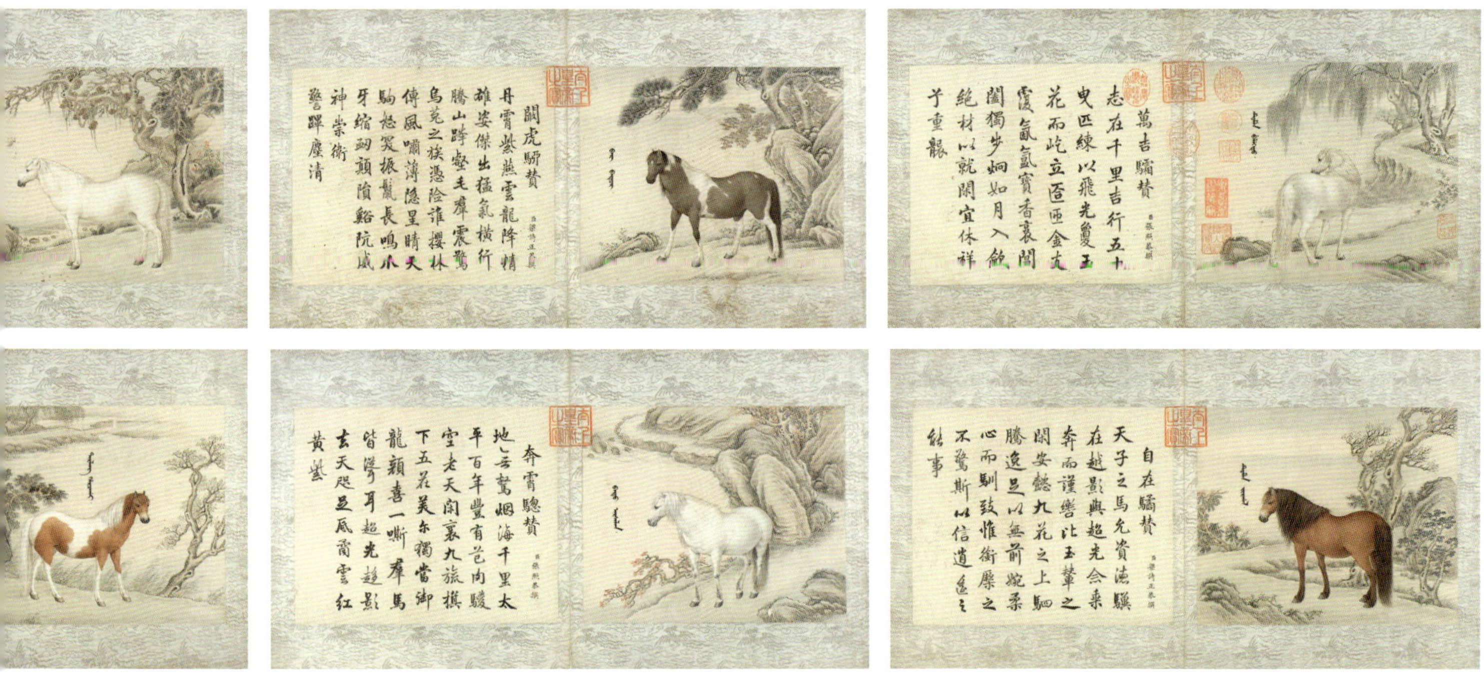

Cet album fut créé par le peintre missionnaire français Jean-Denis Attiret et est la seule œuvre connue portant sa signature. Il est composé de dix peintures de chevaux, lesquels étaient tous des montures de l'empereur Qianlong.

Les chevaux ont des formes précises et des postures vives. Le travail de pinceau délicat avec des couleurs fraîches et lumineuses démontre les compétences exquises en peinture réaliste de Jean-Denis Attiret. Les arbres et les rochers de l'arrière-plan reflètent des techniques de la peinture chinoise traditionnelle et devraient être l'œuvre d'un peintre chinois. Chaque image porte le nom du cheval écrit en mandchou et est accompagnée d'une calligraphie de Ji Huang avec des textes d'hommage de Zhang Zhao et de Liang Shizheng.

Jean-Denis Attiret (1702 -1768) est né à Dole, en France. Il étudia la peinture à l'huile avec son père dans ses premières années, puis se rendit à Rome pour poursuivre son apprentissage. Il rejoignit la Compagnie de Jésus en 1735. En 1738 (troisième année du règne de Qianlong), il fut envoyé en Chine comme missionnaire par la mission française. Après son arrivée à Pékin, il présenta ses œuvres personnelles à l'empereur Qianlong et fut accepté à la cour.

Selon les archives, Jean-Denis Attiret fut d'abord chargé de réaliser des peintures à l'huile et des peintures sur verre décoratives. Plus tard, sous les instructions de l'empereur Qianlong, il commença à apprendre les techniques de peinture traditionnelles chinoises et forma progressivement un nouveau style personnel, apprécié par l'empereur. Jean-Denis Attiret réalisa un certain nombre de portraits et de peintures documentaires importants, seul ou en collaboration avec d'autres peintres missionnaires occidentaux, et participa à la conception de l'ancien Palais d'Été.

Cet album fut autrefois conservé par la Maison Impériale de la dynastie des Qing et contient de nombreux sceaux impériaux. Il est également inscrit au *Catalogue complémentaire du Shi Qu Bao Ji*, un inventaire des collections impériales de la dynastie des Qing.

(Yu Wentao)

082

铅笔素描手稿

18世纪
王致诚
纵21.3厘米　横16.6厘米
法国国家图书馆手稿部藏

Dessin à la mine sur papier par Jean-Denis Attiret

XVIIIe siècle
Jean-Denis Attiret (1702-1768)
H.: 21.3 cm; L.: 16.6 cm
Volume de documents divers
Bibliothèque nationale de France, département des Manuscrits

居住在中国的传教士中，有一部分在宫中为皇帝服务，其他人则被允许生活在外省，进行传教。被留在宫中的传教士由皇帝根据他们各自的特殊技艺亲自挑选：被选中的人要么拥有数学和天文学方面的才能；要么掌握着医学或者音乐方面的知识；要么就是得益于他们在钟表、玻璃制品和绘画上的技艺。

王致诚（Jean-Denis Attiret，1702～1768年）传教士于1738年初来到中国，被乾隆皇帝留在宫中，成了皇帝的御用画师。他在宫中创作了很多肖像画，也参与宫殿内饰的绘制。

19世纪末，皇家图书馆残存的藏品中发现了两幅非常精美的素描，以及无名氏对素描的以下描述："两幅王致诚传教士的画作，仅为草图。画家通常将草图呈献给皇帝，获得皇帝的同意后，再开始进行仔细绘制。"这两幅小作均描绘了一位年轻的宫中女子，很可能是皇室成员的妻妾。在第一张画上，这位年轻女性正掀开帘子，露出了站在帘后的自己，歪着头，拿着一方手绢。在她左边，应该是一张矮凳。第二张画上，还是这位年轻女性，她把帘子的一角挂起，坐在桌子前的绣墩上，手中握着一杆毛笔。通过纸张和砚台，可以看出她正准备画画或者写字，正沉浸在思考之中，手凝滞在半空。她身后画着一扇宫内闺房中典型的圆窗。皇帝有时允许身为画师的传教士接近年轻女性，为她们绘制肖像。这两幅作品令人联想到宫女画，要么是悬挂起来的画作，要么是墙纸上的绘画。这两幅作品可能是王致诚在正式绘画前呈交给皇帝的草图，因为每幅画右上边缘都粘贴着黄色的纸条，正好对应澄观阁东梢间东西两面墙上的位置，也就是说，成画最终应呈面对面悬挂。

（娜塔莉·莫内）

Parmi les missionnaires résidant en Chine, quelques-uns travaillaient au service de l'empereur à la cour tandis que les autres étaient autorisés à vivre en province ce qui leur permettait d'évangéliser la population. Ceux qui étaient retenus à la cour avaient été sélectionnés par l'empereur pour leurs talents particuliers: ils étaient employés pour leurs compétences en mathématiques et en astronomie, mais également pour leurs connaissances médicales ou musicales, ou pour leur savoir-faire en horlogerie, en verrerie ou en peinture.

Arrivé en Chine au début de l'année 1738, le frère Jean-Denis Attiret (1702-1768) fut retenu par l'empereur Qianlong qui en fit l'un de ses peintres à la cour. Il y peignit de nombreux portraits et travailla aussi à la décoration intérieure des palais impériaux. Deux petits dessins très fins ont été retrouvés à la fin du XIXe siècle dans un fonds résiduel de la Bibliothèque. Ils étaient accompagnés de la note anonyme suivante: « *Deux desseins du frere Attiret. Ils ne sont qu'ébauchés. C'est ainsi que nos Peintres les présentent à l'Empereur, s'il les agrée, ils les peignent.* » Ces deux petites œuvres appartiennent à une série représentant une jeune beauté de la cour, peut-être une épouse ou une concubine impériale. Sur le premier dessin, la jeune femme soulève un rideau qui la laisse apparaître debout, tête penchée, tenant un mouchoir. A sa gauche, on devine un tabouret. Sur le dessin suivant, la même jeune femme qui a accroché un pan du rideau pour le maintenir ouvert, est assise sur le tabouret devant sa table, tenant un pinceau entre les doigts. Elle s'apprête à exécuter un tableau ou une calligraphie dont on ne devine que la feuille et l'encrier, mais perdue dans une attitude pensive, son geste reste suspendu. Derrière elle est esquissée une fenêtre ronde comme il s'en trouvait dans les appartements impériaux privés, l'empereur permettant parfois aux peintres missionnaires d'approcher les jeunes femmes pour en faire leur portrait. Ces dessins rappellent certaines peintures de dames de la cour, réalisées soit en peintures à suspendre, soit en panneaux sur papier peint. Il pourrait effectivement s'agir de dessins soumis en projet à l'empereur par Attiret avant leur exécution finale car des bandelettes de papier jaune collées aux bords supérieurs droits de chaque dessin indiquent la localisation précise des murs est et ouest d'une une salle située dans la partie orientale d'un pavillon nommé Chengguange. Les peintures étaient par conséquent destinées à être placées en vis-à-vis. (Nathalie Monnet)

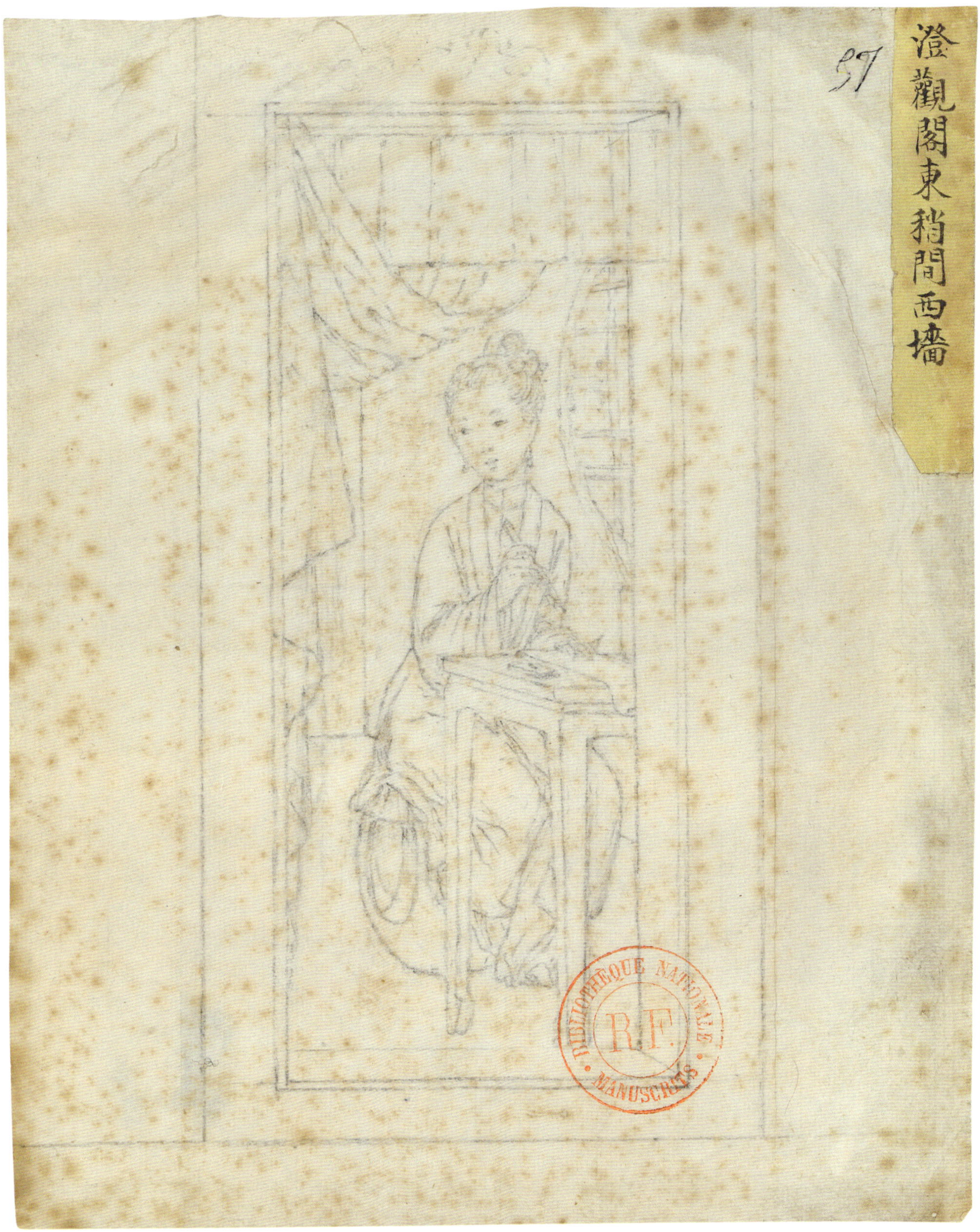
澄觀閣東稍間西墻
57
BIBLIOTHEQUE NATIONALE
R.F.
MANUSCRITS

083

贡象、马图卷

清乾隆五十八年（1793年）
贺清泰、潘廷章
绢本设色
纵40.8厘米　横318厘米
故宫博物院藏

Éléphants et chevaux sur rouleau

58e année du règne de Qianlong (1793), dynastie des Qing
Louis Antoine Poirot (1735-1814), Giuseppe Panzi (1734-1812)
Peinture sur soie
H.: 40.8 cm; L.: 318 cm
Collection du musée du Palais

本卷是由两位供职清宫的西洋画师贺清泰（Louis Antoine Poirot）与潘廷章（Giuseppe Panzi）合作完成，画家使用中国颜料结合西洋技法，将两头大象与两匹骏马描绘得惟妙惟肖。本幅从右至左依次绘有驯远象、伏柔象等，标注有满汉文说明及身高身长尺寸。本幅结尾处有落款："乾隆五十八年冬月，臣贺清泰、潘廷章奉敕恭绘。"

贺清泰（Louis Antoine Poirot，1735～1814年），法国人，天主教耶稣会士。曾经留学意大利，精通天文学、数学，于乾隆三十五年（1770年）来中国，不久便进入宫廷供职。贺清泰擅长山水、人物、走兽，曾奉命作油画，存世作品不多，本手卷中的两只大象为其作品。

潘廷章（Giuseppe Panzi，1734～1812年），意大利人，天主教耶稣会士。他在欧洲时就颇有声望。潘廷章擅长作油画肖像，曾为乾隆皇帝绘制油画肖像。本幅中的两匹骏马为其所绘。

本幅手卷引首部分为乾隆皇帝御笔"慎德纪全"四字，钤"八征耄念之宝"印迹。本幅开端为乾隆时期的词臣董诰于乾隆五十八年（1793年）奉敕敬书的《御制廓尔喀所贡象马至京诗》，根据此诗及相关史料可知本幅创作的历史背景：经过四年艰苦的边境军事斗争，清王朝从乾隆五十三年（1788年）至乾隆五十七年（1792年）先后两次抗击入侵我国西藏地区的廓尔喀（今尼泊尔）军，并于第二次抗入侵战争中取得压倒性胜利，为我国西南边陲的持久安宁奠定了坚实的基础。战后，为了显示自己的怀柔仁厚，乾隆皇帝接受了对方的请降。此役也是乾隆皇帝"十全武功"的最后一役。

本幅尾部有王杰、董诰、彭元瑞、金士松、玉保、瑚图礼、那彦成等大臣奉敕所作诗文。

（李天根）

Ce rouleau a été réalisé par deux peintres occidentaux travaillant à la cour de la dynastie des Qing, Louis Antoine Poirot et Giuseppe de Panzi. À travers des pigments chinois et des techniques occidentales, les artistes ont représenté de manière vivante deux éléphants et deux chevaux. Les images d'animaux sont accompagnées de descriptions en mandchou et en chinois

décrivant leur espèce et leur taille. L'inscription à la fin du rouleau indique qu'il est peint par Louis Antoine Poirot et Giuseppe Panzi à l'hiver de la cinquante-huitième année du règne de Qianlong. Louis Antoine Poirot (1735 -1814), est un père jésuite français. Il avait étudié en Italie et maîtrisait l'astronomie et les mathématiques. Il arriva en Chine la 35e année du règne de Qianlong (1770) et entra peu après à la cour impériale. Doué pour les paysages, les personnages et les animaux, Louis Antoine Poirot réalisa des peintures à l'huile au service de la cour. Peu de ses œuvres furent conservées. Les deux éléphants dans ce rouleau sont réalisés par lui. Giuseppe Panzi (1734-1812) est un jésuite italien, déjà célèbre en Europe avant d'entrer à la cour de Chine. Doué pour les portraits, Giuseppe Panzi réalisa des portraits à la peinture à l'huile pour l'empereur Qianlong. Les deux chevaux de ce tableau furent peints par lui.

À la tête du rouleau est une calligraphie de quatre caractères (littéralement « note sur la culture de la moralité ») par l'empereur Qianlong, accompagnée de son sceau. La suite du rouleau est un poème d'hommage écrit par Dong Gao en 58e année du règne de Qianlong (1793). Ce poème et les documents historiques pertinents indiquent le contexte historique de la création de cette œuvre: pendant quatre ans de conflits militaires frontaliers intenses de 1788 à 1792, la dynastie des Qing se battit à deux reprises contre les Gorkhas (aujourd'hui le Népal) qui avaient envahi le Tibet, et remporta une victoire écrasante, jetant les bases solides d'une paix durable à la frontière sud-ouest de la Chine. Après la guerre, afin de montrer sa bienveillance, l'empereur Qianlong accepta la reddition des envahisseurs. Cette bataille était également la dernière des Dix Grandes Campagnes de l'empereur Qianlong.

La dernière partie du rouleau comporte des poèmes et des essais écrits par des courtisans tels que Wang Jie, Dong Gao, Peng Yuanrui, Jin Shisong, Yubao, Huturi et Nayacheng en réponse au décret impérial. (Li Tianyin)

天機持盈業業惟增惕敢曰遐荒接踵依
乾隆癸丑仲冬月
勅敬書
臣董誥奉
馴遠象 身高一丈一尺
身長一丈

鳳臆驄 身高四尺三寸
身長六尺
乾隆五十八年冬月臣賀清泰潘廷章奉
勅恭繪

御製廓爾喀所貢象馬至京詩以誌事有序

廓爾喀之役自熱索橋至帕朗古宷入七八百里殲戮數千人拉特納巴都爾窮蹙籲降鑒其悃誠准予納款此其所進方物中象馬也道遠且險今始至京我國家萬國共球若安南暹羅緬甸南掌之象充牣儀衛哈薩克布魯特之馬散牧營伍豈庸是戔戔者為特以邀昊蒼之助順表將士之効勤綏彼邊餘安我葳地效來呈覽輒用成章

異域歸降順事機來朝奉表賚先歸

拉特納巴都爾遣其大頭目噶箕第烏達特塔巴等奉表於上年臘月抵都本年新正紫光閣與宴上元觀鐙即加賚遣歸

馬蹄象齒胥生致

廓爾喀所進方物可以輕齎者俱經降使納奉陳廷惟象馬因濟嚨一路山險難行由巴爾底薩穰里布魯克巴等部落繞道前來諸部落各派番民護送修途供料於本年正月由帕克里邊界至前藏四月草萌雪消時由青海送京除賞給達賴喇嘛班禪額爾德尼外今象二馬五俱入關

鹿角狼胡笑彼微

廓爾喀為邊外之邊線巖瓴溜地險絕倫進兵時將軍以下皆

軍務細咨憐眾苦

躧履步行踉穿踵決尚能埋根首進殺敵致果去歲屢經奏知近面詢福康安愈悉其狀即如象馬迂道乃其証也總由福康安感恩任事勞苦胥忘而予嘉彼藎勤觸緒生憐益以仰

084

摹戎装仕女像屏

民国
俞明
纸本设色
纵110厘米　横64厘米
故宫博物院藏

Portrait de dame en uniforme militaire

République de Chine
Yu Ming
Peinture sur papier
H.: 110 cm; L.: 64 cm
Collection du musée du Palais

该画像所临摹的原作为清宫旧藏，油画现藏台北故宫博物院。该油画像在20世纪初曾在北平古物陈列所展出，引起广泛关注。对画中人物身份的猜测，成为当时相关研究的焦点，其中以画中女子为乾隆皇帝香妃的说法最为流行。随着对此画的不断了解，此一说法逐渐被大多数学者所否定。此幅油画的粉本和形象来源关涉中西艺术交流，尤其是中法宫廷间的艺术交流，是探讨法国宫廷帝王戎装像对清宫绘画影响的重要资料。

该幅画像是民国时期画家俞明临摹的戎装仕女像，画幅钤有“俞涤烦印”。俞明（1884～1935年），字涤凡，一字涤烦，浙江湖州人，居上海。工人物、花卉，亦善肖像。为近代海派名家之一。

（郭福祥）

La peinture à l'huile originale à partir de laquelle ce portrait fut copié faisait partie de l'ancienne collection du palais de la dynastie des Qing et fait maintenant partie de la collection du musée national du Palais de Taipei. Exposée au Centre d'exposition des antiquités de Pékin au début du XXe siècle, la peinture attira une grande attention. L'identité de la dame du tableau interrogea les chercheurs. Selon la théorie la plus populaire à l'époque, elle serait la « concubine parfumée » de l'empereur Qianlong. Toutefois, cette affirmation fut progressivement rejetée par la plupart des chercheurs. Le croquis et l'image de cette peinture à l'huile sont liées aux échanges artistiques entre la Chine et l'Occident, en particulier entre les cours chinoise et française de l'époque. La peinture constitue un matériau important pour explorer l'influence des portraits de roi français en uniforme militaire sur les peintures de la cour des Qing.

Le sceau en bas à gauche indique qu'il s'agit d'un portrait copié par le peintre Yu Ming pendant la période de la République de Chine. Yu Ming (1884-1935), également connu sous le nom de Difan, est originaire de Huzhou, dans la province du Zhejiang. Il vécut à Shanghai et était spécialisé dans la peinture des portraits et des fleurs. Il fut l'un des maîtres célèbres de l'école shanghaienne de la période moderne.

(Guo Fuxiang)

085

黄地珐琅彩折枝梅花图题诗句碗

清雍正
高6.2厘米　口径12厘米　足径4.6厘米
故宫博物院藏

Bol en porcelaine émaillée jaune peint de fleurs de prunier à fond jaune

Règne de Yongzheng, dynastie des Qing
H.: 6.2 cm; D. (ouverture): 12 cm;
D. (fond): 4.6 cm
Collection du musée du Palais

碗撇口，深弧腹，圈足。内、外壁和圈足内均施白釉，足端无釉。外壁黄地珐琅彩绘折枝梅花图题诗句装饰。一侧绘折枝梅花图，以黑彩、绿彩分绘粗细枝干与枝条。枝条虬枝峥嵘，其上饰粉红、淡绿两色梅花，以淡黄色点缀花蕊，梅花静香妍开，生机盎然；另一侧画面空白处以黑彩题写行书体“只言花是雪，不悟有香来”五言诗。此诗出自苏子卿《梅花落》。引首钤胭脂红彩篆体“先春”长方形朱文闲章，末尾钤胭脂红彩篆体“寿古”方形白文和“香清”方形朱文闲章。外底圈足内署蓝料彩楷体“雍正年制”四字双行外围双方框款。

珐琅彩瓷是康熙朝晚期受欧洲进口的铜胎画珐琅料影响而创烧的釉上彩绘瓷器品种。早期珐琅料依赖欧洲进口，色彩种类较少。自雍正六年（1728年），在怡亲王允祥的指导下，造办处珐琅作成功新炼珐琅料数十种，极大丰富了珐琅彩瓷器的色彩品种。雍正朝珐琅彩瓷器造型端庄隽秀，胎釉细腻莹润，纹饰线条精细生动，绘画题材多以花鸟、山水、竹石等为主，同时配以与景物相应的诗句，题诗行书字体隽秀洒脱，整幅画面集诗、书、画、印于一体，体现了雍正朝珐琅彩瓷器精细文雅的艺术风格。
（王振宇）

Il s'agit d'un bol à bord évasé à carène basse, avec une base cylindrique. La paroi intérieure et le fond extérieur sont recouverts d'émail blanc. La paroi extérieure est recouverte d'émail jaune peint de fleurs de prunier, accompagnées d'un poème. Les branches épaisses sont peintes en noir et les branches fines en vert. Les fleurs de prunier sont roses et vert clair, avec des étamines jaune clair, dégageant une douceur et une forte vitalité. Le poème en calligraphie chinoise s'inspire du paysage et dit littéralement « N'ayant pas senti le parfum, j'ai pris les fleurs pour de la neige ». Il s'agit d'un poème de Su Ziqing. Le poème est accompagné de trois sceaux rouges indiquant respectivement « début du printemps », « longévité » et « clarté parfumée ». Le fond extérieur comporte quatre caractères bleus indiquant « Fabriqué sous le règne de Yongzheng ».

La porcelaine émaillée peinte de Chine a été créée à la fin du règne de Kangxi, sous l'influence des objets en cuivre émaillé importés d'Europe. Au début, les émaux étaient importés d'Europe et le choix des couleurs était limité. À partir de la sixième année du règne de Yongzheng (1728), sous la direction du prince Yinxiang, les ateliers du palais ont produit avec succès des dizaines de nouveaux émaux, enrichissant considérablement les couleurs de la porcelaine émaillée. Sous le règne de Yongzheng, la porcelaine émaillée est de forme raffinée et élégante, avec des glaçures délicates et brillantes et des lignes décoratives fines et vives. Les thèmes principaux des peintures sont les fleurs, les oiseaux, les paysages, les bambous, les rochers, etc., et sont accompagnés par des poèmes correspondant au paysage, exécutés dans une calligraphie à l'allure dégagée. La décoration intègre la poésie, la calligraphie, la peinture et l'art du sceau, reflétant un style artistique délicat et élégant.
(Wang Zhenyu)

雍正年製

086

粉彩西番莲纹花觚

清乾隆
高24厘米　口径13.7厘米　足径11厘米
故宫博物院藏

Vase en porcelaine aux motifs de passiflore

Règne de Qianlong, dynastie des Qing
H.: 24 cm; D. (ouverture): 13.7 cm; D. (fond): 11 cm
Collection du musée du Palais

觚侈口，束颈，鼓腹，束胫，覆钟形底座。胎呈白色，纯净致密。施粉彩、描金装饰。外壁口沿、腹部上下沿及近底部一周描金。通体以淡粉红色为底，颈、底座为装饰主题，绘西番莲纹，八吉祥图样相伴，腹部绘一周西番莲纹，胫部绘装饰花纹。颈、腹交接位置绘仰蕉叶纹与回字纹装饰，期间留白，署矾红彩篆体"大清乾隆年制"六字单行外围双方框横款。近足处绘一周回字纹装饰。

此觚采用复杂的仿古器物造型，八吉祥纹样与清早期有别，花卉粉彩设色精致，体现了清乾隆时期御窑厂高超的制瓷工艺，以及宫廷用瓷新的审美风尚。

（蒋艺）

Il s'agit d'un gobelet à ouverture évasée, avec un col fin et une panse bombée suivi d'un second cou et d'une base en forme de cloche. La porcelaine est blanche, pur et dense. Elle est décorée d'émaux de la famille rose et de peinture dorée. Le rebord de l'ouverture, les limites supérieure et inférieure de la panse et la circonférence de la base sont peints en or. Le corps entier est recouvert d'une couche rose pâle. Le premier cou et la base sont décorés de motifs de passiflore, accompagnés de motifs de bon augure. La panse est peinte d'un cercle de motifs de passiflore et le second cou est décoré de motifs floraux. La jonction entre le premier cou et la panse est décorée d'un motif de feuilles de bananier et d'un motif en zigzag. Cette jonction comporte également une inscription rouge horizontale encadrée, indiquant « Fabriquée sous le règne de Qianlong de la dynastie des Qing ». Le fond est décoré d'un cercle de motif en zigzag. Ce vase adopte une forme antique complexe. Les motifs de bon augure sont différents de ceux du début de la dynastie des Qing. Les couleurs de la famille rose sont exquises, reflétant des techniques de fabrication avancées des fours impériaux pendant le règne de Qianlong de la dynastie des Qing, ainsi que la nouvelle tendance esthétique de la porcelaine de palais.

(Jiang Yi)

087

铜镀金珐琅亭式内有升降塔钟

清
广州
高100厘米　宽45厘米　厚39厘米
故宫博物院藏

Pendule à automates en cuivre doré et émail avec pagode

Dynastie des Qing
Guangzhou
H.: 100 cm; L.: 45 cm; Pr.: 39 cm
Collection du musée du Palais

此钟共分三层。底层内安放音乐及控制活动的机械装置。底层为三针钟，钟盘两侧拱门内均有一对可转动的捧花童子，左右侧面平铺水法玻璃棒。第二层有一座可升降铜镀金九层佛塔，两旁各有插翅羽人。顶层亭子内有一人手持折联。底层后面上弦后，在乐声中，捧花童子原地转圈，佛塔逐层升起，羽人拜塔，持折人移动到门外的指定位置，打开折子，折上书“千秋永固”四字，四角转花随之转动。乐止，塔落至原位，持折人退回门内，转花、童子停转。此钟在演示塔升降的同时，伴有其他复杂活动，体现出广州钟表制造的高超水平。

（邢丽娜）

Il s’agit d’une pendule à trois parties. La partie inférieure abrite les mécanismes qui contrôlent la musique et les mouvements: la pendule à trois aiguilles au centre, avec une arche de chaque côté du cadran accueillant deux garçons rotatifs tenant des fleurs. Chaque côté latéral est orné d'une peinture à décor de paysage aquatique. La partie centrale abrite une pagode en cuivre doré de neuf étages qui peut s’élever, avec un ange ailé de chaque côté. La partie supérieure est un pavillon abritant un personnage tenant des pages pliées. Lorsque le mécanisme de musique est activé par la clé à l'arrière de la partie inférieure, au son de la musique, les garçons tenant les fleurs tournent en rond, la pagode s'élève niveau par niveau, les anges ailés vénèrent la pagode, le personnage de la partie supérieure sort du pavillon et ouvre le pli sur lequel sont écrits quatre caractères chinois signifiant « éternité ». Les fleurs des quatre coins tournent au rythme de la musique. Lorsque la musique s'arrête, la tour redescend dans sa position initiale, le personnage du haut retourne dans le pavillon, et les fleurs et les garçons arrêtent de tourner. En plus d’une pagode capable de s’élever, cette pendule contient un ensemble d’activités complexes, reflétant le niveau très avancé de l’horlogerie de Guangzhou.

(Xing Lina)

088

铜镀金镶珐琅转花亭式卷帘白猿献寿钟

清
广州
高110厘米　宽44厘米　厚30厘米
故宫博物院藏

Pendule en cuivre doré incrusté d'émaux et à décor de singes

Dynastie des Qing
Guangzhou
H.: 110 cm; L.: 44 cm; Pr.: 30 cm
Collection du musée du Palais

此钟通体嵌绿、蓝色珐琅，分为三层。底层为三针钟，钟盘下方布景箱上挂卷帘，帘内是一组活动景观。景观内设三只跪地白猿，中间大猿手捧仙桃，左右两只小猿分别捧珍珠和红珊瑚，大猿身后还有一卷帘。中层正面是三朵可旋转的料石花。顶部是六角亭，亭中心有可旋转的烧蓝瓶，瓶腹部安放四个转盘，瓶周有各式献宝人物。上弦启动后，乐曲声响起，布景箱上的卷帘和大猿身后卷帘同时升起，三猿胳膊受金属丝牵引，举起手中物品做奉献状，中层转花、上层瓶子、献宝人等也在乐曲声中转动。三猿完成进献动作后，帘子落下，转花停转，音乐声止。

“白猿献寿”是广州钟表的特色主题，此类钟表多于帝后生辰之时由臣工进献。

（邢丽娜）

Il s'agit d'une pendule incrustée d'émaux verts et bleus en trois parties. La partie inférieure abrite un cadran à trois aiguilles, sous lequel se trouve une boîte à décors avec un rideau roulant. À l'intérieur de la boîte se trouvent trois singes blancs agenouillés. Le grand singe du milieu tient une pêche de longévité, et les deux petits singes tiennent respectivement des perles et du corail rouge. Il y a en outre un rideau roulant derrière le grand singe. Dans la partie centrale se trouvent trois pots de fleurs en pierre qui peuvent tourner sur elles-mêmes. La partie supérieure est un pavillon hexagonal. Au milieu du pavillon se trouve un vase bleu qui peut tourner sur lui-même. Quatre plateaux tournants sont placés sur la panse du vase et diverses figures offrant des trésors entourent le vase. Lorsque le mécanisme est activé, au son de la musique, les deux rideaux de la boîte à décor se lèvent en même temps. Les trois singes, tirés par les fils métalliques liés à leurs bras, soulèvent les objets dans leurs mains dans un geste de dédicace. Les fleurs de la partie centrale, le vase et les figures dans le pavillon tournent également au son de la musique. Une fois que les trois singes terminent leur geste d'offrande, les rideaux retombent, les fleurs arrêtent de tourner et la musique s'arrête.

Les singes souhaitant la longévité sont un thème emblématique des pendules de Guangzhou. Ce type de pendules est souvent présenté par les courtisans à l'occasion des anniversaires de l'empereur ou de l'impératrice.

(Xing Lina)

089

透明珐琅缠枝花纹折沿盆

清
广州
高12.8厘米　口径47厘米　底径16.6厘米
故宫博物院藏

Bassin en émail transparent aux motifs floraux

Dynastie des Qing
Guangzhou
H.: 12.8 cm; D. (ouverture): 47 cm;
D. (fond): 16.6 cm
Collection du musée du Palais

铜胎，圆形，折沿，平底微凹。通体錾胎呈水波纹为地，内、外壁饰缠枝花形银片，罩烧一层蓝色透明釉料，口沿、折沿、盆心等处饰描金花叶纹。缠枝花及水波纹饰若隐若现，描金花叶纹饰则光彩夺目，两者相互映衬，令观者赏心悦目。

所谓透明珐琅，是将透明釉料施于金属胎体之上，经烧制后形成一种可透视、器物表面自然亮丽、有明暗变化等多种视觉效果的珐琅艺术作品。其主要产地在广东，因此，透明珐琅作品又被称为“广珐琅”。

（王翯）

Il s'agit d'un bassin en cuivre ronde, avec un bord plié, un fond plat et légèrement concave. Le corps entier est à l'émail translucide de basse-taille. Les parois intérieures et extérieures sont décorées aux motifs de fleurs en argent. Elles sont recouvertes d'une couche de glaçure transparente bleue. Le bord de l'ouverture, le bord du pli et le centre de la bassine sont décorés de motifs floraux dorés. Les fleurs et les ondulations de l'eau se profilent sur les parois et les décorations peintes en or sont éblouissantes. Les deux éléments contrastent l'un avec l'autre, créant un visuel splendide.
L'émail translucide consiste à couvrir d'émaux translucides une plaque métallique. Après cuisson, elle devient une œuvre d'art en émail transparent, avec une surface naturellement brillante et divers effets visuels, notamment des changements de lumière. Cette technique étant beaucoup utilisée dans le Guangdong, les œuvres en émail translucide sont également appelées « émaux de Guangzhou » en Chine.
(Wang He)

090

透明珐琅八吉祥袱系纹瓶

清
广州
高22.7厘米　口径6.7厘米
最大径12厘米　足径5.8厘米
故宫博物院藏

Vase à l'émail transparent au motif de bon augure

Dynastie des Qing
Guangzhou
H.: 22.7 cm; D. (ouverture): 6.7 cm;
D. (maximale):12 cm; D. (fond): 5.8 cm
Collection du musée du Palais

铜胎，撇口，短颈，圈足。通体饰缠枝西番莲形银片，并罩蓝色透明珐琅釉。釉面装饰绿色锦地袱系纹，瓶肩及腹下部饰描金八吉祥纹，口沿下及近足处饰描金花叶纹。

广东制作的铜胎透明珐琅在颜色上主要使用蓝色和绿色。通行的做法是先在铜胎表面手工錾刻呈带状分布的水波纹，直接在其上铺填蓝色或绿色的透明珐琅釉烧制，成为可以清晰显现底胎錾刻纹饰的透明釉面。然后再在单色透明珐琅上面粘贴金银片，根据纹饰需要，在局部的金银片上点缀不同颜色透明珐琅釉，再次烧制。最后再通体罩烧一层薄珐琅釉。这种透明珐琅由于胎地纹饰錾刻深浅不一，使透明釉料薄厚不同，随着观看角度或光线变化，表面会产生一种或深或浅或明或暗的绚丽效果。（王翯）

Il s'agit d'un vase en cuivre, avec une ouverture évasée, un col court et une base ronde. L'ensemble du corps est décoré de pièces d'argent en forme de branches entrelacées et recouvert d'une glaçure en émail bleu translucide. La glaçure est décorée d'un motif de brocart vert. Les épaules et la partie basse du vase sont décorées de motifs de bon augure en or. Le bord inférieur de l'ouverture et la base sont décorés de motifs floraux en or.

L'émail translucide sur cuivre fabriqué dans le Guangdong utilise principalement des couleurs bleues et vertes. La méthode courante consiste à ciseler d'abord manuellement des motifs en bas-relief sur la surface du cuivre, puis à les remplir directement d'émail translucide bleu ou vert, avant de les passer en cuisson pour former un vernis transparent qui laisse voir clairement les motifs de sculpture sur le cuivre en dessous. Ensuite, des feuilles d'or et d'argent sont collées sur l'émail transparent. Selon les besoins de la décoration, certaines feuilles d'or et d'argent sont agrémentées de différentes couleurs d'émail transparent et cuites à nouveau. Enfin, une fine couche d'émail est appliquée sur l'ensemble de l'objet. En raison des variations de profondeur des sculptures sur le métallique, l'émail translucide a des épaisseurs différentes. À mesure que l'angle de vue ou la lumière change, la surface de l'émail produira un effet magnifique avec des jeux de lumière. (Wang He)

091

透明珐琅八吉祥缠枝花纹攒盒

清
广州
通高15厘米　口径37.7厘米　足径29.5厘米
故宫博物院藏

Boîte en émail transparent au motif de bon augure

Dynastie des Qing
Guangzhou
H. (totale): 15 cm; D. (ouverture): 37.7 cm;
D. (fond): 29.5 cm
Collection du musée du Palais

铜胎，圆形，盖凸起，圈足。通体以银片饰缠枝花卉纹，罩宝蓝色透明珐琅。盖面中心金色西番莲纹，四周缠枝花纹，外围一周八吉祥纹，凸起边沿如意云头纹，凸起下一周西番莲纹，上下莨苕纹各一周。盖壁与器壁上各饰一周八吉祥纹，以西番莲纹为间隔。

据学者考证，广东透明珐琅工艺并非诞生自本地，而是于乾隆年间自西洋传来。引进的契机是乾隆四十年（1775年）十一月乾隆帝命人将十件康熙、雍正款画珐琅器送到广州，要

求粤海关官员仿制这些器物。粤海关官员将器物画样后，把图样送到法国制作。然而，法国人在仿制其中一件“康熙御制金胎西洋珐琅碗”时，并没有采用原版器物上的画珐琅工艺，而是使用了法国特有的浮雕内填透明珐琅工艺。乾隆皇帝并未因此气恼，反而令粤海关继续仿烧，从而开启了广东透明珐琅从乾隆年间到晚清一百余年的发展史。

（王翯）

Il s'agit d'une boîte en cuivre, de forme ronde, avec un couvercle convexe et une base ronde. L'ensemble de la boîte est décoré de motifs floraux faits de feuilles d'argent et recouvert d'émail transparent bleu saphir. Le centre du couvercle est décoré d'un motif floral doré, entouré de motifs de bon augure. Le bord du premier niveau est décoré de motifs de nuage, suivis de motifs de passiflore. Les parois verticales du couvercle et de la boîte sont décorées d'un tour de motifs de bon augure, séparés par des motifs de passiflore.

Selon les chercheurs, l'artisanat de l'émail transparent du Guangdong fut introduit depuis l'Occident pendant le règne de l'empereur Qianlong. En effet, en novembre 1775, sous l'ordre de l'empereur Qianlong, dix objets en émail peint du règne de Kangxi et du règne de Yongzheng furent envoyés à Guangzhou pour que les douanes les reproduisent. Pour cela, les douaniers du Guangdong dessinèrent les œuvres et envoyèrent les dessins en France pour la production. Cependant, lorsque les artisans français reproduisirent un bol en or émaillé du règne de Kangxi, ils n'avaient pas utilisé le procédé initial d'émail peint, mais le procédé unique français de l'émail translucide de basse-taille. Satisfait du résultat, l'empereur Qianlong demanda aux douanes du Guangdong de créer d'autres imitations du même style, lançant ainsi le développement de l'émail transparent du Guangdong pendant plus de cent ans, de la période de Qianlong à la fin de la dynastie des Qing.

(Wang He)

092

透明珐琅夔纹双耳高足杯

清
广州
高16.7厘米　口径18.3厘米　足径8.4厘米
故宫博物院藏

Coupe sur pied en émail transparent

Dynastie des Qing
Guangzhou
H.: 16.7 cm; D. (ouverture): 18.3 cm; D. (fond): 8.4 cm
Collection du musée du Palais

铜胎镀金，圆形敞口，夔龙式镀金双耳，高足。通体仿古铜绿地。杯身上、下镀金錾刻莨苕纹各一周，外壁环绕描金方夔纹与回纹。足立柱上、下镀金錾刻变形蕉叶纹，之间环绕描金方夔纹与回纹，底部莲瓣纹一周。杯里施天蓝色釉，外底镀金光素。

此器造型仿西洋式样，其透明珐琅釉又似瓷器中的古铜瓷，装饰华丽，色调凝重，是透明珐琅工艺中具有代表性的作品。

（王翯）

Il s'agit d'une coupe sur pied en cuivre doré, à ouverture ronde et dotée de deux anses en forme de dragon. L'ensemble de la coupe est recouvert d'une patine. La partie supérieure de la coupe est décorée de deux tours de motifs gravés d'acanthe dorés, un tour en haut et un tour en bas, et sa paroi extérieure est entourée de motifs *Kui* (une créature mythique) et de motifs carrés géométriques. Le pied de la coupe est décoré de deux tours de motifs gravés de feuilles de bananier déformés, un tour en haut et un tour en bas, et sa paroi extérieure est entourée de motifs *Kui* et de motifs carrés géométriques. La base de la coupe est décorée d'un tour de motifs de pétales de lotus. L'intérieur de la coupe est émaillé de glaçure bleu ciel et le fond extérieur est doré.
La forme de cette coupe imite le style occidental tandis que son glaçage en émail transparent crée un effet similaire à la porcelaine de couleur bronze. Magnifiquement décorée aux couleurs nobles, cette coupe est une œuvre représentative de l'artisanat de l'émail transparent.
(Wang He)

093

画珐琅西洋仕女图执壶

清乾隆
高20.6厘米　宽17.2厘米
口径5厘米　腹径10.2厘米　足径5.8厘米
故宫博物院藏

Aiguière émaillée peinte de figures occidentales

Règne de Qianlong, dynastie des Qing
H.: 20.6 cm; L.: 17.2 cm; D. (ouverture): 5 cm;
D. (panse): 10.2 cm; D. (fond): 5.8 cm
Collection du musée du Palais

执壶铜胎镀金。圆形，盖隆起，宝珠钮，撇口，束颈，丰肩，鼓腹，下部收敛，足微撇，圈足平底。腹部前出兽吞流，后接龙首高曲柄。壶盖黄地，绘花卉一朵，并围绕茛苕卷叶缠枝一周。颈部淡绿色缠枝花纹底开光两个，内绘白地折梅图，近肩处一周茛苕纹。腹部前后各一开光，内绘西洋仕女婴戏图，开光外黄地缠枝花卉纹。足部一周白地蓝色回纹。外底白色，中心蓝色双方框内“乾隆年制”双竖行楷书款。

（王翯）

Il s’agit d’une aiguière en cuivre doré de forme ronde, avec un couvercle bombé doté d'une prise en forme de perle, une ouverture évasée, un col cintré, une panse ventrue et un pied cerclé et légèrement évasé. La partie du bec reliée à la panse est en forme de bête et la partie de l’anse reliée à la panse en forme de tête de dragon. Le couvercle est peint d’une fleur et d'un cercle de branchages d’acanthe sur fond jaune. Le col est décoré de motifs de branches et de fleurs et comporte deux cases blanches peintes de fleurs de prunier à l’intérieur. La partie proche des épaules est décorée de motifs d’acanthe. La panse comporte une peinture sur le devant et une peinture à l’arrière, représentant une dame occidentale jouant avec un bébé. Le reste de la panse est décoré aux fleurs et feuillages sur un fond jaune. Le pied est décoré d’un cercle de clé grecque. Le fond est blanc, avec une inscription bleue au milieu indiquant « Fabriqué sous le règne de Qianlong ».
(Wang He)

094

画珐琅西洋人物图盖罐

清乾隆
连座高27厘米　通高22.2厘米　口径12.2厘米
足径8.6厘米　座底径13.6厘米
故宫博物院藏

Pot à couvercle orné d'émaux peints représentant des figures occidentales

Règne de Qianlong, dynastie des Qing
H. (avec base): 27 cm; H. (totale): 22.2 cm; D. (ouverture): 12.2 cm;
D. (fond): 8.6 cm; D. (base): 13.6 cm
Collection du musée du Palais

盖罐铜胎镀金。圆形，口微撇，束颈隆肩敛腹，亭式盖，圈足。盖顶錾刻莲瓣托圆珠钮，之下莲瓣纹一周。盖面灰蓝地黄色莨苕纹环绕葡萄叶纹开光四个，内分别绘西洋人物图。颈部黄地莨苕花卉纹间婴戏图。肩部银镀金錾刻西洋战争场景一周，肩、颈处附卷草式四系。腹部灰蓝地黄色莨苕纹开光四个，内绘西洋母婴、仕女图，腹部上下錾刻卷草纹各一周。足外壁红色缠枝莲纹一周。外底白地，中心蓝色双方框内“乾隆年制”双竖行楷书款。四仰足圆座，外壁银镀金錾刻西洋战争场景一周。
（王翯）

Ce pot à couvercle en cuivre doré est de forme ronde, avec une ouverture légèrement évasée, un cou rétréci, des épaules relevées et une panse accentuée. Son couvercle est de style pavillon et son fond est cerclé. Le haut du couvercle est doté d'une prise en forme de perle relié au couvercle par une structure sculptée en forme de fleur de lotus. Le couvercle est décoré de motifs d'acanthe jaune sur fond gris-bleu. Il comporte quatre cases matérialisées par des motifs de feuilles de vigne, avec des figures occidentales à l'intérieur. Le col est décoré d'une image de nouveau-né entouré d'acanthes jaunes et de motifs floraux. Les épaules sont en vermeil gravé de scènes de guerre occidentales. Elles sont reliées au col par quatre ornements en forme de volute. La panse est décorée de motifs d'acanthes jaunes sur fond gris-bleu, avec quatre scènes peintes représentant des figures occidentales (mère avec enfant, dames). Une tour de motifs de volute est gravée en haut et en bas de la panse. La paroi extérieure du pied est décorée de motifs de lotus rouge. Le fond est en glaçure blanche, avec une inscription bleue au milieu indiquant « Fabriqué sous le règne de Qianlong ». Le pot est posé sur une base ronde avec quatre pieds retournés. La base est en vermeil gravé de scènes de guerre occidentales.
(Wang He)

095

画珐琅西洋人物图双耳高足杯

清
高21厘米　宽14厘米
口径10.6厘米　足径9.7厘米
故宫博物院藏

Coupe sur pied à l'émail peint représentant des figures occidentales

Dynastie des Qing
H.: 21 cm; L.: 14 cm; D. (ouverture): 10.6 cm;
D. (fond): 9.7 cm
Collection du musée du Palais

杯敞口，敛腹，左右附卷草状耳，双耳、盖钮镀金。下连中空高柄足，柄中部凸起，足外撇。上有圆锥状盖，莲子形盖钮。通体施紫红色珐琅釉，绘彩色缠枝莲纹。杯身前后各一开光，内画西洋人物。两开光内画面呈镜像，均为一男一女行走于山野间。

整件器物充满西洋韵味。不但造型仿自欧洲的高脚酒杯，主题纹样也是身着洛可可风格服装的西洋人物，而且所用工艺更是康熙朝由法国传入中国的画珐琅技术。

（展梦夏）

La coupe a une ouverture large et un calice cintré, avec des anses en forme de volute sur les deux côtés. Les anses et la prise du couvercle sont dorés. Le calice est relié à un pied creux à tige haute. La partie médiane de la tige est ventrue et le pied est évasé vers l'extérieur. La coupe est dotée d'un couvercle en forme de cône, terminé par une prise en forme de lotus. Le corps entier est recouvert d'émail rouge pourpre, lequel est peint de motifs de lotus colorés aux branchages entrelacés. Le calice comporte deux images, une à gauche et une à droite, représentant des figures occidentales. Les scènes sont des images miroir, montrant toutes deux un homme et une femme marchant dans les montagnes.

L'objet dégage un fort charme occidental. Sa forme est imitée d'une coupe sur pied de style européen. Ses images représentent des occidentaux portant un costume de style rococo et la technique utilisée était la peinture sur émail introduite en Chine depuis la France sous le règne de Kangxi.

(Zhan Mengxia)

096

透明玻璃八棱水丞

清康熙
高6.5厘米　径7.4厘米　口径2.8厘米
故宫博物院藏

Encrier octogone en verre transparent

Règne de Kangxi, dynastie des Qing
H.: 6.5 cm; D.: 7.4 cm; D. (ouverture): 2.8 cm
Collection du musée du Palais

水丞为有模吹制后再经琢磨等工艺而成。器身呈馒头形，小口，有盖，平底。通体为无色透明玻璃。器腹表面经过琢磨，呈八面莲瓣形。器盖磨饰成六角连锁菱形。底部阴刻“康熙御制”双竖行篆书款。

康熙时期的玻璃器传世极少，刻有款识者更是凤毛麟角，故宫博物院藏品中仅此一件，弥足珍贵。水丞造型奇特，类似西洋的墨水瓶，其装饰手法也迥异于中国传统的工艺手法，有可能是当时清宫造办处玻璃厂内任职的西洋传教士所烧炼，并按照西法琢磨而成。此水丞是清代早期玻璃制品的珍贵实物，反映了清宫造办处玻璃厂建立初期的工艺水平。

（张丽）

Il s'agit d'un encrier en verre soufflé puis poli. Le récipient a un corps en forme d'un pain cuit à la vapeur, avec une petite embouchure, un couvercle et un fond plat. Il est entièrement en verre transparent incolore. La surface de la panse a été taillée et polie pour prendre la forme d'une fleur de lotus à huit pétales. Le couvercle a été taillé en forme de diamant hexagonal. Le fond extérieur est gravé de quatre caractères indiquant « Fabriqué sous l'ordre de Kangxi ».
Très peu de verreries du règne de Kangxi ont été transmises jusqu'à nos jours et encore moins sont gravées d'inscriptions. Cet encrier en est la seule de la collection du musée du Palais et il est extrêmement précieux. Il pourrait avoir été réalisé par des missionnaires occidentaux travaillant dans les ateliers du palais des Qing, selon les méthodes occidentales. Ce récipient est un objet en verre précieux du début de la dynastie des Qing et reflète le savoir-faire de la verrerie du palais des Qing au début de sa création.
(Zhang Li)

097

彩色玻璃带座撇口瓶

清乾隆
高19.1厘米　口径6.2厘米　底径7厘米
故宫博物院藏

Vase sur pied en verre coloré

Règne de Qianlong, dynastie des Qing
H.: 19.1 cm; D. (ouverture): 6.2 cm; D. (fond): 7 cm
Collection du musée du Palais

此器以吹、套、模压三种技法制作而成。瓶吹制而成，撇口，细颈，腹部下敛。其色白如玉石，薄如蛋壳，口沿套饰红色玻璃弦纹一周。座为七层束腰式，以不透明的五色玻璃分别模压成七个圆饼，然后粘接组合而成，色彩由上至下为浅棕、天蓝、白、宝蓝、白、天蓝、深棕。外底边缘阴刻“乾隆年制”楷书款，四字呈上下右左的顺序排列，亦称为“钱币式款”。

此瓶造型与中国传统器物略有差异，尤其是底座的形制颇为罕见，与清宫旧藏西洋木套杯足上的式样相似，有可能是吸取西洋器物造型元素制作而成。清宫档案记载，乾隆皇帝会让传教士仿照西洋器物造型制作玻璃器，如乾隆七年（1742年）乾隆帝曾传旨“将本处各色烧炼玻璃材料着西洋人纪文照西洋款式吹做活计”。

（王翯）

Cet objet a utilisé trois techniques majeures: le soufflage, l'emboîtage et le moulage. Le vase est réalisé par soufflage, avec une embouchure évasée, un col rétréci et une panse ellipse. Son corps est blanc comme du jade, aussi fin qu'une coquille d'œuf, et son embouchure est décorée d'un tour de verre rouge. La base est un pied composé de sept rondelles moulées à partir de verre opaque de couleur, puis collées ensemble. Les couleurs de haut en bas sont marron clair, bleu ciel, blanc, bleu saphir, blanc, bleu ciel et brun foncé. Le bord du fond est gravé de quatre caractères indiquant « Fabriqué sous le règne de Qianlong ». Les quatre caractères sont disposés de la même manière que sur une pièce monétaire ancienne chinoise.

La forme de ce vase est différente de celles des vases traditionnels chinois. En particulier, son pied est d'une forme plutôt rare, similaire au style du pied d'une tasse occidentale en bois figurant dans l'ancienne collection de la dynastie des Qing. Sa création s'est probablement inspirée des éléments de style des ustensiles occidentaux. Les archives du palais des Qing rapportent que l'empereur Qianlong avait demandé aux missionnaires de fabriquer de la verrerie dans le style des ustensiles occidentaux. Par exemple, au cours de la septième année du règne de Qianlong (1742), l'empereur a ordonné de « souffler toutes sortes de matériaux en verre selon les styles occidentaux notés dans les livres occidentaux ».

(Wang He)

绕彩丝玻璃螺旋纹瓶

清乾隆
高28厘米　口径11厘米
故宫博物院藏

Vase en verre à motif spiral de couleur

Règne de Qianlong, dynastie des Qing
H.: 28 cm; D. (ouverture): 11 cm
Collection du musée du Palais

自由吹制成型。瓶大撇口，束直颈，丰肩，弧腹下敛，实足外撇。以白玻璃为胎，瓶口、足以湖蓝色玻璃贴附。外壁用红、蓝两色玻璃液分别浇淋缠绕，同时旋转胎体，形成白底上红、蓝两色螺旋纹路盘旋的装饰效果。回旋流畅，富有韵律。外底中心以透明琥珀色玻璃为修平器底贴补脐痕。外底边缘四方以阴刻“乾隆年制”钱币式款。
（翟毅）

Ce vase en verre soufflé a une ouverture évasée, un col droit, des épaules rondes, une panse ventrue ellipsoïdale et un pied plein évasé. Il est en verre blanc, dont l'embouchure et le pied sont recouverts de verre bleu. La paroi extérieure est décorée aux motifs en spirale rouges et bleus créés à l'aide du coulage de verre liquide en couleur. Les spirales sont douces et rythmées. Sur le fond extérieur, du verre ambré transparent est utilisé pour réparer la terminaison du verre soufflé. Le fond extérieur est gravé de quatre caractères indiquant « Fabriqué sous le règne de Qianlong ». Les quatre caractères sont disposés de la même manière que sur une pièce monétaire chinoise ancienne.
(Zhai Yi)

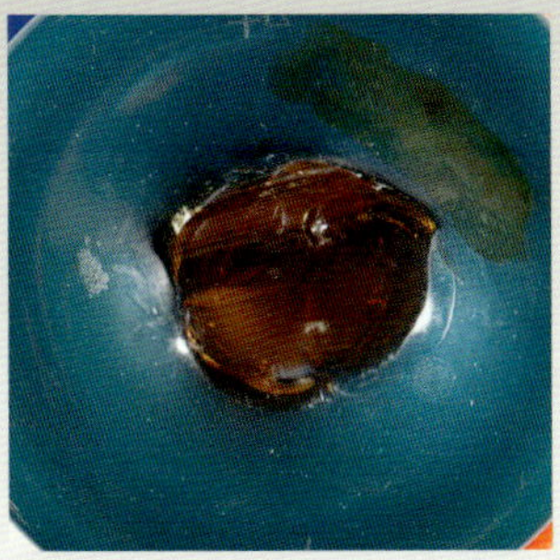

099

蓝色透明玻璃方觚

清乾隆
高24.9厘米　长13.2厘米　宽13.2厘米
故宫博物院藏

Vase en verre transparent bleu

Règne de Qianlong, dynastie des Qing
H.: 24.9 cm; L.: 13.2 cm; Pr.: 13.2 cm
Collection du musée du Palais

此觚造型仿商代晚期方觚，以玻璃吹制技术在模具中一次吹制成型。撇口，鼓腹，平底，通体为透明宝石蓝色，打磨抛光后于外底中心阴刻双方框“乾隆年制”双竖行楷书款。

吹制玻璃器以圆形为易，方形器则工艺难度很大。此件方觚，玻璃质地透亮晶莹，器底沉稳，器壁厚实，口沿处则随形舒展渐薄渐亮，可见工匠对玻璃的热熔特点拿捏精准，吹制技术水平十分高超。

乾隆时期，政局稳定，财政充裕，玻璃发展进入鼎盛时期，大量生活用品、陈设器、文房用品、宗教法器都采用玻璃制作。此觚在《故宫物品点查报告》中记载原本成对供奉于紫禁城玄穹宝殿的“北方郁灵玄老五炁天君神牌”前。

（翟毅）

La forme de ce vase en verre imite celle des vases carrés de la fin de la dynastie des Shang. Il est soufflé dans un moule. Il a une embouchure évasée, une panse soulignée et un fond plat. Le corps entier est en bleu saphir transparent. Après polissage, le fond extérieur est gravé de quatre caractères indiquant « Fabriqué sous le règne de Qianlong ».

Par rapport à la verrerie ronde, la verrerie carrée est très difficile à réaliser par soufflage. Ce vase carré a une texture translucide, un fond stable, une paroi épaisse et un bord qui devient plus fin et plus brillant en s'étirant. Ce résultat indique que son artisan avait une parfaite maîtrise des caractéristiques thermofusibles du verre et des compétences de soufflage de très haut niveau.

Sous le règne de Qianlong, la situation politique étant stable et les finances abondantes, le développement du verre entra à son apogée. Un grand nombre d'objets de la vie quotidienne, de meubles, de fournitures d'étude et d'instruments religieux étaient fabriqués en verre. Ce vase a été enregistré dans le *Rapport d'inspection des objets de la Cité interdite* comme étant à l'origine placé par paire devant une tablette de divinité dans le palais Xuanqiong de la Cité interdite.

(Zhai Yi)

100

白套红玻璃缠枝花纹鼎式炉

清乾隆
高18厘米　口径11厘米
故宫博物院藏

Chaudron trépied en verre rouge fusionné à fond blanc

Règne de Qianlong, dynastie des Qing
H.: 18 cm; D. (ouverture): 11 cm
Collection du musée du Palais

此炉仿附耳圆鼎造型，双朝冠耳，短颈微束，鼓腹圆底，三马蹄足，口沿一侧阴刻“乾隆年制”横行四字楷书款。炉身在模具中吹制成形，足与耳模铸而成，再用铆榫经粘接成器。其中炉身以不透明白色玻璃成型，满套一层透明红色玻璃料，再以琢玉工艺剔底呈现颈部一周蔓草纹及腹部缠枝花卉纹。

套玻璃虽已见于雍正年间的造办处档案，但现存实物仅见于乾隆时期。这一时期套玻璃技术已日臻完美，不仅有套单色玻璃，还出现套双色、三色等，丰富了清宫玻璃的色彩。套玻璃是新兴的玻璃材料与传统琢玉技术的结合。所饰纹样均为传统图案，并与陶瓷等其他材质器物上的“官样”保持一致。以此炉为例，其上的缠枝花卉纹与俯仰莲瓣纹明显具有御窑瓷器一般端庄典雅的装饰效果。

乾隆时期开始出现大量套玻璃“五供”器皿，即一炉、两烛台、两瓶的组合供器。据档案记载，乾隆十四年（1749年）、乾隆十八年（1753年）、乾隆二十四年（1759年）、乾隆二十五年（1760年）都曾下旨烧造“呆白套蓝五供”，安放在雍和宫、避暑山庄等地的佛龛前。（翟毅）

Ce chaudron imite la forme d'un ding rond. Il a deux anses en forme de « S », un col court et légèrement rétréci, une panse ventrue, un fond rond et trois pieds en forme de sabot de cheval. Un côté de la lèvre est gravé de quatre caractères indiquant « Fabriqué sous le règne de Qianlong ». Le corps du chaudron est soufflé dans un moule, tandis que les pieds et les anses sont moulés, puis rivetés et tenonnés au récipient. Le corps est en verre blanc opaque, recouvert d'une couche de verre rouge transparent sculpté pour créer un motif de branchage autour du cou et un motif floral sur la panse.

Bien que le verre fusionné ait été enregistré dans les archives des ateliers du palais du règne de Yongzheng, l'objet existant date du règne de Qianlong. Le travail du verre fusionné de cette période atteignit presque la perfection: la verrerie unicolore, bicolore voire tricolore enrichissait les couleurs du verre du palais des Qing. Le verre fusionné associait le verre, matériau alors émergent, et les techniques traditionnelles de sculpture du jade. Les motifs décoratifs sont tous des motifs traditionnels, conformes aux « motifs officiels » sur les ustensiles en céramique et en d'autres matériaux. Par exemple, sur ce chaudron, les motifs de branchages entrelacés et de fleurs de lotus sont raffinés et élégants comme ceux sur la porcelaine du four impérial.

Sous le règne de Qianlong, un grand nombre d'ustensiles de sacrifice en verre commencèrent à apparaître. Chaque ensemble comprenait cinq ustensiles: un chaudron, deux chandeliers et deux vases. Selon les archives, au cours des 14e, 18e, 24e et 25e années du règne de Qianlong, des ordres furent émis pour fabriquer des ustensiles de sacrifice en verre bleu fusionné à fond blanc, à placer devant l'autel dans le temple Yonghegong, la résidence impériale d'été à Chengde et d'autres lieux.
(Zhai Yi)

101

蚀花玻璃套双穗鹌鹑图挂屏

清
长37.6厘米　宽37.6厘米
故宫博物院藏

Panneau en verre rouge fusionné

Dynastie des Qing
H.: 37.6 cm; L.: 37.6 cm
Collection du musée du Palais

平板玻璃套料制成。在方形透明平板玻璃上满套不透明红色玻璃层，依据纹饰需要在保留红色图案处涂抹蜡层，在需要剔除的部分用氢氟酸腐蚀去除，从而勾勒出精细的图案。此挂屏所现双穗嘉谷颗粒分明，茎秆劲挺，叶脉清晰，虚实相映。前景一对鹌鹑胸部绒毛以轻薄红色玻璃呈晕染效果，羽翼轮廓简笔刻划勾勒，刻纹清晰，闪烁玻璃特有光泽。整幅画面营造出似雕似画、立体与平面结合的装饰趣味。图案四周一圈剪纸样式如意云头菱花团寿字纹，每边各附蝙蝠两只，取“福寿”之意。（翟毅）

Le panneau est obtenu par l'assemblage de deux plaques de verre: une plaque carrée transparente est recouverte d'une autre plaque de verre rouge opaque. Selon les besoins de la décoration, une couche de cire est appliquée sur les parties où le rouge doit être retenu. Le reste du rouge est éliminé par gravure à l'acide fluorhydrique pour créer l'image souhaitée. Les céréales représentées dans l'image ont des épis pleins et beaux, des tiges solides et des feuilles aux nervures claires. Au premier plan, une paire de cailles mangent des graines. Sur leur poitrine, le duvet a un effet estompé. Les contours des ailes sont soulignés par des traits simples. Les gravures sont claires et donnent au verre un éclat unique. Grâce aux reliefs de la gravure, le tableau ressemble à la fois à la sculpture et à la peinture. L'image est entourée d'un motif de papier découpé chinois composé de nuages, de losanges, de fleurs, de caractères de longévité et de deux chauves-souris de chaque côté, pour signifier « bonheur et longévité ».
(Zhai Yi)

102

紫檀框画山水折镜

清
长12.5厘米　宽9厘米　厚1.5厘米
故宫博物院藏

Miroir pliant à décor de paysage encadré de bois de santal rouge

Dynastie des Qing
H.: 12.5 cm; L.: 9 cm; Pr.: 1.5 cm
Collection du musée du Palais

这件折镜以紫檀为框，以锦纹装饰外盒，打开之后可见一面玻璃镜和一幅山水画。玻璃镜和山水画以小型的合页相连，呈现出一本小书的形式，可以随意打开或折合，因此名为“折镜”。画中描绘了山水茅屋和泛舟人等，意境优雅。画中左下方落款为“臣城”并有其印章。

这件折镜玻璃品质优良，造型新颖独特，融实用与艺术于一体，是清宫中不可多得的生活用品。

（许静）

Le miroir pliant est encadré de bois de santal rouge. L'extérieur de la boîte est décoré de motifs de brocart. L'intérieur comporte un miroir en verre et une peinture de paysage. Les deux pièces sont reliées par deux petites charnières, donnant la forme d'un livre qui peut être ouvert et refermé, d'où son nom de « miroir pliant ». La peinture représente des montagnes, des chaumières et des plaisanciers, dans une atmosphère paisible. Le coin inférieur gauche est signé « Chen Cheng » et porte son sceau.

Ce miroir pliant a une excellente qualité et une forme originale alliant l'utilité et l'art. C'était un objet de la vie quotidienne rare dans le palais des Qing.

(Xu Jing)

第三单元

Unité III

凡尔赛里的中国时尚

Le goût chinois au Château de Versailles

遥远、神秘而美好的中国曾是西方的美好向往。“中国风”作为东西方文化和想象力交融的产物，浸润到欧洲生活之中，在相当长的一段历史时期内伴随着欧洲文明的成长。法国不仅是“中国风”命名的源起之地，也是推动“中国风”发展最重要的力量。特别是1700年1月7日，在路易十四钟爱的马尔利宫，新世纪狂欢庆典以中国为主题拉开帷幕。此举是欧洲“中国风”浪潮中的标志性事件，将法国对中国文化的狂热推向新高。法国王室和精英阶层对中国文化推崇备至，中国文化为法国思想界和艺术界提供了源源不断的知识滋养和创作灵感。凡尔赛宫及其附属宫苑的装饰和陈设中融入了相当多的中国元素，成为以中国为题材的艺术再创作。中国文化成为那一时期法国社会的时尚。

La Chine, lointaine, mystérieuse et magnifique, fut longtemps un lieu de rêve pour les Occidentaux. La mode chinoise, résultat de l'intégration des cultures et de l'imagination orientales et occidentales, s'est immergée dans la vie européenne et a longtemps accompagné le développement des civilisations occidentales. La France est non seulement le berceau en Europe de la mode chinoise, mais aussi une puissance importante poussant le développement de la mode chinoise. Le 7 janvier 1700, à Marly, la résidence favorite de Louis XIV, les festivités du carnaval du nouveau siècle s'ouvrirent sous le signe de la Chine. Il s'agissait d'un événement emblématique dans la diffusion de la mode chinoise en Europe qui a marqué un nouvel essor de la passion française pour la culture chinoise. La cour et la classe d'élite françaises faisaient grand cas de la culture chinoise qui fournissait les milieux de penseurs et d'artistes français des connaissances et des inspirations inépuisables. Le Château de Versailles et d'autres domaines de la famille royale abritaient des œuvres d'art portant les thèmes chinois, ainsi que des décorations et meubles représentant de nombreux éléments chinois. La culture chinoise est devenue la mode de tout une époque.

3.1 收藏和改造

Collection et transformation

随着中法交往的深入，中国资讯不断传至欧洲，大量中国物品运往欧洲市场，在法国王室和精英阶层中引起热烈反响。诸多王室成员和政要成为中国艺术品的收藏家。同时，法国很早就对从中国进口的物品进行装饰和改造，以更符合自身的审美和需求，这一点在中国瓷器上表现得尤为突出。18世纪，随着铜镀金技术的发展，该传统进入鼎盛时期。华丽繁复的铜镀金装饰与精致典雅的中国瓷器完美结合，使这些器物变成奢华的陈设品，与当时豪华的室内装饰风格融为一体。

Avec l'approfondissement des échanges sino-français, des informations sur la Chine parvinrent en Europe, et des objets chinois gagnèrent le marché européen. Beaucoup de membres de la famille royale et de personnalités du monde politique étaient de grands collectionneurs d'objets d'art chinois, ce qui est devenu une pratique courante. En même temps, la France a longtemps décoré et transformé les objets importés depuis la Chine pour mieux répondre à son esthétique et à ses besoins. La porcelaine en était un exemple. Au XVIIIe siècle, avec le développement de la technique du bronze doré, cette tradition de transformation a atteint son apogée. La combinaison des montures en bronze doré somptueuses et de la porcelaine chinoise a transformé ces objets en pièces luxueuses qui allaient naturellement avec le style de décoration des appartements des palais.

103

广州市景

1782年
铜版画
皮埃尔·索纳拉《东印度及中国之旅》第二卷第12页，双面图版81号
纵21厘米　横34厘米
洛里昂东印度公司博物馆藏

Vue de la ville de Canton

1782
Gravure en taille douce
Pierre Sonnerat (1748-1814), *Voyage aux Indes orientales et à la Chine*…,
double planche n° 81 t. II…
H.: 21 cm; L.: 34 cm
Lorient, musée de la Compagnie des Indes

海军部专员及皇家科学院通讯院士皮埃尔·索纳拉（Pierre Sonnerat，1748～1814年）奉路易十六之命在亚洲旅行七年。这幅版画描绘了广州的洋行，出自他的《东印度及中国之旅》（奉国王之命于1774～1781年在东印度及中国的旅行，内含对印度人、中国人、勃固人、马达加斯加人的习俗、宗教、科学和艺术的讨论，并附对好望角、法兰西岛和波旁岛、马尔代夫、锡兰、马六甲、菲律宾群岛、摩鹿加群岛的观察以及对这些国家自然历史的研究）。

18世纪时，广州是中国唯一对欧洲船只开放的口岸。广州地处华南珠江入海口处，地理位置优越，十分适宜船舶停靠，16世纪初便开始进行对外贸易。法国东印度公司于1685年入驻此地。

欧洲人开设的洋行沿350米长的江岸一字排开，这些名副其实的商业机构悬挂各自国旗，很好辨认。欧洲人获准与中国人开展贸易，但必须遵守严格规定。外国人被安排到城市外围，在此居留殊为不易。不过由于利润可观，欧洲人仍然愿意远渡重洋。

（安妮·塞西尔·苏里索）

Pierre Sonnerat, commissaire de marine et correspondant de l'Académie royale des sciences, fit un voyage de sept ans en Asie sur ordre de Louis XVI. Cette gravure extraite du récit de son *Voyage aux Indes orientales et à la Chine, fait par ordre du roi, depuis 1774 jusqu'en 1781, dans lequel on traite des mœurs, de la religion, des sciences et des arts des Indiens, des Chinois, des Pégouins et des Madégasses, suivi d'observations sur le Cap de Bonne-Espérance, les isles de France et de Bourbon, les Maldives, Ceylan, Malacca, les Philippines et les Moluques et de recherches sur l'histoire naturelle de ces pays,* représente les factoreries de Canton (Guangzhou).

Au XVIIIe siècle, Canton était le seul port chinois ouvert aux navires européens. Situé au sud de la Chine, sur l'estuaire de la rivière des Perles, dans un site particulièrement adapté à l'accès des bateaux, il s'ouvrit au commerce étranger au début du XVIe siècle. La Compagnie française des Indes orientales s'y établit à partir de 1685.

Alignées sur 350 mètres, au bord du fleuve, les factoreries européennes étaient de véritables agences commerciales, reconnaissables à leur pavillon national. Les européens étaient autorisés à commercer avec les chinois selon des règles très strictes. Les séjours étaient réputés difficiles car les étrangers étaient véritablement relégués à l'extérieur de la ville mais les gains importants justifiaient ces voyages.

(Anne-Cécile Sourisseau)

104

销售小布告

1767年
纸质印刷品
纵20厘米　横10厘米
洛里昂东印度公司博物馆藏

Affichette de vente

1767
papier imprimé
H.: 20 cm; L.: 10 cm
Lorient, musée de la Compagnie des Indes

布告内容为：从法兰西岛（毛里求斯）和波旁岛以及中国出发并于1767年5月8日、7月5日、7月6日和7月7日抵达洛里昂的“阿图瓦伯爵号”“贝利耶号”“杜拉斯公爵号”和“庞蒂耶夫尔号”所载货物。

从17世纪起，法国东印度公司效仿同行荷兰东印度公司的做法，在船只返航时即着手准备货物销售。公司给主要批发商寄去一长条印刷单，列出船名、来处、抵达洛里昂的日期及所载货物内容。《公报》（*Gazette*）和《风流信使》（*Mercure Galant*，后改名*Mercure de France*，即《法国信使》）也刊登船名，后者还会不定期加上货物清单。1716年9月，《风流信使》明确表示它将每月发布一次，但仅限于通告船只的抵达时间。

开售前两个月，第二份印刷的清单会寄给同一批收件人，注明拍卖的地点和日期。拍卖从9月中旬持续到10月底，在南特进行，1734年后则在洛里昂就地进行。

这些清单上打头的是香料（桂皮、丁香、肉豆蔻、胡椒）、咖啡、茶叶、大黄、木料、硝石等，并标明每件商品的重量。接下来是布料，标注未来买家熟悉的名称和每种布料的数量。布料的利润最大，因而被摆在最重要的位置。再接着是漆器（酒具柜、橱柜、屏风），最后是瓷器，有时仅简单标注为“各类瓷器”。

一般情况下则会注明器物数量，有些清单还会详细列出器形（盘、杯）和装饰（青花、彩绘、青瓷）。清单最后还可能会有壁纸、南京墨、手杖和藤编用品等杂项货物。

这些清单主要是业务文件，不含为吸引潜在买家而做出的任何美化的价值评判。开售前几日，未来的竞买人可以在样品展上对将要出售的商品进行检查。这项惯例方便他们察看商品漂洋过海几个月后的保存状况，并决定是否购买。

展出的这份布告比较特别，上面几乎不见布料的踪影，且对瓷器的描述相对详细。

（斯特凡娜·卡斯特鲁乔）

Chargement des vaisseaux le Comte d'Artois, le Berryer, le Duc de Duras et le Penthièvre, venant des Isles de France et de Bourbon, et de la Chine, arrivés à l'Orient les 8 mai, 5, 6 et 7 juillet 176.

Dès le XVIIe siècle, la Compagnie française des Indes avait suivi le parti adopté par sa consœur hollandaise et préparait les ventes des cargaisons dès le retour des vaisseaux. Elle adressait ainsi aux principaux négociants une longue bande de papier imprimé portant les noms des navires, leur provenance, leur jour d'arrivée à Lorient et, surtout, le contenu de leur cargaison. La *Gazette* publiait également les noms des vaisseaux, ainsi que le *Mercure galant* (puis *Mercure de France*), qui y ajoutait irrégulièrement la liste des cargaisons. Ce dernier journal précisa en septembre 1716 qu'il les publierait tous les mois, cependant il se limita à l'annonce des arrivées des navires.

Deux mois avant la vente, une seconde liste imprimée, envoyée aux mêmes destinataires, précisait en plus le lieu et les jours des enchères, qui avaient lieu entre la mi-septembre et fin octobre, à Nantes puis à Lorient même à partir de 1734.

Ces listes commençaient par les épices (cannelle, girofle, muscade, poivre), le café, le thé, la rhubarbe, le bois, le salpêtre, etc., avec l'indication des poids de chacune de ces marchandises. Venaient ensuite les étoffes, désignées par leurs noms (guinées, salempouris, mallemolles, doréas…), connus des futurs acheteurs, et le nombre de pièces de chaque espèce. Ces étoffes générant les marges bénéficiaires les plus importantes, une place de choix leur était donc donnée.

Les pièces de laque (cabarets, cabinets, paravents) et les porcelaines suivaient, avec des indications parfois très succinctes, comme « porcelaines diverses ».

Plus généralement, le nombre des pièces apparaissait, certaines listes donnant les détails de leurs formes (assiettes, tasses…) et de leur décor (bleu et blanc, de couleur, céladon). Des pièces diverses, comme des feuilles de papier peint, de l'encre de Nankin, des cannes et des paquets de rotin fermaient éventuellement la liste.

Documents professionnels avant tout, ces énumérations ne comportaient aucun jugement de valeur flatteur pour attirer l'éventuel acheteur. En effet, quelques jours avant la vente, les futurs enchérisseurs pouvaient examiner les marchandises proposées à la vente lors de l'exposition d'échantillons. Cet usage leur permettait de constater l'état de conservation des marchandises après une traversée de plusieurs mois et de prendre la décision d'acheter ou non.

L'affiche exposée se distingue donc par la quasi-absence d'étoffes et par une description des porcelaines relativement détaillée.

(Stéphane Castelluccio)

COMPAGNIE
DES INDES.

CHARGEMENT des vaiſſeaux le Comte d'Artois, *le* Berryer, *le* Duc de Duras *&* *le* Penthievre, *venant des îles de France & de Bourbon, & de la Chine, arrivés à l'Orient les 8 Mai, 5, 6 & 7 Juillet 1767.*

SAVOIR,

1350000 Livres Café de Bourbon.
1528605 Livres Thé Bouy.
46624 Livres Thé Camphou.
14527 Livres Thé Saotchaon.
13505 Livres Thé Pékao.
144768 Livres Thé verd Tonkay.
209446 Livres Thé verd ſupérieur.
15569 Livres Thé Hayſven Shine.
21131 Livres Thé Haiſven.
780 Livres Rhubarbe.
830 Livres Borax.
53166 Livres Rottins longs.
47548 Livres Bois de Sapan.
58637 Livres Eſquine.
34120 Livres Soie écrue de Nankin.

PORCELAINES BLEUES & BLANCHES, en 476 Caiſſes & Rouleaux.

43498 Aſſiettes plates.
4834 Aſſiettes ditto, contournées.
11283 Aſſiettes creuſes.
1089 Aſſiettes ditto, contournées.
35240 Taſſes & Soucoupes.
10000 Ditto, à Limonadier.
8169 Gobelets & Soucoupes à café.
3530 Gobelets & Soucoupes contournés.
544 Gobelets & Soucoupes de Porcelaine de pierre.
533 Grands & petits Saladiers.
1848 Grands & petits Compotiers.

PORCELAINES DE COULEUR, en 211 Caiſſes.

24718 Aſſiettes plates.
3113 Aſſiettes ditto, contournées.

105

菲利贝尔·奥里像

18世纪上半叶
亚森特·里戈画坊
布面油画
纵146厘米　横112厘米
凡尔赛宫与特里亚农宫国家博物馆藏
流传经历：1738年客厅展出作品的复制品；1914年购自莱韦克；旧藏

Portrait de Philibert Orry de Vignory

première moitié du XVIIIe siècle
Atelier de Hyacinthe Rigaud (1659-1743)
Huile sur toile
H.: 146 cm; L.: 112 cm
Musée national des châteaux de Versailles et de Trianon
Historique: réplique du tableau exposé au Salon de 1738 (vente Lévesque, 1914). Anc. coll.

这幅盛装肖像的原作于1734年委托亚森特·里戈（Hyacinthe Rigaud，1659～1743年）创作。画中，维尼奥里伯爵菲利贝尔·奥里（Philibert Orry de Vignory，1689～1747年）站在写字台前，手中拿着一封“呈奏国王”的信，以此显示他和国王路易十五的亲近关系。奥里1730年被任命为财政总监，并担任此职务长达15年之久。在任时，他密切关注法国东印度公司的商业活动拓展，以支持法国经济增长。他热爱艺术和瓷器，通过法国东印度公司订购了一套带有他本人盾形徽章的中国瓷餐具。本次展览展出了其中的一个盘子（见后件）。
（安妮·塞西尔·苏里索）

Sur ce portrait d’apparat dont l’original fut commandé à Rigaud en 1734, Philibert Orry (1689-1747), comte de Vignory, est peint debout, devant son bureau. Il tient dans sa main droite une lettre adressée *Au Roy*, voulant ainsi montrer sa proximité avec le roi Louis XV. Orry fut nommé contrôleur général des finances en 1730 et le demeura pendant quinze ans. À ce titre, il s’intéressa de près au développement des activités commerciales de la Compagnie française des Indes pour soutenir la croissance économique du royaume de France. Amateur d’art et de porcelaine, il commanda un service à ses armes en porcelaine de Chine par l’intermédiaire de la Compagnie française des Indes. Une assiette de ce service est présentée dans l’exposition.
(Anne-Cécile Sourisseau)

Au Roy

106

彩绘描金徽章纹花口盘

清乾隆，约1740～1745年
径25厘米
洛里昂东印度公司博物馆藏
流传经历：1998年在FRAM Bretagne 的赞助下购得

Assiette aux armes de Philibert Orry de Vignory

Règne de Qianlong, vers 1740-1745
D.: 25 cm
Lorient, musée de la Compagnie des Indes
Historique: acquis avec l'aide du FRAM Bretagne, 1998.

这件折沿彩绘描金中国瓷盘是维尼奥里伯爵菲利贝尔·奥里（Philibert Orry de Vignory）1740年左右订购的整套餐具中的一件。瓷盘中央是他的大红色徽章，内有一头正在攀登银色岩石的金狮，徽章周围环绕着洛可可式花纹。侧面饰有丰富的花卉、阿拉伯式藤蔓花纹和叶饰。

作为路易十五的大臣和财政总监，奥里主宰着皇家东印度公司的命运。他鼓励东印度公司与法兰西岛（毛里求斯岛）和波旁岛、印度及中国开展贸易。万塞讷瓷器工厂彼时刚刚创建，宫廷仍然流行中国进口瓷器。贵族也和国王一样订购带自己徽章的瓷器。

奥里去世后，他在夏贝尔–戈德弗鲁瓦城堡的财物清单里对各件餐具做了描述：“整套餐具为中国瓷器，带有已故奥里先生的徽章，总价12000里弗尔。”这在当时是笔很大的数目。
（安妮·塞西尔·苏里索）

Cette assiette en porcelaine de Chine, à bord contourné et au décor polychrome rehaussé d'or, fait partie du service armorié commandé par Philibert Orry de Vignory vers 1740. Au centre de l'assiette, ses armes de pourpre à un lion d'or rampant et grimpant sur un rocher d'argent sont placées dans un blason entouré de rocaille. L'aile présente un riche décor de fleurons, arabesques et feuilles d'acanthe.
Ses fonctions de ministre de Louis XV et de contrôleur général des Finances amenèrent Orry à présider aux destinées de la Compagnie royale des Indes orientales. Il encouragea le développement du commerce de la Compagnie avec les îles de France et de Bourbon, les Indes et la Chine. Alors que la manufacture de porcelaine de Vincennes était à peine créée, la mode à la cour était encore aux services de porcelaine importés de Chine. L'aristocratie les commandait à ses armes, comme le roi.
L'inventaire après décès des biens de son propriétaire dans le château de La Chapelle-Godefroy décrit les différentes pièces du service, « le tout de porcelaine de la Chine aux armes du dit défunt sieur Orry. Prisé le tout ensemble douze mille livres », somme très importante pour l'époque.
(Anne-Cécile Sourisseau)

107

花鸟图壁纸

清乾隆，约1750年
广州
桑竹纸水粉画
纵170厘米　横100厘米
洛里昂东印度公司博物馆藏
流传经历：1982年购得

Un lé de papier peint à décor de fleurs et d'oiseaux

Règne de Qianlong, vers 1750
Guangzhou
Papier de murier et de bambou, gouache
H.: 170 cm; L.: 100 cm
Lorient, musée de la Compagnie des Indes
Historique: Acquis en 1982.

英国东印度公司从16世纪末开始向欧洲出口中国壁纸并大获成功，17世纪时，荷兰东印度公司接替它继续进行这项贸易。

此幅壁纸白底上绘有开花的苹果树，上面栖息着小鸟。这种自然主义装饰风格从17世纪末开始在中国流行。1686年暹罗国王赠送给路易十四的礼物中就有"两大幅透视景观壁纸，其中一幅布满各种中国鸟类，另一幅则布满各种花卉"。如当时的文本所示，这类图案到18世纪中叶依然流行。那个时期，中国壁纸通过法国东印度公司的船只进口到法国，主要出售给王室成员和巴黎的富人，拉扎尔·迪沃（Lazare Duvaux）的《日记簿》对此有明确记录。

中国壁纸在凡尔赛宫及法兰西岛上各处王室宅邸发挥多种多样的用途。有的用来装饰屏风、隔板或壁炉隔热屏。单据里往往称它们为"印度"壁纸。如我们之前所见，路易十五曾多次为舒瓦西城堡购买此类壁纸，其中包括1751年8月7日"为舒瓦西两个藏衣室购入：十架的织物、白底花卉图案印度壁纸"。

蓬巴杜夫人（Madame de Pompadour）很喜欢中国壁纸，为自己在凡尔赛宫的套房和隐居处以及自己的贝勒维城堡都购置了一批。1751年6月22日，她从迪沃处购得"44幅小尺寸带人像印度壁纸……两幅较大尺寸带人像和建筑的壁纸……连在一起的十架壁板织物，480里弗尔。运费由凡尔赛宫承担"。1752年3月19日，她又购买了"印度织物及壁纸，白底花鸟图案，八架……（凡尔赛宫藏衣室），84里弗尔"。1753年8月，她还为贝勒维城堡添置"装饰国王藏衣室37架的精美印度纸；其中三幅为花瓶和花卉图案，36里弗尔……18幅为横向宝塔图案……20幅为花卉图案……运费由贝勒维城堡承担"。

王太子妃玛丽-约瑟夫·德·萨克斯（Marie-Josèphe de Saxe）似乎也热衷中国壁纸，从迪沃那里购买过好几批，如1755年7月25日："王太子妃夫人：交付布朗卡夫人一幅漂亮的花瓶和花卉图案中国壁纸，30里弗尔。"

可见，1750年左右最受青睐的图案是花卉、花瓶、宝塔（人物）和鸟类。

（玛丽-洛尔·德·罗什布吕纳）

Dès la fin du XVIe siècle, les papiers peints chinois commencèrent à être exportés avec succès vers l'Europe par la compagnie des Indes anglaise, l'East India Company, relayée au siècle suivant par la compagnie des Indes néerlandaise.
Ce lé est orné d'oiseaux perchés sur un pommier en fleurs, peints sur un fond blanc. Ce type de décor naturaliste était en vogue en Chine depuis la fin du XVIIe siècle. En effet, dans les présents offerts à Louis XIV en 1686 par le roi de Siam figuraient « Deux grandes feuilles de papier en forme de perspective; dans l'une sont toutes les sortes d'oiseaux de la Chine, et dans l'autre les fleurs ». Ces motifs étaient toujours à la mode au milieu du siècle suivant, comme le montrent les textes contemporains. Á cette date, les papiers peints chinois étaient importés en France par les navires de la Compagnie des Indes française et acquis essentiellement par des membres de la cour et une clientèle parisienne fortunée, comme le montre bien le *Livre-Journal* de Lazare Duvaux.
Les usages des papiers peints chinois à Versailles et dans les résidences royales d'Ile-de-France étaient multiples. Certains servaient à garnir des paravents, des cloisons ou encore des écrans de cheminée. Ils étaient souvent appelés feuilles des Indes dans les documents. Louis XV en fit acheter à plusieurs reprises pour le château de Choisy, comme nous l'avons vu plus haut, notamment le 7 août 1751, « pour deux garde-robes à Choisy: les toiles, façon & papier des Indes, fond blanc à fleurs, de dix chassis [...] ».
Madame de Pompadour appréciait beaucoup les papiers peints chinois et elle en acquit pour son appartement et son ermitage de Versailles ainsi que pour le château de Bellevue. Le 22 juin 1751, Duvaux lui vendait « Quarante-quatre petites feuilles des Indes à figures [...] Deux feuilles plus grandes, à figures & architecture [...] Les toiles, façon & raccordage de dix panneaux, 480 l. Le port à Versailles [...] ». Le 19 mars 1752, elle achetait encore « les toiles & papier des Indes, fond blanc à fleurs & oiseaux, de huit chassis [...] (garde-robe de Versailles), 84 l ». Elle en fit placer également au château de Bellevue, en août 1753: « La garniture, en papier des Indes très beau, de trente-sept chassis composant la garde-robe du Roy; dans lesquels: Trois feuilles à vases & fleurs, à 36 l. [...] Dix-huit à pagodes, en travers [...] Vingt à fleurs [...] Les ports à Bellevue. »
La dauphine Marie-Josèphe de Saxe semble aussi avoir été friande de papiers chinois comme l'indiquent plusieurs achats effectués chez Duvaux, notamment le 25 juillet 1755: « Mme la Dauphine: Livré à Mme de Brancas une feuille de papier la Chine, à vases & fleurs très-belles, 30 l. ».
On constate que les motifs les plus appréciés vers 1750 étaient les fleurs, les vases, les pagodes (personnages) et les oiseaux.
(Marie-Laure de Rochebrune)

108

淡黄地花卉纹“北京”绸缎

18世纪
广州
纵109厘米　横70厘米
洛里昂东印度公司博物馆藏

Panneau de satin de soie gouaché, dit Pékin

XVIIIe siècle
Guangzhou
H.: 109 cm; L.: 70 cm
Lorient, musée de la Compagnie des Indes

传说公元前2700年左右西陵氏在桑树下饮茶时发现了丝绸的秘密。一只蚕茧落入她的杯中，她便从这个灰色的小球中抽出一根异常柔软的丝线。中国人最早知道如何养殖蚕这种只以桑叶为食的毛虫，并把蚕茧加工成几百米长的丝线。他们保有这一秘密长达三千年，并从中获取丰厚的贸易收入。

这块绸缎以奶油色为底，色彩丰富，相互缠绕的花枝、康乃馨、玫瑰花蕾以及系紧的花束组成的花饰交替出现。它于18世纪制于中国，图案表明其面向的是欧洲市场。

整个18世纪，人们都对从中国进口的珍贵丝织品情有独钟，王室宅邸对其尤为青睐。1741年，在路易十五厌倦宫廷约束时喜欢下榻的舒瓦西城堡，路易斯–安娜·德·波旁·孔代（Louise–Anne de Bourbon Condé）小姐的卧房里出现了一件“带刺绣人像、花卉和动物图案的中国白绸缎”家具。40年后，在圣克卢，玛丽–安托瓦内特（Marie–Antoinette）命人用白底彩绘人物图案“北京”绸缎来装饰她卧房的墙壁。对中国风的迷恋一直持续到路易十六统治末期，1790年，人们为贡比涅的游戏客厅布置家具时，挑选了“一块绘有印度树木、花卉、水果和鸟类的白底北京绸缎及底座”。

（安妮·塞西尔·苏里索）

On racontre qu'une dame chinoise, appelé Si Ling Chi, découvrit le secret de la soie en buvant du thé au pied d'un mûrier. Un cocon tomba dans sa tasse. De cette petite boule grise, elle tira un fil d'une extraordinaire douceur. Les Chinois surent les premiers comment élever le bombyx mori, chenille se nourrissant exclusivement des feuilles du murier, et transformer son cocon en un fil continu de plusieurs centaines de mètres. Ils gardèrent ce secret pendant trois millénaires et en firent un commerce fructueux. Ce panneau de satin de soie, rehaussé en couleur sur un fond crème, présente une alternance de guirlandes de fleurs et d'œillets entrelacés, de semis de boutons de roses et de bouquets noués. Il fut fabriqué et peint en Chine au XVIIIe siècle. Son décor montre qu'il était destiné au marché européen. Le goût pour les soieries précieuses importées de Chine dura tout au long du XVIIIe siècle. Celles-ci étaient particulièrement appréciées dans les résidences royales. A Choisy, où Louis XV aimait venir se reposer des contraintes de la cour, un mobilier de « satin blanc de la Chine, à figures, fleurs et animaux de broderie de soye » fut livré en 1741 pour la chambre de mademoiselle Louise-Anne.de Bourbon Condé (1695-1758). Quarante ans plus tard, à Saint-Cloud, Marie-Antoinette fit orner les murs de sa chambre d'un pékin fond blanc, peint à figures chinoises. Ce goût chinois persistait à la fin du règne de Louis XVI quand fut choisi pour le mobilier du salon des jeux à Compiègne livré en 1790 « un pékin fond blanc, dessin à arbres, fleurs, fruits, oiseaux des Indes et terrasse… ».

(Anne-Cécile Sourisseau)

109

彩绘描金徽章纹花口盘

清乾隆，约1765年
径23.5厘米
洛里昂东印度公司博物馆藏

Assiette aux armes de l'abbé Terray

Régne de Qianlong, vers 1765
D.: 23.5 cm
Lorient, musée de la Compagnie des Indes

和路易十五时期另外几位权臣一样，泰雷（Terray）神父也通过法国东印度公司订购了一大套带有其徽章的中国瓷餐具。每件盘子略带弧度，中间是一束系紧的鲜花，笔触自然，侧面围绕着两道叶饰边框。两头雄狮托举起约瑟夫–马利·泰雷（Joseph–Marie Terray，1715~1778年）的盾形徽章。泰雷是莫莱斯姆修道院院长，1769~1774年间担任财政总监。泰雷热衷艺术，他命人根据建筑师勒卡庞捷（Le Carpentier，1709~1773年）的图纸在巴黎的田园圣母路修建了一所漂亮的私人公馆。

泰雷去世后，人们清点其财产时对这一大套餐具的确切组成做了详细描述。在厨房附近餐具室的"一个橱柜里"清点如下："四个印度瓷炖碗配碟、四打盘子、四个瓦罐配碟、四十个大小碟子、另外七打盘子、十五只高脚盘、六个调味汁杯、六个芥末罐，八个盐盅、三个糖罐配碟、九个沙拉碗、四个小碗、一个水罐配盆、两个破损的冰镇桶，所有均为印度瓷器并带有已故泰雷神父的徽章。"除了洛里昂博物馆收藏的这件盘子外，其余餐具分别被不同收藏家收藏。其中八个盐盅和一个芥末罐的收藏地点已明确。

拉莫特–蒂利城堡（奥布省）是泰雷神父在巴黎以东购置的一处庞大产业，那里的餐具室在1778年时也保有51只中国瓷盘，但上面的彩绘要简单得多。

（樊尚·巴斯蒂安）

Comme quelques autres puissants ministres de Louis XV, l'abbé Terray commanda par l'intermédiaire de la Compagnie française des Indes un important service de table à ses armes en porcelaine de Chine. Chaque assiette légèrement contournée présente au centre un bouquet de fleurs noué, peint au naturel, encadré sur l'aile par une double bordure feuillagée. Deux lions supportent les armes de Joseph-Marie Terray (1715-1778), abbé de Molesme, puis contrôleur général des Finances de 1769 à 1774. Grand amateur d'art, il fit édifier sur les plans de l'architecte Le Carpentier (1709-1773) un bel hôtel particulier rue Notre-Dame-des-Champs à Paris.

La composition exacte de ce vaste service fut détaillée lors de la rédaction de l'inventaire après décès du prélat. C'est près des cuisines, « dans une armoire » de l'office dans son hôtel, que furent énumérés: « Quatre pots à oille de porcelaine des Indes avec leurs plats, quatre douzaines d'assiettes, quatre terrines avec leurs plats, quarante plats tant grands que petits, sept autres douzaines d'assiettes, quinze compotiers, six saucières, six moutardiers, huit salières, trois sucriers et leurs soucoupes, neuf saladiers, quatre petites jattes, un pot à l'eau et sa cuvette, deux seaux à rafraîchir cassés, le tout en porcelaine des Indes aux armes dud. feu Sr abbé Terray. » Outre l'assiette du musée de Lorient, d'autres exemplaires sont conservés dans différentes collections particulières. Nous avons également pu localiser l'une des huit salières et un moutardier.

L'office du château de La Motte Tilly (Aube), vaste propriété acquise par l'abbé Terray à l'est de Paris, conservait également, en 1778, « cinquante et une assiettes » en porcelaine de Chine avec un ornement peint beaucoup plus simple.

(Vincent Bastien)

110

白玉双龙柄杯

明
高5.5厘米　宽12.9厘米　径7.3米
吉美国立亚洲艺术博物馆藏
流传经历：马扎然枢机主教旧藏；1665年被路易十四购入

Coupe en jade blanc

Chine, époque Ming (1368-1644)
H.: 5.5 cm; L.: 12.9 cm; D.: 7.3 cm
Musée national des Arts asiatiques Guimet
Historique: anc. coll. du cardinal Mazarin. Acquise en 1665 par Louis XIV.

这只带双龙把手的珍贵杯子很可能是路易十四收藏的最早一批中国工艺品之一。它之前为马扎然（Mazarin）所有，购于1653～1661年。马扎然去世后的遗产清单里对其描述为“带两个镂空把手的白玉小杯”。据帕特里克·米歇尔（Patrick Michel）考证，枢机主教的宝石藏品里有8件玉器。1665年，国王从马扎然继承人手中购得其大部分宝石藏品，共计200件左右，其中包括著名的鲁道夫二世船形杯。这些宝石藏品先是陈列在凡尔赛宫，后转移至杜伊勒里宫，1682年又回到凡尔赛宫，陈列在珍奇屋，即路易十六游戏客厅原址。当时的人们从丰收厅进入珍奇屋，丰收厅的天花板由胡安斯绘制，致敬王室的玉石收藏。

玉是一种极为坚硬的宝石，很难加工，它在中国备受推崇，被视为珍宝。白玉则被认为是玉石中最纯净的一种。

（玛丽-洛尔·德·罗什布吕纳）

Cette précieuse tasse, aux anses en forme de dragons affrontés, est sans doute l'un des premiers objets chinois à avoir figuré dans les collections de Louis XIV. Elle appartenait précédemment à Mazarin qui l'acquit entre 1653 et 1661. Elle est ainsi décrite dans son inventaire après décès: « Une petite tasse de jade blanc ayant deux ances darpies à jour. » Selon Patrick Michel, le Cardinal possédait huit pièces en jade parmi ses gemmes. En 1665, le roi acquit la plupart d'entre elles de ses héritiers, soit près de deux cents pièces, dont la célèbre nef de Rodolphe II. Les gemmes furent d'abord présentées à Versailles puis aux Tuileries. Elles revinrent à Versailles en 1682. On les installa dans le cabinet des Raretés ou des Curiosités, alors situé à l'emplacement du salon des Jeux de Louis XVI. On y pénétrait par le salon de l'Abondance dont le plafond peint par Houasse rendait hommage aux collections royales de pierres dures.

Le jade est une gemme extrêmement dure et difficile à travailler, vénérée en Chine et considérée comme une pierre précieuse. Le jade blanc est jugé comme le plus pur de tous.

(Marie-Laure de Rochebrune)

111

彩绘描金徽章纹餐具（一组）

清乾隆，约1738～1740年
景德镇
凡尔赛宫与特里亚农宫国家博物馆藏

Pièces du service de Louis XV aux armes de France

Régne de Qianlong, vers 1738-1740
Jingdezhen
Musée national des châteaux de Versailles et de Trianon

2018年以来，凡尔赛宫购得六件带有法国王室徽章的餐具，均为18世纪30年代末在中国特为路易十五定制。整套餐具是凡尔赛宫廷使用的首套中国产瓷质餐具，也是首套中国产带法国王室徽章的餐具。由于订单和收据未能保存下来，我们并不清楚这套餐具的确切组成和制造时间。它们可能用于1738年为路易十五布置的餐厅，存放在城堡三楼的小橱中。从这套餐具目前已知的几件来看，其样式（圆盘、冰镇桶、香料盒、水壶、盆等）均为欧式。徽章形状和图案由法国东印度公司领导人及其中国联系人提供给中国工匠。

在制造这套餐具时，欧洲已有向中国订购带徽章的餐具或洗漱用品的悠久传统，这种传统可追溯到16世纪下半叶葡萄牙人控制西方对华贸易时期。1602年后，荷兰东印度公司（VOC）控制了对华贸易，在其助推下，这项传统在17世纪蔚然成风。这些所谓“订购”餐具很受欧洲各大收藏家的喜爱，现今有大量带有西方王室或贵族徽章的餐具存世。

路易十五订购这套餐具时，王室其他成员，如路易十五的合法化非婚生子之一图卢兹伯爵（Toulouse），以及摄政王，几年前已经从中国订购了样式各异、饰有其徽章的餐具。在订购整套餐具前，路易十五从1733年起通过法国东印度公司购入12件饰有法国王室徽章的坐浴盆，相关备忘至今保存。

此六件餐具均带有法国王室徽章，即蓝底三百合花，上戴王冠，以圣米歇尔骑士团和圣灵骑士团的颈饰收束并环绕，国王是这两个骑士团的大团长。它采用伊万里色系进行装饰，其灵感来自17世纪晚期日本装饰风格，这种装饰风格在18世纪初的景德镇颇为流行。这一色系主要包括四种颜色：钴蓝、铁红、铜绿和金，它们经常出现在18世纪二三十年代的订购餐具上。盘子的边沿交替饰有花朵与扇子图案。盘子边沿与盘身交接处由一圈缠枝花纹条带装饰，以红色绘制，并用金色点缀。其上留出四个位置来标记国王姓名首字母，即两个对接的字母“L”。三件带盖小罐上饰有法国王室徽章和花卉图案以及瓷盘上所没有的百合花图案。

路易十五把他的几件餐具送给了福尔维领主让·路易·亨利·奥里（Jean Louis Henri Orry de Fulvy，1703～1751年），他从1733年起担任法国东印度公司董事会成员，1737年被任命为财政总管。1740年，他在王室城堡的一座塔楼上创办万塞讷瓷器工厂，他和他的兄长维尼奥里伯爵菲利贝尔·奥里（Philibert Orry de Vignory）是工厂最早的支持者。在他1751年5月去世后的遗产清单里，有多件带法国王室徽章的中国瓷器：“32号……两个水壶及带有法国王室徽章的配套大碗……均为中国瓷器……240里弗尔……在上述毗邻皇家圣礼拜堂、被称为总监府的（万塞讷）城堡的一座主楼内……60号，两大四小带法国王室徽章的中国瓷桶……20里弗尔。”

18世纪末，路易十五的这套餐具似已过时，被分流至法兰西岛各处王室宅邸。有些餐具在特里亚农宫、马尔利宫和朗布耶城堡被提及。大革命时代，这些餐具彻底散失。其中一些因带有王室徽章，可能在当时就已被毁。

（玛丽-洛尔·德·罗什布吕纳）

Depuis 2018, le château de Versailles a pu acquérir six pièces d'un service de table aux armes de France, exécuté en Chine pour Louis XV à la fin des années 1730. L'ensemble constitue à la fois le premier service en porcelaine utilisé à la cour de Versailles et le premier service orné des armes de France, fabriqué en Chine. On ne connaît pas sa composition exacte à l'origine ni à quelle date précise il a été exécuté car ni la commande ni la facture n'ont été conservées. Sans doute était-il destiné au service de la salle à manger, aménagée pour Louis XV en 1738, dans les petits cabinets du 2e étage du château. Les pièces qui proviennent de cet ensemble, connues aujourd'hui, montrent que les formes mises en œuvre (plats circulaires, seaux à rafraîchir, boîtes à épices, aiguières, bassins…) étaient toutes européennes. Les dessins des formes comme les motifs des armoiries étaient fournis aux artisans chinois par l'intermédiaire des dirigeants de la Compagnie française des Indes orientales et de leurs interlocuteurs chinois.

À l'époque où ce service a été fabriqué, la tradition de commander des pièces de service ou de toilette armoriées en Chine était déjà ancienne en Europe puisqu'elle remontait à la seconde moitié du XVIe siècle, quand les Portugais s'emparèrent du commerce occidental avec la Chine. Elle se développa considérablement au siècle suivant, encouragée par la célèbre compagnie des Indes néerlandaise, la V.O.C. (*Vereenische Oost-Indische Compagnie*), qui détenait depuis 1602 la maîtrise du commerce avec la Chine. Ces pièces, dites de commande, étaient très appréciées des grands amateurs européens et l'on en connaît de multiples exemples, ornés des armoiries de familles princières ou aristocratiques occidentales. Au moment de la commande de ce service par Louis XV, d'autres membres de la famille royale comme le comte de Toulouse, l'un des enfants légitimés de Louis XIV, et le Régent, avaient déjà commandé en Chine, quelques années plus tôt, des pièces de formes diverses à leurs armes. Avant de commander un service de table complet, Louis XV acheta, dès 1733, par l'intermédiaire de la Compagnie des Indes française douze bidets aux armes de France dont le mémoire est conservé aujourd'hui.

Les six pièces exposées sont ornées des armes de France, trois fleurs de lys sur fond d'azur, surmontées d'une couronne fermée et entourées des colliers des ordres de Saint-Michel et du Saint-Esprit dont le roi était le grand maître. Elles ont été décorées avec la palette de couleurs, dite Imari, inspirée de décors japonais de la fin du XVIIe siècle, à la mode à Jingdezhen, au début du XVIIIe siècle. Cette palette comporte quatre couleurs essentielles: le bleu de cobalt, le rouge de fer, le vert de cuivre et l'or, que l'on retrouve fréquemment sur les pièces de commande dans les années 1720 et 1730. Sur l'aile des plats, on distingue en alternance des motifs de fleurs avec des motifs d'éventails. La frise qui sépare l'aile des plats du bassin est constituée d'enroulements et de motifs floraux, peints en rouge et rehaussés d'or. Elle contient quatre cartouches, laissés en réserve, dans lesquels on distingue le chiffre du roi, deux L affrontées. Sur les petites écuelles couvertes, on retrouve les armes de France et des motifs floraux. On distingue aussi des fleurs de lys qui ne figurent pas sur les plats.

Louis XV offrit quelques pièces de son service à Jean Louis Henri Orry de Fulvy (1703-1751) qui fut, à partir de 1733, l'un des membres du conseil de la Compagnie française des Indes orientales et qui fut nommé, en 1737, intendant des Finances. Il fut avec son frère Philibert Orry de Vignory (cat. 105) l'un des premiers à soutenir la toute jeune manufacture de Vincennes, installée grâce à lui, en 1740, dans l'une des tours du château royal. Dans l'inventaire qui fut dressé après sa mort, en mai 1751, on signale plusieurs pièces en porcelaine de Chine aux armes de France: « N° 32. […] deux pots a eau avec leurs jattes aux armes de France a charnière d'argent, un autre pot a eau et sa jatte a pans et un seau aussy aux armes de France […] le tout de porcelaine de Chine… 240 livres […]. Dans un corps de logis enclavé dans led. Château [de Vincennes] appelé la surintendance attenant la Sainte Chapelle Royale […] N° 60. Item deux grands et quatre petits Seaux de porcelaine de la Chine aux armes de France… 20 Livres […].

À la fin du XVIIIe siècle, le service de Louis XV, qui devait sembler démodé, fut réparti dans différentes résidences royales d'Île-de-France. Certaines pièces sont mentionnées à Trianon, à Marly ou à Rambouillet. À l'époque révolutionnaire, le service fut définitivement dispersé. Des pièces furent peut-être détruites à cette date car elles portaient les armes de France.

(Marie-Laure de Rochebrune)

111-1

彩绘描金徽章纹带盖罐（3件）

清乾隆，约1738～1740年
景德镇
高8.5厘米　宽13厘米
凡尔赛宫与特里亚农宫国家博物馆藏
流传经历：科塞-巴里萨克旧藏；2006年5月19日巴黎皮亚萨拍卖行售出，编号27（V.2019.3和V.2019.4）；安托万·勒贝尔旧藏；2019年1月17日纽约佳士得拍卖行售出，编号390

Trois petites écuelles couvertes ou terrines

Régne de Qianlong, vers 1738-1740
Jingdezhen
H.: 8.5 cm; L.: 13 cm
Musée national des châteaux de Versailles et de Trianon
Historique: anc. coll. Cossé-Brissac; vente, Piasa, Paris, 19 mai 2006, lot 27 (V.2019.3 et 4); anc. coll. Antoine Lebel, Bruxelles; vente Christie's, New York, 17 janvier 2019, lot 390.

111-2

彩绘描金徽章纹盘（一对）

清乾隆，约1738～1740年
景德镇
径47厘米
凡尔赛宫与特里亚农宫国家博物馆藏
流传经历：2005年10月18日在巴黎德鲁埃拍卖行由弗雷斯拍卖师主持售出，编号169（V.2019.1）；布鲁塞尔安托万·勒贝尔旧藏；2019年1月17日纽约佳士得拍卖行售出，编号389

Paire de grands plats aux armes de France

Régne de Qianlong, vers 1738-1740
Jingdezhen
D.: 47 cm
Musée national des châteaux de Versailles et de Trianon
Historique: vente, maître Fraysse, Paris, hôtel Drouot, 18 octobre 2005, lot 169 (V.2019.1); anc. coll. Antoine Lebel, Bruxelles; vente Christie's, New York, 17 janvier 2019, lot 389.

111-3

彩绘描金徽章纹盘

清乾隆，约1738～1740年
景德镇
径38厘米
凡尔赛宫与特里亚农宫国家博物馆藏
流传经历：2018年4月28日布鲁日罗伯·米歇尔拍卖行售出，编号279；2018年爱德华·德·鲁瓦埃先生及奥利维耶·德·罗昂先生经凡尔赛之友协会捐赠

Plat circulaire aux armes de France

Régne de Qianlong, vers 1738-1740
Jingdezhen
D.: 38 cm
Musée national des châteaux de Versailles et de Trianon
Historique: vente, Rob Michiels Auctions, Bruges, 28 avril 2018, lot 279; don de MM. Edouard de Royère et Olivier de Rohan en 2018, par l'intermédiaire de la Société des Amis de Versailles.

附图 I

彩绘描金徽章纹单柄壶

清康熙
景德镇
高20厘米　口径8.5厘米
吉美国立亚洲艺术博物馆藏
流传经历：恩斯特·埃内斯特·格朗迪迪埃（1833～1912年）收藏

Fig. 1

Aiguière

Régne de Kangxi, dynastie des Qing
Jingdezhen
H.: 20 cm; D. (ouverture): 8.5 cm
Musée national des Arts asiatiques Guimet
Historique: coll. Ernest Grandidier (1833-1912)

112

法国王太子路易像

约1700年
亚森特·里戈画坊
布面油画
纵119厘米 横90厘米
凡尔赛宫与特里亚农宫国家博物馆藏
流传经历：1837年入藏凡尔赛宫

Portrait de Louis, Dauphin de France

vers 1700
Atelier de Hyacinthe Rigaud
Huile sur toile
H.: 119 cm; L.: 90 cm
Musée national des châteaux de Versailles et de Trianon
Historique: entré à Versailles avant 1837

这幅肖像根据亚森特·里戈（Hyacinthe Rigaud, 1659～1743年）的原作创作，描绘了王太子（1661～1711年）即路易十四之子“大太子”在奥格斯堡同盟战争（1688～1697年）期间围攻德国菲利普斯堡时的情景。王太子在父母婚后一年出生，是国王唯一存活下来的婚生子女，理所当然要继承父亲的王位并接受相应的教育。1660年，他与巴伐利亚选帝侯的女儿结婚。随着时间的推移，如何表现他的形象成了复杂的问题。自弗朗索瓦一世统治时期以来，首次有王子在其父在世时步入成年。因此，艺术家们一方面要让公众清楚地认出他是王位继承人，另一方面又不能让他的风头盖过当世君主。由于王太子遗传了他西班牙裔母亲显著的金发和蓝眼睛，所以第一点对艺术家们来说较为容易。至于第二点，画家和雕塑家们似乎心照不宣地遵守某些规则，这些规则也适用于王太子和他巴伐利亚妻子所生的三个儿子。

和他的父亲、母亲、妻子甚至儿媳不同，路易在画里从未穿过带百合花图案的貂皮内衬蓝色大衣，仅在他童年时期制作的少数版画里才这样出现过。他总是以站姿出现，身上很少有王室徽章。婚后，除了一幅有名的全家福外，他似乎更偏爱戎装像。王太子几乎总是身披铠甲，有时还佩戴带羽毛的头盔，手握指挥棒。这些肖像画的套路并非他个人独有，许多佩剑贵族都以同样的方式示人，有时甚至姿势完全相同。一些艺术家为了避免混淆，会在他的铠甲上画一只小海豚。这幅画的作者没有做类似的事情，而只是通过模特的脸以及圣灵骑士团的蓝色饰带加以区分。但国王的儿子不可能真的成为军人，一方面他不能同他父亲竞争，另一方面，他的生命十分宝贵，不能真的拿去冒险。所以，尽管军功在法国有助于建立某种至上的权威，但路易参加的战役少之又少。王太子27岁生日当天，法军在军事工程师沃邦（Vauban）指挥下攻克了菲利普斯堡，这场胜利被算作王太子的功劳，他直至去世都因此而受人称颂。这幅画中出现的正是莱茵河畔的这处要塞，尽管时间已经过去十多年了，画中的路易似乎刚刚下马，并手指战斗场景。他比父亲先离世几年，最终没能登上王位。

（埃洛迪·韦斯）

Peint d'après un original de Hyacinthe Rigaud, ce tableau représente le Dauphin(1661-1711), fils de Louis XIV, assiégeant de la ville allemande de Philippsburg pendant la guerre de la Ligue d'Augsbourg (1688-1697). Unique survivant des enfants légitimes du roi, né un an après le mariage de ses parents, Louis est appelé à succéder à son père et éduqué en conséquence. Il épouse en 1660 la fille de l'Électeur palatin de Bavière. Sa représentation, cependant, pose des problèmes plus complexes à mesure que les années passent. Depuis le règne de François Ier, c'est en effet la première fois qu'un fils de roi atteint l'âge adulte du vivant de son père. Il s'agit donc, pour les artistes, de permettre au public de bien identifier l'héritier du trône sans que ce dernier ne semble pour autant concurrencer le souverain. Les traits physiques du Dauphin, qui a hérité de l'extrême blondeur et des yeux bleus de sa mère espagnole, facilitent leur tâche pour le premier point. Peintres et sculpteurs, pour le second, semblent s'astreindre à respecter certaines règles tacites, qui s'appliquent également aux trois fils nés du Dauphin et son épouse bavaroise.

Contrairement à son père, à sa mère, sa femme ou même sa belle-fille, Louis n'est jamais représenté portant le manteau bleu fleurdelysé doublé d'hermine, sauf sur de rares gravures exécutées lors de son enfance. Il pose toujours debout et rarement avec les insignes de la royauté. A partir de son mariage, et à l'exception d'un fameux portrait de famille, l'iconographie militaire semble être privilégiée. Le Dauphin est presque toujours revêtu d'une armure, parfois complétée par un casque à plumes ou un bâton de commandement. Ces codes iconographiques ne lui sont pas personnels: une grande partie de la noblesse d'épée se fait représenter de la même façon, parfois même dans une pose exactement identique. Certains artistes, pour éviter toute confusion, décorent donc son armure d'un petit dauphin. Le peintre de ce tableau n'en fait rien, et compte seulement sur le visage du modèle, ainsi que sur le cordon bleu de l'ordre du Saint-Esprit, pour faciliter son identification. Le fils du roi, cependant, ne peut être un homme de guerre, d'une part pour ne pas concurrencer son père, d'autre part parce que sa vie est trop précieuse pour être réellement exposée. Bien que la guerre concoure, en France, à constituer de la souveraineté, Louis ne participe donc qu'à un nombre très limité de campagnes. Effectuée sous la direction de l'ingénieur Vauban, la prise de Philippsburg, achevée le jour de son vingt-septième anniversaire, fut attribuée au Dauphin et célébrée jusqu'à sa mort. C'est cette place forte, baignée par le Rhin, qui est représentée sur le tableau, pourtant de douze ans postérieur: Louis semble être tout juste descendu de cheval, et désigne la scène de bataille. Sa disparition précoce, quelques années avant son père, l'empêche finalement d'accéder au trône.

(Elodie Vaysse)

113

阿黛拉伊德夫人执扇像

1749年
让-马克·纳蒂埃
布面油画
纵81厘米 横64厘米
凡尔赛宫与特里亚农宫国家博物馆藏
流传经历：西班牙王子妃（即路易十五女儿路易丝-伊丽莎白）在帕尔马的旧藏；香波伯爵旧藏；亨利·德·罗斯柴尔德旧藏；伊丽莎白·威尔登斯坦旧藏；1969年从前者手中购入

Portrait de Madame Adélaïde à l'éventail

1749
Jean-Marc Nattier (1685-1766)
Huile sur toile
H.: 81 cm; L.: 64 cm
Musée national des châteaux de Versailles et de Trianon
Historique: anc. coll. Madame Infante à Parme; anc. coll. comte de Chambord; anc. coll. Henri de Rothschild; anc. coll. Elisabeth Wildenstein; acquis auprès de cette dernière en 1969.

阿黛拉伊德夫人（Madame Adélaïde，1732～1800年）是国王路易十五和王后玛丽·莱什琴斯卡（Marie Leszczyńska）的第四个女儿。在她17岁时，王室御用肖像画家让-马克·纳蒂埃（Jean-Marc Nattier，1685～1766年）应她的姐姐帕尔马公爵夫人即西班牙王子妃的要求为她画了这幅肖像。

这是一幅阿黛拉伊德夫人的半身像，她的右手拿着一把收拢的折扇，扇面朝下，食指优雅地搭在扇子顶端。白色的褶裥花边遮住她半只手臂和上身，衬托她丝绸裙的珍珠灰色。脖子上和头发上的灰色饰带为这套优雅的宫廷装束锦上添花。黑色花边、红润的面颊和嘴唇进一步突出灰色与白色的和谐搭配。

18世纪时，从中国进口或在法国生产的借鉴东方装饰风格的扇子成为高雅之物，人们乐意用它来搭配宫廷服饰。王后玛丽·莱什琴斯卡本人也有一幅由卡尔勒·范·洛（Carle Van Loo）画的手拿折扇的肖像。不过在她的宫廷里，扇子的使用受严格礼仪规范的制约。“在王后面前，除非是把扇子当作茶托向王后献礼，否则任何人不得擅自打开自己的扇子。”

（安妮·塞西尔·苏里索）

Madame Adélaïde (1732-1800) était la quatrième fille du roi Louis XV et de la reine Marie Leszczyńska. Elle avait dix-sept ans quand Jean-Marc Nattier, portraitiste officiel de la famille royale, réalisa ce tableau à la demande de la duchesse de Parme, Madame Infante, sa sœur ainée.

Madame Adélaïde est représentée à mi-corps, sa main droite tenant un éventail replié et dirigé vers le bas. Son index appuie d'un mouvement gracieux sur la tête de l'éventail. Un ruché de dentelles blanches couvre à moitié ses bras et son corsage, rehaussant la couleur gris perle de sa robe de soie. Des rubans gris autour de son cou et dans sa coiffure complètent cet élégant habit de cour. Une marotte de dentelle noire, le rouge des joues et des lèvres viennent rehausser l'harmonie des gris et des blancs.

Au XVIIIe siècle, les éventails, importés de Chine ou fabriqués en France avec des décors souvent inspirés de l'Orient, étaient devenus des objets particulièrement raffinés avec lesquels on ne dédaignait pas se montrer en habit de cour. Toutefois, l'usage des éventails à la cour de Marie Leszczyńska, elle-même peinte portant un éventail replié, par Carle Van Loo en 1747 était soumis à une étiquette très stricte. « On ne prenait jamais la liberté d'ouvrir son éventail en présence de la reine, à moins que ce ne fût pour en user en guise de *soucoupe* et pour présenter quelque chose à Sa Majesté. »

(Anne-Cécile Sourisseau)

114

御题湖上亭诗花鸟图成扇

清
胤禛书，蒋廷锡画
泥金笺设色
纵17.2厘米　横51.2厘米
故宫博物院藏

Éventail décoré d'un poème sur un pavillon sur le lac écrit par l'empereur et d'une image d'oiseaux et de fleurs

Dynastie des Qing
Calligraphie de l'empereur Yongzheng, peinture de Jiang Tingxi
Peinture sur papier doré
H.: 17.2 cm; L.: 51.2 cm
Collection du musée du Palais

成扇一面为雍正皇帝书："湖入苑西边，湖头胜事偏。绿竿初长笋，红颗未开莲。蔽日高高树，迎人小小船。清风长入座，夏月似秋天。唐戎昱题湖上亭。雍正御笔录于四宜堂。"钤引首印"为君难"朱文长方印，后钤"朝乾夕惕"白文方印、"雍正宸翰"朱文方印。另一面为蒋廷锡绘蝴蝶、花卉，点缀坡石，翠竹为衬。设色妍丽，笔法细腻工致，没骨法与勾写兼备，又不失恽氏自然野趣、栩栩如生之貌。扇左下题款"眉寿万年，臣蒋廷锡恭画"，钤"臣廷锡"朱白文方印、"朝朝染翰"白文方印。扇面均为泥金地，棕竹扇骨，大骨阳刻寿字纹，下端和尚头嵌骨钮。

蒋廷锡（1669～1732年），字扬孙，号西谷，又号南沙，江苏常熟人。供奉康熙、雍正两朝，得恽寿平韵味，开创"蒋派"花鸟。

（吴凡）

Un côté de l'éventail comporte une calligraphie de l'empereur Yongzheng, qui peut se traduire littéralement comme suit: « Le lac s'écoule du côté ouest du jardin, un paysage unique. Le bambou commence à bourgeonner alors que le lotus ne fleurit pas encore. Sous l'ombre des grands arbres, des visiteurs en barque. La brise souffle longtemps et l'été ressemble à l'automne. Poème de Rong Yu (dynastie des Tang). Calligraphie de l'empereur Yongzheng dans la salle Siyi. » Trois sceaux de l'empereur accompagnent la calligraphie. L'autre côté de l'éventail est peint par Jiang Tingxi de papillons et de fleurs, agrémentés de rochers et de bambou. Les couleurs sont belles et le travail au pinceau est délicat et méticuleux. L'utilisation de la technique mogu, combinée à des contours, rend la nature vivante et légère. L'inscription en bas à gauche, suivie de deux sceaux du peintre, indique que la peinture fut réalisée par Jiang Tingxi. La surface de l'éventail est recouverte d'une couche d'or et ses nervures sont en bois de palmier chinois. Le mot « longévité » est gravé le long de la nervure principale et une rivure ronde brillante décore la tête de l'éventail.

Jiang Tingxi (1669-1732), nom de courtoisie Yangsun, également connu sous les noms de Xigu et Nansha, est originaire de Changshu, dans la province du Jiangsu. Héritier du style de Yun Shouping, il fut peinture de la cour sous les règnes de l'empereur Kangxi et de l'empereur Yongzheng et créa un courant de peinture d'oiseaux et de fleurs unique. (Wu Fan)

115

马尔利国王行宫剖面图

1699～1714年
佚名法国作者
纸本钢笔及水彩画
纵26.5厘米　横33厘米
法国国家档案馆藏

Coupe du Pavillon royal du château de Marly

1699-1714
Anonyme français
Dessin à la plume, à l'encre noire et au lavis sur papier
H.: 26.5 cm; L.: 33 cm
Paris, Archives nationales

1693年5月，瑞典外交官克朗斯特罗姆（Cronström）在特里亚农宫接待室里看到"各处壁炉上方都挂着大幅油画，挑檐上装饰巨大的瓷器和青铜器"。路易十四在马尔利宫也做了同样的布置，1699～1714年绘制的《马尔利国王行宫剖面图》显示，门厅的桌子腿处摆放着一个花瓶，桌面上摆放着一个大碗，均为青花瓷器。1702年，南北两个门厅里安装了两座壁炉。1758年，东西两个门厅里也安装了两座壁炉，原本的桌子和配套的瓷器便在旧制度结束前被陆续撤走。

然而，直到旧制度末期，客厅八个角落的边柜上一直摆放着带盖的大罐，尺寸在23法寸（约合62.2厘米）至26法寸（约合70.3厘米）之间。之所以要这么大的尺寸，为的是平衡橱柜的宽度和客厅的高度。这些青花瓷罐中有四件饰有"花卉、树叶和蓝色叶旋涡饰阔大枝条"；有两件饰有"四条蓝色巨龙和云朵"；第七件饰有"四个椭圆形大开光，开光内绘有蓝色山水、中国人像和小屋"；最后一件饰有"大鸟，穿插着蓝色叶旋涡饰、花朵和枝条"。

与17世纪晚期的品位相反，这里并未出现瓷器堆积的现象，这些瓷器在一个国王并不居住的空间里起到装饰作用。城堡在大革命期间被毁，在这之前，客厅的装饰和家具始终未变。（斯特凡娜·卡斯特鲁乔）

En mai 1693, le diplomate suédois Cronström vit dans les pièces de réception de Trianon, « partout de grands tableaux mis au-dessus des cheminées et les corniches sont ornées de grandes porcellaines et de bronzes ». Louis XIV en avait également disposé à Marly, et la *Coupe du Pavillon royal du château de Marly*, dressée entre 1699 et 1714, montre la présence, dans les vestibules, d'un vase sur le pied de la table et d'une grande jatte sur le plateau, tous deux de porcelaine bleu et blanc. La pose, en 1702, de deux cheminées dans les vestibules nord et sud, puis en 1758 de deux poêles dans ceux de l'est et de l'ouest, entraîna progressivement le retrait des tables et de leurs porcelaines avant la fin de l'Ancien Régime.

En revanche, jusqu'à la fin de l'Ancien Régime, chacun des huit buffets d'angle du salon portait une grande urne à couvercle, dont la taille oscillait entre 23 et 26 pouces (environ 62.2 et 70.3 centimètres). De telles proportions s'imposaient pour équilibrer l'ampleur des buffets et la hauteur du salon. Quatre de ces urnes, toutes de porcelaine bleu et blanc, présentaient un décor « de fleurs, feuilles et grands branchages bleu en rainceaux »; deux autres, « quatre grands dragons et des nuages bleu »; la septième montrait « quatre grands cartouches ovales remplis de païsages, figures chinoises et cabannes bleu » et la dernière, « de grands oiseaux terminés en rainceaux et de fleurs et branchages bleu ».

Contrairement au goût de la fin du XVIIe siècle, il n'y a aucune accumulation et ces porcelaines remplissaient une fonction décorative dans un espace où le roi ne vivait pas. Le décor et le mobilier du salon ne changèrent pas jusqu'à la disparition du château au cours de la Révolution.

(Stéphane Castelluccio)

UPE DU CHASTEAU.
Echelle de six Toises.
Vestibule.
du costé de la Riviere.
ARCHIVES NATIONALES
SALON
Vestibule

116

青花瑞兽花卉图花觚

明末清初
高44厘米　口径19厘米　底径15厘米
故宫博物院藏

Vase en porcelaine bleu et blanc aux motifs de fleurs et d'animaux

Fin de la dynastie des Ming et début de la dynastie des Qing
H.: 44 cm; D. (ouverture): 19 cm;
D. (fond): 15 cm
Collection du musée du Palais

觚敞口，束腰，微鼓腹，足外扩，平底。胎呈白色，较纯净。外壁口沿、腹部上下沿及近足部用划花纹装饰，口沿下用双弦纹，居中为缠枝花卉；腹部上沿为双弦纹，下沿为双弦纹与缠枝花卉装饰；近足部为双弦纹。内外壁施透明釉，外底无釉，外壁青花装饰，按颈、腹、胫分为三部分。颈部为装饰主题，绘洞石花卉麒麟戏凤图，麒麟蹲姿，昂首，张口吐火；凤鸟腾飞，张翅回首，探足与之相应。麒麟身后绘一组洞石，石旁牡丹、兰花丛生，花间蝶舞。腹部绘缠枝灵芝纹装饰。胫部一周绘垂焦叶纹装饰。无款识。

此觚青花发色略暗，采用分水画法晕染，具有明末清初景德镇民窑青花的工艺特点。（冀洛源）

Il s'agit d'un vase à ouverture évasée avec un fond plat légèrement élargi. La porcelaine est de couleur blanc pur. De haut en bas, le bord de l'ouverture est décoré de motifs floraux entre des lignes doubles en rayure. La limite supérieure de la partie centrale est décorée de ligne double en rayure, la limite inférieure de la partie centrale de motifs floraux entre des lignes doubles en rayure et le bord de la base est décoré de ligne double en rayure. Les parois intérieure et extérieure sont recouvertes d'un émail transparent, et le fond extérieur n'est pas émaillé. La paroi extérieure est décorée de motifs bleus et divisée en trois parties. La partie supérieure représente une licorne jouant avec un phénix. La licorne est accroupie, la tête relevée, crachant du feu, et le phénix s'envole, regardant en arrière avec ses ailes déployées. Des rochers sont peints derrière la licorne, agrémentés de pivoines et de orchidées et de papillons volant parmi les fleurs. Dans la partie centrale se trouve une décoration aux motifs de champignon Ganoderma. Enfin, la partie basse est décorée de motifs verticaux de feuilles de bananier. Le vase n'est marqué d'aucun tampon.
Les couleurs de ce vase sont légèrement foncées et donnent des dégradés. Il présente les caractéristiques techniques des fours civils de Jingdezhen de la fin de la dynastie des Ming et du début des Qing.
(Ji Luoyuan)

117

青花水塘花鸟图花觚

明末清初
高42.8厘米　口径19.5厘米　底径14厘米
故宫博物院藏

Vase en porcelaine bleu et blanc au paysage d'étang

Fin de la dynastie des Ming et début de la dynastie des Qing
H.: 42.8 cm; D. (ouverture): 19.5 cm;
D. (fond): 14 cm
Collection du musée du Palais

觚敞口，束腰，微鼓腹，足外扩，平底。胎呈白色，较纯净。外壁口沿、腹部上下沿及近足部均用划花双弦纹装饰。内外壁施透明釉，口沿无釉，外底刮釉，外壁青花装饰，按颈、腹、胫分为三部分。颈部为装饰主题，绘水塘花鸟图，水面平静，莲叶、水草丛生，其间绘多组丛花、洞石芦叶，水鸟或立于芦枝，或游于水面，或飞于空中。腹部绘四组菱花形开光，开光内绘莲花纹，开光外绘亚字形装饰（黻纹）。胫部一周绘垂焦叶纹装饰。无款识。

此觚青花发色略暗，采用分水画法晕染，具有明末清初景德镇民窑青花的工艺特点。（冀洛源）

Il s'agit d'une vase à ouverture évasée avec un fond plat légèrement élargi. La porcelaine est de couleur blanc pur. Sur la paroi extérieure, le bord de l'ouverture, les limites supérieure et inférieure de la partie centrale et le bord de la base sont tous décorés de ligne double en rayure. Les parois intérieure et extérieure sont recouvertes d'un émail transparent, et le bord de l'ouverture et de la base n'est pas émaillé. La paroi extérieure est décorée de motifs bleus et divisée en trois parties. La partie supérieure représente un paysage d'étang avec des plantes et des oiseaux: l'eau est calme, des lotus et des plantes aquatiques y poussent en abondance; des oiseaux aquatiques se tiennent sur des branches de roseaux, nagent dans l'étang ou volent dans les airs. La partie centrale est décorée de quatre motifs en forme de losange, avec des motifs de lotus peints à l'intérieur. Les losanges sont agrémentés de motifs géométriques peints. Enfin, la partie basse est décorée de motifs verticaux de feuilles de bananier. Le vase n'est marqué d'aucun tampon.
Les couleurs de ce vase sont légèrement foncées et donnent des dégradés. Il présente les caractéristiques techniques des fours civils de Jingdezhen de la fin de la dynastie des Ming et du début des Qing.
(Ji Luoyuan)

118

青花花鸟图瓶

清早期
高18厘米　口径8.2厘米　足径7.7厘米
故宫博物院藏

Vase en porcelaine bleu et blanc aux motifs de fleurs et d'oiseaux

Début de la dynastie des Qing
H.: 18 cm; D. (ouverture): 8.2 cm;
D. (fond): 7.7 cm
Collection du musée du Palais

瓶敞口，方圆唇，微束颈，微曲腹，高圈足。胎呈白色，较纯净。外壁口沿下、近足部均用划花装饰，口沿下双弦纹之间为缠枝花纹样，近足部为双弦纹。内外壁施透明釉，口沿、圈足足梢无釉，外壁青花装饰。外壁腹部以花鸟图为装饰主题。一组叠石居中，石旁芙蓉、荷花丛生，石上一鸟雀昂首张喙，另一鸟雀飞于空中张翅，回首与之相应。外底满釉，无款识。

此瓶青花发色较暗，分水画法晕染层次鲜明，具有清代早期景德镇民窑青花的工艺特点。（冀洛源）

Il s'agit d'un vase légèrement bombé, à ouverture ronde, avec une base élargie. La porcelaine est de couleur blanc pur. Le bord de l'ouverture est décoré de motifs floraux entre des lignes doubles en rayure, et le bord de la base est décoré de ligne double en rayure. Les parois intérieure et extérieure sont recouvertes d'un émail transparent, et le bord de l'ouverture et de la base ne sont pas émaillés.
La paroi extérieure est décorée de motifs bleus. La décoration est une peinture au thème de « fleurs et oiseaux »: des hibisus et des lotus poussent à côté des rochers; un oiseau se tient sur un rocher, le bec ouvert, et un autre oiseau vole dans les airs, regardant en arrière. Le fond extérieur est entièrement émaillé et n'est marqué d'aucun tampon.
Les couleurs de ce vase sont légèrement foncées et les dégradés sont très visibles. Il présente les caractéristiques techniques des fours civils de Jingdezhen du début de la dynastie des Qing.
(Ji Luoyuan)

119

青花花鸟图瓶

清早期
高16.3厘米　口径7.8厘米　足径6.4厘米
故宫博物院藏

Vase en porcelaine bleu et blanc aux motifs de fleurs et d'oiseaux

Début de la dynastie des Qing
H.: 16.3 cm; D. (ouverture): 7.8 cm;
D. (fond): 6.4 cm
Collection du musée du Palais

瓶直口，方圆唇，矮颈，曲腹，圈足。胎呈白色，较纯净。外壁口沿下、圈足外墙用划花装饰，均在双弦纹之间划出缠枝花纹。内外壁施透明釉，口沿、圈足足梢无釉，外壁青花装饰。外壁腹部以花鸟图为装饰主题，一组叠石居中，石旁芙蓉及其他花卉丛生，花间两鸟飞于空中，张翅对望，身后一轮旭日，丛花有蜜蜂相伴。外底满釉，无款识。

此瓶青花发色略暗，分水画法晕染层次鲜明，具有清早期景德镇民窑青花的工艺特点。（冀洛源）

Il s'agit d'un vase bombé, à rebord rond, avec un cou court et une base ronde. La porcelaine est de couleur blanc pur. Le cou et la base sont décorés de motifs floraux gravés entre des lignes doubles en rayure. Les parois intérieure et extérieure sont recouvertes d'un émail transparent, et le bord de l'ouverture et de la base ne sont pas émaillés. La paroi extérieure est décorée de motifs bleus. La panse est décorée d'images de fleurs et d'oiseaux: des hibisus et d'autres fleurs poussent à côté des rochers, en compagnie d'abeilles; deux oiseaux volent dans les airs parmi les fleurs, se regardant l'un et l'autre, et derrière eux, un soleil levant. Le fond extérieur est entièrement émaillé et n'est marqué d'aucun tampon.

Les couleurs de ce vase sont légèrement foncées et les dégradés sont très visibles. Il présente les caractéristiques techniques des fours civils de Jingdezhen du début de la dynastie des Qing.
(Ji Luoyuan)

120

《西清古鉴》

清乾隆二十年（1755年）武英殿刻本
梁诗正等
纵41.5厘米　横27.7厘米
故宫博物院藏

Catalogue illustré des bronzes de la collection impériale de la dynastie Qing

La gravure fut réalisée par les Presses impériales du Wuyingdian au cours de la 20e année du règne de Qianlong (1755), dynastie des Qing
Liang Shizheng (1697-1763) *et al.*
H.: 41.5 cm; L.: 27.7 cm
Collection du musée du Palais

《西清古鉴》四十卷，附《钱录》十六卷。清梁诗正等奉敕纂修，清乾隆二十年武英殿刻本。版框纵29.5厘米、横22.6厘米。半页10行，行18字，白口，双鱼尾，四周双边，无行格。4函42册。

《西清古鉴》将内府庋藏的鼎、尊、彝等青铜器分门别类，仿效《考古图》《宣和博古图》体例汇集成编。全书著录清宫所藏古代铜器1529件，每器绘制一图，图后以楷书系说。绘图精审，毫厘不失，器物的方圆围径、高广轻重记载详明，对古器物的铭文均钩摹注释。考证虽兼取欧阳修等众家之说，但又非诸家所能及。书中驳斥了历代著作之谬误，解释疑难，补充遗漏，使三代古器物如现眼前。

乾隆内府刻本《西清古鉴》传世稀少，兼之书内收录器物均深藏于内府，为世间所罕见，因而此书对后世的青铜器研究影响很大。（杨国彭）

Le *Catalogue illustré des bronzes de la collection impériale Qing* comporte 40 volumes et annexe un intitulé *Catalogue des monnaies* en 16 volumes. Liang Shizheng et d'autres personnes de la dynastie des Qing furent chargés de le compiler. La gravure fut réalisée par les Presses impériales du Wuyingdian au cours de la 20e année du règne de Qianlong. Le cadre mesure 29,5 cm de long et 22,6 cm de large. Chaque page est divisée en 10 lignes, 18 caractères par ligne. Le cadre est formé par une ligne double. Il existe 42 volumes en quatre parties.

Le Catalogue classe les *ding*, les *zun*, les *yi* et d'autres bronzes de la collection impériale, et les compile dans une collection suivant le style du *Récit illustré des antiquités* et du *Catalogue illustré d'antiquités* de la dynastie des Song du Nord. Le livre répertorie 1 529 bronzes anciens de la collection impériale des Qing. Chaque bronze est représenté par un dessin accompagné d'une description écrite. Les dessins sont soigneusement composés de sorte à montrer des détails. Les dimensions et le poids des bronzes sont notés de façon précise, et les inscriptions sur les bronzes anciens sont toutes retranscrites et annotées. Tout en s'appuyant sur les études d'Ouyang Xiu et d'autres prédécesseurs, les auteurs apportent de nouvelles explications sur les bronzes. En outre, ils réfutent les erreurs des auteurs précédents, expliquent les difficultés et comblent les omissions, donnant un aperçu dynamique des objets.

Il existe peu d'exemplaires du Catalogue produit par le palais intérieur de l'empereur Qianlong, et les bronzes inclus dans le livre étaient tous de la collection impériale, donc peu accessibles pour le grand public. Le Catalogue revêt d'une grande importance pour l'étude des bronzes anciens.

(Yang Guopeng)

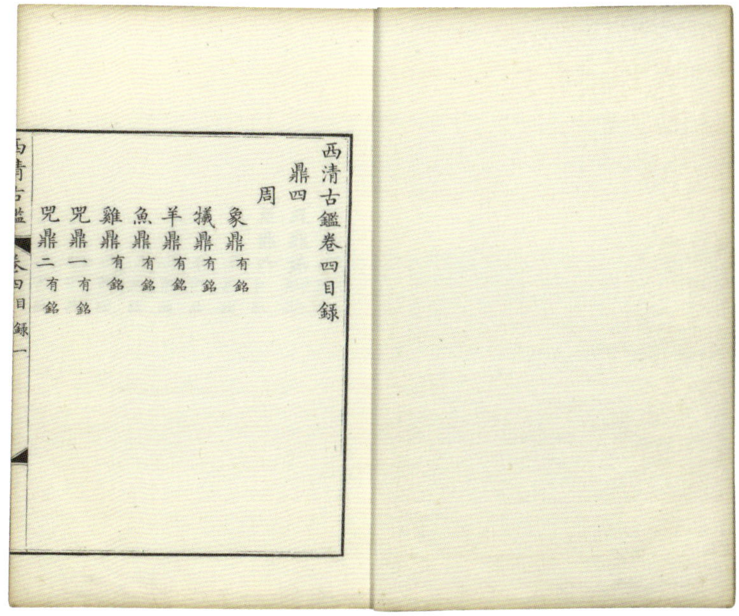

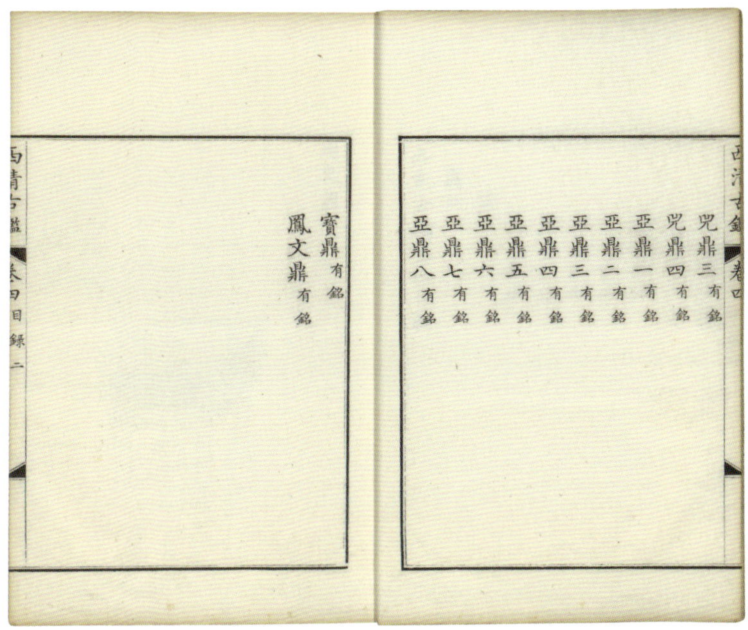

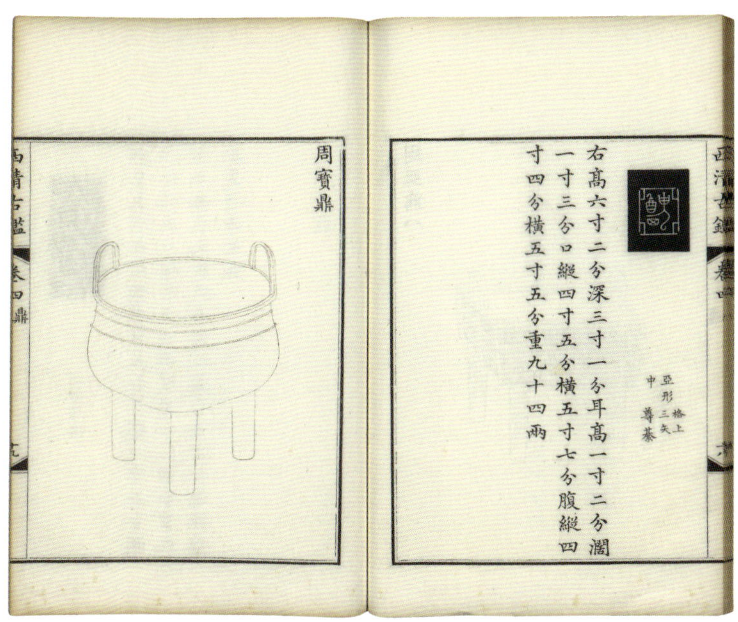

121

《钦定授时通考》

清乾隆七年（1742年）武英殿刻本
鄂尔泰、张廷玉等
纵28.5厘米　横18厘米
故宫博物院藏

Édition impériale de l'Examen complet de l'agriculture selon les saisons

La gravure fut réalisée par les Presses impériales du Wuyingdian au cours de la septième année du règne de Qianlong (1742), dynastie des Qing
E Ertai (1680-1745), Zhang Tingyu (1672-1755) *et al.*
H.: 28.5 cm; L.: 18 cm
Collection du musée du Palais

《钦定授时通考》七十八卷，清鄂尔泰、张廷玉等纂，清乾隆七年（1742年）武英殿刻本。版框纵21厘米、横14.5厘米。四周双栏，白口，单黑鱼尾，半页11行，行21字，无界栏。书前冠有乾隆皇帝御制序文。全书约98万字，4函24册。

本书汇集前人关于农业方面的著述，搜集古代经、史、子、集中有关农事的记载达427种之多，并配插图512幅。共分八门：一为天时，论述农家四季活计；二为土宜，讲辨方、物土、田制、水利等内容；三为谷种，记载各种农作物的性质；四为功作，记述从垦耕到收藏各生产环节所需工具和操作方法；五为劝课，是有关历朝重农的政令；六为蓄聚，论述备荒的各种制度；七为农余，记述大田以外的蔬菜、果木、畜牧等副业；八为蚕桑，记载养蚕缫丝等各项事宜。全书结构严谨，征引周详，涉及范围之广、内容之丰富前所未有，堪称是一部古代农学的百科全书。此书不但对清代农林牧副渔各业生产的发展起到了指导和促进作用，对国外农业生产和农业科学的研究也具有深远影响。

（杨国彭）

L'*Édition impériale de l'Examen complet de l'agriculture selon les saisons* compte 78 volumes. Il fut compilé par E Ertai, Zhang Tingyu et al. sous la dynastie des Qing, et gravé par les Presses impériales du Wuyingdian en 1742. Le cadre mesure 21 cm de long et 14.5 cm de large et est matérialisé par une ligne double. Chaque page comporte 11 lignes, 21 caractères par ligne. L'ouvrage comporte une préface écrite par l'empereur Qianlong. Il compte environ 980 000 caractères chinois répartis dans 24 volumes en quatre parties.

Il s'agit d'une compilation d'écrits anciens sur l'agriculture, rassemblant 427 types de documents agricoles issus de classiques, de livres d'histoire, de traités philosophiques, de recueils, ainsi que 512 illustrations. L'ouvrage porte sur huit thèmes: le climat, qui traite des saisons agricoles; la terre, qui parle de l'identification des orientations, des types du sol, des systèmes de champs, de la conservation de l'eau, etc.; les céréales, qui enregistrent les propriétés de diverses cultures; le travail, qui décrit les outils nécessaires pour chaque maillon de la production agricole; la politique agricole, qui porte sur les décrets gouvernementaux des dynasties passées en lien avec l'agriculture; la conservation, qui traite de divers systèmes de prévention contre la famine; les activités secondaires, qui décrivent les activités agricoles secondaires telles que le maraîchage, la fruiticulture et l'élevage; enfin la sériciculture, qui traite entre autres l'élevage du ver à soie et le dévidage du cocon. L'ouvrage a une structure rigoureuse, des références détaillées, une couverture sans précédente et un contenu riche. Nous pouvons le qualifier d'encyclopédie de l'agriculture ancienne. Il a non seulement guidé et promu le développement de l'agriculture, de la foresterie, de l'élevage et de la pêche sous la dynastie des Qing, mais a également eu une influence profonde sur la production agricole étrangère et la recherche scientifique agricole.
(Yang Guopeng)

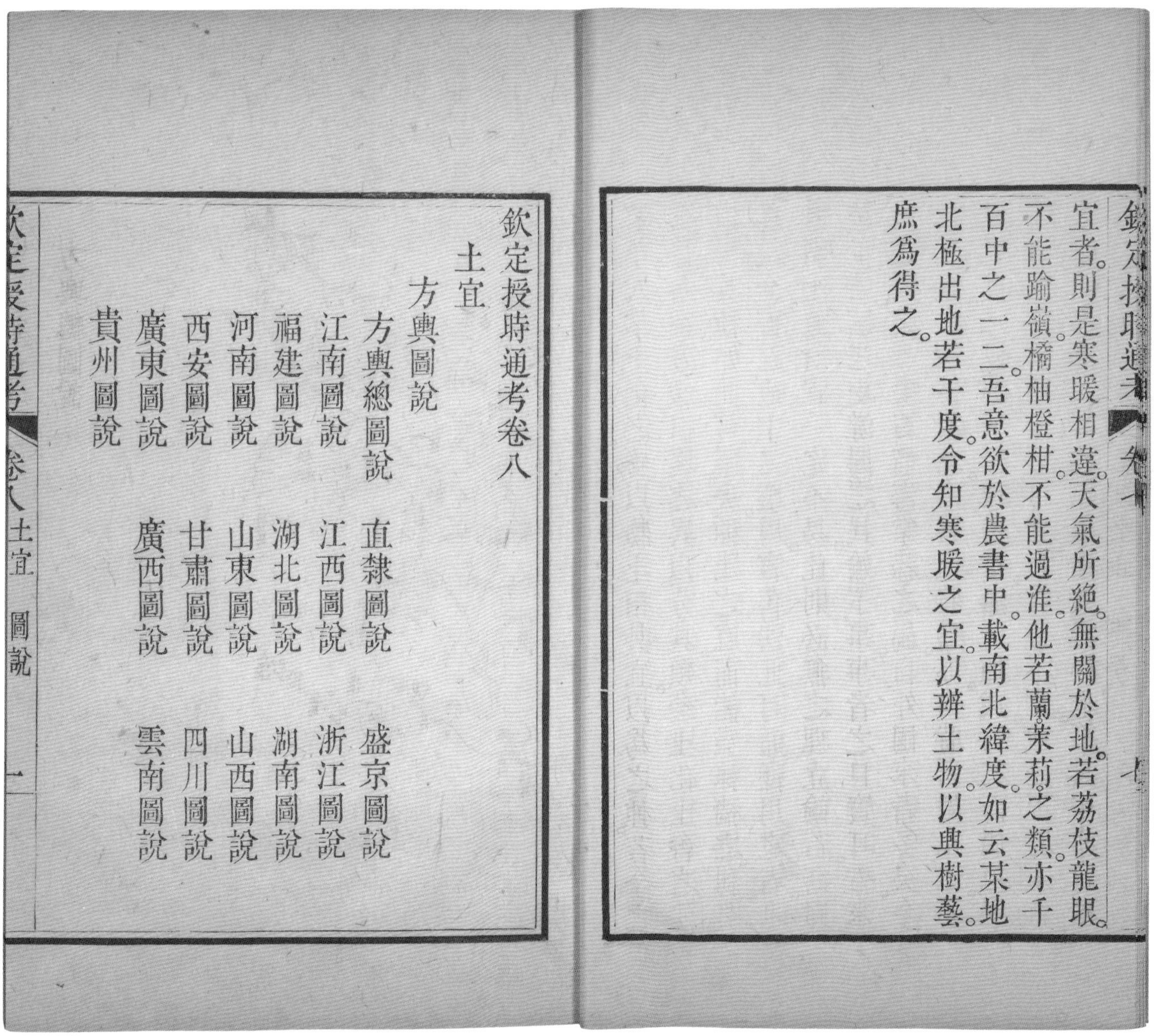
宜者。則是寒暖相違。天氣所絕。無關於地。若荔枝龍眼
不能踰嶺。橘柚橙柑不能過淮。他若蘭茉莉之類。亦千
百中之一二。吾意欲於農書中載南北緯度。如云某地
北極出地若干度。令知寒暖之宜。以辨土物。以興樹藝。
庶爲得之。

欽定授時通考卷八
土宜
方輿
方輿總圖說
直隸圖說 盛京圖說
江南圖說 江西圖說 浙江圖說
福建圖說 湖北圖說 湖南圖說
河南圖說 山東圖說 山西圖說
西安圖說 甘肅圖說 四川圖說
廣東圖說 廣西圖說 雲南圖說
貴州圖說

欽定授時通考 卷八 土宜 圖說 一

122

《钦定授时通考》

清乾隆七年（1742年）武英殿刻本
鄂尔泰、张廷玉等
纵28.5厘米　横18厘米
法国国家图书馆手稿部藏
流传经历：约1786年由钱德明寄送给贝尔坦

Édition impériale de l'Examen complet de l'agriculture selon les saisons (Qinding shoushi tongkao)

La gravure fut réalisée par les Presses impériales du Wuyingdian au cours de la septième année du règne de Qianlong (1742), dynastie des Qing
E Ertai (1680-1745), Zhang Tingyu (1672-1755) *et al.*
H.: 28.5 cm; L.: 18 cm
Bibliothèque nationale de France, département des Manuscrits
Historique: envoyé par le père Amiot à Bertin vers 1786.

这部宏大的皇家汇编作品由乾隆皇帝命50位文臣编写，他们整理了427部作品，并从中挑选了180余幅插图。这部作品在地方官员中广泛流传，着重介绍了提高产量的种种指导意见。钱德明（Josph-Marie Amiot）在1786年10月1日的信中曾告知贝尔坦（Bertin），他把这部作品和另一部关于中医的书籍，以及几件乐器和一根“老年人的手杖”放在同一只旅行箱中寄送给他。他还写道：这本书“的名字叫《钦定授时通考》，意为（根据君主的命令）悉心规定的针对不同季节开展的农事活动：这是一种根据不同地区惯例调整的农业汇编。”传教士们曾经向贝尔坦寄送中国的种子，钱德明也十分了解贝尔坦的兴趣所在，并意识到这样一部作品对法国农业有益。由于无法自行将其翻译成法语，他建议：“等年轻的德·吉涅（de Guignes）先生完成他在广州的中文课程并回到法国后，这两部作品便可以为您的医生和农业从业者所用。政府可委托其将作品翻译成准确的法文，如果他始终如一地完成学业，定能出色地完成任务。”不久后，两位汉学家就用上了作品提供的信息：儒莲（Stanislas Julien）受农商部长之令，于1837年发表了《关于农业和桑树种植的研究》；德理文（Léon d'Hervey de Saint-Denys）在1850年发表了《关于中国农业与园艺以及可引进西欧和北非的植物、动物与农艺的研究，以及〈钦定授时通考〉解析》。

（娜塔莉·莫内）

Cette vaste compilation impériale fut commandée par l'empereur Qianlong à une commission de 50 lettrés de la cour qui dépouillèrent 427 ouvrages desquels ils tirèrent aussi plus de 180 illustrations. Destiné à circuler largement auprès des fonctionnaires régionaux, l'ouvrage présentait notamment des propositions pour améliorer les récoltes. Dans sa lettre du 1er octobre 1786, Amiot précisait à Bertin, qu'il lui destinait cet ouvrage ainsi qu'un autre de médecine, des instruments de musique et un « bâton de vieillesse » dans la même malle. Ce livre, écrit-il: « … a pour titre *Qinding shoushi tongkao*, c'est-à-dire Travaux de la campagne suivant les saisons, fixés avec une respectueuse attention (par ordre du souverain): c'est une espèce de maison rustique accommodée aux usages du pays. » Amiot qui connaissait la curiosité de Bertin à qui les missionnaires avaient déjà envoyé des graines de Chine, avait conscience de l'utilité d'un tel ouvrage pour l'agriculture française. Ne pouvant le traduire lui-même, il suggère que: « On pourra tirer parti de ces deux ouvrages pour l'utilité de vos médecins et de vos agriculteurs, lorsque le jeune Mr de Guignes, après avoir fait son cours d'études chinoises à Guangzhou sera de retour dans sa patrie. Le gouvernement pourra lui confier le soin d'en faire une traduction exacte, et il s'en acquittera très bien, s'il continue comme il a commencé. » Plus tard, deux sinologues y puisèrent des informations; Stanislas Julien publia en 1837 des r*echerches sur l'agriculture et la culture des mûriers* sur ordre du ministre de l'agriculture et du commerce, et Léon d'Hervey de Saint-Denys, publia en 1850 les *Recherches sur l'agriculture et l'horticulture des Chinois et sur les végétaux, les animaux et les procédés agricoles que l'on pourrait introduire avec avantage dans l'Europe occidentale et le Nord de l'Afrique suivies d'une Analyse de la Grande Encyclopédie Cheou-che t'ong-k'ao.*
(Nathalie Monnet)

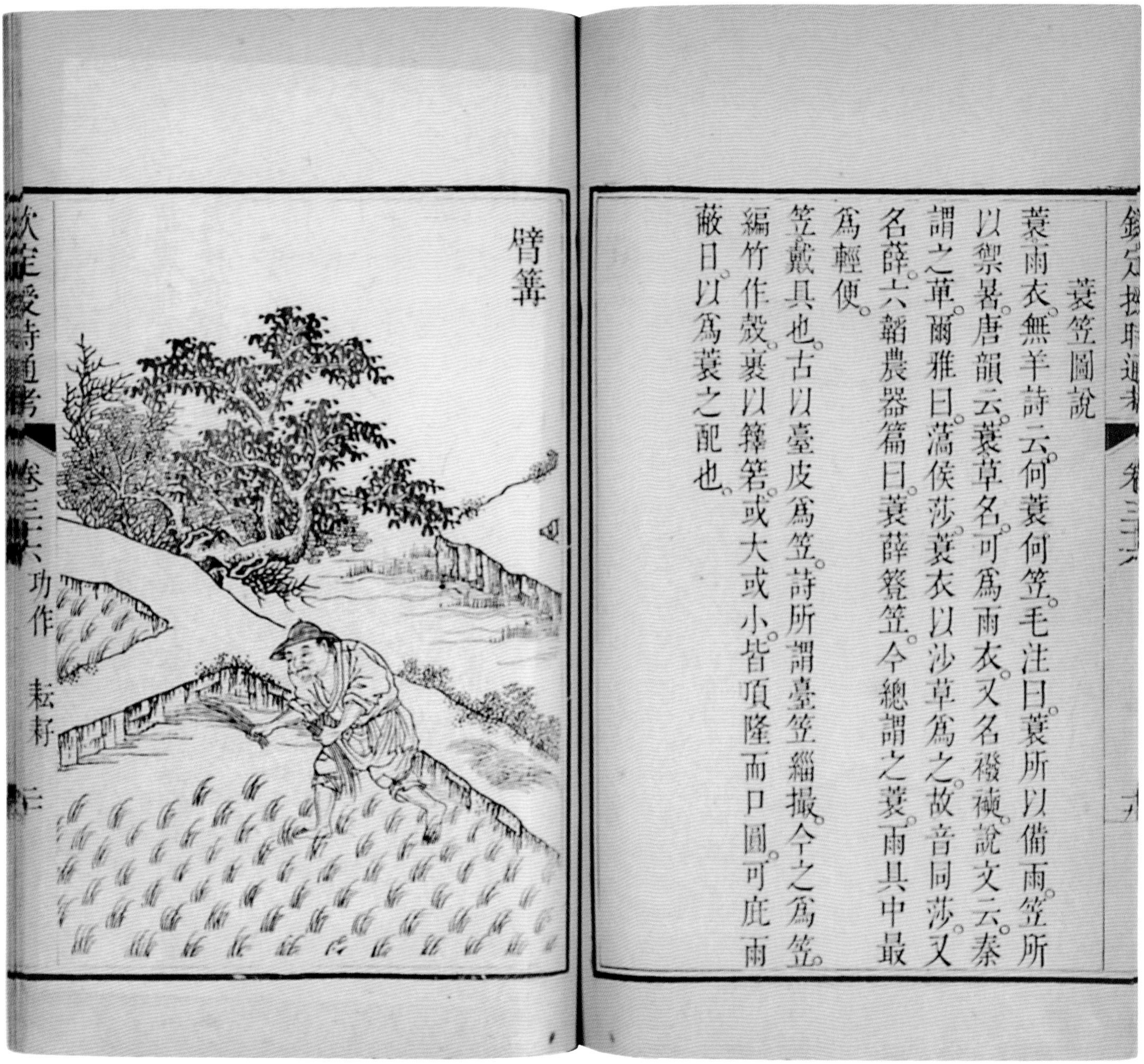
欽定授時通考 卷三十六 功作 耘耔

臂篝

欽定授時通考 卷三十六

蓑笠圖說

蓑雨衣無羊詩云何蓑何笠毛注曰蓑所以備雨笠所以禦暑唐韻云蓑草名可爲雨衣又名襏襫說文云秦謂之萆爾雅曰蒿侯莎蓑衣以沙草爲之故音同莎又名薛六韜農器篇曰蓑薛簦笠今總謂之蓑雨具中最爲輕便

笠戴具也古以臺皮爲笠詩所謂臺笠緇撮今之爲笠編竹作殼裹以籜箬或大或小皆頂隆而口圓可庇雨蔽日以爲蓑之配也

123

《人镜阳秋》

清内府抄本
汪廷讷
纵28.2厘米　横17.8厘米
故宫博物院藏

Biographies exemplaires ou Annales pour servir de miroir aux hommes

Copie de l'entrepôt impérial de la dynastie des Qing
Wang Tingna
H.: 28.2 cm; L.: 17.8 cm
Collection du musée du Palais

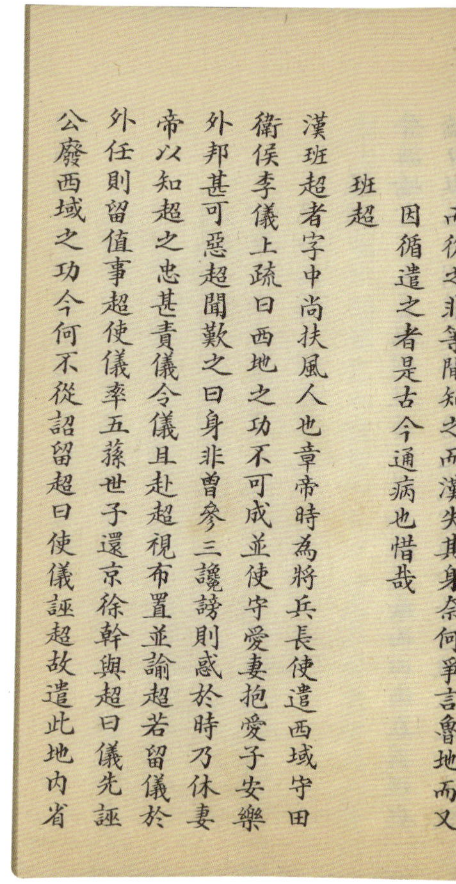

《人镜阳秋》二十二卷，明汪廷讷编撰，清内府抄本。无框栏，半页10行，行24字。

全书分忠、孝、节、义4部22类，以人述事，皆人物小传。书名取“以人为鉴而寓春秋褒善”之意，寓意以古圣先贤的高尚节操为镜鉴，劝世向善，匡正人心。

汪廷讷，字去泰、昌朝，号坐隐、无无居士、全一真人、清痴叟等，徽州休宁汪村人。万历三十五年（1607年）以《人镜阳秋》进御览，有旨选为盐官。旋因上疏言事，为人所衔，谢病归。

（杨国彭）

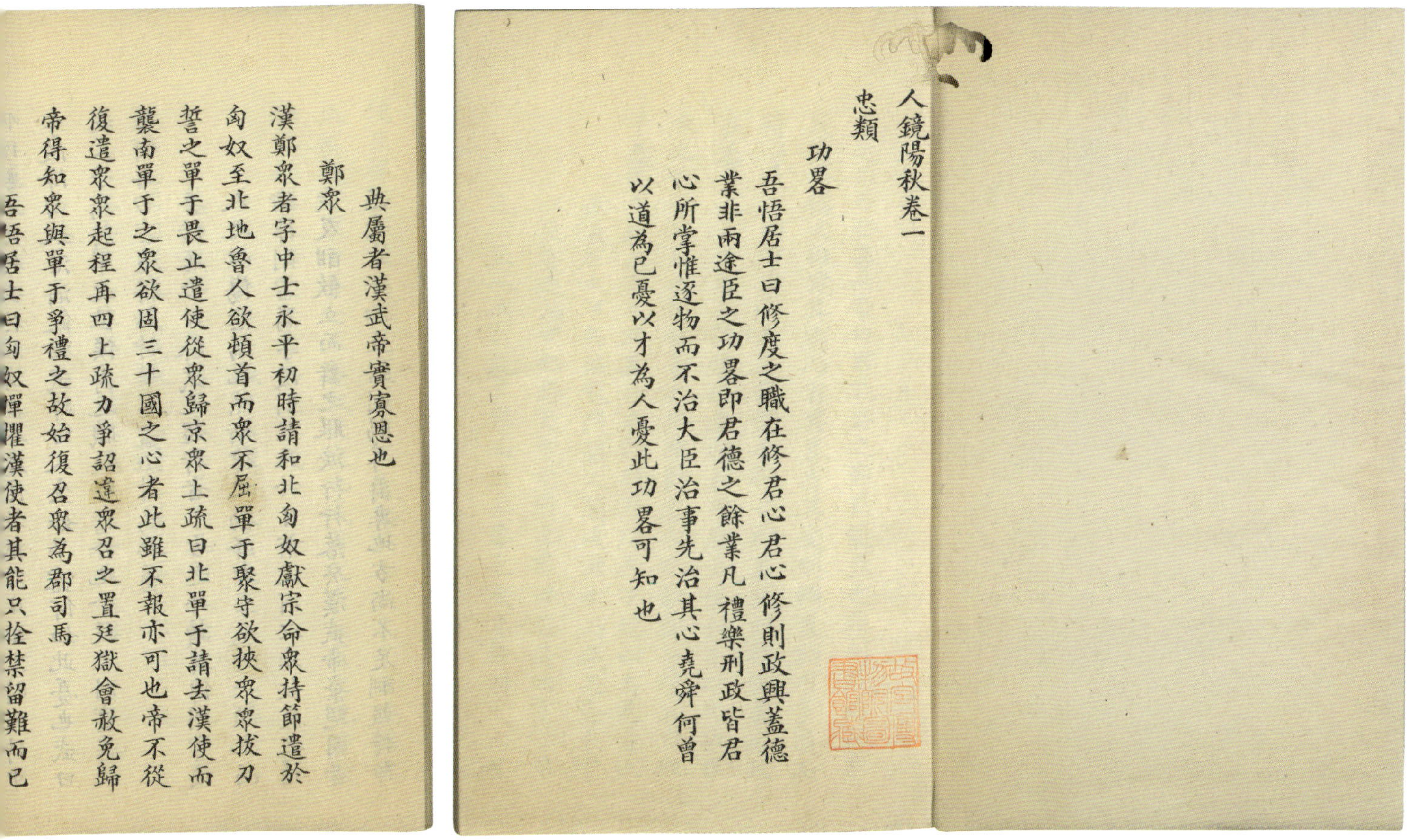

人鏡陽秋卷一
忠類
功畧
吾悟居士曰修度之職在修君心君心修則政興蓋德業非兩途臣之功畧即君德之餘業凡禮樂刑政皆君心所掌惟逐物而不治大臣治事先治其心堯舜何曾以道為己憂以才為人憂此功畧可知也

典屬者漢武帝實寡恩也
鄭衆
漢鄭衆者字中士永平初時請和北匈奴獻宗命衆持節遣於匈奴至北地魯人欲頓首而衆不屈單于聚守欲挾衆衆拔刀誓之單于畏止遣使從衆歸京衆上疏曰北單于請去漢使而襲南單于之衆欲固三十國之心者此雖不報亦可也帝不從復遣衆衆起程再四上疏力爭詔違衆召之置廷獄會赦免歸帝得知衆與單于爭禮之故始復召衆為郡司馬
吾悟居士曰匈奴懼漢使者其能只拴禁留難而已

L'ouvrage *Biographie exemplaires ou Annales pour servir de miroir aux hommes* est compilé par Wang Tingna sous la dynastie des Ming. Il s'agit ici d'une copie par le Bureau de la Maison Impériale des Qing. Chaque page comporte 10 lignes, 24 caractères par ligne.
L'ensemble du livre comporte 22 catégories en quatre parties: loyauté, piété filiale, intégrité et droiture, toutes racontées par des anecdotes. Le titre chinois de l'ouvrage signifie « prendre les autres comme un miroir pour se regarder et louer le bien ». Il incite le monde à s'inspirer des vertus des anciens sages pour faire le bien et corriger les erreurs.
Wang Tingna, dont les noms de courtoisie étaient Qutai et Changchao, également connu sous les noms de Zuoyin, Wuwu Jushi (littéralement «lettré retiré»), Quanyi Zhenren (littéralement « taoïste ») ou encore Qing Chisou (littéralement « le vieux sot »), était originaire du village Wang, à Xiuning, dans le Huizhou. En 1607, sous le règne de Wanli, il fut choisi comme fonctionnaire chargé du sel par décret impérial grâce à son ouvrage *Biographies exemplaires ou Annales pour servir de miroir aux hommes*. En raison de désaccords avec d'autres courtisans, il quitta la cour et rentra dans sa ville natale.
(Yang Guopeng)

124

《人镜阳秋》

明代万历二十八年（1600年）环翠堂刊本
汪耕绘图，黄应祖雕刻，汪廷讷刊印
版框纵23.3厘米　宽16.6厘米
法国国家图书馆手稿部藏
流传经历：1720年从巴黎外方传教会神学院处购入

Biographie exemplaires ou Annales pour servir de miroir aux hommes (Renjing yangqiu)

Publiée au Huancuitang, à Shexian (province de l'Anhui), la 28e année du règne de Wanli (1600), dynastie des Ming
Illustrée par Wang Geng, gravée par Huang Yingzu, publiée par Wang Tingna
Bois, H.: 23.3 cm; L.: 16.6 cm
Bibliothèque nationale de France, département des Manuscrits
Historique: acquis en 1720 au Séminaire des Missions étrangères de Paris.

在1720年同巴黎外方传教会神学院进行的一次大规模收购后，大量中国作品进入了皇家图书馆。该神学院是一家向中国派遣传教团的宗教机构，保存着800余部装订好的中文书籍，而皇家图书馆十分觊觎这些藏书。图书馆于1720年将这些书籍收购过来，却多年后才结清相关费用。

这批书籍中既有在中国完成印刷的宗教作品，也有涉及许多其他主题的图书。其中最令人瞩目的便是这套包含十四本分册的大部头，里面介绍了357则教化故事，每则配两图，对页连式。这些故事被系统地分为四部，分别用来赞颂忠、孝、节、义。本展品为第一版作品，于17世纪初由汪廷讷刊印，其中的插图均依照画家汪耕的画作，由出自中国南方著名雕师世家的黄应祖雕刻完成，笔触细腻。汪廷讷是一位富商，虽然未能中举，却依旧为朝廷效力。他还是一位鉴赏家，经常与文人打交道，藏书丰富，这也方便他刊印他自己的戏剧以及各种作品和文选，就比如本展品，他到1626年左右去世前一直在不断修改。

书中图片和文本的上乘质量和在印刷上下的功夫均表明明代末期中国的私人刊印行业已经达到了很高的水平。这部作品广为流传，也引起了传教士的兴趣，他们后来将此书寄往了巴黎。

（娜塔莉·莫内）

Un nombre considérable d'ouvrages chinois entrèrent à la Bibliothèque royale lors d'une acquisition en 1720 faite auprès du séminaire des Missions étrangères de Paris, une institution religieuse qui envoyait des missionnaires en Chine. Il s'y trouvait un dépôt considérable de plus de huit cents volumes brochés chinois que convoitait la Bibliothèque royale. Elle les fit transporter en 1720, mais ne régla la facture que bien des années plus tard.

Le fonds était constitué d'ouvrages religieux imprimés en Chine mais également de livres sur de nombreux sujets. L'un des plus remarquables est un volumineux recueil de quatorze fascicules présentant plus de trois cent cinquante-sept anecdotes édifiantes, toutes illustrées en double page. Les histoires sont classées méthodiquement en quatre sections faisant l'éloge des comportements de loyauté, de piété filiale, d'intégrité morale et d'esprit de justice. L'exemplaire présenté ici en est la première édition, publiée au début du XVIIe siècle par Wang Tingna, avec des illustrations au trait fin et délié, exécutées d'après les dessins du peintre Wang Geng, et gravées par Huang Yingzu, membre d'une famille de graveurs réputés de Chine du Sud. Wang Tingna était un riche marchand qui se mit au service de l'État malgré son échec aux examens de fonctionnaires. C'était aussi un esthète qui fréquentait les milieux lettrés et il possédait une riche bibliothèque. Cela lui donna des facilités pour éditer et publier, outre ses pièces de théâtre, diverses œuvres et anthologies comme celle-ci qu'il remania jusqu'à la fin de sa vie vers 1626.

La qualité graphique des images et des textes, et le soin apporté à l'impression, témoignent du haut niveau atteint par l'édition privée en Chine à la fin de la dynastie des Ming. L'ouvrage connut une assez large diffusion et intéressa aussi les missionnaires qui l'expédièrent à Paris.

(Nathalie Monnet)

125

《中国官话及皇家图书馆藏中国图书目录》

1742年
艾蒂安·傅尔蒙
巴黎，伊波利特-路易·盖兰、罗兰·菲斯与约瑟夫·布罗联合出版
纵34厘米　横24厘米
法国国家图书馆手稿部藏
流传经历：皇家图书馆

Linguae Sinarum mandarinicae hieroglyphicae Grammatica duplex Latinè, & cum

1742
Étienne Fourmont (1683-1745)
Paris, Lutetiae Parisiorum, chez Hippolyte-Louis Guerin, Rollin Fils & Joseph Bullot
H.: 34 cm; L.: 24 cm
Bibliothèque nationale de France, département des Manuscrits
Historique: Bibliothèque royale.

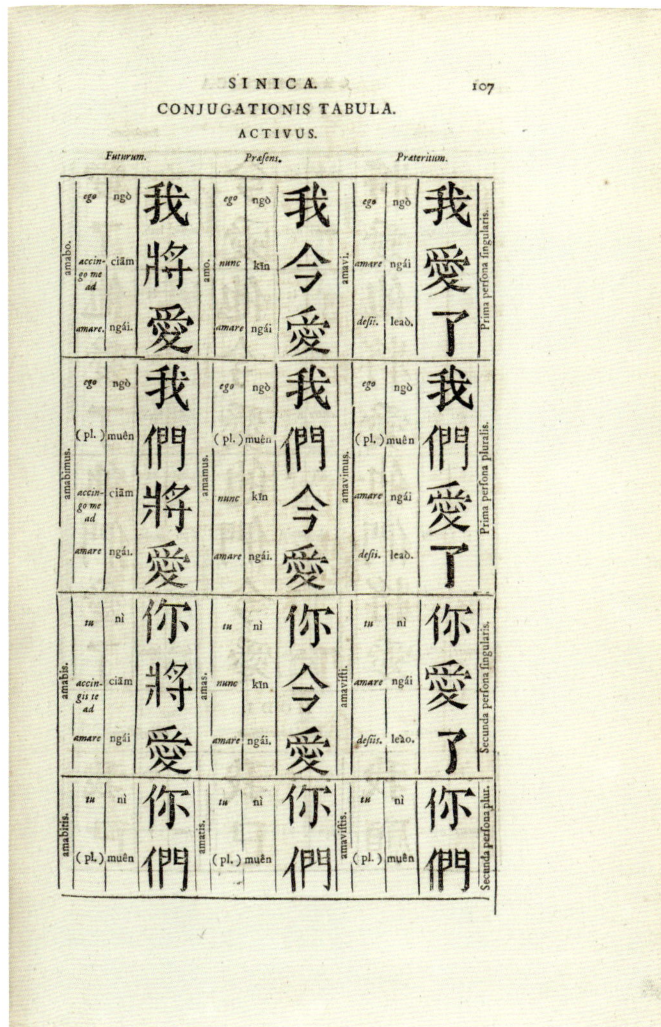

SINICA. 107
CONJUGATIONIS TABULA.
ACTIVUS.

	Futurum.	Præsens.	Præteritum.
Prima persona singularis.	amabo. ego ngò 我 / accingo me ad ciām 將 / amare ngái 愛	amo. ego ngò 我 / nunc kīn 今 / amare ngái 愛	amavi. ego ngò 我 / amare ngái 愛 / defii. leào 了
Prima persona pluralis.	amabimus. ego ngò 我 / (pl.) muên 們 / accingo me ad ciām 將 / amare ngái 愛	amamus. ego ngò 我 / (pl.) muên 們 / nunc kīn 今 / amare ngái 愛	amavimus. ego ngò 我 / (pl.) muên 們 / amare ngái 愛 / defii. leào 了
Secunda persona singularis.	amabis. tu nì 你 / accingis te ad ciām 將 / amare ngái 愛	amas. tu nì 你 / nunc kīn 今 / amare ngái 愛	amavisti. tu nì 你 / amare ngái 愛 / defii. leào 了
Secunda persona plur.	amabitis. tu nì 你 / (pl.) muên 們	amatis. tu nì 你 / (pl.) muên 們	amavistis. tu nì 你 / (pl.) muên 們

这部作品标志着除耶稣会士外法国首次制作汉语学习工具的尝试，也拉开了探索18世纪皇家图书馆宝藏的序幕。这部作品分为两个部分，一部分是用拉丁文撰写的语法，由负责汉语资源的艾蒂安·傅尔蒙（Étienne Fourmont，1683～1745年）完成，并于1729年9月14日经由图书馆负责人比尼翁神父（l'abbé Bignon，1662～1743年）交付。另外一部分则是皇家图书馆藏中国图书目录，其初版出版于1739年。比尼翁的诚意和傅尔蒙的毅力促成了这两部合为一体出版的作品，十分值得称道，作品中有大量在法国完成雕刻的汉字。

在当时，中国人黄嘉略（Arcade Hoange）一直在寻找一种语法模式，作为他总结语法的概念性框架，然而他只找到了希腊-拉丁语言的语法模式。于是，他以拉丁语为例，形成了他自己的语法体系，然而结果不尽如人意。黄嘉略知道汉语中既没有性、数、格的变化，也没有动词变位，却还是强行遵循他的语法体系，订立了“avoir”“être”和“aimer”这三个动词所有时态和所有语式的表格，还有“seigneur”等词语的性、数、格变化表。傅尔蒙是他的学生，在他的作品中仍旧采纳了黄嘉略的图表。虽然傅尔蒙的作品广受批评，却代表着法国世俗汉学形成的重要一步。

（娜塔莉·莫内）

Cet ouvrage marque la première tentative officielle de produire, indépendamment des jésuites, les outils nécessaires à l'apprentissage du chinois et permet l'exploitation des richesses de la Bibliothèque royale au milieu du XVIIIe siècle. Il est constitué de deux parties, l'une est une grammaire rédigée en latin que Étienne Fourmont en charge du fonds chinois avait achevée et déposée à la Bibliothèque auprès de l'abbé Bignon (1662-1743), son directeur, le 14 septembre 1729. L'autre partie est le catalogue des livres chinois de la Bibliothèque du roi dont une première version avait été publiée en 1739. On ne peut qu'admirer la volonté de Bignon et la ténacité de Fourmont qui parvinrent à réunir ces deux œuvres dans une même publication abondamment pourvue de caractères chinois gravés en France.

Au temps où Arcade Hoange recherchait un modèle de grammaire qui puisse lui servir de cadre conceptuel pour réaliser la sienne, il ne trouva que celui des langues gréco-latines. Il modela donc sa grammaire du chinois sur celle du latin, ce qui ne manqua pas de donner des résultats très inadéquats. Bien conscient que le chinois n'avait ni déclinaisons ni conjugaisons, Hoange s'astreignit néanmoins à suivre fidèlement son modèle en dressant des tableaux de conjugaison des verbes avoir, être et aimer à tous les temps et à tous les modes, et des déclinaisons, par exemple du mot seigneur. Fourmont qui avait été son élève reproduit ce schéma dans cette publication qui, bien que très critiquée, représente néanmoins une étape importante dans la constitution des études chinoises laïques en France.

(Nathalie Monnet)

126

亨利·莱昂纳尔·贝尔坦像

1768年
亚历山大·罗斯林
布面油画
纵65厘米　横53厘米
凡尔赛宫与特里亚农宫国家博物馆藏
流传经历：1769年客厅展出作品的复制品

Henri Léonard Bertin

1768
Alexandre Roslin (1718-1790)
Huile sur toile
H.: 65 cm; L.: 53 cm
Musée national des châteaux de Versailles et de Trianon
Historique: Copie en buste du tableau exposé au Salon de 1769.

亨利·莱昂纳尔·贝尔坦（Henri Léonard Bertin, 1720～1792年）出生在佩里格一个刚刚获得爵位的家庭。他先是成了波尔多律师行会的律师，并先后担任大议会参议员（1741年）、行政法院审查官（1745年）、鲁西荣总督（1750年）和里昂总督（1754年），在1757年成为巴黎警察总监，两年后被任命为舒瓦瑟尔公爵新政府的财务总监。自此，他开始着手重新组织各省的行政管理工作，并发起了几项雄心勃勃但有时收效甚微的改革，比如设立地籍制度，以更加平均地分配税收。1763年，他放弃了财政总监一职，但由于受到与他相熟的蓬巴杜夫人（Madame de Pompadour）和国王的保护，他又进入了为他量身定制的国务秘书处，秘书处的工作涵盖农业、商业、水运，以及运河、豪华马车和公共出租马车、邮件运输、货运、小型驿站和矿业（他在1776年成立了矿业学校）的管理，棉花和画布制造以及种马场和他在里昂（1763年）、利摩日（1766年）和阿尔弗尔（1767年）成立的兽医学校也在他的管辖范围之内。他还负责契据、彩票和国王一部分资产的登记工作。1763～1764年，他负责管理东印度公司。1763年，他当选皇家科学院院士。这位重农主义者，魁奈（Quesnay）的弟子，在九年后成了法兰西铭文与美文学术院的院士。

他是一位经验丰富的中国爱好者，坚信通过对中国的了解，法国的艺术、科学和制造业也会更进一步。1764～1790年，贝尔坦一直与在中国定居的韩国英（Pierre-Martial Cibot）、钱德明（Joseph-Marie Amiot）和潘廷章（Giuseppe Panzi）等耶稣会士保持着通信。这些通信被收录成集，于1779年出版，名为《中国杂纂》，涉及诸多主题，其中大部分与贝尔坦的内阁工作有关，他希望将法国和中国各自的优势进行多方面的比较。杨德望和高类思这两位来到法国进修神职研究的中国青年也在这方面助他一臂之力。在贝尔坦亲自撰写的回忆录中，他曾指出"中国人在回到中国前应该在法国参观的东西"，并规定他们两人要参观皇家印刷厂、巴黎皇家挂毯厂、皇家肥皂厂和塞弗尔皇家瓷器厂、彩陶厂和里昂武器工厂。参观结束后的报告中对这些领域的中法技术进行了评估和比较。

1730年，勒内·安托万·费尔肖·德·雷奥米尔（René Antoine Ferchault de Réaumur）演示了高岭土在中式硬质瓷制造中的作用。在利摩日附近的圣伊里埃发现的矿层让贝尔坦这位瓷器爱好者大力推动了当地矿场的发展和塞弗尔皇家瓷器厂的生产。

这位手握大权的大臣终其一生都与中国保持着联系。在他的推动下，法国为乾隆皇帝制作了16幅《平定西域战图》册版画。关于中国的作品源源不断地登上他的书架，如《钦定授时通考》（1742年）、《皇朝礼器图式》（1759年）和珍贵的乾隆皇帝珍藏的古代器皿与艺术品选集，以及主要描绘瓷器制造和商贸、种田和养蚕场景的绢本画册。

贝尔坦不但喜欢展示他的"自然历史与中国珍品收藏厅"，"甚至还向学者和艺术家转送各种物件"。他的藏品涵盖"在中国使用的乐器……中国人眼中最值钱的宝石……中国官员的服饰……珍贵的漆器……中国宫廷大部分……官窑瓷器，非常精美的陶器……不同风格的画作……他们的古代和现代钱币"，还有"绘画作品，呈现了我们尚知之甚少的这一伟大帝国的风俗、习惯、生产和艺术"。

贝尔坦于1780年卸任后仍在继续研究中国。1791年，法国大革命迫使他移居国外，他于次年在斯帕去世。

（格威诺拉·菲尔曼）

Henri Léonard Bertin(1720-1792) naquit à Périgueux au sein d'une famille de robe récemment anoblie. Successivement avocat au barreau de Bordeaux, Conseiller au Grand Conseil (1741), Maître de requêtes (1745), intendant du Roussillon (1750), puis de Lyon (1754), lieutenant général de Police à Paris en 1757, il fut nommé deux ans plus tard contrôleur général des Finances dans le nouveau gouvernement formé par le duc de Choiseul. Il entreprit alors de réorganiser l'administration des provinces et initia d'ambitieuses réformes parfois mal reçues, comme l'établissement du cadastre pour la répartition plus équitable des impôts. En 1763, il abandonna le Contrôle général. Mais la protection de Madame de Pompadour et du roi, dont il était un familier, lui valurent un secrétariat d'État conçu à sa mesure et comprenant l'agriculture, le commerce, la navigation intérieure, l'administration des canaux, des carrosses et des fiacres publics, des messageries, du roulage, des petites postes et des mines – dont il créa l'école en 1776 –. Lui revenaient également les manufactures de coton, de toiles peintes ainsi que les haras et les écoles vétérinaires, qu'il avait fondées à Lyon (1763), Limoges (1766) et Alfort (1767). Il avait aussi la responsabilité des dépôts des chartes, des loteries, et de certains biens propres du souverain. Enfin, il dirigea la Compagnie des Indes orientales de 1763 à 1764. Élu à l'Académie royale des Sciences en 1763, ce physiocrate, disciple de Quesnay, apparaissait, neuf ans plus tard, au nombre des membres honoraires de l'Académie des Inscriptions et Belles-Lettres.
Sinophile averti, convaincu qu'arts, sciences, et manufactures gagneraient en France à la connaissance des Chinois, Bertin correspondit assidûment, de 1764 à 1790, avec des jésuites, dont les pères Cibot, Amiot et le frère Panzi, installés dans l'Empire du Milieu. Publié à partir de 1779, le recueil de ces échanges – *Mémoires concernant l'Histoire, les Sciences, les Arts, les Mœurs, les Usages, etc., des Chinois, par les Missionnaires de Pékin* –, abordait de nombreux sujets, pour la plupart en rapport avec les attributions ministérielles de Bertin qui souhaitait, dans plusieurs matières, comparer les mérites respectifs de la France et de la Chine. Étienne Yang et Aloys Ko, deux jeunes Chinois venus parfaire leur éducation cléricale en France, le servirent dans ce dessein. Selon les directives d'un mémoire rédigé par Bertin lui-même et faisant état de « ce que les Chinois doivent voir en France avant de repartir pour la Chine », ils visitèrent l'Imprimerie royale, les manufactures royales des Gobelins, de la Savonnerie et de Sèvres, ainsi que des faïenceries et des fabriques d'armes lyonnaises. Ces visites donnèrent naissance à un rapport évaluant et comparant les techniques chinoise et française dans ces domaines.
En 1730, René Antoine Ferchault de Réaumur avait démontré le rôle du kaolin dans la production de la porcelaine dure à la manière des Chinois; la découverte des gisements de Saint-Yrieix, près de Limoges, permit à Bertin, passionné de porcelaine, d'en favoriser l'essor et la production par la manufacture royale de Sèvres.
Le puissant ministre entretint tout au long de sa vie des relations avec le Céleste Empire. À son instigation, on réalisa, à l'intention de la cour impériale, seize gravures illustrant les campagnes de l'empereur Qianlong (1711-1799). La bibliothèque du ministre s'enrichit régulièrement d'ouvrages chinois, parmi lesquels *L'Examen complet de l'agriculture selon les saisons* (1742) de Qinding Shoushi Tongkao, une compilation de Huangchao Liqi Tushi, *Motifs illustrés des objets de la cour impériale* (1759), le précieux *Recueil de Vases Antiques et Piéces, tirés des Cabinets Chinois de l'Empereur Kien-Long*, ainsi que des albums, illustrés de peintures sur soie, consacrés notamment à la fabrication et au commerce de la porcelaine, aux travaux des rizières ou de la sériciculture.
Bertin se faisait un plaisir non seulement de laisser voir son « cabinet d'histoire naturelle et de curiosités chinoises », « mais même d'en communiquer les différents objets aux Savans et aux artistes. » Sa collection rassemblait « des instruments de musique usités à la Chine [...], les pierres les plus estimées des Chinois [...], des habits et ornements de mandarins [...], des vernis précieux, [...] la plupart [...] du palais de l'empereur de la Chine, [...] des porcelaines de la Manufacture impériale, des poteries trèsfines [...], des tableaux de divers genres [...], leurs monnoies, tant anciennes que modernes [...] » mais aussi « des peintures [...] qui mettent sous les yeux les mœurs, les usages, les productions et les arts de ce grand Empire, qui nous est jusqu'à présent si peu connu. »
Après sa démission en 1780, Bertin poursuivit ses recherches sur le Céleste-Empire. En 1791, la Révolution française le jeta dans l'émigration; il mourut à Spa l'année suivante.
(Gwenola Firmin)

127

乾隆皇帝像瓷板（金漆木框）

约1776年
夏尔·埃鲁瓦·阿瑟兰
塞弗尔皇家瓷器厂
高23.7厘米　宽17.4厘米
凡尔赛宫与特里亚农宫国家博物馆藏，寄存于卢浮宫绘画艺术部
流传经历：路易十六旧藏

Plaque représentant l'empereur de Chine

vers 1776
Charles Eloi Asselin (1743-1804)
Porcelaine dure et bois doré
H.: 23.7 cm; L.: 17.4 cm
Musée national des châteaux de Versailles et de Trianon, dépôt du musée du Louvre, département des Arts graphiques
Historique: anc. coll. de Louis XVI

这幅瓷板画描绘的是乾隆皇帝半身像，他头戴一顶毛帽，帽子顶部有一颗巨大的圆形珍珠。这幅肖像画四周围着一圈金带，上面绘有花卉图案，底部绘有一只奇异的东方鸟。有两个字母“L”交错的标志，即塞弗尔皇家瓷器厂，无日期。字母“A”，即1765～1800年在瓷器厂工作的画家阿瑟兰的标志。

这幅肖像由夏尔·埃鲁瓦·阿瑟兰（Charles Eloi Asselin，1743～1804年）根据生活在中国宫廷的耶稣会士潘廷章（Giuseppe Panzi）神父的一幅水彩画绘制而成，呈现的是中国的乾隆皇帝。水彩画属于路易十六的大臣亨利·莱昂纳尔·贝尔坦（Henri Léonard Bertin）。潘廷章1734年出生于意大利，1771年前往中国，1773年来到北京，在宫中接替郎世宁（Giuseppe Castiglione）担任御用画师。

潘廷章的原作目前已无法找到，当年则由大臣贝尔坦提供给塞弗尔瓷器厂的艺术家们使用。其真容如今之所以为人所知，是因为雕刻师马蒂奈（Martinet）将它用于雕刻《中国杂纂》第一卷的扉画，这部图书在贝尔坦的支持下于1776年正式出版。

这幅画作也是塞弗尔瓷器厂一尊陶塑的范本，其作者是雕塑家若斯-弗朗索瓦-约瑟夫·勒里什（Josse-François-Joseph Le Riche），塑像后来又多次以素坯出品。第一批成品于1776年出售给玛丽-安托瓦内特（Marie-Antoinette）王后和路易十六的姑姑阿黛拉伊德夫人（Madame Adélaïde）。次年，也就是1777年的5月23日，克鲁瓦亲王也购买了一尊“中国皇帝”雕像。1777年12月28日，阿图瓦伯爵夫人（Comtesse d'Artois）也以相同的价格购买了一尊雕像。素坯塑像的热销表明它在皇室家族和贵族中大受欢迎。其中一尊素坯塑像如今保存在巴黎装饰艺术博物馆（图1）。

瓷板则是由路易十六购于1776年：“1776年向国王出售：一幅中国皇帝像，480里弗尔。”法国大革命初期凡尔赛宫的一份瓷器清册中提到了这张瓷板，位于角落书房：“一幅描绘中国皇帝的瓷画，金漆木制画框，高14法寸，宽12法寸，600里弗尔。”国王在1779年以相同价格购入了另一块相同主题的瓷板：“一幅中国皇帝像，由贝尔坦阁下下令交归国王所有。”根据贝尔坦与在中国的耶稣会士的通信可知，这幅瓷画与一尊“中国皇帝”素坯像一同寄给了乾隆，这一做法很可能是贝尔坦的主张，因为他此前就曾以法兰西国王的名义向清政府赠送外交礼物。在1781年11月16日寄给潘廷章的信函中，贝尔坦询问了乾隆皇帝如何处置瓷板和素坯。寄往中国的瓷板如今已无迹可寻。1785年10月17日，贝尔坦以低得多的价格为自己购入了第三块中国皇帝瓷板，仅花费192里弗尔购买了“一幅中国皇帝画像”。这幅瓷板画的规格应该要小一些，如今同样无法再找到。

（玛丽-洛尔·德·罗什布吕纳）

图1
中国皇帝瓷塑
约1776~1785年
塞弗尔皇家瓷器厂
高40.5厘米　宽14.5厘米　厚14.2厘米
巴黎装饰艺术博物馆藏

Fig. I
Biscuit de l'empereur de la chine
vers 1776-1785
Manufacture royale de porcelaine de Sèvres
H.: 40.5cm; L.: 14.5cm; Pr.: 14.2cm
Musée des Arts décoratifs

Ce tableau de porcelaine représente l'empereur Qianlong en buste, coiffé d'un bonnet de fourrure, surmonté d'une grosse perle ronde. Le portrait lui-même est entouré d'une bande peinte à l'or, rehaussée de motifs floraux et, dans la partie basse, d'un oiseau oriental de fantaisie. Manufacture royale de porcelaine de Sèvres, Marque aux deux L entrelacées; pas de lettres-dates; marque du peintre, actif à la Manufacture de 1765 à 1800: A.

Ce portrait a été exécuté par Charles Eloi Asselin d'après un dessin aquarellé du frère Giuseppe Panzi, un jésuite présent à la cour de Pékin, montrant l'empereur Qianlong, dessin qui appartenait au ministre de Louis XVI, Henri Léonard Bertin. Le frère Panzi, né en 1734 en Italie, était parvenu en Chine en 1771 et à Pékin en 1773. Au palais impérial, il remplissait la charge de peintre de l'empereur, à la suite de Giuseppe Castiglione.

Le dessin de Panzi, aujourd'hui perdu, fut mis à la disposition des artistes de la manufacture de Sèvres par le ministre Bertin. Son apparence demeure connue aujourd'hui grâce à la gravure de Martinet, destinée à illustrer le frontispice du premier volume des *Mémoires concernant l'Histoire, les Sciences, les Arts… des Chinois, par les Missionnaires de Pékin*, publiés à partir de 1776, sous le patronage du ministre. Ce dessin est aussi à l'origine de la création à la manufacture de Sèvres d'une statuette en terre cuite attribuée au sculpteur, Josse-François-Joseph Le Riche, qui fut éditée à plusieurs reprises en biscuit. Les premiers exemplaires furent vendus en 1776 à la reine Marie-Antoinette, à la duchesse de Mazarin et à madame Adélaïde, tante de Louis XVI. L'année suivante, le 23 mai, 1777, le prince de Croÿ se porta également acquéreur d'un "Empereur de la Chine". Enfin, le 28 décembre 1777, la comtesse d'Artois achetait à son tour un exemplaire pour la même somme. Ces achats montrent le succès de ce biscuit auprès de la famille royale et de la grande aristocratie. Un exemplaire de ce biscuit est conservé aujourd'hui à Paris, au musée des Arts décoratifs. [Fig.1]

Cette plaque de porcelaine fut acquise par Louis XVI en 1776: "Vente faite au Roy en 1776: 1 tableau empereur de la Chine 480 [livres]". On la retrouve dans un inventaire des porcelaines, dressé à Versailles au début de la Révolution, mentionnée dans le cabinet d'angle: "Un tableau en Porcelaine représentant un turc, Empereur de la Chine dans sa bordure de bois sculpté et doré de 14 po [pouces] de haut sur 12 po de large 600 [livres]". Une deuxième plaque représentant le même sujet fut acquise pour le même prix par le Roi en 1779: "1 Tableau de l'Empereur de la Chine porté sur le compte du Roi par ordre de M. Bertin". Grâce à la correspondance de ce dernier avec les missionnaires jésuites en Chine, on apprend qu'elle fut envoyée à Qianlong avec un exemplaire du biscuit de l'"Empereur de la Chine", sans doute à l'initiative de Bertin qui déjà, par le passé, avait adressé des cadeaux diplomatiques à la cour de Pékin au nom du roi de France. Dans une lettre adressée à Panzi, le 16 novembre 1781, le ministre s'interroge sur l'accueil réservé à la plaque et au biscuit par l'empereur Qianlong. Cette plaque envoyée en Chine n'est plus connue aujourd'hui. Le 17 octobre 1785, Bertin acquit pour son propre compte une troisième plaque représentant l'empereur de Chine pour la somme beaucoup moins élevée de 192 livres: "1 tableau, l'Empereur de la Chine…". Ce tableau de porcelaine, également disparu aujourd'hui, était peut-être de plus petites dimensions.

(Marie-Laure de Rochebrune)

128

乾隆皇帝像

1776年
马蒂奈根据潘廷章画稿所刻
铜版画
书纵26.4厘米　横20.4厘米
《中国杂纂》扉页插图，巴黎，尼永出版，1776～1791年，十五卷，1814年由西尔维斯特·德·萨西出版第十六卷
法兰西学会下属亚洲学会藏
流传经历：十六卷本曾归德理文所有；1894年3月23日在其藏书拍卖时购得

Frontispice représentant le portrait de l'empereur de Chine Qianlong

1776
Martinet, d'après le dessin du père Panzi (1734-1812)
Taille-douce
H.: 26.4 cm; L.: 20.4 cm
Mémoires concernant l'Histoire, les Sciences, les Arts, les Mœurs, les Usages, etc., des Chinois. par les missionnaires de Pékin. Frontispice, tome premier, Paris, Nyon aîné, 1776-1791, 15 volumes et un 16e publié en 1814 par Silvestre de Sacy
Société asiatique, sise à l'Institut de France
Historique: exemplaire en 16 volumes ayant appartenus à Léon d'Hervey de Saint-Denys; acquis à la vente de ses livres le 23 mars 1894.

1773年耶稣会遭解散，此后，《中国杂纂》在巴黎出版。路易十五和路易十六时代，大臣亨利·莱昂纳尔·贝尔坦（Henri Léonard Bertin）负责出版留在北京的最后一批耶稣会士寄来的文稿和资料，为传教团提供间接帮助。意大利画家潘廷章（Giuseppe Panzi）1773年抵达北京。他在1773年11月15日的一封信里称，乾隆皇帝亲自做模特，并坚持要画上皱纹，他当时62岁。

欧洲人在早期耶稣会传教士的著作里见过乾隆祖先们的肖像。基歇尔（Athanasius Kircher）1670年出版的《中国图说》展示了一位满族君主的形象。白晋（Joachim Bouvet）《中国皇帝历史肖像》（《康熙帝传》）的卷首插图展示了康熙皇帝在1697年即该书于巴黎出版那一年的形象，并注明他当时43岁。

（伊莎贝尔·兰德里-德隆）

La collection *Mémoires concernant les Chinois* fut éditée à Paris après la suppression de la Compagnie de Jésus en 1771. Sous Louis XV et Louis XVI, le ministre Henri Léonard Bertin est chargé d'assurer la publication des textes et matériaux envoyés par les derniers jésuites restés à Pékin. C'est une aide indirecte à la mission. Le peintre italien frère Giuseppe Panzi, arriva à Pékin en 1773. Une lettre rédigée le 15 novembre 1773 affirme que Qianlong posa en personne et insista pour la représentation des rides. Il avait soixante-deux ans.
L'Europe connaissait des portraits des aïeux de Qianlong publiés dans des ouvrages jésuites antérieurs. Un souverain mandchou avait été représenté dans la *Chine Illustrée* du père Athanasius Kircher publiée en 1670. Le frontispice de l'ouvrage consacré par le père Joachim Bouvet à Kangxi (règne 1662-1722) représentait ce souverain l'année de publication de l'ouvrage à Paris (1697), en précisant qu'il était âgé de quarante-trois ans.
(Isabelle Landry-Deron)

Occupé sans relâche à tous les soins divers
D'un Gouvernement qu'on admire,
Le plus grand Potentat qui soit dans l'Univers
Est le meilleur Lettré qui soit dans son Empire.

MÉMOIRES
CONCERNANT
L'HISTOIRE, LES SCIENCES, LES ARTS,
LES MŒURS, LES USAGES, &c.
DES CHINOIS:
Par les Missionnaires de Pekin.

TOME PREMIER.

A PARIS,
Chez NYON, Libraire, rue S. Jean-de-Beauvais, vis-à-vis le College.

M. DCC. LXXVI.
AVEC APPROBATION, ET PRIVILEGE DU ROI.

129

《篆书缘起》（《御制盛京赋》“奇字篆”）

清
版框纵21.5厘米　横15.7厘米
法国国家图书馆手稿部藏
流传经历：1788年由钱德明寄送给贝尔坦

Zhuanshu yuanqi (« Origine des différentes sortes de caractères sigillaires antiques » dans l'Ode à Shengjing)

Dynastie des Qing
Bois, H.: 21.5 cm; L.: 15.7 cm
Bibliothèque nationale de France, département des Manuscrits
Historique: envoyé par Amiot à Bertin en 1788.

封面页插入一张出自钱德明（Joseph-Marie Amiot）神父之手的说明页，表明这本书“由谦卑而顺从的仆人”寄送给“国务大臣贝尔坦阁下”。满族颂歌（见后件）资料中有一份关于钱德明在1779年寄送给贝尔坦的作品的详细介绍。近十年后的1788年10月，这部《篆书缘起》的寄出表明钱德明在去世前为了向法国寄送中国作品而付出的不懈努力和心血。他先是写了一段简短的描述，激起读者的好奇心，随后补充了各种信息，加深读者对文本的领会，甚至还列出参考书目。钱德明把书籍寄送给收件人时，必要时还会让他们参考他此前已经寄送至皇家图书馆的书籍。通过与皇家图书馆馆藏的三十二卷精美皇室版本（钱德明仅有的一套）进行比较阅读，贝尔坦对内容的理解容易了许多。此版本让爱好中国的大臣贝尔坦对以远古汉字字体为启发创造的仿古文字有了清晰有趣的认知。中国的远古汉字样本通常刻在青铜或者石头上，非常受当时书法家和学者的推崇。

钱德明寄送的作品中还包含一段由乾隆皇帝撰写了32遍的文字《御制盛京赋》，每一次都使用了不同的字体。在贝尔坦收到的版本中，这些文字被合成一篇，每段均使用一种不同的古代字体。前91个汉字为“玉箸篆”，后114个汉字则为“奇字篆”。在乾隆使用的32种字体中，“龟书篆”的每一个字都由并置的小乌龟构成。由于读者根本无法自行解读字体如此奇异的文本，每个汉字右边都写上了对应的常用字。这部作品表现了资深爱好者对汉字的关注，他们能够用毛笔巧妙地将整部作品复写下来。这部书法选集在中国十分小众，却在法国与普通中国字一样为人所知。传教士曾经致力于让与他们通信的人了解更多关于中国的知识，而他们的选择通常反映的是中国宫廷的风尚。

（娜塔莉·莫内）

En page de garde a été insérée une feuille d'explication de la main du Père Amiot signalant son envoi à « Monseigneur de Bertin Ministre d'Etat par son très humble et très obéissant serviteur. » L'hymne mandchou présentait un dossier détaillé de l'œuvre qu'Amiot adressait à Bertin en 1779. L'envoi d'octobre 1788 de l'*Origine des différentes sortes de caractères sigillaires antiques*, de près d'une dizaine d'années postérieur, montre la constance des efforts et du soin avec lequel Amiot poursuivit l'expédition d'ouvrages chinois en France jusqu'à la fin de sa vie. Après une description pour piquer la curiosité du lecteur, le missionnaire ajoute toutes les informations utiles pour approfondir l'intelligence du texte, ajoutant même des indications bibliographiques. Lorsqu'il envoyait des livres à ses correspondants, Amiot les renvoyaient si nécessaire à la consultation de ceux qu'il avait déjà envoyés à la Bibliothèque du roi. Bertin reçoit ici un lot de consolation en regard de la magnifique édition impériale en trente-deux volumes de la Bibliothèque dont Amiot n'avait pas de second jeu. Cette jolie édition permettait néanmoins au ministre sinophile de se faire une idée claire et divertissante des graphies antiquisantes inspirées des styles de la haute antiquité dont on avait retrouvé des spécimens gravés sur bronze ou sur pierre. Ils furent très appréciés des calligraphes et des érudits de l'époque.

L'ouvrage auquel renvoie Amiot contient un texte composé par l'empereur Qianlong reproduit trente-deux fois, chaque fois dans un style graphique différent. Dans l'ouvrage de Bertin, il s'agit d'un seul texte mais les paragraphes se succèdent en différents styles archaïques. Les 91 premiers caractères sont en style dit « en forme de pierres précieuses », puis les 114 suivants en « merveilleuses ». Parmi les 32 styles utilisés, on note la « forme de tortue » où chaque caractère est constitué d'images de petites tortues juxtaposées. Comme il était illusoire que les lecteurs puissent déchiffrer par eux-mêmes un texte graphiquement si étrange, chaque caractère est accompagné sur sa droite de sa graphie en style usuel. L'œuvre présentait un intérêt pour les amateurs éclairés qui pouvaient la reproduire au pinceau par coquetterie. Ce florilège d'écritures, mis à la mode par l'empereur Qianlong dans son *Éloge de Moukden*, assez marginal en Chine, finit curieusement par être connu en France au même titre que les graphies chinoises ordinaires. En effet, les missionnaires cherchaient à informer leurs correspondants sur mille aspects et leur choix reflétait souvent les modes de la cour.

(Nathalie Monnet)

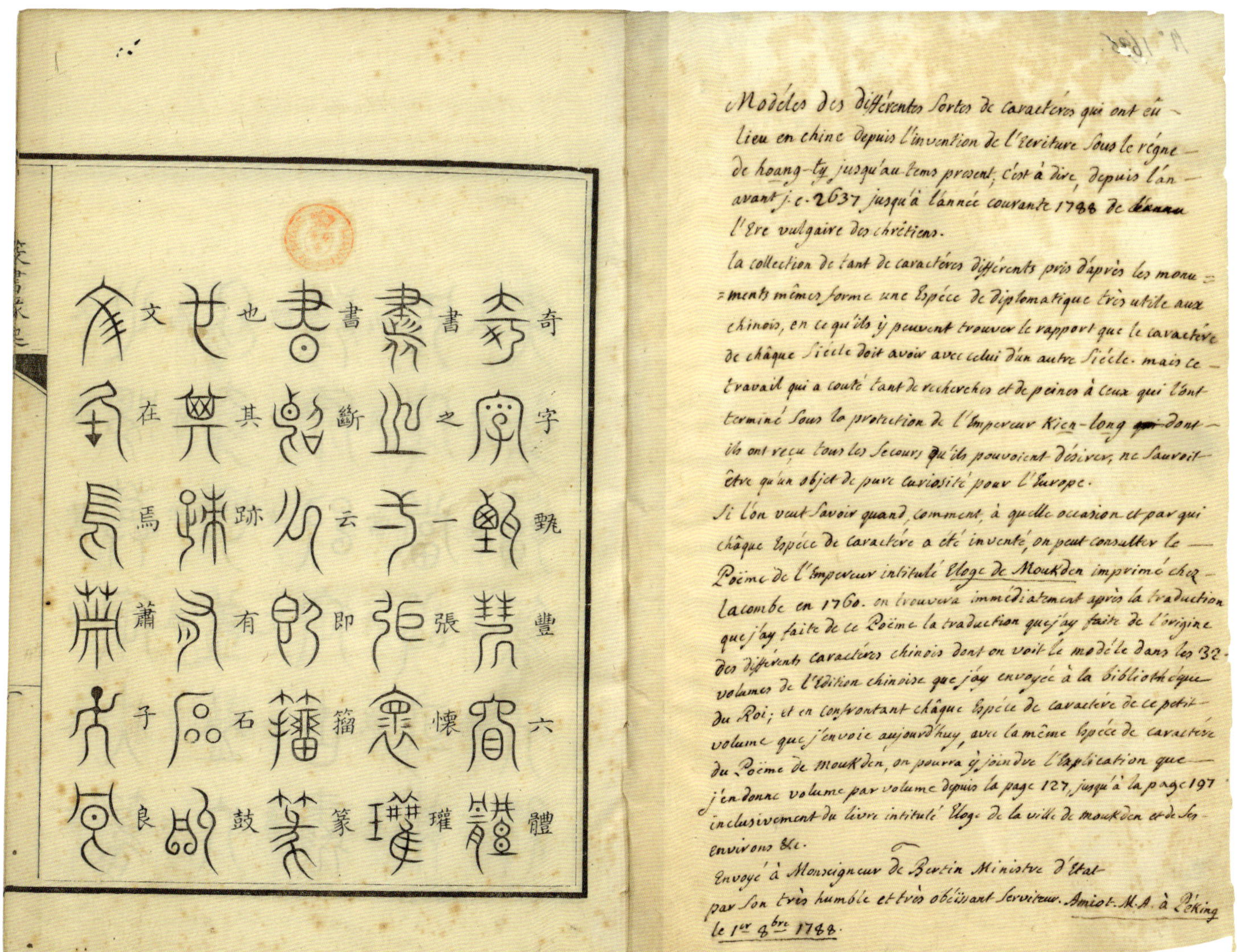

130

《征服金川时演唱的满族颂歌》

1779年5月11日满语和法语手写副本
纵32.5厘米　横24.5厘米
法国国家图书馆手稿部藏
流传经历：1779年由钱德明寄送给贝尔坦

Hymne mantchou chanté à l'occasion de la conquête du Kin-tchouen

11 mai 1779, Copie manuscrite en mandchou et en français
H.: 32.5 cm; L.: 24.5 cm
Bibliothèque nationale de France, département des Manuscrits
Historique: envoyé par Amiot à Bertin en 1779.

钱德明（Joseph-Marie Amiot）于1779年5月11日给贝尔坦写了一份六页的文本，介绍这部手写作品。这是一篇双语作品，呈现了悉心书写的满语版本以及对应的音译和意译，还有名为"备注"的一栏写着曲调音符。钱德明写道："我尽可能地在不歪曲法语的前提下将其直译，行行对照，尽量不跨行翻译。然而这种不便并不能为我拙劣的译文开脱，但是这样做更好地呈现了原文的简洁。"满语文本书写得非常稀疏，钱德明给出了如下解释："满语词之间的空隙本是为了记下音调，包括歌唱的音调和配舞的音调，但无论我如何努力，却始终无法让自己满意。"很遗憾，钱德明未能记下音乐的旋律和舞蹈，虽然这两种艺术正是他在中国的研究对象。

这份资料也显示了钱德明向法国寄送文本时的细致态度，为文本标注批语，并使用具有强烈教学意味的方式标注。这份资料是他寄给贝尔坦（Bertin）的众多满语学习文本之一。贝尔坦还热衷于解析象形文字，并让人出版了钱德明于1784年寄给他的一本词典，这本词典后来在1789～1790年出版，名为《汉语-满语-法语辞典》（由钱德明根据一本满语-汉语词典编写……并随附旁注和满语字母表一同出版）。贝尔坦将出版的任务交给了路易-马蒂厄·朗格莱斯（Louis-Mathieu Langlès, 1763～1824年），并承担了雕版和铸字的费用。本展品出版于1792年，出版商也是朗格莱斯。

这首庄严的颂歌共有十八节，每节四句，在军队取得胜利的庆祝仪式上朗诵。钱德明对这部作品的实际文学或诗歌水平持怀疑态度，因为满语的诗歌和音乐以汉语为参照，当时尚处于萌芽阶段，但是他相信此类艺术将会在几代人之后取得显著的进步。

（娜塔莉·莫内）

Un texte de six pages, adressé à Bertin par Amiot le 11 mai 1779, sert d'introduction à cet œuvre manuscrite. Il s'agit d'un texte bilingue, présentant la version mandchoue très soigneusement écrite et, en vis-à-vis et dans cet ordre, sa transcription phonétique, sa traduction, ainsi qu'une rubrique intitulée « Remarques » où sont groupées les notes. Selon les mots d'Amiot: « Je traduis aussi littéralement qu'il m'est possible de le faire, sans défigurer notre langue, et je traduis vers par vers, sans les faire enjamber l'un dans l'autre. Cette gêne ne m'a pas permis de donner plus de grace à ma traduction. Elle n'en représente que mieux la simplicité de l'original. » Le texte mandchou est curieusement très aéré et Amiot s'en explique: « L'intervalle qui se trouve entre les mots mantchoux a été laissé vide par ce que je me proposais d'y placer les notes, tant de l'air sur lequel on a chanté que de la danse dont on m'a dit qu'il était accompagné, mais quelque diligence que j'aye pû faire, il ne m'a pas été possible de me satisfaire. » On regrette qu'Amiot n'ait pu noter la musique et la danse, lui qui précisément étudia ces deux arts en Chine.

Ce document montre le soin avec lequel Amiot envoyait les textes en France, les entourant d'un apparat critique et employant une approche très didactique. Il est à mettre au nombre des textes d'apprentissage du mandchou envoyés à Bertin. Ce dernier qui s'intéressait aussi au déchiffrement des hiéroglyphes, fit publier le dictionnaire envoyé par Amiot en 1784, sous le titre *Dictionnaire tartare-mantchou-françois, composé d'après un dictionnaire mantchou-chinois, par M. Amyot,...; rédigé et publié avec des additions et l'alphabet de cette langue*, paru en 1789-1790. Il en confia l'édition à Louis-Mathieu Langlès (1763-1824), et prit à sa charge la gravure des poinçons et la fonte des caractères. Le présent ouvrage fut aussi publié par Langlès en 1792.

Cet hymne solennel, constitué de dix-huit stances de quatre vers chacune, fut psalmodié lors d'une cérémonie rituelle marquant une victoire militaire. Amiot doutait de la réelle qualité littéraire ou poétique de l'œuvre car la poésie et la musique mandchoues, inspirées du modèle chinois, n'en étaient encore qu'à leurs balbutiements, mais il croyait aux grands progrès que ces arts pourraient faire en l'espace de quelques générations.

(Nathalie Monnet)

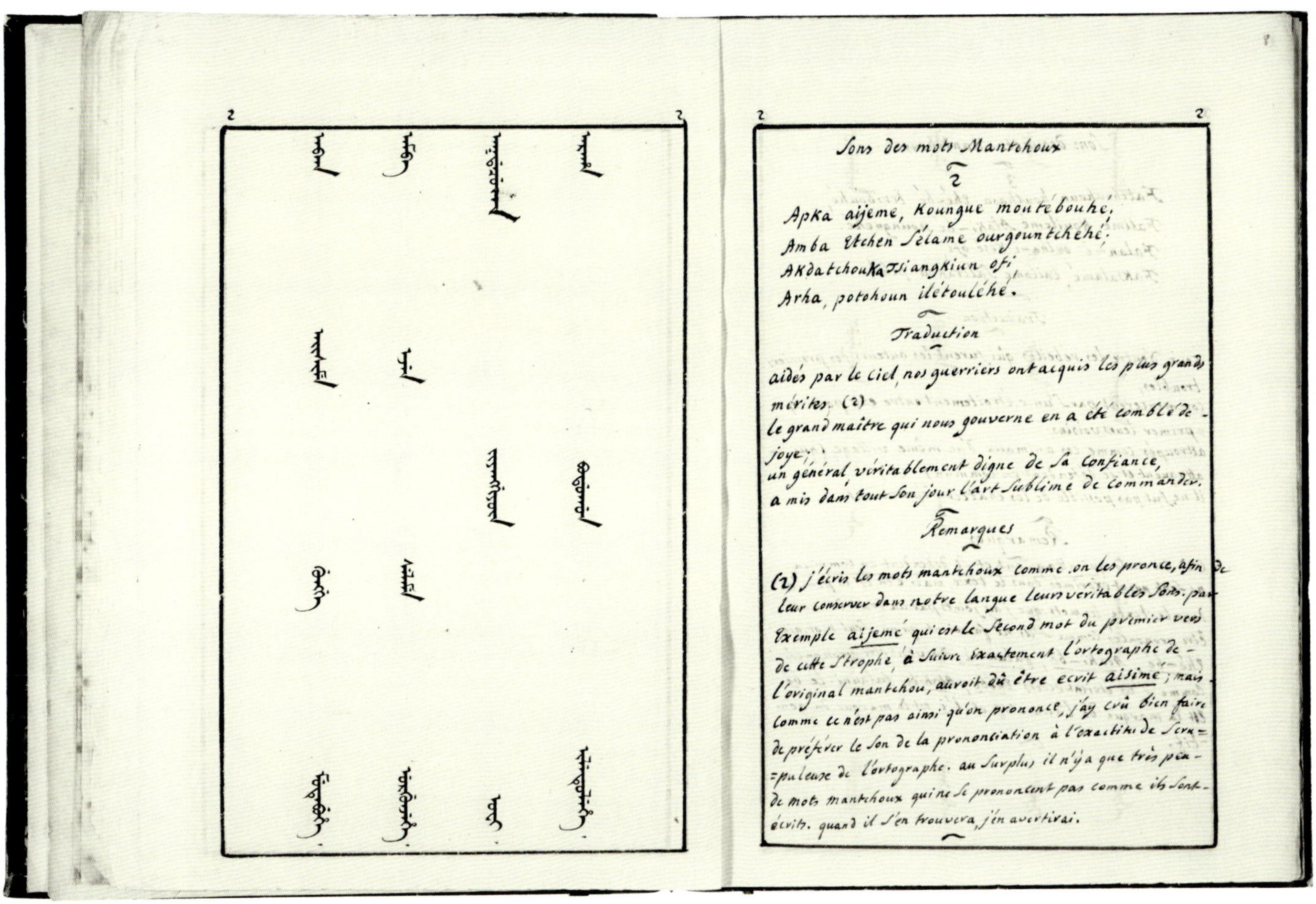
2 2

Sons des mots Mantchoux

2

Apka aijeme, Koungue montebouhe,
Amba Etchen Sélame ourgountchéhé,
AKdatchouKa Tsiangkiun ofi
Arha, potohoun ilétouléhé.

Traduction

aidés par le ciel, nos guerriers ont acquis les plus grands mérites. (2)
le grand maître qui nous gouverne en a été comblé de joye;
un général véritablement digne de sa confiance,
a mis dans tout son jour l'art sublime de commander.

Remarques

(2) j'écris les mots mantchoux comme on les prononce, afin de leur conserver dans notre langue leurs véritables sons. par exemple aijeme qui est le second mot du premier vers de cette strophe, à suivre exactement l'ortographe de l'original mantchou, auroit dû être ecrit aisime; mais comme ce n'est pas ainsi qu'on prononce, j'ay crû bien faire de préférer le son de la prononciation à l'exactitude scrupuleuse de l'ortographe. au surplus il n'y a que très peu de mots mantchoux qui ne se prononcent pas comme ils sont écrits. quand il s'en trouvera, j'en avertirai.

131

《天主降生出像经解》

明崇祯十年（1637年）福建省晋江景教堂刊本
艾儒略
版框纵22.8厘米　横14厘米
法国国家图书馆手稿部藏
流传经历：由贝尔坦赠送给蓬巴杜夫人；1860年由武器库图书馆转交至皇家图书馆

Vie illustrée de Notre Seigneur (Tianzhu jiangsheng chuxiang jingjie)

Édition xylographique publiée au Jingjiaotang de Jinjiang (province du Fujian) la dixième année du règne de Chongzhen (1637), dynastie des Ming
Giulio Aleni (1582-1649)
Bois, H.: 22.8 cm; L.: 14 cm
Couverture en soie mordorée. Reliure en maroquin aux armes de Madame de Pompadour.
Bibliothèque nationale de France, département des Manuscrits
Historique: Offert par Bertin à Madame de Pompadour. Reçu de la Bibliothèque de l'Arsenal à la Bibliothèque impériale en 1860.

金褐色丝绸封面，摩洛哥皮精装本，上有蓬巴杜夫人徽章。

这本书是对耶稣会士艾儒略（Giulio Aleni, 1582 ~ 1649年）早先在中国出版的《耶稣的一生》（共八章）一书的补充，其中的插图选自1593年杰罗姆·内达（Geronimo Nadal, 1507 ~ 1580年）在安特卫普出版的《福音历史图集》，该图集中共有153幅讲述《福音书》的版画，不久后又以《福音笔记与省思》为名发行。这本书于1605年传到中国，成了两本插图书籍的灵感来源，其中一本的肖像进行了中国本土化处理，另一本就是本次的展品。图片中插入的特殊符号对应着图片下方的说明性文字。这部优质作品的受众是中国上流社会的信徒，不过也被寄往欧洲，成了天主教理念在中国成功传播的证据。这本书在世界范围内共找到37册，其中一册赠送给了梵蒂冈。法国国家图书馆的这一本当年很可能在凡尔赛宫内作为新奇的藏品被人传阅，它是由贝尔坦（Bertin）赠送给蓬巴杜夫人（Madame de Pompadour）的，并装订上了蓬巴杜夫人的徽章，书的底页上有“《耶稣的一生》，刻印于中国”字样的烫金铭文。这本书的衬页上有多处手迹，其中一处出自贝尔坦之手：“这部作品是中国耶稣会传教士最优秀、最生动、最稀奇的作品之一。”还有一处写道：“皇家图书馆内有一本书，书中包含木版画，每张版画上还刻了拉丁文格言和释文。作品共46页，每两页粘贴在一起……使用中式单面印刷，没有地点、印厂和日期，小开本。”

（娜塔莉·莫内）

Ce livre complète une *Vie de Jésus* en huit chapitres que le jésuite Giulio Aleni avait publiée en Chine quelques années plus tôt. Les illustrations sont tirées d'un ouvrage de cent cinquante-trois gravures illustrant les *Évangiles*, publié à Anvers en 1593, *Evangelicae Historiae Imagines* de Geronimo Nadal (1507-1580), paru peu après sous le titre *Adnotationes et Meditationes in Evangelia.* Un exemplaire parvint en Chine en 1605 et servit de source d'inspiration à deux ouvrages illustrés sur place, l'un dont l'iconographie était adaptée au milieu chinois, et celui-ci. Des signes conventionnels insérés dans l'image renvoient aux légendes placées sous l'image. Cet ouvrage très soigné était destiné aux convertis chinois de la haute société mais il était aussi envoyé en Europe comme témoignage du succès des idées chrétiennes en Chine. Trente-sept exemplaires ont été recensés dans le monde dont un qui fut présenté au Vatican. L'exemplaire de la Bibliothèque nationale de France circula à la cour de Versailles, sans doute à titre de curiosité. Il avait été offert par Bertin à Madame de Pompadour et relié à ses armes, le dos étant orné de l'inscription suivante en lettres d'or: « *Vie de Jésus* Christ gravé et imprimé dans la Chine ». On peut lire plusieurs notes en page de garde dont une de la main de Bertin: « Cet ouvrage est une des plus agréables productions des Jésuites missionnaires a la Chine des plus curieuses et des plus rares ». On lit encore d'une autre écriture: « […] Il y a à la Bibliothèque du Roy un Exemplaire contenant les figures gravées en bois avec des sentences et explications latines sculptées sur les mêmes planches. L'ouvrage composé de 46 feuillets collés deux à deux […] ne sont imprimés que d'un côté à la manière des chinois, sans nom de lieu, ni d'imprimeur et sans date, petit in fol […] »
(Nathalie Monnet)

30

耶穌被釘靈蹟疊現

甲耶穌爲贖萬民罪甘受釘于十字架上
乙惟時萬物哀主日月掩光渾天幽暗
丙同釘一盜認耶穌爲天主悔罪而即蒙赦
丁聖堂帳幔自裂顯露內堂之奧
戊大地全震而山崩
己石柱裂而石相擊
庚古塚自啟
辛兵將見諸靈異驚愕讚嘆
壬惡黨亦知痛悔搥心垂首以歸
癸兵卒敲折二盜脛以速其死
子耶穌既沒一卒持戟刺其右脇水血流出
丑聖母諸聖痛望諸狀
見行紀七卷二十四

132

龙泉窑青釉刻缠枝花纹撇口瓶（2件）

元晚期
铜镀金座，巴黎，约1770年
高79厘米　宽35厘米
高77厘米　宽32厘米
凡尔赛宫与特里亚农宫国家博物馆藏
流传经历：让·德·朱利埃讷旧藏；欧蒙公爵旧藏；1782年欧蒙资产变卖会上由朱利奥以2000里弗尔的价格为路易十六购入，存至博物馆藏，编号111；1792年由朱利奥存放于国家家具保管府；1793年8月寄送至博物馆藏，编号73；移交至圣克卢宫；1834年在大特里亚农宫财产清册中提到其放置于第一厅内，编号GT 38和GT 432；1839年放置于大特里亚农宫皇室家族厅，编号GT 1809；1894年放置于国王套间第一厅，编号T 91c

Deux vases balustres en céladon

Fin de l'époque Yuan, XIVe siècle
Paris, bronze doré, vers 1770
T 91 C.1: H.: 79 cm; L.: 35 cm
T 91 C.12: H.: 77 cm; L.: 32 cm
Musée national des châteaux de Versailles et de Trianon
Historique: anc. coll. de Jean de Jullienne; anc. coll. du duc d'Aumont. Acquis 2000 livres par Julliot pour le compte de Louis XVI à la vente Aumont en 1782 pour le Muséum, n° 111; déposés par Julliot au Garde-Meuble national en 1792; envoyés au Muséum en août 1793, n° 73; transférés au palais de Saint-Cloud; mentionnés dans l'inventaire du Grand Trianon en 1834 dans le premier salon, inv. GT 38 et GT 432; Grand Trianon en 1839 dans le salon de Famille, inv. GT 1809; Grand Trianon en 1894 dans le premier salon de l'appartement du roi, inv. T 91c

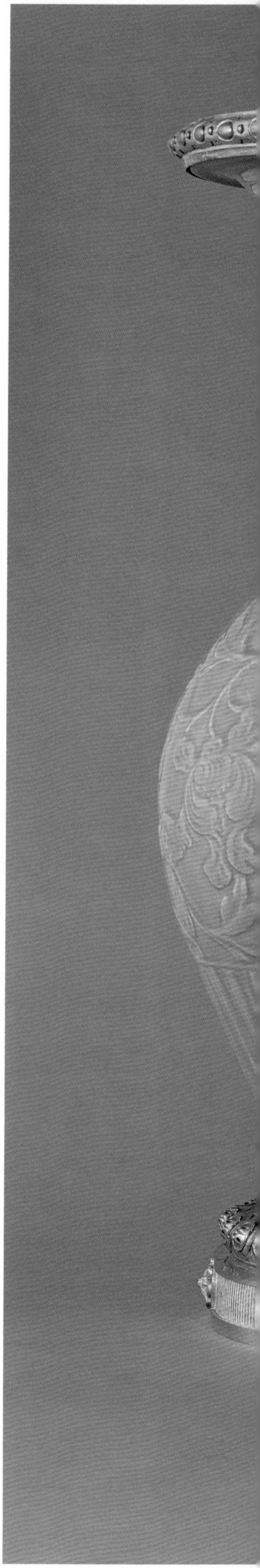

1782年12月12日，在路易-玛丽-奥古斯丁·欧蒙公爵（Louis-Marie-Augustin duc d'Aumont）去世后的资产变卖会上，这两只青釉瓷瓶由朱利奥（Julliot）以2000里弗尔的价格为国王购入。瓶呈柱式，瓶颈、腹处均有牡丹花纹，下部饰有芦苇状纹饰。瓶口外套有一圈铜镀金环。每只瓷瓶的瓶底套入一只圆形的铜镀金底座，底座上有槽纹和花卉纹。

西尔维娅·弗里茨（Sylvia Vriz）近期研究了欧蒙公爵收藏的东方瓷器，她指出，这两件瓷瓶此前曾属于一位名叫让·德·朱利埃讷（Jean de Jullienne）的中国瓷器收藏大家，他的资产于1767年3月30日在巴黎被变卖。在变卖过程中，这两只瓷瓶所配的"龙形瓶耳和铜底座"在欧蒙公爵看来似乎已经过时，因为他让人丢弃了原来的底座，并换成如今与瓷瓶一同保存下来的新古典主义风格底座。克里斯蒂安·波莱（Christian Baulez）和西尔维娅·弗里茨认为这两个底座出自铜器铸造师瓦苏（Vassou）之手。

有趣的是，在变卖品名录中，这两只中国瓷瓶被归入了日本古代青瓷器之列："两件'lisbet'形制的大广口花瓶，瓶口折沿，瓶颈处有三道弦线，四周有花叶纹，下部有芦苇纹饰；纹饰均为半浮雕，边缘圆润。铜镀金底座有一圈玫瑰花形饰，有一圈槽纹，并间饰玫瑰花纹；高30法寸，瓶肚直径12法寸。两只瓷瓶规格较大，质量极佳，均属上品，很难找到可与之媲美者。"

这两只瓷瓶无论年代还是稀有程度都堪称极品，如今几乎无法找到其他相同的藏品。还有一只纹饰和尺寸均基本相同的花瓶目前保存在伦敦大维德基金会，其年代定为1327年。

（玛丽-洛尔·德·罗什布吕纳）

Ces deux vases à couverte céladon furent acquis 2000 livres par Julliot pour le roi le 12 décembre 1782, lors de la vente posthume des biens du Louis-Marie-Augustin duc d'Aumont. De forme balustre, ils portent un décor de pivoines moulé sur le col et sur la panse. La base est ornée de motifs de roseaux. La lèvre supérieure est dissimulée par un anneau de bronze doré. Le pied de chaque vase est enserré dans une base circulaire en bronze doré, brettée et enrichie de fleurettes.
Sylvia Vriz qui a récemment étudié les porcelaines d'Extrême-Orient du duc d'Aumont a montré que ces deux vases avaient précédemment appartenu au grand collectionneur de porcelaines de Chine, Jean de Jullienne, dont les biens furent vendus à Paris, le 30 mars 1767. Au moment de la vente, ils étaient munis « d'anses à dragons et pieds de bronze » que le duc d'Aumont dut juger démodées car il les fit déposer et remplacer par les montures d'esprit néo-classique que les vases conservent aujourd'hui. Christian Baulez et Sylvia Vriz attribuent ces montures au bronzier Vassou.
Dans le catalogue de la vente, ces deux vases chinois sont curieusement classés dans les porcelaines d'ancien céladon du Japon: « Deux autres grands vases de forme nommée lisbet, à large bord rabattu, le collet entouré de trois baguettes, le pourtour à fleurs et feuillages, et la partie inférieure à côtes figurant des roseaux; le tout en demi relief, garni de bord à oves, pied à tore de rosettes avec plinthe à bandeau bretté et rosasses de bronze doré; hauteur, 30 pouces; diamètre de la panse, 12 pouces. Ces deux vases sont capitaux par l'imposant de leur forme et par l'excellente qualité de leur genre; il serait difficile d'en trouver d'aussi bien assortis. »
Ces deux pièces sont exceptionnelles par leur ancienneté et leur rareté. Peu d'exemplaires sont connus aujourd'hui. Un vase, pratiquement identique dans son décor et dans ses dimensions, est conservé à Londres, à la Fondation Percival David. Il porte la date de 1327.
(Marie-Laure de Rochebrune)

133

龙泉窑青釉撇口刻划花卉纹瓶

明早期
铜镀金座，巴黎，约1770年
高60厘米　径24厘米
吉美国立亚洲艺术博物馆藏
流传经历：让·德·朱利埃讷旧藏（传）；欧蒙公爵旧藏；1782年欧蒙资产变卖会上由朱利奥以300里弗尔的价格为路易十六购入，存至博物馆藏，编号116；1792年由朱利奥存放于国家家具保管府；1793年8月寄送至博物馆藏，编号115；1802年转移至圣克卢宫，编号72；1807年在圣克卢宫财产清册中提到，位于吊灯和灯具保存室；1833年在家居保管府总清册中提到，编号5275；1842年11月14日送至杜伊勒里宫，并在阿波罗厅财产清册中提到，编号TU 18913；在1851年杜伊勒里宫财产清册中提到其放置于大套间第三厅，编号650；在1853年杜伊勒里宫财产清册中提到其放置于总服务处－吊灯和灯具，编号T.10451；1858年离开杜伊勒里宫；在卢浮宫艺术品总清册中提到，格朗迪迪埃，编号OA 5096

Vase balustre à large col rabattu en céladon

Chine, Longquan, début de la dynastie Ming, XIVe - XVe siècle
Monture en bronze doré, Paris, vers 1770
H.: 60 cm; D.: 24 cm
Marques incisées en creux sur le bas du vase: *B 250, 5275, TU 18913, T. 10451*
Musée national des arts asiatiques-Guimet
Historique: anc. coll. de Jean de Jullienne (?); anc. coll. du duc d'Aumont. Acquis 300 livres par Julliot pour le compte de Louis XVI à la vente Aumont en 1782 pour le Muséum, n° 116; déposé par Julliot au Garde-Meuble national en 1792; envoyé au Muséum en août 1793, n° 115; transféré en 1802 au palais de Saint-Cloud, n° 72; mentionné dans l'inventaire du palais de Saint-Cloud en 1807 dans le dépôt de la lustrerie; mentionné dans l'inventaire général du Garde-Meuble en 1833, inv. 5275; envoyé le 14 novembre 1842 au palais des Tuileries et mentionné dans le salon d'Apollon, inv. TU 18913; mentionné dans l'inventaire du palais des Tuileries en 1851 dans le 3e salon des grands appartements, inv. 650; mentionné dans l'inventaire du palais des Tuileries en 1853 dans le service général – lustrerie, inv. T. 10451; sorti du palais des Tuileries en 1858; mentionné dans l'inventaire général des Objets d'art du Louvre, Grandidier, inv. OA 5096.

路易-玛丽-奥古斯丁·欧蒙公爵（Louis-Marie-Augustin duc d'Aumont, 1709～1782年）是18世纪巴黎最知名的东方瓷器爱好者之一。截至1782年去世，他共收藏了约64件青瓷，其中41件为中国青瓷。1782年12月的变卖会上，国王路易十六为将要修建的博物馆（即日后的卢浮宫）从中购买了九件，其中包括一对瓷墩，由皮埃尔·古蒂埃（Pierre Gouthière, 1732～1813年）为其配置底座，锦上添花；两只大花瓶，由瓦苏（Vassou）配置铜底座（目录132）；一对水壶，以及我们这只深橄榄绿色的瓶子，国王以300里弗尔的价格通过奢侈品经销商和专家菲利普-弗朗索瓦·朱利奥（Philippe-François Julliot, 1755～1836年）购入。

这只柱式长瓶的腹部有两处菱花形开光，开光内刻一朵簇叶莲花纹。瓶身通体刻划格状图案，仅下部为规则的垂直条状图案。瓶颈上部为平整的喇叭口，饰有横向条纹。瓶底刻标记：B 250, 5275, TU 18913, T. 10451。瓶的圆形底座为铜镀金并雕刻纹饰，上有三种装饰图案：下方是水珠形缘饰，束腰处是一圈较宽的亚光玫瑰花饰带，再上面是交替出现的椭圆形饰带。欧蒙公爵很可能是在收藏家让·德·朱利埃讷（Jean de Jullienne, 1686～1766年）去世后的变卖会上购买了这只瓶子。瓶子原配有“古希腊”风格的铜托座，以及一只标明“带回时损坏，已完全修复”的瓶盖。公爵应该是取下了破损并修复的瓶盖，并很可能被彻底废弃。1770年左右，他定制了目前这只能够凸显瓷器之优雅的底座。

在欧蒙公爵的资产变卖会上，这只可追溯到明代初期的瓶子被错误地归入了日本古青瓷的行列：“一只‘lisbet’形瓶，折沿，瓶腹两侧有花叶形开光，开光外布满凹凸花纹样，底部为铜镀金的玫瑰花带和椭圆形缘饰：高22法寸（0.595米）。瓷瓶较为罕见，形状规则，颜色较深，中规中矩。” 路易十六之所以将其购入，用于陈列在他未来的博物馆中，很可能是因为看中了这只花瓶较大的规格及色调、纹饰。旧制度时期，这种形制的花瓶十分少见。然而，1787年，一本变卖会目录中描述了一只完全一样的瓶子，除此之外还有若干物品来自让-约瑟夫·德·布尔吉尼翁·德·比西埃尔（Jean-Joseph de Bourguignon de Bussière），即拉米尔侯爵（Marquis de La Mure, 1721～1789年）的藏品室。这只瓶子在目录中的批号为361：“一只青瓷瓶，质量上乘‘lisbet’瓶形，折沿，瓶腹两侧有花叶形开光，开光外布满凹凸花纹样，底座为铜镀金的玫瑰花带和椭圆形缘饰。高22法寸（0.595米），在欧蒙公爵的目录中编号116。”令人感到意外的是，亚历山大-约瑟夫·帕耶（Alexandre-Joseph Paillet, 1743～1814年）的描述中，却将该瓶的来源写成欧蒙公爵的变卖会。实际上，1787年，欧蒙公爵的旧藏花瓶就已经寄存在朱利奥的店内，直到1792年移交给家具保管府，1793年8月起在卢浮宫博物馆展出。从此以后，这只瓶子再也没有离开国家藏品库，直到最近在吉美博物馆被辨认出来。这两只花瓶惊人地相似，或许导致帕耶的记忆出现差错；或者这其实是一种障眼法，为拉米尔侯爵藏品室中的这一只花瓶赋予一个更加尊贵的出身，从而讨得买家的欢心。真相不得而知。

（西尔维娅·弗里茨）

Louis-Marie-Augustin duc d'Aumont (1709-1782) fut l'un des plus grands amateurs parisiens de porcelaine d'Extrême-Orient au XVIIIe siècle. À sa mort en 1782, il avait réuni un ensemble d'environ soixante-quatre céladons, dont quarante-et-un chinois. Parmi ces céladons, le roi Louis XVI fit l'acquisition de neuf pièces, à la vente de décembre 1782, pour l'établissement du futur Muséum, dont une paire de tabourets magnifiée par une monture de Pierre Gouthière (1732-1813), deux grands vases montés en bronze par Vassou [Cat. 132], une paire d'aiguières, et notre vase de couleur olive foncée, qu'il acquit pour 300 livres par l'intermédiaire du marchand-mercier et expert Philippe-François Julliot (1755-1836).

Ce vase de forme balustre allongée offre sur la panse, deux réserves polylobées, contenant une fleur de lotus feuillagée en léger relief. Un motif de treillage incisé, en mosaïque, recouvre l'ensemble du vase à l'exception de sa base présentant des bandes verticales régulières. Le haut du col, très évasé et plat, est rythmé par des stries horizontales. Le vase repose sur une base circulaire en bronze ciselé et doré montrant trois registres d'ornements: un motif de godrons supportant un large bandeau à rosettes sur un fond amati, couronné par une frise alternant des motifs d'oves ouvragées. Le duc d'Aumont l'acheta probablement lors de la vente après décès du collectionneur Jean de Jullienne (1686-1766). Le vase était alors pourvu d'une monture en bronze de « goût antique » avec un couvercle signalé comme « rapporté et endommagé et parfaitement réparé». Ainsi, le duc aurait retiré l'ancien couvercle cassé et restauré, probablement démodé. Il commanda, sans doude vers 1770, la monture actuelle, qui souligne simplement l'élégance de cette pièce.

Dans la vente du duc d'Aumont, ce vase, très ancien datant du début de l'époque Ming, fut par erreur classifié dans les porcelaines d'ancien céladon du Japon: « un vase forme de lisbet, à large bord rabattu, cartouches à feuillages en demi relief sur chaque face de la panse, le surplus du pourtour fond gaufré à mosaïque, garni de pied à bandeau à rosettes & godron de bronze doré: hauteur 22 pouces [0,595 m]. Ce vase peu commun, est d'un effet sage & satisfaisant, par le régulier de sa forme & le ton foncé de sa couleur. » Sa taille importante, sa teinte et son décor guidèrent vraisemblablement le choix de Louis XVI d'en faire l'acquisition en vue du futur Muséum. Sous l'Ancien Régime, ce modèle de vase était peu représenté. Cependant, un exemplaire scrupuleusement identique est décrit, en 1787, dans un catalogue de vente, dont plusieurs objets provenaient du cabinet de Jean-Joseph de Bourguignon de Bussière, marquis de La Mure (1721-1789), sous le lot 361: « un vase de porcelaine céladon, première qualité, forme de lisbet à large bord rabattu, cartouche à feuillages en demi relief sur chaque face de la panse, le surplus du pourtour, fond gaufré à mosaïque, garnie de pied à bandeau à rosettes & godron de bronze doré. Hauteur 22 pouces [0,595 m]. N°. 116 du catalogue de M. le Duc d'Aumont ». Il est étonnant de constater, que la description rédigée par Alexandre-Joseph Paillet (1743-1814), mentionne la vente Aumont comme provenance. En effet, en 1787, le vase de l'ancienne collection du duc d'Aumont était préservé dans les magasins de Julliot, il y demeura jusqu'à son transfert au Garde-Meuble national en 1792, avant d'être exposé au Muséum à partir d'août 1793. Depuis, il ne quitta plus jamais les collections nationales, jusqu'à notre récente identification au musée Guimet. Cette troublante ressemblance, entre ces deux vases, a sans doute abusé la mémoire de l'expert Paillet, ou était-ce une ruse pour octroyer une provenance plus prestigieuse au vase de l'ancien cabinet du marquis de La Mure, et ainsi flatter les futurs acquéreurs, nous ne le saurons jamais.

(Sylvia Vriz)

134

景德镇窑仿哥釉铜镀金座“香水喷泉”

清乾隆早期
铜镀金座，约1743年
高58厘米　径34厘米
凡尔赛宫与特里亚农宫国家博物馆藏
流传经历：1743年5月18日由商人埃贝尔交付，用于凡尔赛宫路易十五的藏衣室；国王去世后授予欧蒙公爵；1782年12月12日，欧蒙资产变卖会上售出，编号193；商人朱利奥购得；迪科努旧藏；1956年3月17日，巴黎沙尔庞捷画廊拍卖，编号51，图版XVII；比塞旧藏；1985年由帕蒂诺捐赠

Fontaine à parfum

Début de l'époque Qianlong, dynastie des Qing
Bronze doré, vers 1743
Porcelaine à glaçure céladon craquelé et céramique brune; bronze doré
H.: 58 cm; D.: 34 cm
Musée national des châteaux de Versailles et de Trianon
Historique: livrée le 18 mai 1743 par le marchand Hébert pour la garde-robe de Louis XV à Versailles; attribuée après la mort du roi au duc d'Aumont; vente Aumont, Paris, 12 décembre 1782, n° 193; acquise par le marchand Julliot; anc. coll. Duconou; vente, Paris, galerie Charpentier, 17 mars 1956, n° 51, pl. XVII; anc. coll. Bissey. Donation Patiño, 1985.

这件开片瓷瓶放置在一个奢华的铜镀金底座上，带有显著的洛可可风格。芦苇和卷叶组成的底座上，一只天鹅展翅飞翔，其喙充当流口。瓶盖四周环绕铜镀金树叶，顶端有一只同种材质的螯虾。镶嵌的附件把这件瓷瓶变成了“香水喷泉”。贝壳、芦苇、天鹅、螯虾等铜部件表达水的主题。整件器物原本还配有两只中国瓷狗，现已不存。

受托马–若阿基姆·埃贝尔（Thomas-Joachim Hébert）委托制作铜附件的铸造者很可能受到斯洛德兹（Slodtz）兄弟一幅图稿的启发，皮埃尔·韦尔莱（Pierre Verlet）于1961年确认这幅图稿。路易十五去世后，这件瓷瓶依照惯例给了国王首席侍臣欧蒙公爵（d'Aumont）。欧蒙公爵十分热衷收藏中国和日本瓷器，这一点从他1782年12月在巴黎去世后的变卖目录中可以看出。目录中包含400件东方瓷器，分190组拍卖。其中有多件都被路易十六和玛丽–安托瓦内特（Marie-Antoinette）通过商人朱利奥（Julliot）购入。这件“香水喷泉”也被后者拍下，但为谁购入不得而知。1782年时，这件瓷瓶还带有瓷狗。近两个世纪后，它在巴黎再次出现，可惜两只瓷狗已消失不见。

这件香水喷泉是现存唯一一件经鉴定属于路易十五的中国瓷器。国王还通过埃贝尔和拉扎尔·迪沃（Lazare Duvaux）为各处居所购入其他中国瓷器。1750年12月17日，他从迪沃处购入“两只天蓝色瓷壶，加配铜镀金附件，600里弗尔”，这两件瓷器很可能是为凡尔赛宫购买的。18世纪中叶，人们习惯于为东方瓷器配上极尽奢华的铜镀金附件。这让巴黎的铸造匠们得以展现他们的技艺，也让这些瓷器更符合最精致的法国品位。

（玛丽–洛尔·德·罗什布吕纳）

Ce vase en porcelaine « truittée » repose sur une somptueuse terrasse en bronze doré d'un goût rocaille affirmé. Des roseaux et rinceaux de feuillage qui forment la terrasse, surgit un cygne aux ailes éployées dont le bec sert de robinet. Le couvercle, cerclé de feuillages en bronze doré, est sommé d'une écrevisse de même métal. La monture transforme ce vase balustre en une fontaine à parfum. Les bronzes évoquent la thématique de l'eau: coquilles, roseaux, cygne, écrevisse… L'ensemble était accompagné à l'origine de deux chiens en porcelaine de Chine, aujourd'hui disparus.

Le fondeur auquel s'est adressé Thomas-Joachim Hébert pour l'exécution des bronzes s'est sans doute inspiré d'un dessin des frères Slodtz, identifié en 1961 par Pierre Verlet. L'objet fut attribué selon l'usage, après la mort de Louis XV, au premier gentilhomme de la Chambre, le duc d'Aumont. Ce dernier était un très grand collectionneur de porcelaines de Chine et du Japon, comme le montre le catalogue de sa vente après décès qui se tint à Paris en décembre 1782. Quatre cents pièces de porcelaines extrême-orientales figuraient dans le catalogue, distribuées en cent quatre-vingt-dix lots. Beaucoup furent achetées par Louis XVI et Marie-Antoinette par l'intermédiaire de Julliot. La fontaine fut acquise par ce dernier mais on ignore pour qui. En 1782, elle était encore accompagnée de ses chiens de porcelaine. Elle réapparut près de deux siècles plus tard à Paris, malheureusement démunie des deux chiens.

Cette fontaine à parfum est à ce jour la seule pièce de porcelaine de Chine ayant appartenu à Louis XV, bien identifiée. Le roi acheta pourtant d'autres porcelaines de Chine par l'intermédiaire d'Hébert mais aussi de Lazare Duvaux pour ses diverses résidences. Ainsi, le 17 décembre 1750, acquit-il chez ce dernier « Deux buires de porcelaine bleu-céleste garnies en bronze doré d'or moulu, 600 l. » probablement pour Versailles. Au milieu du XVIIIe siècle, il était habituel d'associer aux porcelaines d'Extrême-Orient les montures en bronze doré les plus luxueuses. Celles-ci permettaient aux fondeurs parisiens de montrer leur savoir-faire et rendaient ces porcelaines plus conformes au goût français le plus raffiné.

(Marie-Laure de Rochebrune)

135

珐华缠枝莲纹绣墩镶铜镀金狮首耳桶式瓶

明
铜镀金座，巴黎，约1770年
高55厘米　宽42厘米
凡尔赛宫与特里亚农宫国家博物馆藏
流传经历：欧蒙公爵旧藏；1782年欧蒙资产变卖会上由帕耶为路易十六购入，存至博物馆；1834年在大特里亚农宫财产清册中提到其放置于“树林下特里亚农宫”第一厅内，编号GT 683；1839年放置于大特里亚农宫国王套间第三厅内，编号GT 1835；1894年放置于大特里亚农宫比利时王后套间客厅内，编号T 423c

Vase en forme de baril

Dynastie des Ming
Bronze doré, Paris, vers 1770
H.: 55 cm; L.: 42 cm
Versailles, musée national des châteaux de Versailles et de Trianon
Historique: anc. coll. du duc d'Aumont. Acquis par Paillet pour Louis XVI à la vente Aumont en 1782, pour le Muséum; mentionné dans l'inventaire du Grand Trianon en 1834 dans le premier salon de Trianon sous-bois, inv. GT 683; Grand Trianon en 1839 dans le troisième salon de l'appartement du roi, inv. GT 1835; Grand Trianon en 1894 dans le salon de l'appartement de la reine des Belges, inv. T 423c.

这只绣墩配有奢华的铜镀金底座，底座具有鲜明的古希腊风格，由商人亚历山大–约瑟夫·帕耶（Alexandre–Joseph Paillet）在路易–玛丽–奥古斯丁·欧蒙公爵（Louis–Marie–Augustin duc d'Aumont）去世后的资产变卖会上以1699里弗尔零19苏的价格为国王购入。它在商人朱利奥（Julliot）编写的名录上编号161，描述如下："一只桶式大瓶，紫色底色，瓶腹上下有天蓝色花束，中间为一条天蓝色玫瑰花和略微泛紫色的花枝构成的宽带；有凹槽饰，叶饰把手，每侧各有一只狮首环，精制灯座和台座；带铜镀金底座；高（带配件）21法寸（56.7厘米）。该作品因其色彩而与众不同，同类型、同形制的作品目前仅此一件。"铜镀金叶饰瓶柄位于瓶腹上侧，柄尾为衔环的狮首。这只绣墩放在铜镀金圆形底座上，底座下为一圈同样材质的台座。

欧蒙在其父1723年去世后成为第五代欧蒙公爵和贵族院议员，担任国王首席侍臣，直至1782年4月去世。他是当时最狂热的艺术品爱好者之一，他的藏品主要存放在他位于路易十五广场的府邸。他热衷于收藏古代玉石和大理石制品、东方漆器以及中国和日本的瓷器。

在他去世后，他的藏品于1782年12月变卖，此次活动成了在巴黎轰动一时的事件。藏品于11月12日开始展出，吸引了当时经验最丰富的藏品爱好者。变卖会于12月12日举行，由朱利奥（Julliot）的儿子和帕耶主持。路易十六和玛丽–安托瓦内特（Marie–Antoinette）借此机会通过朱利奥、帕耶和雷热尔（Légère）等商人购入了若干中国和日本瓷器，其中很大一部分专门陈列于国王欲在卢浮宫内设立的博物馆里，当时的卢浮宫已经几十年没有法兰西国王居住。

（玛丽–洛尔·德·罗什布吕纳）

Ce tabouret de jardin, muni d'une somptueuse monture en bronze doré d'un goût grec affirmé, fut acquis à la vente posthume du Louis-Marie-Augustin duc d'Aumont par le marchand Alexandre-Joseph Paillet à l'intention du roi pour la somme de 1699 livres, 19 sols. On le reconnaît dans le n° 161 du catalogue rédigé par le marchand Julliot: « Un grand Vase forme de baril, fond violet à bouquets bleu-céleste sur les deux extrémités de la panse, dont le milieu présente un large bandeau aussi bleu-céleste à dessin de roses et branchages légèrement nuancés de violet; garni de gorge, anse en console à rinceau, avec forte tête de lion à anneau de chaque côté, cul de lampe et piédouche ouvragé; avec plinthe de bronze doré; hauteur y compris la garniture, 21 pouces. Ce morceau est singulier par ses différentes couleurs, et on n'a encore vu que celui-là en ce genre et en cette forme. » Les anses feuillagées en bronze doré, qui prennent naissance à la partie supérieure de la panse sont terminées par des mufles de lion tenant un anneau dans leur gueule. Le tabouret repose sur un piédouche circulaire en bronze doré, placé sur une plinthe de même métal.

Louis Marie Augustin d'Aumont, devenu cinquième duc d'Aumont et pair de France à la mort de son père en 1723, remplit la charge de premier gentilhomme ordinaire de la Chambre jusqu'à sa mort en avril 1782. Il fut l'un des plus grands amateurs d'art de son temps. L'essentiel de ses collections se trouvait réuni dans son hôtel de la place Louis XV. Il était grand amateur de pierres dures et de marbres antiques, de laques d'Extrême-Orient, mais aussi de porcelaines de Chine et du Japon.

La vente posthume de ses collections, qui eut lieu en décembre 1782, fut un grand événement parisien. L'exposition des œuvres avait commencé le 12 novembre et avait attiré les amateurs les plus avertis du temps. La vente fut menée à partir du 12 décembre par Julliot fils et Paillet. Louis XVI et Marie-Antoinette acquirent à cette occasion de très nombreuses pièces de porcelaine de Chine et du Japon par l'intermédiaire des marchands Julliot, Paillet et Légère. La plupart d'entre elles étaient destinées au musée que le souverain souhaitait créer dans le palais du Louvre qui n'était plus habité par les rois de France depuis plusieurs décennies.

(Marie-Laure de Rochebrune)

136

景德镇窑青釉刻花卉纹双螭耳瓶

清乾隆
铜镀金座，巴黎，约1775年
高57.6厘米　径25厘米
凡尔赛宫与特里亚农宫国家博物馆藏
流传经历：普罗旺斯伯爵旧藏，至1794年（传）；19世纪初藏于圣克卢宫；1838年8月20日进入大特里亚农宫；1839年置于第三厅；1894年置于桌球厅；寄存至凡尔赛宫

Vase balustre en porcelaine de Chine

Règne de Qianlong, dynastie des Qing
Bronze doré, Paris, vers 1775
H.: 57.6 cm; D.: 25 cm
Inscriptions frappées sur la monture: «164», «GT 1836»
Musée national des châteaux de Versailles et de Trianon
Historique: anc. coll. du comte de Provence jusqu'en 1794 (?); palais de Saint-Cloud au début du XIXe siècle; entré au Grand Trianon, le 20 août 1838; troisième salon en 1839; salon du billard en 1894; déposé au château de Versailles.

这件淡绿色中国瓷瓶有着白色鸢尾花浅浮雕图案，并点缀着一只蝴蝶和一只鸟。座上轧制铭文：164、GT 1836。

这件柱式瓷瓶1838年出现在大特里亚农宫的财产清册上。它先是被放置在路易-菲利普（Louis-Philippe）的家庭客厅内，随后在1839年移至第三厅，最终在1894年被放置在桌球厅："一件青瓷瓶，浅绿色，上有白色浮雕，瓶底有四足座，月桂枝形瓶耳，铜镀金雕边。高58厘米。"

双螭耳下原有两条铜镀金月桂枝形耳，这对瓶耳是启发本次调研的元素之一。1802年，家具保管府的登记簿上记录了两件该尺寸的青瓷瓶，它们在1807~1833年被放置在圣克卢宫的大套间内，后被分开，其中一件进入大特里亚农宫，另一件则由家具保管府送往塞弗尔瓷器厂。当时，瓷器厂一直在想方设法模仿中国花瓶的装饰工艺，这只瓷瓶后来被发现进入了国家陶瓷城的藏品室。

在被送往圣克卢宫之前，这对瓷瓶先是通过流亡贵族资产扣押进入了国家藏品库。这"两只水绿色瓷瓶，白花浅浮雕，装置于螺旋饰四脚铜底座之上，瓶耳为月桂枝和种子形；底座饰有椭圆形缘饰和叶饰；整体为铜镀金质。高21.5法寸（58厘米）"。国王的大弟，也就是未来的路易十八国王，应该是从一位巴黎的奢侈品经销商手中购入了这对瓷瓶。海尔伍德庄园如今展示着一对一模一样并且完好无损的瓷瓶（图1）。

（樊尚·巴斯蒂安）

Ce modèle de vase en porcelaine de Chine à fond céladon vert clair se caractérise par son décor floral d'iris blancs en léger relief, avec un papillon et un oiseau sur une branche.

Ce vase balustre apparaît depuis 1838 dans les inventaires du Grand Trianon. Déposé dans le salon de Famille de Louis-Philippe, puis dans le troisième salon en 1839, il fut enfin placé dans le salon de billard en 1894: « un vase en porcelaine céladon, fond vert tendre à reliefs blancs, pieds contournés à patins, anses à branches de laurier et rebord en bronze ciselé et doré. Haut. 58 cm ».

Les anses en bronze doré constituées de branches de laurier, autrefois soutenues par les deux dragons en porcelaine, furent l'un des éléments déterminant de cette investigation. Depuis 1802, les registres du Garde-Meuble signalaient deux céladons de cette taille qui occupèrent les grands appartements du château de Saint-Cloud de 1807 à 1833. Dissocié, l'un des vases arriva au Grand Trianon et son pendant fut envoyé par le Garde-Meuble à la manufacture de Sèvres. À cette époque, Sèvres cherchait à imiter la technique décorative des vases chinois, et le vase jumeau a pu être localisé dans les réserves de la Cité de la céramique.

Avant son envoi à Saint-Cloud, cette paire entra dans les collections nationales par la saisie des biens d'émigrés. C'est chez le comte de Provence, au Petit Luxembourg, qu'apparaissent « deux vases en porcelaine fond vert d'eau en bas-relief en fleurs blanches, montés sur socles à 4 pieds en volute de bronze, les anses ornées de branches de laurier et graines; la monture du chapiteau ornée de godrons et feuilles; le tout en bronze doré d'or moulu. De 21 po. ½ [58 cm] de haut ». Monsieur, futur Louis XVIII les acquit certainement chez un marchand-mercier parisien; une paire, identique et intacte, est aujourd'hui exposée à Harewood House [Fig. 1].
(Vincent Bastien)

图1
景德镇窑青釉刻花卉纹双螭耳瓶
清乾隆
铜镀金底座，巴黎，约1775年
高58厘米　径23.5厘米
海尔伍德，海尔伍德庄园信托藏

Fig. I
Vase balustre en porcelaine de Chine
Règne de Qianlong, dynastie des Qing
Bronze doré, Paris, vers 1775
H.: 58cm; D.: 23.5cm
Harewood, Harewood House Trust

137

扮演狄安娜的蓬巴杜夫人

1746年
让–马克·纳蒂埃
布面油画
纵101厘米　横82厘米
凡尔赛宫与特里亚农宫国家博物馆藏
流传经历：1746年10月至11月应国王建筑总监夏尔·弗朗索瓦·勒·诺尔芒·德·图尔内姆要求绘于枫丹白露；由蓬巴杜女侯爵在1750年8月5日赠送给其弟德·旺蒂埃尔，即日后的马里尼侯爵；由马里尼侯爵收藏于梅纳尔城堡，后转至巴黎；日本，特殊藏品；2003年通过公卖购得

Madame de Pompadour en Diane

1746
Jean-Marc Nattier (1685-1766)
Huile sur toile
H.: 101 cm; L.: 82 cm
Musée national des châteaux de Versailles et de Trianon
Historique: Peint à Fontainebleau entre octobre et novembre 1746 à la demande du directeur des Bâtiments du roi, Charles François Le Normant de Tournehem; offert par la marquise de Pompadour à son frère, M. de Vandières, futur marquis de Marigny, le 5 août 1750; collection du marquis de Marigny au château de Menars, puis à Paris; Japon, collection particulière; acquis en vente publique en 2003.

1741年，让娜·安托瓦内特·普瓦松（Jeanne Antoinette Poisson，1721～1764年）嫁给了富有的包税人夏尔·弗朗索瓦·勒·诺尔芒·德·图尔内姆（Charles François Le Normant de Tournehem, 1684～1751年）的侄子夏尔·纪尧姆·勒·诺尔芒（Charles Guillaume Le Normant），包税人是她的保护人。夫妻二人的新婚礼物之一是埃蒂奥尔庄园（位于埃松省），而就在离庄园不远处的塞纳尔森林里，年轻的让娜在一次狩猎中邂逅了路易十五。不久后的1745年2月，在王太子婚礼的“紫杉舞会”上，她成了路易十五的情妇，于同年7月获得蓬巴杜女侯爵爵位，9月被正式引见给皇室。

1746年，作为新上任的国王建筑总监，图尔内姆为了庆祝宠姬的得势，向当时名气最盛的肖像画家让–马克·纳蒂埃（Jean–Marc Nattier，1685～1766年）定制了一幅画。虽然鲍尼耶·德·拉·莫松夫人（Bonnier de la Mosson）和国王的女儿阿黛拉伊德夫人（Madame Adélaïde）都已经使用过狄安娜的形象，画家依旧忠实于他借鉴奥林匹斯诸神装扮的手法，将女侯爵画做狄安娜的形象。非洲豹皮、弓和箭筒衬托着这位狩猎女神的胜利。这幅画在1746年的卢浮宫沙龙展上展出，以庆祝她的受宠和她的25岁生日。1764年4月15日，女侯爵在凡尔赛病逝，其权势就此结束。

蓬巴杜夫人为中国风情在法国的传播做出了重大贡献。她拥有许多来自中国的物品，通常都购自服饰用品商人拉扎尔·迪沃（Lazare Duvaux, 1703～1758年）：瓷器、漆器、金陵折扇以及通常用于装饰的屏风、壁炉隔热屏或者隔墙，饰有宝塔、花鸟图案的“印度”壁纸。女侯爵的多个住所均有此类饰物。1753年，她让人在贝勒维堡设置了“装饰国王藏衣室的37架精美印度壁纸；其中三幅为花瓶和花卉图案，36里弗尔……18幅为横向宝塔图案……20幅为花卉图案”。这位宠姬一面引领着时代的潮流，一面又融入许多异国情调。在贝勒维堡，既有弗朗索瓦·布歇（François Boucher）的中国画，又有中国的花瓶，以及土耳其风格或者具有日本特色的物品。在她的房间里，可以看到“北京”绸缎面的椅子，一扇在中国绘制完成的白绸缎屏风，中国的瓷器，以及土耳其风格的床、壁炉柴架和花瓶。

作为文学修养最高的皇室情妇，她的书架上有多部描写中国及中国福音布道情况的作品。大臣贝尔坦（Bertin）本身就是一位中国爱好者，他曾向女侯爵赠送了一本中文的《耶稣的一生》，并在衬页上题写：“这部作品是中国耶稣会传教士最优秀、最生动、最稀奇的作品之一。”这本书是天主教“结合”中国文化的典范，它呈现了神父艾儒略（Giulio Aleni）自《福音历史图集》的153幅版画中所选的插图，其中一幅就描绘了中国人协助圣母升天的景象。

（格威诺拉·菲尔曼）

En 1741, Jeanne Antoinette Poisson (1721-1764) épousait Charles Guillaume Le Normant, neveu du riche fermier général Charles François Le Normant de Tournehem (1684-1751) dont elle était la protégée. Le couple reçut la seigneurie d'Étiolles (Essonne) en cadeau de mariage; et c'est non loin de sa demeure, dans la forêt de Sénart, que la jeune femme rencontra Louis XV, lors d'une partie de chasse. Quelques temps plus tard, probablement au Bal des Ifs donné en février 1745 à l'occasion du mariage du Dauphin, elle devenait sa maîtresse; titrée en juillet de la même année marquise de Pompadour, elle fut officiellement présentée à la Cour au mois de septembre suivant.

Dès 1746, Charles Le Normant de Tournehem, nouveau directeur des Bâtiments du roi, consacrait le triomphe de la favorite par une commande au plus renommé portraitiste du temps, Jean-Marc Nattier. Alors que *Madame Bonnier de la Mosson et Madame Adélaïde,* fille du roi, avaient déjà bénéficié de cette métamorphose, l'artiste, fidèle à sa formule de travestissement olympien, représenta la marquise en Diane. Une peau de léopard, un arc et un carquois garni agrémentèrent donc ce triomphe de la belle chasseresse, exposée au Salon du Louvre de 1746 dans la fleur de sa faveur et de ses vingt-cinq ans. Son règne durerait jusqu'à sa mort, survenue à Versailles le 15 avril 1764.

Madame de Pompadour contribua grandement à la diffusion du goût chinois en France. Elle posséda de nombreux objets en provenance de l'Empire du Milieu, le plus souvent acquis chez le marchand-mercier Lazare Duvaux (1703-1758): porcelaines, meubles en laque, éventails de Nankin, mais aussi feuilles ou papiers « des Indes » ornés de pagodes, d'oiseaux, de fleurs, qu'on tendait habituellement sur des paravents, des écrans de cheminée ou des cloisons. La marquise en décora plusieurs de ses résidences. En 1753, elle fit poser au château de Bellevue une « garniture, en papier des Indes très-beau, de trente-sept châssis composant la garde-robe du roy; dans lesquels: trois feuilles à vases et fleurs, à 36 l. [...] Dix-huit à pagodes, en travers [...] Vint à fleurs ». Suivant le goût du siècle, auquel elle donnait souvent le ton, la favorite mariait volontiers les exotismes. À Bellevue dialoguaient peintures chinoises de François Boucher, vases de Chine, et objets de goût turc ou japonisant; dans sa chambre, des sièges couverts d'un Pékin, un paravent en satin blanc peint en Chine, des porcelaines chinoises côtoyaient un lit, des chenets et des vases de style turc.

La remarquable bibliothèque de la plus lettrée des maîtresses royales comptait plusieurs ouvrages consacrés au Céleste-Empire et à son évangélisation. Le ministre Bertin avait offert à la marquise une *Vie de Jésus* en chinois, annotée sur la page de garde par le sinophile lui-même: « Cet ouvrage est une des plus agréables productions des Jésuites missionnaires a la Chine [,] des plus curieuses et des plus rares. » Ce bel exemple « d'accomodation » du christianisme à la culture chinoise, reprenait, en les sinisant, les cent cinquante-trois gravures des *Evangelicae historiae imagines* du Père Aleni; l'une des planches montre ainsi des Chinois assistant à l'Assomption de la Vierge.

(Gwenola Firmin)

138

从塞纳河望向贝勒维堡

约1750年
雅克·里格
铜版画
纵25厘米　横48厘米
凡尔赛宫与特里亚农宫国家博物馆藏
流传经历：格罗瑟夫尔旧藏；1934年4月16日至18日由阿代尔在巴黎德鲁奥拍卖行出售格罗瑟夫尔藏品；1934年与藏品一同进入凡尔赛宫

Vue du château de Bellevue prise depuis la Seine

Vers 1750
Jacques Rigaud (vers 1681-1754)
Eau-forte et burin
H.: 25 cm; L.: 48 cm
Musée national des châteaux de Versailles et de Trianon
Historique: anc. coll. Grosseuvre; vente coll. Grosseuvre, maître Ader, Paris, hôtel Drouot, 16-18 avril 1934; entré à Versailles avec la collection, 1934.

这幅铜版画收录在一部出版于巴黎的合集中，描绘了“巴黎及周边最美的城堡和皇室宅邸”。这幅描绘贝勒维堡的作品是专门献给蓬巴杜女侯爵的，她在1749年成为了城堡的主人。

蓬巴杜夫人（Madame de Pompadour）在1748～1750年生活在拉库罗讷一片俯瞰塞纳河的巨大领地上，她曾下令大兴土木，却在1757年将这片庄园卖给了路易十五，后者命人在其首席建筑师昂热-雅克·加布里埃尔（Ange-Jacques Gabriel, 1698～1782年）的指挥下深度改造了庄园的布局和内饰。主建筑大规模扩建，于1773年在两侧增加了侧翼，用于安置陪同国王出行的朝臣的随从。路易十六对贝勒维堡无甚兴趣，1775年9月24日，他将庄园让给了路易十五的几个女儿，也就是他的姑母：阿黛拉伊德（Adélaïde）、维克图瓦（Victoire）和苏菲（Sophie）。路易十五的这三个女儿十分欣赏这座城堡的独特魅力，城堡离凡尔赛宫不远，也在巴黎附近。

18世纪的贝勒维堡内，通过来自中国和日本的物品，特别是漆器、中国彩画和中国瓷器，可以看出几位君王对东方的高雅品位。

（樊尚·巴斯蒂安）

Cette estampe appartient à un recueil édité à Paris, qui représente les plus beaux « châteaux et Maisons Royales de Paris et des environs ». La présente feuille du château de Bellevue est dédiée à la marquise de Pompadour, propriétaire des lieux depuis 1749. Élevé de 1748 à 1750 sur un vaste terrain de la Couronne dominant la Seine, Madame de Pompadour commanda de nombreux travaux, mais revendit en 1757 le domaine à Louis XV, qui fit remanier profondément la distribution et le décor intérieur sous la direction de son premier architecte Ange-Jacques Gabriel (1698-1782). Le bâtiment principal fut considérablement agrandit avec deux ailes en retour en 1773, espaces nécessaires pour accueillir la suite des courtisans suivant le Roi dans ses déplacements. Louis XVI ne s'intéressa pas à Bellevue, et le 24 septembre 1775, il céda le domaine à Mesdames de France, ses tantes: Adélaïde, Victoire et Sophie. Les trois filles de Louis XV appréciaient le charme de ce château non loin de la cour de Versailles et à proximité de Paris.
Durant tout le XVIIIe siècle, on pouvait admirer au château de Bellevue le goût raffiné des souverains pour l'Extrême-Orient à travers des objets provenant de Chine et du Japon, notamment des meubles en laque, des papiers peints chinois et des porcelaines de Chine.
(Vincent Bastien)

139

镶红漆描金人物故事图角柜（一对）

约1765年
巴黎，贝尔纳二世·范·里森·伯格或其子贝尔纳三世
高92厘米　宽83.6厘米　深53.5厘米
高92厘米　宽83.8厘米　深53.5厘米
凡尔赛宫与特里亚农宫国家博物馆藏
流传经历：舒瓦瑟尔·普拉斯林旧藏，巴黎；马塞-曼瓦灵旧藏，1904年6月6日在伦敦罗宾逊与费舍售出，编号965；温莎公爵和公爵夫人旧藏；1973年赠予凡尔赛凡宫，用益权归温莎公爵夫人所有；1986年，用益权废除

Paire d'encoignures en laque de Chine rouge

vers 1765
Paris, Bernard II Van Risen Burgh (vers 1696-avant 1767), ou son fils Bernard III
V 4987, H.: 92 cm; L.: 83.6 cm; Pr.: 53.5 cm
V 4988, H.: 92 cm; L.: 83.8 cm; Pr.: 53.5 cm
Aucune estampille sur l'encoignure V 4987; deux estampilles de Bernard II Van Risen Burgh, *B.V.R.B.* sur l'encoignure V 4988
Musée national des châteaux de Versailles et de Trianon
Historique: Anc. coll. Choiseul Praslin, Paris; Anc. coll. Massey-Mainwaring, vente Robinson & Fisher, Londres, 6 juin 1904, lot 965; Anc. coll. du duc et de la duchesse de Windsor; Donation au château de Versailles sous réserve d'usufruit de la duchesse de Windsor en 1973; Extinction de l'usufruit en 1986.

两件墙角柜线条鲜明，有明显的仿古风格，正中一扇大柜门，上面镶嵌着一块中国红漆板，上有微凸的人物图样。梯形截面的乌木柜腿和柜脚外包裹欧洲黑色清漆，上有仿古铜镀金图案，自上而下是古代风格的花瓶、茎梗饰的凹槽、蔷薇花饰、椭圆形饰和菱形尖饰。每扇门背面镶贴光面木，外面是一圈鸡冠花框。两件墙角柜的带纹白色大理石台面均嵌入铜镀金边饰。其中一件无标记（左侧者），另一件有贝尔纳二世·范·里森·伯格（Bernard II Van Risen Burgh）的两处“B.V.R.B.”字样的标记。

18世纪时，这两件质量上乘的家具是贝尔纳二世制作的一套规模更大的组合家具的一部分，组合中包括两件带门大抽屉柜（图1）。这套家具总体为古希腊风格，同时使用了深红色中国漆板，放置在当时位于波旁路的美岛酒店（现为位于里尔路的法国信托局），这座酒店是勒诺·塞萨尔（Renaud César，1735~1791年）即舒瓦瑟尔·普拉斯林公爵在巴黎的居所。在法国大革命前夕，“普拉斯林公爵先生的藏品厅在整个欧洲家喻户晓，甚至无须多加赞颂。这座藏品厅内收藏着所有流派最宝贵的画作，特别是弗拉芒派，公爵收集了这一流派最卓越的艺术品……除了油画，藏品厅内还有布勒最精美的家具作品、青铜器与瓷器，以及大理石制品和其他各式各样的收藏品”。

公爵是当时著名的收藏家，在他1791年12月去世后，这两件墙角柜被载入了他的财产清册。它们当时放在公爵夫人的卧室，在清册中位列第328条：“两件低柜形制的大型抽屉柜和两件深红色漆板的墙角低柜，镀金铜制护条边框，白色大理石台面，台面四周也是铜镀金边框，估价为1000里弗尔。”普拉斯林公爵夫人，出生时名为居约讷·马格利特·德·迪尔福尔·德·洛尔热（Guyonne Marguerite de Durfort de Lorge，1739~1806年），其卧室的家具价值连城，就比如她华丽的镀金木雕床，如今保存于纽约大都会艺术博物馆。

将东方的漆板交给巴黎最优秀的细木工，贴在法国家具上，这个点子是巴黎服饰用品商托马-若阿基姆·埃贝尔（Thomas-Joachim Hébert，1687~1773年）在18世纪30年代末想出来的。这些漆面抽屉柜、墙角柜以及写字台在18世纪都是最昂贵的家具。它们极其奢华，被放在巴黎最精致的酒店内展示，令他们的主人自豪不已。蓬巴杜夫人（Madame de Pompadour，1721~1764年）和路易十五的大臣让-巴蒂斯特·德·马肖·达尔努维尔（Jean-Baptiste de Machault d' Arnouville，1701~1794年）都拥有深红色中国漆艺术品。

（玛丽-洛尔·德·罗什布吕纳和樊尚·巴斯蒂安）

图1
镶红漆描金人物故事图带门抽屉柜
私人藏

Fig. 1
Commode à portes
Collection particulière

Ces deux encoignures, aux lignes droites très affirmées, d'un goût antiquisant marqué, ouvrent par un grand vantail central, plaqué d'un panneau de laque rouge de Chine, représentant des pagodes (personnages) en léger relief. Les montants et les pieds à pans coupés en ébène et ornés de vernis européen noir, sont enrichis de motifs de bronze doré antiquisants: vases à l'antique en partie haute, cannelures à tigettes, rosaces, oves et pointes de diamants. Le revers de chaque vantail est plaqué de bois satiné dans un encadrement d'amarante. Les dessus en marbre blanc veiné des deux encoignures sont encastrés dans une lingotière en bronze ciselé et doré.

Au XVIIIe siècle, ces deux meubles d'une qualité exceptionnelle appartenaient à un ensemble plus important réalisé par B.V.R.B., qui comprenait deux grandes commodes à portes (Fig. 1). Ce mobilier de goût grec mêlant des panneaux en laque de Chine à fond rouge figurait à l'hôtel de Belle-Isle, situé jadis rue de Bourbon (à l'emplacement de l'actuelle Caisse des dépôts et consignation, rue de Lille), demeure parisienne de Renaud César, duc de Choiseul Praslin (1735-1791). À la vielle de la Révolution, le « Cabinet de M. le duc de Praslin, [...] est trop connu dans toute l'Europe, pour avoir besoin d'un éloge particulier. Il renferme la collection la plus précieuse de tableaux de toutes les Écoles, mais notamment de l'École Flamande, dont il rassemble les objets les plus distingués. [...] Indépendamment des Tableaux on y trouve un choix des plus beaux meubles de Boule, des bronzes & des porcelaines, ainsi que des marbres & autres objets de curiosités quelconques. » Fameux collectionneur de son temps, les deux encoignures sont décrites dans l'inventaire rédigé après décès du duc en décembre 1791, elles étaient alors disposées dans la chambre à coucher de la duchesse, sous l'article 328: « Deux grandes commodes en forme de bas d'armoire et deux armoires basses d'encoignures à panneaux de laque fond rouge, avec encadrements de baguettes de cuivre doré et à dessus de marbre blanc aussi encadré de bords en cuivre doré, prisés ensemble 1000 livres. ». Le mobilier de la chambre à coucher de la duchesse de Praslin, née Guyonne Marguerite de Durfort de Lorge (1739-1806), était d'une très grande richesse, comme en témoigne son lit d'apparat en bois sculpté et doré aujourd'hui conservé au Metropolitan Museum of Art de New York.

L'idée de confier des panneaux en laque d'Extrême-Orient aux meilleurs ébénistes de Paris pour recouvrir des meubles français, revient au marchand mercier parisien Thomas-Joachim Hébert (1687-1773), à la fin des années 1730. Ces commodes, encoignures, ou encore secrétaires plaqués de laque comptaient parmi les meubles les plus onéreux du XVIIIe siècle. Objets de très grand luxe exposés dans les plus beaux hôtels de Paris, ils firent la fierté de leurs propriétaires. Madame de Pompadour (1721-1764), et le ministre de Louis XV, Jean-Baptiste de Machault d'Arnouville (1701-1794), possédèrent également des objets d'art en laque de Chine à fond rouge.

(Marie-Laure de Rochebrune et Vincent Bastien)

140

玛丽-安托瓦内特王后像

1777年
让-弗朗索瓦·雅尼奈根据让-巴蒂斯特-安德烈·高蒂耶-达戈提画作制作
铜版画
纵40厘米　横31.4厘米
凡尔赛宫与特里亚农宫国家博物馆藏
流传经历：苏富比拍卖行拍卖，阿姆斯特丹，2008年12月17日，编号403；2015年购入

Marie-Antoinette, reine de Franc

1777
Jean-François Janinet (1752-1814) d'après Jean-Baptiste-André Gautier-Dagoty (1740-1786)
Gravure à l'or, aquatinte, eau forte et outils
H.: 40 cm; L.: 31.4 cm
Musée national des châteaux de Versailles et de Trianon
Historique: Vente Sotheby's, Amsterdam, 17 décembre 2008, lot 403; achat en 2015.

这幅精美的版画复刻了玛丽-安托瓦内特（Marie-Antoinette）早期的一幅官方肖像，由让-巴蒂斯特-安德烈·高蒂耶-达戈提（Jean-Baptiste-André Gautier-Dagoty）在1775年根据王后身着宫廷礼服的形象而绘（凡尔赛宫，编号MV 8061）。

王后身着一袭蓝裙，并配有百合花图案的披肩和白鼬皮饰带。这幅半身像还展示了玛丽-安托瓦内特头顶由鸵鸟羽毛、饰带、珍珠和一件钻石羽饰构成的精制发饰。这幅作品未能讨得王后的欢心，很多艺术家都被邀请至宫中为她画像，却几乎无人能让她满意，直到维热·勒布伦夫人（Madame Vigée Le Brun）出现。

玛丽-安托瓦内特在凡尔赛宫有一个用于炫耀的大房间，后面还有一系列小套间，套间里配置了一间八角形的小客厅，作卧室之用，取名为“午休间”；还有一个大房间，名为“金色房间”。这两个房间在1781~1783年在建筑师里夏尔·米克（Richard Mique, 1728~1794年）的指挥下修建，墙壁上满是卢索（Rousseau）兄弟雕刻的纹饰，极其奢华，房间里珍藏着玛丽-安托瓦内特收集来的各种珍宝：镶金宝石，部分来自其母亲所留遗产的小漆盒，还有来自中国的珍稀瓷器，放置在按照最流行的款式精雕细琢的铜镀金底座上。

两个房间之间还布置了一间书房和一间补充性质的小书房，摆放着用小牛皮或摩洛哥皮精装的王后个人藏书，书上并列轧制了法兰西和哈布斯堡-洛林皇家盾形徽章。这间书房的布置在一定程度上听取了侍室女官让娜-路易斯-亨利埃特·康庞（Jeanne-Louise-Henriette Campan, 1752~1822年）慷慨献出的建议。1789年10月，玛丽-安托瓦内特的艺术藏品被藏匿起来，而她的藏书则被转移至杜伊勒里宫，这些藏书中就有让-巴蒂斯特·杜赫德（Jean-Baptiste Du Halde）关于中国的主要著作。

（樊尚·巴斯蒂安）

Cette belle estampe est une reprise de l'un des premiers portraits officiels de Marie-Antoinette, où la souveraine en grand habit de cour fut peinte, en 1775, par Gautier-Dagoty (Château de Versailles, MV 8061).

Vêtue d'une robe bleue, d'une étole à fleurs-de-lys et d'une hermine, le portrait en buste montre la coiffure très élaborée de Marie-Antoinette, composée de plumes d'autruche, de rubans, de perles et d'une aigrette de diamants. Cette représentation déplut à Marie-Antoinette, et de nombreux artistes furent invités à peindre les traits de la reine, mais peu d'entre eux ont donné satisfaction avant Madame Vigée Le Brun.

Au château de Versailles, dans ses Petits Appartements, situés derrière sa grande chambre de parade, Marie-Antoinette disposait d'un boudoir octogone servant de pièce de repos, dit « cabinet de la Méridienne », et d'un Grand Cabinet intérieur: le Cabinet doré. Mis en œuvre sous la direction de l'architecte Richard Mique (1728-1794) en 1781 et 1783, ces deux cabinets, somptueusement décorés de lambris richement sculptés par les frères Rousseau, étaient l'écrin des objets les plus précieux collectionnés par Marie-Antoinette: pierres dures montées en or, petites boîtes en laque provenant partiellement du legs de sa mère, porcelaines rares de Chine agrémentées de montures en bronze très finement ciselé et doré à la dernière mode.

Une bibliothèque et un supplément de bibliothèque furent également agencés, entre ces deux cabinets, pour contenir les ouvrages personnels de la reine reliés en veau ou en maroquin, frappés des deux écus accolés des armes royales de France et de Habsbourg-Lorraine. Cette bibliothèque fut en partie constituée grâce aux conseils prodigués par sa lectrice et femme de chambre Jeanne-Louise-Henriette Campan (1752-1822). En octobre 1789, les collections d'art de Marie-Antoinette furent mises en sûreté, tandis que ses livres étaient transférés aux Tuileries. Parmi ces derniers se trouvaient les volumes fondamentaux de Jean-Baptiste Du Halde (1674-1743) sur l'empire du Milieu.

(Vincent Bastien)

MARIE-ANT.TE D'AUTRICHE,
Reine de France et de Navarre.

141

《中华帝国全志》

1735年
让-巴蒂斯特·杜赫德
巴黎，勒迈西耶出版，四卷
纵44厘米　横30厘米
法国国家图书馆珍本典藏库藏
流传经历：玛丽-安托瓦内特旧藏；1789年10月移至杜伊勒里宫

Description géographique historique, chronologique, politique, et physique de l'Empire de la Chine et de la Tartarie chinoise

1735
Jean-Baptiste Du Halde (1671-1743)
Paris, Le Mercier, 4 volumes
H.: 44 cm; L.: 30 cm
Reliure aux armes de Marie-Antoinette
Bibliothèque nationale de France, réserve des livres rares
Historique: anc. coll. de Marie-Antoinette; transféré aux Tuileries en octobre 1789.

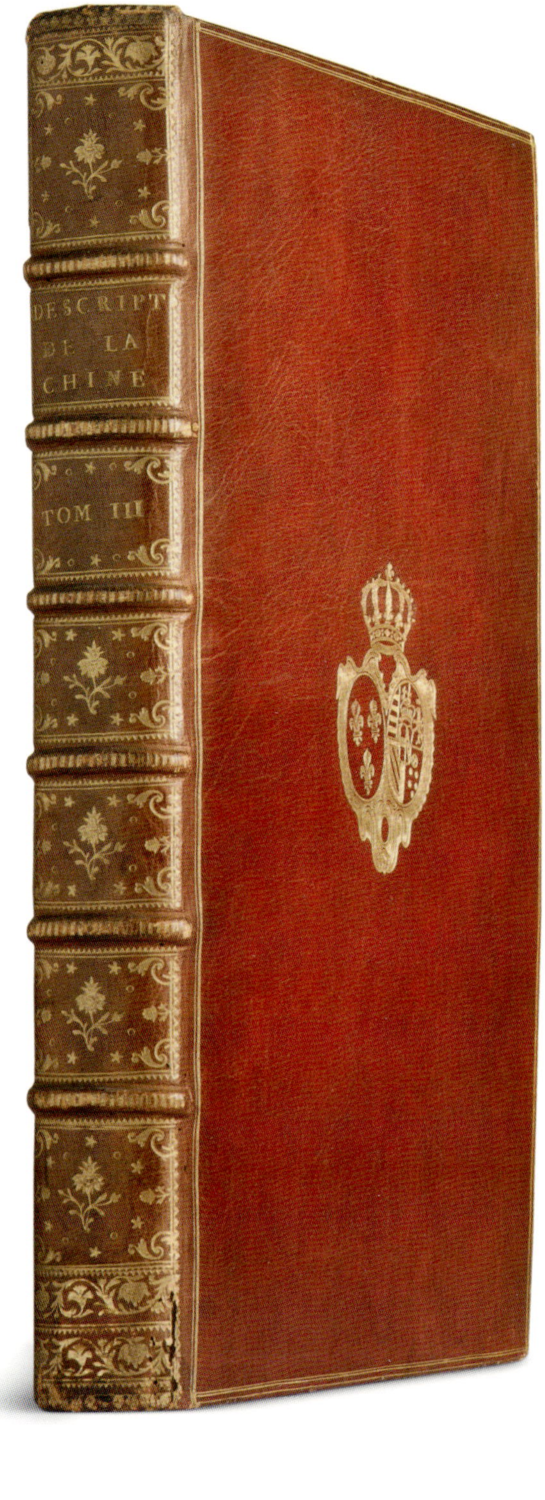

这套《中华帝国全志》出自27位在华法国耶稣会传教士之手，是18世纪欧洲人了解中国不可或缺的信息来源。耶稣会士、书籍编纂者让-巴蒂斯特·杜赫德（Jean-Baptiste Du Halde）从未到过中国，也不懂中文。他负责统筹、编辑从中国寄来的文稿。此前，他从1709年起编辑《耶稣会士中国书简集》，已经有了这方面的经验。《中华帝国全志》出版于1735年，海牙书商H. 舍勒（H. Scheuleer）1736年即推出此书盗版，足可见此书之成功。第一卷和第四卷里的地图十分新颖。这些地图由皇家图书馆地图及平面图藏品厅创办者让-巴蒂斯特·布吉尼翁·当维尔（Jean-Baptiste Bourguignon d'Anville）根据传教士寄回的坐标（经纬度）绘制而成。本次展出的这本书过去收藏在凡尔赛宫玛丽-安托瓦内特王后（Marie-Antoinette）的书房内。封面带玛丽-安托瓦内特徽章。

（伊莎贝尔·兰德里-德隆）

Source incontournable des informations sur la Chine pour l'Europe du XVIIIe siècle, cette Description est l'œuvre de vingt-sept missionnaires de la mission jésuite française en Chine. Jean-Baptiste Du Halde, jésuite et compilateur, n'était jamais allé en Chine et ne connaissait pas le chinois. Il eut un rôle de coordinateur et d'éditeur des textes envoyés de Chine, conforme à l'expérience qu'il avait acquise depuis 1709 comme éditeur des *Lettres édifiantes et curieuses*. Une édition pirate, parue à La Haye l'année suivante (1736) chez H. Scheuleer, témoigne du succès de ce livre. Les cartes géographiques contenues dans les volumes 1 et 4 étaient novatrices. Elles furent dessinées à Paris, à partir des coordonnées (latitudes et longitudes) envoyées par les missionnaires, par Jean-Baptiste Bourguignon d'Anville (1697-1782), fondateur du Cabinet des cartes et plans de la Bibliothèque du roi. L'ouvrage présenté à l'exposition figurait dans la bibliothèque de la reine Marie-Antoinette à Versailles.
(Isabelle Landry-Deron)

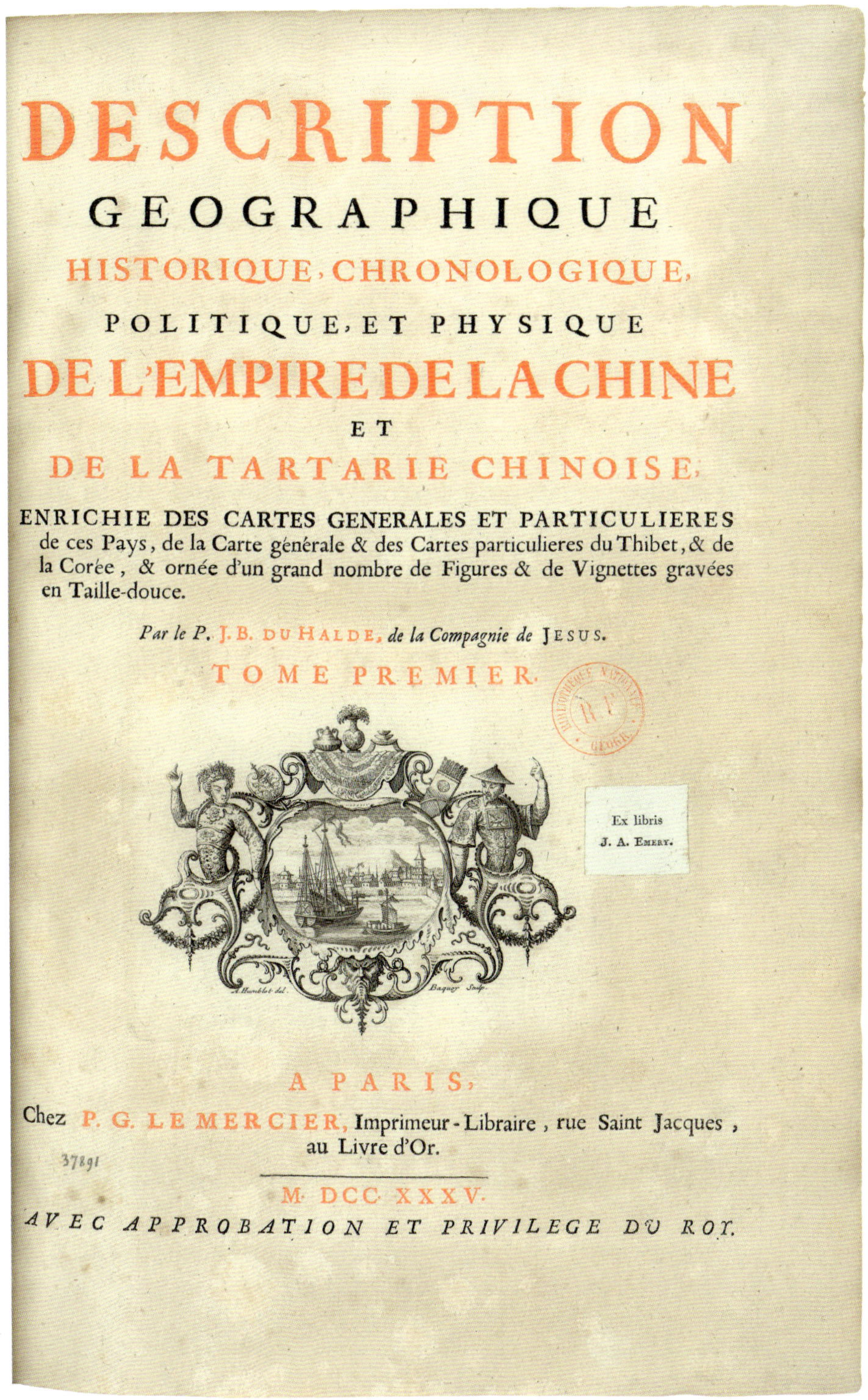

DESCRIPTION
GEOGRAPHIQUE
HISTORIQUE, CHRONOLOGIQUE,
POLITIQUE, ET PHYSIQUE
DE L'EMPIRE DE LA CHINE
ET
DE LA TARTARIE CHINOISE,
ENRICHIE DES CARTES GENERALES ET PARTICULIERES de ces Pays, de la Carte générale & des Cartes particulieres du Thibet, & de la Corée, & ornée d'un grand nombre de Figures & de Vignettes gravées en Taille-douce.

Par le P. J. B. DU HALDE, *de la Compagnie de* JESUS.

TOME PREMIER.

A PARIS,
Chez P. G. LE MERCIER, Imprimeur-Libraire, rue Saint Jacques, au Livre d'Or.

M. DCC. XXXV.
AVEC APPROBATION ET PRIVILEGE DU ROY.

142

普罗旺斯伯爵（未来的路易十八）像

1770年
路易·米歇尔·范·洛
布面油画
高61厘米　宽49厘米
凡尔赛宫与特里亚农宫国家博物馆藏
流传经历：由凡尔赛宫外交部定制；大革命时期收缴；卢浮宫收藏；路易-菲利普执政时期进入凡尔赛宫

Portrait de comte de Provence, futur Louis XVIII

1770
Louis Michel van Loo (1707-1771)
Huile sur toile
H.: 61 cm; L.: 49 cm
Signé et daté à mi-hauteur: L.M. Van Loo / 1770
Musée national des châteaux de Versailles et de Trianon
Historique: commandé pour l'hôtel des Affaires étrangères à Versailles; saisie révolutionnaire; envoyé au musée du Louvre. entré au château de Versailles sous Louis-Philippe.

路易-斯塔尼斯拉-格扎维埃（Louis-Stanislas-Xavier, 1755~1824年），作为路易十五的孙子，这位小王子1755年出生时就在凡尔赛获得了普罗旺斯伯爵的爵位。他的父亲——王太子路易（Louis de France, 1729~1765年）、母亲——王太子妃玛丽-约瑟夫·德·萨克斯（Marie-Josèphe de Saxe, 1731~1767年）很快就发现他们的孩子有着十分活跃的头脑。

画家路易·米歇尔·范·洛（Louis Michel van Loo）为15岁的小模特绘制了一幅四分之三身像，王子身着一件金银刺绣的蓝色绒衣，左臂下夹着帽子，身上佩戴着金羊毛勋章、十字勋章和圣灵勋章的蓝色饰带。位于画作中部有画家的署名和日期：L.M. Van Loo/1770。

作为国王的大弟，普罗旺斯伯爵聪慧过人，十分热爱豪华排场和典礼仪式，是一位"哲人王"。他一直是法兰西王位的推定继承人，直到1781年他的侄子出生。面对他的哥哥路易十六，他的政治立场有些模糊。他通过各种方式笼络宫廷中的要人，以摆脱国王弟弟这一平庸的身份，并满足自己的野心。

作为一位精明的收藏家，他与妻子玛丽-约瑟芬娜-路易斯·德·萨瓦（Marie-Joséphine-Louise de Savoie, 1753~1810年）的居所十分奢华，无论是其皇家府邸还是私人住宅，无论是布吕努瓦宫还是巴黎的卢森堡宫，都布置得非常华丽。大革命时期对他资产的描述表明他十分追捧塞弗尔瓷器厂生产的中式图案瓷器和中国的艺术品，其中就包括中国的装饰用瓷瓶，瓶子下方均装配着精雕的铜镀金底座。1791年6月，他与普罗旺斯伯爵夫人移居国外。

（樊尚·巴斯蒂安）

Louis-Stanislas-Xavier de France (1755-1824), petit-fils de Louis XV, le jeune prince reçut à sa naissance à Versailles en 1755, le titre de comte de Provence. Ses parents, le dauphin Louis de France (1729-1765) et la dauphine Marie-Josèphe de Saxe (1731-1767), décelèrent rapidement chez l'enfant sa vivacité d'esprit.
Le peintre van Loo figura son modèle âgé de quinze ans en buste de trois quarts, vêtu d'un habit de velours bleu brodé d'or et d'argent. Tenant son chapeau sous son bras gauche, il porte l'ordre de la Toison d'or, la croix et le cordon bleu de l'ordre du Saint-Esprit.
Doté d'une grande intelligence, d'un goût pour le faste et le cérémonial, le comte de Provence, dit «Monsieur», était un prince philosophe. Il demeura l'héritier présomptif du trône de France, jusqu'à la naissance de son neveu le dauphin en 1781. Il joua un rôle politique ambigu vis-à-vis de son frère, Louis XVI, et il essaya par tous les moyens d'attirer autour de lui tous les grands personnages de la Cour pour échapper à sa condition de simple cadet et satisfaire toutes ses ambitions.
Collectionneur avisé, il partageait avec son épouse, Marie-Joséphine-Louise de Savoie (1753-1810), de somptueux appartements très richement aménagés tant dans les résidences royales que dans ses demeures personnelles, au château de Brunoy ou au palais du Luxembourg, à Paris. À la Révolution, la description de ses biens révèle un goût prononcé pour les porcelaines de Sèvres à décor chinois et les objets d'art de l'« empire du Milieu», dont de belles garnitures de vases en porcelaine de Chine enrichies de montures en bronze ciselé et doré. Il émigra avec la comtesse de Provence en juin 1791.
(Vincent Bastien)

3.2 模仿与灵感

Imitation et inspiration

中国文化深刻影响着法国的艺术风尚。对中国瓷器的仿制是法国“中国风”艺术的重要组成部分。17世纪下半叶法国开始关注和研究中国制瓷工艺，18世纪中叶高岭土矿的发现使法国在塞弗尔瓷器工厂成功生产出硬瓷。这些瓷器在制作时，造型和装饰图案多受到中国的影响。法国在油画、版画、挂毯、纺织品、漆器、瓷器、建筑、园林等诸多领域大量汲取中国元素，其中充满着对中国神秘旖旎的无尽想象。中国成为法国艺术家和知识精英获取创作灵感的源泉。

La culture chinoise a également exercé une influence profonde sur l'art français. L'imitation de la porcelaine chinoise constituait une partie importante du goût chinois en France. Dans la deuxième moitié du XVIIe siècle, la France s'est mise à étudier les procédés de fabrication de porcelaine chinoise. La découverte du kaolin en France en XVIIIe siècle a permis à la Manufacture de Sèvres de fabriquer des objets en porcelaine dure, les décors de ces objets étant très influencés par la Chine. De nombreux éléments chinois ont fait leur apparition dans les peintures, les gravures, les tapis, les textiles, les objets laqués, les objets en porcelaine, les architectures et les jardins de France, s'inspirant de la magnificence de l'art chinois. La Chine est devenue une source d'inspiration de la création artistique et littéraire française.

143

彩绘描金人物图茶具（一套）

1774年
路易-弗朗索瓦·雷科
塞弗尔皇家瓷器厂
托盘：高5.5厘米　长42厘米　宽32厘米
凡尔赛宫与特里亚农宫国家博物馆藏
流传经历：皇室旧藏；莫尔特克-休特菲尔德先生旧藏；1960年4月4日由阿代尔在巴黎德鲁奥拍卖行第6厅出售，编号79；1992年7月7日由费里在巴黎德鲁奥拍卖行第1厅和第7厅出售，编号119；凡尔赛宫在此次出售中购入

Déjeuner avec plateau à rubans à décor chinois

1774
Louis-François Lécot (actif de 1763 à 1765 et de 1772 à 1802)
Porcelaine dure, manufacture royale de porcelaine de Sèvres
Plateau, H.: 5.5 cm; L.: 42 cm; Pr.: 32 cm
Marques de la manufacture aux deux L entrelacées sous une couronne; lettre-date *V* pour 1774; en or sous le pot à lait et le sucrier; en rouge sous la théière; en bleu sous les deux tasses et soucoupes; plateau signé Lécot en or; Marques en creux sous les tasses et soucoupes: *S.C.*
Musée national des châteaux de Versailles et de Trianon
Historique: anc. coll. royales; anc. coll. de monsieur de Moltke-Huitfeldt, sa vente, maître Ader, Paris, hôtel Drouot, salle 6, le 4 avril 1960, lot 79; vente, maître Ferri, Paris, hôtel Drouot, salles 1 et 7, le 7 juillet 1992, lot 119; acquis à cette vente par le château de Versailles.

茶具底部有塞弗尔皇家瓷器厂的皇冠下双“L”交叉标志，字母“V”指代1774年。奶壶和糖罐底部为金色，茶壶底部为红色，两只茶杯和茶碟底部为蓝色。托盘上的金色署名为Lécot，即路易–弗朗索瓦·雷科（Louis–François Lécot，活跃于1763～1765年和1772～1802年）。茶杯和茶碟下空心标志：S.C。

这套中式花纹的茶具配有一件“饰带环绕的”托盘，还包含两件立升杯和相应的茶碟，一只三脚奶壶，一件“卡拉布里亚（Calabre）”茶壶和一件“埃贝尔（Hébert）”形制的带盖糖罐。每个器具上都饰一条规则的金色花边，呈现着由金色人物、鸟、栏杆以及洞石花卉构成的生动画面。人物的面部和彩色衣服均以金边勾画。其中一件茶杯是另外配入本套茶具中的，上面的花纹画在椭圆形开光内。

这很可能是1774年12月出售给路易十六的一套中国茶具，于次年以600里弗尔的价格购回，又在1775年12月或者1776年1月转让给了路易十五的几个女儿。

不同寻常的是，雷科（Lécot）在茶具上用金色署了自己的姓氏。他此前已经在1773年的一只“库尔泰耶（Courteille）”托盘上使用了相同的中式风景画，这只托盘属于爱德华·沙佩（Édouard Chappey）旧藏。

（樊尚·巴斯蒂安）

Composé d’un plateau dit « à rubans », ce déjeuner à ornements chinois comprend deux gobelets litrons et leurs soucoupes, un pot à lait tripode, une théière « Calabre » et un sucrier couvert de forme « Hébert ». Chaque cartel, bordé d’une dentelle d’or régulière, montre des scènes animées avec des petits personnages, des oiseaux, des haies et des rochers fleuris traités en ors. Les visages et les vêtements colorés sont soulignés d’un trait d’or. Une tasse présentant un décor dans un médaillon provient d’un réassortiment.

Il s’agit probablement du cabaret chinois vendu à Louis XVI en décembre 1774, puis rendu l’année suivante pour 600 livres[1], et ensuite cédé à Mesdames en décembre 1775 ou janvier 1776.

Fait exceptionnel, Lécot a signé son patronyme en or. L’artiste avait déjà utilisé à l’identique le même paysage sinisant sur un plateau « Courteille », daté de 1773, de l’ancienne collection Édouard Chappey. (Vincent Bastien)

1　SCC, Arch., Vy 6 fol. 116 v°.

144

彩绘描金人物图茶具（一套）

1775年
路易-弗朗索瓦·雷科
塞弗尔皇家瓷器厂
托盘：高5.2厘米　长33.3厘米　宽26.3厘米
凡尔赛宫与特里亚农宫国家博物馆藏
流传经历：皇室旧藏；迪朗家族旧藏；1984年6月25日由苏富比拍卖行在摩纳哥出售，编号3178；由凡尔赛宫在此次出售中购入，编号5240，奶壶由欧仁·贝克夫妇和雅克·加西亚先生在1986年捐赠给凡尔赛宫，编号5260

Déjeuner avec plateau rectangulaire à décor chinois

1775
Louis-François Lécot (actif de 1763 à 1765 et de 1772 à 1802)
Porcelaine dure, manufacture royale de porcelaine de Sèvres
Plateau, H.: 5.2 cm; L.: 33.3 cm; Pr.: 26.3 cm
Marque de la manufacture en or aux deux *L* entrelacées sous une couronne; lettre-date *X* pour 1775; *L* pour *L.-F.* Lécot sous le plateau, la théière et la soucoupe.
Marques en creux: C.t. sous la tasse
Musée national des châteaux de Versailles et de Trianon
Historique: anc. coll. royales; anc. coll. de la famille Durand; vente, Sotheby's, Monaco, 25 juin 1984, lot 3178. Acquis à cette vente par le château de Versailles, Inv. 5240; Le pot à lait est un don de M. et Mme Eugène Becker, de M. Jacques Garcia au château de Versailles en 1986, Inv. V 5260

茶具底部有塞弗尔皇家瓷器厂的皇冠下双"L"交叉标志，字母"X"指代1775年。托盘、茶壶和茶碟底部的字母"L"代表路易-弗朗索瓦·雷科。茶杯底部空心标志：C.t.。

"库尔泰耶（Courteille）"长方形托盘用于承托茶杯和茶碟、茶壶、奶壶和糖罐，托盘上的金色风景画中有蓝色、绿色和粉红色的亚洲植物和人物。

这套1775年的茶具呈现出雷科（Lécot）典型的艺术风格，被以600里弗尔的价格出售给阿黛拉伊德夫人（Madame Adélaïde）或者维克图瓦夫人（Madame Victoire），后者同其父路易十五一样十分偏好塞弗尔厂生产的瓷器，特别是有中国纹饰的瓷器。瓷器厂每年在凡尔赛宫举办年度展览，维克图瓦夫人就在1775年12月购入了一套中国茶具，她的姐姐阿黛拉伊德在1776年1月27日又购买了一套。

这套白色底色的中国茶具绘工精美，配套的奶壶后来被找到，但糖罐始终无迹可寻。

（樊尚·巴斯蒂安）

Le plateau rectangulaire dit « Courteille », destiné à recevoir les tasses et soucoupes, la théière, le pot à lait et le pot à sucre, offre un décor de paysage en ors où se détachent des plantes asiatiques et des personnages rehaussés de bleu, de vert et de rose. Caractéristique de l'art de Lécot, ce déjeuner daté de 1775 pourrait être l'exemplaire vendu pour 600 livres à Madame Adélaïde ou à Madame Victoire qui, comme leur père, Louis XV, avaient une prédilection pour les pièces de la manufacture de Sèvres, et plus particulièrement celles qui présentent des décors chinois. Lors de l'exposition annuelle de la manufacture au château de Versailles, Madame Victoire acquit en décembre 1775, un déjeuner chinois, et, le 27 janvier 1776, son aînée Adélaïde prenait possession du sien.
Très délicatement peint sur fond blanc, ce déjeuner chinois a retrouvé son pot à lait. Le pot à sucre reste à redécouvrir.
(Vincent Bastien)

145

彩绘描金人物图镶铜镀金高足蛋形瓶（3件）

1775～1776年
路易-弗朗索瓦·雷科
塞弗尔皇家瓷器厂
铜镀金座，约1775～1776年由让-克洛德-托马·尚贝朗·迪普莱西制作
中间瓶：高47厘米　宽27厘米
两侧瓶：高37.5厘米　宽22.5厘米
凡尔赛宫与特里亚农宫国家博物馆藏
流传经历：玛丽-安托瓦内特先后在凡尔赛宫和圣克卢宫的旧藏；大革命时期在家族内部转让，直至1983年由凡尔赛宫购入

Garniture de trois vases « œuf » à décor chinois

1775-1776
Louis-François Lécot (actif de 1763 à 1765 et de 1772 à 1802)
Porcelaine dure, manufacture royale de porcelaine de Sèvres
Bronze ciselé et doré, vers 1775-1776, Monture attribuée à Jean-Claude-Thomas Chambellan Duplessis (1730-1783)
Urne centrale, H.: 47 cm; L.: 27 cm
Vases latéraux, H.: 37.5 cm; L.: 22.5 cm
Marque de la manufacture aux deux *L* entrelacées sous une couronne; lettre-date *X* et *Y* pour 1775 et 1776 sur les vases latéraux, *X* pour 1775 sur l'urne centrale; signés en or *Lécot* et *L*.
Musée national des châteaux de Versailles et de Trianon
Historique: anc. coll. de Marie-Antoinette à Versailles, puis à Saint-Cloud; Aliénés à la Révolution, ils seraient restés dans la même famille jusqu'à leur acquisition en 1983 par le château de Versailles.

瓶底部有塞弗尔皇家瓷器厂的皇冠下双“L”交叉标志，两侧瓶子上的字母“X”和“Y”分别指代1775年和1776年，中间瓶子上的“X”指代1775年。金色署名“Lécot”和“L”。

皇家瓷器厂的出售记录簿中，一份关于“1774年、1775年和1776年向王后出售商品情况”清单里的最后一项，是价值3000里弗尔的“一套三件中式瓶”。玛丽-安托瓦内特（Marie-Antoinette）很可能是在1776年购入了这三件瓶子，它们出现在1794年春季订立的圣克卢宫家具登记表中，放置在卡佩（Capet）夫人套间的藏衣室内：“2041，一套三只塞弗尔瓷瓶，白色底色，中式纹饰，上腹处有圆环、绳索装饰，顶部的金属球和瓶耳为铜镀金镂雕，方形铜镀金底座，估价700里弗尔。”而路易十六在1785年2月才为玛丽-安托瓦内特买下圣克卢宫。因此，这套蛋形瓶此前应该一直用于装饰凡尔赛宫内王后的私人房间。

铜饰品的工艺完美地体现了迪普莱西（Duplessis）的艺术特点，而在中间瓶的一面上，雷科（Lécot）精心绘制的中式图案临摹的是让-皮埃尔·乌埃勒（Jean-Pierre Houël）在1745年前后出版的一幅画，这幅画是根据弗朗索瓦·布歇（François Boucher）作品创作的《中国人物像续篇》的卷首插画。瓶身上还有两幅画受让·皮耶芒（Jean Pillement）的启发，我们可以从中辨认出来自于《中国人物像研究》和皮埃尔-夏尔·卡诺（Pierre-Charles Canot）雕刻的《中国儿童游戏集》中的人物。

雷科在其中一只瓶子上署了自己的名字，这对于塞弗尔瓷器厂来说实属罕见。雷科加重了人物、服装、风景和花卉的中式线条，同时用金线勾勒轮廓，似乎是在模仿中国丝绸上的图案。所有镀金表面加工得十分细腻，独立于光滑的瓷面，又不失和谐。

普罗旺斯伯爵（Comte de Provence）拥有一套一模一样的瓶子，购于1775年12月24日。

（樊尚·巴斯蒂安）

Les registres des ventes de la manufacture royale notent comme dernier élément d'une liste reprenant « les ventes faites à la reine pendant le courant des années 1774, 1775, 1776 », une « garniture de trois vases chinois » à 3000 livres. Marie-Antoinette acquit très probablement ces vases à la fin décembre 1776. Ils apparaissent dans le procès-verbal des meubles du château de Saint-Cloud dressé au printemps 1794, dans une armoire de l'appartement de la femme Capet: « 2041 – Une garniture de trois vases de porcelaine de Sèvres fond blanc à dessins chinois, à gorges à jour ornées d'anneaux, cordes, glands et anses en cuivre ciselé et doré d'or moulu, sur des socles de forme carrée en cuivre doré prisée 700 livres. » C'est seulement en février 1785, pour Marie-Antoinette, que Louis XVI entra en possession de Saint-Cloud. Ainsi, antérieurement cette garniture ornait certainement les cabinets intérieurs de la reine au château de Versailles.

Le travail des bronzes caractérise parfaitement l'art de Duplessis, et les décors chinois admirablement composés par Lécot, reprennent pour l'une des faces du grand vase, une estampe publiée par Jean-Pierre Houël, vers 1745, en frontispice de la *Suite de figures chinoises* d'après François Boucher. L'œuvre de Jean Pillement inspira deux autres cartels peints de ces vases, où l'on reconnaît des personnages issus des *Études de différentes figures chinoises* ou du *Recueil de plusieurs jeux d'enfants chinois* gravé par Pierre-Charles Canot.

Lécot signa en toutes lettres l'un des vases, ce qui est exceptionnel pour la manufacture de Sèvres. L'artiste a accentué les traits asiatiques des personnages, de leurs costumes, ceux du paysage et des fleurs en soulignant d'un filet d'or tous les contours, comme s'il avait tenté d'imiter des motifs de soieries chinoises. Toutes les surfaces dorées travaillées avec une grande minutie se détachent harmonieusement du fond uni de la pâte dure.

Le comte de Provence possédait une garniture rigoureusement identique acquise le 24 décembre 1775.

(Vincent Bastien)

146

彩绘描金人物图镶铜镀金高足蛋形瓶（一对）

1779年
让·雅克·迪厄
塞弗尔皇家瓷器厂
铜镀金座，让-克洛德·托马·尚贝朗·迪普莱西制作
高39厘米
凡尔赛宫与特里亚农宫国家博物馆藏
流传经历：路易十六于1780年购入；伊丽莎白夫人旧藏；1816年6月8日至17日由富艺斯拍卖行在伦敦出售，编号169；1970年11月19日由苏克艺术品店出售，编号2841；英国特藏；2019年由凡尔赛宫购入

Vases « œuf » en 2e grandeur à décor chinois

1779
Jean Jacques Dieu (actif à la manufacture de Sèvres de 1776 à 1805 avec quelques interruptions)
Porcelaine dure, Manufacture royale de porcelaine de Sèvres
Monture en bronze doré attribuée à Jean Claude-Thomas Chambellan Duplessis (1730-1783)
H.: 39 cm
Marques en rouge de la manufacture royale de porcelaine de Sèvres aux deux *LL* entrelacées, couronnées (marque de la porcelaine dure); lettres-dates *BB* pour 1779, marque de Dieu.
Musée national des châteaux de Versailles et de Trianon
Historique: acquis par Louis XVI en 1780, anc. coll. de madame Elisabeth; vente Phillips, Londres, 8-17 juin 1816, lot 169; vente galerie Sucker, Berne, 19 novembre 1970, lot 2841; coll. part. Grande-Bretagne. Acquis par le château de Versailles en 2019.

瓶底有塞弗尔皇家瓷器厂红色皇冠下双"L"交叉标志（硬瓷器标志），字母BB指代1779年，有迪厄个人标志。

这两只蛋形瓶最初属于一套三件硬瓷瓶，由路易十六在1780年在凡尔赛宫举办的变卖会上以3600里弗尔高价购入。这两件罕见的淡紫色底色瓷瓶共分为三部分：台座、瓶身和瓶盖，下面是一件精巧的方形铜镀金托座，旋涡状瓶耳，镂空瓶颈，顶部有菠萝形瓶钮。瓶耳上原先饰有钟状花，后在大革命时期遗失，它和菠萝都是凸显瓷瓶总体中式风格的元素。

瓶身的中式纹饰中，姿态奇特的人物在不同的背景下各自忙碌着。纹饰中的部分元素应该是借鉴自皮耶芒（Pillement）的版画，特别是带翅膀的龙。画家在淡紫色底色上刮画出纹饰中的各种元素和金饰，这种精细的纹饰应该是出自人物画师兼镀金师让·雅克·迪厄（Jean Jacques Dieu，1776~1805年间断地活跃于塞弗尔瓷器厂）之手。

蛋形瓶的石膏模型出现于1773年，在塞弗尔瓷器厂的产品名录上被写作"带盖蛋形瓶"，这件模型如今仍保存在瓷器厂。中式纹饰的硬瓷蛋形瓶受到多位皇室成员的青睐，首先便是普罗旺斯伯爵（Comte de Provence），他在1775年12月购买了一件白色底色的蛋形瓶，如今以特藏身份保存在美国。玛丽-安托瓦内特王后（Marie-Antoinette）也在1776年末购买过三件由雷科绘制的蛋形瓶，价格高达3000里弗尔（见前件）。

1789年，皇室成员离开巴黎后，三只淡紫色底色的蛋形瓶从凡尔赛宫转移至杜伊勒里宫，随后又于1793年2月被移送至卢浮宫。几经波折后，它们最终于法国共和历二年雨月24日（即1794年2月12日）被送至家具保管府，不久后分不同批次出售或交换（编号2508和2509）。

中间瓶尺寸最大，在19世纪时是俄罗斯尤苏波夫大公们的藏品，1925年起保存在圣彼得堡的艾尔米塔什博物馆内（图1）。另外两只次大的两侧瓶再次出现时已是在1816年伦敦富艺斯拍卖行组织的售卖会上。2014年，整套三只瓷瓶最终在凡尔赛宫举办的"中国在凡尔赛——18世纪的艺术与外交"展览上团聚。

目前已知的所有蛋形瓶均配有极其精致的铜镀金底座和铜镀金镂空瓶颈，将瓷瓶变成了"扑扑莉（pots-pourris）"百花瓶。这种底座出自让-克洛德·小迪普莱西（Jean-Claude Duplessis fils）之手，他在父亲1774年去世后成了塞弗尔瓷器厂的常任铜器师，直至1783年去世。

以淡紫色为底色的做法是罕见的，这也许正解释了路易十六购入的这套装饰品为何如此高价。出于技术原因，只有塞弗尔瓷器厂的硬坯才能获得这种颜色。瓶身上的纹饰为半透明瓷釉，通过十分精湛的技艺施于可能已被画家刮擦过的瓶身表面之上。金色轮廓正好掩盖住白色底色和淡紫色底色的接合处。此外，瓷瓶上还呈现出丰富的镀金色调，有三种：黄色、粉色和铜绿色。

保存于国家档案馆的K506登记簿记载着1780年国王在塞弗尔瓷器厂的购买记录，可以看出，路易十六把购买的这三只瓷瓶赠送给了他的妹妹伊丽莎白夫人（Madame Élisabeth）："1780年……一套装饰瓶寄送至伊丽莎白夫人处，3600（里弗尔）。"也许这就是为什么这三只瓷瓶没有被归入大革命前夕订立的财产清册中路易十六的藏品之列。我们可以猜想，瓷瓶上的淡紫色在18世纪末可能被视为最符合女性品位的颜色。

（玛丽-洛尔·德·罗什布吕纳）

图1
彩绘描金人物图镶铜镀金高足蛋形瓶（中间瓶）
1779年
塞弗尔皇家瓷器厂
高47厘米
圣彼得堡，艾尔米塔什博物馆藏

Fig. I
Vase « œuf » en première grandeur
Manufacture royale de porcelaine de Sèvres, 1779
H.: 47cm
Saint-Pétersbourg, musée national de l'Ermitage

Ces deux vases "œuf" faisaient primitivement partie d'une garniture de trois vases en porcelaine dure, acquise pour la somme importante de 3600 livres par Louis XVI, lors des ventes qui se déroulèrent en janvier 1780, à Versailles. Les vases, ornés d'un rare fond lilas, sont constitués de trois éléments, piédouches, panses et couvercles, réunis par une savante monture en bronze doré, composée d'une base carrée, d'anses ajourées à enroulements, d'une gorge repercée et d'une prise en forme d'ananas. Les anses étaient, à l'origine, enrichies de clochettes qui ont disparu à l'époque révolutionnaire, éléments qui, comme l'ananas, devait contribuer à amplifier le caractère chinois de l'ensemble.
Les vases sont ornés d'un décor chinois, constitué de personnages de fantaisie, vaquant à diverses occupations dans des paysages variés. Il semble que certains éléments du décor aient été empruntés à l'œuvre gravé de Pillement, notamment le dragon ailé. Ce décor très savant, le peintre a gratté par endroits le fond lilas pour peindre les différents éléments du décor ainsi que la dorure, a été exécuté par le peintre de figures et doreur, Jean Jacques Dieu.
Le modèle en plâtre des vases "œuf", appelé "vase œuf à monter avec couvercle" dans les registres de la manufacture de Sèvres, a été créé en 1773. Il y est toujours conservé aujourd'hui. Les vases "œuf", en pâte dure, ornés d'un décor chinois, eurent un très grand succès auprès de plusieurs membres de la famille royale. Le premier d'entre eux, le comte de Provence (1755-1824), acquit une garniture à fond blanc dès le mois de décembre 1775, qui est conservée aujourd'hui dans une collection particulière, aux Etats-Unis. La reine Marie-Antoinette acheta à son tour les trois vases "œuf" peints par Lécot, à la fin de l'année 1776 pour la somme importante de 3000 livres (cat. n° 145).
Après le départ de la famille royale à Paris, en 1789, les trois vases "œuf" à fond lilas furent envoyés de Versailles aux Tuileries d'où ils furent transférés au Louvre, en février 1793. Après quelques péripéties, ils furent finalement envoyés à l'hôtel du Garde-Meuble le 24 Pluviôse an II (12 février 1794) pour y être vendus ou échangés, sans doute peu après, en deux lots différents (numéros 2508 et 2509).
Le grand vase central, en 1ère grandeur, qui figura au XIXe siècle dans les collections des princes Youssoupoff en Russie, est conservé depuis 1925 au musée de l'Ermitage, à Saint-Pétersbourg. Les deux vases en 2e grandeur sont réapparus en juin 1816, dans une vente organisée par la maison Phillips, à Londres. En 2014, la garniture complète a pu être réunie au château de Versailles, dans le cadre de l'exposition "La Chine à Versailles, art et diplomatie au XVIIIe siècle".
Tous les exemplaires de vases "œuf", connus aujourd'hui, sont dotés d'une monture en bronze doré extrêmement raffinée et, en particulier, d'une gorge ajourée en bronze doré qui les transforme en vases pots-pourris. On peut attribuer ces montures à Jean-Claude Duplessis fils, le bronzier habituel de la Manufacture, après la mort de son père, en 1774, et jusqu'à son décès en 1783.
La couleur de fond, lilas, est extrêmement rare. Elle explique sans doute le prix très important de la garniture acquise par Louis XVI. Pour des raisons techniques, cette couleur n'existe que sur la pâte dure de Sèvres. Le décor, exécuté en émaux translucides, est posé avec beaucoup de virtuosité sur la surface qui a préalablement été grattée par le peintre. Les contours à l'or cachent ainsi la jointure entre le fond blanc et le fond lilas. On observe par ailleurs sur l'ensemble des vases une abondante dorure de trois tons: jaune, rose et vert bronze.
Le registre K 506, conservé aux Archives nationales, qui récapitule les achats du Roi à la manufacture de Sèvres pour l'année 1780, nous informe que les trois vases acquis par Louis XVI ont été offerts à sa sœur, madame Elisabeth: « Année 1780… 1 garniture des vases envoyés chez Madame Elisabeth 3600 [livres] ». C'est sans doute la raison pour laquelle les trois vases ne sont pas mentionnés dans les collections de Louis XVI, dans les inventaires dressés à la veille de la Révolution. On peut penser que le fond lilas dont ils étaient ornés était considéré, à la fin du XVIIIe siècle, comme plus adapté à un goût féminin.
(Marie-Laure de Rochebrune)

147

彩绘描金开光人物故事图镶铜镀金耳瓶（一对）

1778年
路易–弗朗索瓦·雷科
塞弗尔皇家瓷器厂
铜镀金座，约1778年由让–克洛德–托马·迪普莱西制作
高33厘米　宽19厘米　直径16厘米
凡尔赛宫与特里亚农宫国家博物馆藏
流传经历：路易十六在马尔利宫的旧藏，19世纪初存放于杜伊勒里宫；第二帝国时期存放于王家宫；爱丽舍宫侍卫厅；2008年存放于凡尔赛宫国家家具馆

Paire de vases « Duplessis à monter »

1778
Louis-François Lécot (actif de 1763 à 1765 et de 1772 à 1802)
Porcelaine dure, manufacture royale de porcelaine de Sèvres
Monture attribuée à Jean-Claude Duplessis (1730-1783), vers 1778
H.: 33 cm; L.: 19 cm; D.: 16 cm
Marque de la manufacture en carmin aux deux *L* entrelacés sous une couronne; lettre-date *AA* sous une couronne; *L* pour Lécot; inscriptions frappées sur la monture: fleurs de lys et *TH.*: couronne pointillée et I5I barré, *TU* couronné, *P. R. 3640, 4764* barré, *GM/L 5938/2*
Musée national des châteaux de Versailles et de Trianon
Historique: anc. coll. de Louis XVI à Marly. Palais des Tuileries au début du XIXe siècle. Palais-Royal sous le Second Empire. Salon des Aides de camp au palais de l'Élysée. Dépôt du mobilier national à Versailles en 2008.

瓶底有塞弗尔皇家瓷器厂的胭脂红色皇冠下双“L”交叉标志，皇冠下表示日期的字母“AA”。“L”指雷科。底座上刻有：百合花纹，TH，点状花冠，划线151，带皇冠的TU，P. R. 3640，划线4764，GM/L 5938/2。

这对瓶子与其他中国纹饰瓶截然不同。中央的开光处有着蜿蜒条状装饰边缘，内部描绘的是清朝海军的战斗场面，背景是中西结合式的建筑景观。每只淡绿色瓷瓶下方的方形铜台座上支撑的底座饰有中国花卉和蝴蝶，瓶颈处也有相同的纹饰。瓶耳由旋涡饰和叶饰构成，以铜镀金雕刻而成，底部逐渐变为散开的叶饰。

这两只浅绿色瓶出现在1778年10月5日的塞弗尔画作登记簿上“两只迪普莱西中式瓶/雷科”。这两只瓶子应该正是1778年末以每件840里弗尔的价格卖给路易十六的那两件，因为国王经常会购买瓷器厂的最新作品。

在马尔利宫，塞弗尔的瓷瓶只有在皇室成员出现时才会摆放在套间里。皇室成员最后一次在马尔利宫短居是在1789年6月14日至21日。法国共和历二年雾月24日（1793年11月14日）订立的路易十六夹层房间藏衣室内的瓷器清单记录中，第35条提到“两件塞弗尔瓷瓶，高14法寸（37.9厘米），宽6法寸（16.3厘米），徽章绿，海战图案，估价300里弗尔”。或许是因为造价太高，这两件带铜镀金底座的瓶子没有在大革命变卖会进行出售。在进入家具保管府之前，直到1794年7月7日，它们一直存放于马尔利宫：“两只淡绿色涡形装饰瓶，饰有微缩海军人像，铜饰品。”这段描述强调了铜镀金底座的存在。这两件瓶子从未离开国家藏品库，19世纪初，它们被用来装饰杜伊勒里宫，也就是在那里，在路易-菲利普执政期间，瓶盖遗失，且再也没有找到。

比例协调的瓶身、独特的水绿色底色和海军的纹饰、稀有的铜底座，这些元素很容易让人猜到这两件瓶子以及路易十六在马尔利宫收藏的其他瓶子均出自雷科之手。

（樊尚·巴斯蒂安）

Cette paire de vases se distingue des autres pièces à décor chinois. Les réserves centrales en frise sinueuse présentent des scènes de batailles navales chinoises sur un fond de paysage architecturé mêlant l'Orient et l'Occident. Chaque vase en porcelaine à fond vert pâle repose sur un socle carré en bronze ciselé et gravé qui supporte le piédouche orné de fleurs chinoises et de papillons, comme sur le col. Les anses à enroulements et feuillages en bronze ciselé et doré viennent mourir sur un culot à feuilles de refend. Ces deux vases à fond vert d'eau sont identifiables dans les registres des fournées des peintres de Sèvres, à la date du 5 octobre 1778: « 2 vases Duplessis à Monter chinois / Lécot ». Ces derniers semblent correspondre aux deux vases vendus à Louis XVI à la fin de l'année 1778, pour la somme de 840 livres chacun, car le roi achetait souvent les toutes dernières créations de sa manufacture.
Au château de Marly, les vases en porcelaine de Sèvres étaient disposés dans les appartements uniquement lors de la présence de la Cour. Le dernier séjour de la famille royale à Marly eut lieu du 14 au 21 juin 1789. Le procès-verbal d'inventaire des porcelaines contenues dans trois armoires des cabinets en entresol de Louis XVI, dressé le 24 brumaire an II [14 novembre 1793], mentionne sous l'article 35: « Deux vases de porcelaine de Sèvres de 14 pouces [37,9 cm] sur 6 pouces [16,3 cm] de large fond vert à médaillon représentant des marines, prisé 300 livres. » Sans doute en raison de leur coût élevé de fabrication, ces vases montés en bronze doré furent soustraits des ventes révolutionnaires. Avant qu'ils ne rejoignent les dépôts du Garde-Meuble, ils étaient toujours signalés à Marly, le 7 juillet 1794: « Deux vases fond vert tendre à cartouche avec mignature sujets de marine garniture en bronze. »
Cette dernière description souligne la présence de la monture en bronze doré. Ils ne quittèrent pas les collections nationales, et, dès le début du XIXe siècle, ils ornèrent le palais des Tuileries. C'est aux Tuileries, sous le règne de Louis-Philippe qu'ils perdirent irrémédiablement leurs couvercles.
La concordance des dimensions, la singularité du fond de couleur vert d'eau présentant un décor de marines et la rareté de la production des vases montés en bronze sont autant d'éléments qui incitent à reconnaître ces deux vases de Lécot, comme ceux des collections de Louis XVI à Marly.
(Vincent Bastien)

148

彩绘开光花园图镶铜镀金高足瓶（一对）

1780年
安托万–约瑟夫·沙皮伊、亨利–弗朗索瓦·樊尚
塞弗尔皇家瓷器厂
铜镀金座，19世纪
高41厘米（不含铜底座） 径32厘米
凡尔赛宫与特里亚农宫国家博物馆藏
流传经历：路易十六旧藏于凡尔赛宫，1791年12月移至杜伊勒里宫；大革命期间转让；弗朗索瓦丝·加莱女士旧藏；1867年5月6日至8日由皮耶在巴黎德鲁奥拍卖行第3厅出售，编号143；爱德华·沙佩旧藏；1907年5月27日至31日由舍瓦利耶和莱尔–迪布勒伊在巴黎乔治·皮蒂艺术品店第三次出售，编号1245；夏尔·曼海姆在巴黎的旧藏；1978年归于尼科里耶艺术品店；1998年由凡尔赛宫购入

Paire de vases « jardin »

1780
Antoine-Joseph Chappuis (actif de 1761-1787), et Henry-François Vincent (doreur actif de 1753-1806)
Porcelaine dure, manufacture royale de porcelaine de Sèvres
socle en bronze ciselé et doré, XIXe siècle
H.: 41 cm (sans le socle en bronze); D.: 32 cm
Marques de la manufacture en bleu aux deux *L* entrelacées, lettre-date *CC* pour 1780, *cp* pour *A.-J.* Chappuis; 2000 en or pour le doreur H.-F. Vincent
Musée national des châteaux de Versailles et de Trianon
Historique: anc. coll. de Louis XVI à Versailles, transférés aux Tuileries en décembre 1791; aliénés à la Révolution; anc. coll. de Mme Françoise Gallay; sa vente, maître Pillet, Paris, hôtel Drouot, salle 3, 6-8 mai 1867, lot 143; anc. coll. Édouard Chappey; sa troisième vente par maîtres Chevallier et Lair-Dubreuil, Paris, galerie Georges Petit, 27-31 mai 1907, lot 1245; anc. coll. Charles Mannheim, Paris; galerie Nicolier à Paris en 1978; Acquis par le château de Versailles en 1998.

瓶底有塞弗尔皇家瓷器厂蓝色双“L”交叉标志，字母“CC”指代1780年，“cp”指代安托万-约瑟夫·沙皮伊（Antoine-Joseph Chappuis，活跃于1761～1787年），金色2000指代镀金师亨利-弗朗索瓦·樊尚（Henry-François Vincent，活跃于1753～1806年）。

这两件“花园（jardin）瓶”与另两件瓶子一起由路易十六在1780年12月的凡尔赛宫皇家瓷器厂年度展览上买下，每件价格为1200里弗尔。

塞弗尔画作登记簿显示了这两只瓶子的制作过程。1780年7月21日，“沙皮伊（兄）”绘制了“两只绘有月桂枝、鸟和中国风景画的花瓶”。1780年11月27日和28日，尼盖（Nicquet，活跃于1764～1792年）和热纳维埃夫·塔扬蒂耶（Geneviève Taillandier，活跃于1774～1798年）分别为“沙皮伊先生的两件点画花园瓶”完成了风景部分和点画工作。这两件花瓶最终于1780年12月20日入窑烧制，“两件绘有月桂枝和鸟的瓶子，沙皮伊，樊尚”。

塞弗尔瓷器厂对中式风格的追求在皇室庄严的总体风格框架内占据着一席之地。这两件瓷瓶就放置在凡尔赛宫内的国王大卧室里，这间卧室名为“路易十四卧房”。后来，它们出现在1791年的财产清册中，描述如下：“两只塞弗尔淡紫色金点磨砂瓷瓶，绘有风景、鸟和交错的爱神木枝，配有瓶盖（其中一只瓶盖有破损），瓶盖顶部有镀金颗粒外观瓶钮，总高18法寸（48.72厘米），最宽处12法寸（32.5厘米）”。除瓶盖遗失外，这段描述还是十分贴合实物的。

1791年12月27日，这两件瓷瓶移至杜伊勒里宫用于装饰国王的卧室：“上述两件（塞弗尔瓷器厂）淡紫色金点磨砂瓷瓶，绘有风景和鸟，高18法寸，宽12法寸，3600里弗尔。”还有两件同样由沙皮伊绘制的瓷瓶，纹饰相似，购于1780年12月，于1793年编入杜伊勒里宫财产清册，是凡尔赛宫2020年购入的两只狮首大瓶。

（樊尚·巴斯蒂安）

Ces deux vases « jardin » furent acquis par Louis XVI, avec deux autres, lors de l'exposition annuelle de la manufacture royale au château de Versailles, en décembre 1780, pour 1 200 livres chacun.
Les registres des travaux des peintres notent précisément leur élaboration. Ainsi le 21 juillet 1780, « Chappuis l'aîné » peint « deux vases à branches de laurier, oiseaux et paysages chinois ». Nicquet (actif de 1764 à 1792) appliqua les paysages et Taillandier le fond pointillé, les 27 et 28 novembre 1780, pour les « deux vases jardin de M. Chappuis, fond pointillé ». Ils furent finalement enfournés le 20 décembre 1780: « Deux vases à branches de laurier, oiseaux Chappuis, Vincent. »
Le goût chinois de la manufacture de Sèvres prit place dans le cadre solennel de la vie de Cour. En effet, les deux vases furent placés à Versailles dans la grande chambre du Roi, dite « de Louis XIV ». Ils apparaissent dans l'inventaire de 1791 comme: « Deux vases de porcelaine de Sèvres fond lilas sablé à petites mouches d'or, à paysages, oiseaux et branches de myrthe enlacées, garnis de leurs couvercles (dont un mutilé) à bouton de graines dorés, portant 18 pouces [48,72 cm] de hauteur totale et 12 pouces [32,5 cm] dans la plus grande largeur. » Malgré l'absence des couvercles, cette description correspond parfaitement.
Le 27 décembre 1791, ces vases furent transférés aux Tuileries pour l'ameublement de la chambre du Roi: « Deux vases idem [de porcelaine de Sèvres] fond lilas sablé à petites mouches et or, à paysages et oiseaux de 18 pouces sur 12 pouces / 3 600 livres. »
Également peints par Chappuis, deux autres vases, acquis en décembre 1780 et inventoriés aux Tuileries en 1793, présentent une décoration similaire. Il s'agit des deux grands vases à têtes de lion acquis par le château de Versailles en 2020.
(Vincent Bastien)

149

彩绘描金开光花园图狮首耳高足瓶（一对）

1780年
安托万–约瑟夫·沙皮伊、热纳维埃夫·塔扬蒂耶、亨利·马丁·普雷沃
塞弗尔皇家瓷器厂
高50厘米　宽23厘米
凡尔赛宫与特里亚农宫国家博物馆藏
流传经历：路易十六旧藏于凡尔赛宫，1789年转移至杜伊勒里宫；1795年转让；菲利普·萨松旧藏；1919年11月26日在伦敦佳士得拍卖行出售，编号146；塞利格曼旧藏；2020年由让娜·海曼女士遗产购入

Paire de vases « à têtes de lion »

1780
Antoine Joseph Chappuis (actif de 1761 à 1787), Geneviève Taillandier (active de 1774 à 1798) et Henri Martin Prévost (actif de 1757 à 1797)
Porcelaine dure, manufacture royale de porcelaine de Sèvres
H.: 50 cm; L.: 23 cm
Marque de la manufacture, en bleu sur chaque vase, aux deux *L* entrelacées et fleuronnées sous une couronne, lettre-date *CC* pour 1780; marque du doreur Prévost
Musée national des châteaux de Versailles et de Trianon
Historique: anc. coll. de Louis XVI à Versailles puis aux Tuileries en 1789; aliénés en 1795; Anc. coll. Philip Sassoon; vente Christie's, Londres, 26 novembre 1919, lot 146; anc. coll. Seligmann; Achat 2020, grâce au legs de madame Jeanne Heymann.

瓶底有塞弗尔皇家瓷器厂蓝色花饰皇冠下双“L”交叉标志，字母“CC”指代1780年。有安托万-约瑟夫·沙皮伊（Antoine Joseph Chappuis）和镀金师亨利·马丁·普雷沃（Henri Martin Prévost）标志。

这两件“狮首瓶”瓶身瘦长，瓶底为圆形高足，置于方形底座之上。档案资料显示，瓶身上为镶嵌画图案。瓶身两侧靠上位置有粗金框围起来的长方形开光，一面开光绘有中国鸟，另一面则是中国风景画。每只瓷瓶上的两处留白之间被两只狮首隔开，狮首同样为陶瓷质地，通体金饰。每只瓷瓶均配有叶饰瓷质瓶耳，通体金饰，以模仿铜镀金的效果。瓶盖上有松果形瓶钮。

这两件瓷瓶由路易十六在1780年凡尔赛宫国王套间内举行的售卖会上购买，与前一对“花园瓶”同属一套。这四件瓶由国王在1780年凡尔赛宫国王套间内举行的售卖会上以4800里弗尔的价格购入。两件“狮首瓶”表明，路易十六在塞弗尔皇家瓷器厂定制的艺术品有着极高的质量：出自迪普莱西（Dupiessis）之手的形制空前绝后，瓶身上的装饰也极其精美，由沙皮伊绘制，普雷沃镀金。画中的鸟和风景与“花园瓶”上十分相似，两对瓷瓶均有沙皮伊的标志。此外，保存于塞弗尔档案馆的画作登记簿上，1780年6月13日下有这样一则描述：“沙皮伊-两件狮首瓶，绘有地面上的中国鸟和中国风景-已阅。”证明瓶身上的画作确实出自沙皮伊之手。

路易十六将四只瓷瓶买下后，便放在他在凡尔赛宫的大卧室内，分别放在两座相对而立的壁炉之上，瓶上的瓷质狮首与壁炉上的铜镀金狮首相得益彰。在法国大革命时期，皇室成员于1789年10月6日出走，不久后，瓷瓶便从凡尔赛宫移至杜伊勒里宫。

这两件独一无二的瓷瓶体现出18世纪70年代末和80年代初塞弗尔瓷器厂硬坯上上佳的装饰质量，以及国王对中国纹饰的热衷。

（玛丽-洛尔·德·罗什布吕纳）

Ces deux vases "à têtes de lion", au profil très élancé, reposent sur des piédouches circulaires, placés sur des bases carrées. Ils sont revêtus d'un fond dit mosaïque dans les archives. De chaque côté des vases, à la partie supérieure de la panse, ont été ménagées des réserves rectangulaires, cernées d'un épais filet d'or dans lesquelles ont été peintes sur une face des oiseaux chinois et, sur l'autre face, des paysages chinois.
Sur chaque vase, les réserves sont séparées par deux mufles de lion, également façonnés en porcelaine et entièrement dorés. Chaque vase est doté d'anses feuillagées en porcelaine, entièrement dorées qui simulent le bronze doré. Les couvercles sont sommés d'une prise en forme de pomme de pin.
Ces deux vases furent achetés par Louis XVI, lors des ventes qui se déroulèrent à Versailles en décembre 1780, dans son appartement intérieur. Ils étaient alors associés à deux autres vases, dits "jardin" dans les documents qui font l'objet de la notice précédente. Les quatre pièces furent acquises par le Roi pour 4800 livres, lors des ventes qui se déroulèrent à Versailles en décembre 1780, dans son appartement intérieur. Les vases "à têtes de lion" illustrent magnifiquement la qualité inouïe des objets commandés par Louis XVI à la manufacture royale de porcelaine de Sèvres à la fois en ce qui concerne leur forme inédite et jamais répétée, due à Duplessis, et leur décor d'un extrême raffinement. Ils ont été peints par Antoine Joseph Chappuis et dorés par Henri Martin Prévost l'aîné. En effet, les oiseaux et les paysages présentent de grandes similitudes avec ceux qui ornent les vases "jardin", revêtus de sa marque. Par ailleurs, le registre des *Travaux des peintres*, conservé aux Archives de Sèvres, porte à la date du 13 juin 1780 la mention suivante: "Chappuis- 2 Vases à testes de lyon oiseaux Chinois sur terrasses et Paysages en Chinois- Vu" qui confirme qu'il en est bien l'auteur.
Après leur achat, les quatre vases furent placés dans la grande chambre de Louis XIV, à Versailles, sur les deux cheminées qui se font face, les têtes de lions en porcelaine s'assortissant aux mufles de lions en bronze doré de celles-ci. À l'époque révolutionnaire, ils furent sans doute transférés de Versailles aux Tuileries peu après le départ de la famille royale, le 6 octobre 1789.
Ces deux pièces uniques témoignent de l'extrême qualité des décors exécutés sur pâte dure à Sèvres, à la fin des années 1770 et au début de la décennie suivante, et du goût profond du Roi pour les décors chinois[1].
(Marie-Laure de Rochebrune)

1 Marie-Laure de Rochebrune (sous la direction de), *La Chine à Versailles. Art et diplomatie au XVIIIe siècle*, Paris, Somogy, 2014, p. 231 et cat. 87, p. 244-245 (notice de Vincent Bastien)

150

天青色描金双人耳高足瓶

1781年
尼古拉·施拉德勒、亨利–弗朗索瓦·樊尚
塞弗尔皇家瓷器厂
高50.5厘米　长22厘米　宽20厘米
凡尔赛宫与特里亚农宫国家博物馆藏
流传经历：阿黛拉伊德夫人旧藏，至1784年；1793年存于杜伊勒里宫；1794年存于家具保管府；杜瓦扬旧藏；1826年3月6日至11日由贝尔东在巴黎出售，编号66；克莱因伯爵旧藏，1869年1月19日至20日由皮耶在巴黎德鲁奥拍卖行第3厅出售，编号18；奥本海姆旧藏，1974年1月17日在伦敦苏富比拍卖行出售，编号41；敦卡尔夫旧藏，1986年6月6日在哈罗盖特坦南特拍卖行出售，编号101；德拉盖斯科–克拉默伊森旧藏于巴黎；特藏，由于贝尔·德·纪梵希先生在1994年通过凡尔赛之友协会捐赠

Vase chinois de milieu à fond lapis

1781
Nicolas Schradre (actif de 1773-1785), Henry-François Vincent (doreur actif de 1753 à 1806)
Porcelaine dure, Manufacture royale de porcelaine de Sèvres
H.: 50.5 cm; L.: 22 cm; Pr..: 20 cm
Marque de la manufacture en or aux deux *L* entrelacées sous une couronne; 2000 pour le doreur Henry-François Vincent
Musée national des châteaux de Versailles et de Trianon
Historique: anc. coll. de Madame Adélaïde jusqu'en 1784; aux Tuileries en 1793; au Garde-Meuble en 1794; anc. coll. Doyen, sa vente, maître Berton, Paris, 6-11 mars 1826, lot 66; anc. coll. du comte Klein, vente maître Pillet, Paris, hôtel Drouot, salle 3, 19-20 janvier 1869, lot 18; anc. coll. Oppenheim, vente, Sotheby's, Londres, 17 janvier 1974, lot 41; anc. coll. Duncalfe, sa vente, Tennant's, Harrogate, 6 juin 1986, lot 101; anc. coll. Dragesco-Cramoisan, Paris; coll. part. Don de monsieur Hubert de Givenchy par l'intermédiaire de la Société des Amis de Versailles en 1994.

瓶底有塞弗尔皇家瓷器厂金色皇冠下双"L"交叉标志，金色2000指代镀金师亨利-弗朗索瓦·樊尚（Henry-François Vincent）。

这件瓷瓶制作于1781年，原本是五件套瓷瓶里摆放在中间的一件，所有瓷瓶均为模仿青金石的蓝色底色。与其成套的一对天青色两侧"中国瓶"（图1）和两件蛋形"天鹅瓶"（图2）均于11月20日入窑烧制，其作者是极具天赋的镀金师樊尚，底色由尼古拉·施拉德勒（Nicolas Schradre，活跃于1753～1806年）添加，同样由两人制作的中间"中国瓶"，即本展品则于12月10日入窑。

阿黛拉伊德夫人（Madame Adélaïde）于1783年7月29日以2400里弗尔的价格购买了整套瓷器："一件天青色中国瓶，480里弗尔；两件天青色中国瓶，720里弗尔；两件中国天鹅瓶，1200里弗尔。"这五件瓷瓶很可能短暂地用于装饰阿黛拉伊德夫人在凡尔赛宫的套间，因为她不久后就于1784年5月25日用这套瓷瓶交换了其他瓷瓶。两件"天鹅瓶"很可能与三件"中国瓶"分道扬镳。中间的"中国瓶"和被称为"鳕鱼头锥形瓶"的两侧瓶组成了新的三件套，售价1200里弗尔，很可能于1787年10月6日出售给了一位无名氏。

这套三件套出现在了杜伊勒里宫1793年2月的财产清册里："48 – 两件蛋形'lisbet'式瓶颈瓷瓶，天青色；49 – 一件相同形制但稍大一些的瓷瓶，天青色，中式阳伞形瓶盖。"这套瓷瓶由地理学家芒泰勒（Mentelle）保管于卢浮宫，随后于1793年8月30日转移至皇室娱乐事务总管处，又于1794年2月移交给家具保管府："2512/39 – 两件蛋形'lisbet'式瓶颈瓷瓶，天青色，龙形瓶耳，口衔镀金环/48；2513/40 –一件相同形制但稍大一些的瓷瓶，中式阳伞形瓶盖，天青色瓶钮，瓶耳为突出的金色中国官员形象，圆形凸出钮已破损/49。"这三件瓷瓶几经交换或出售，最终于1826年3月出现在杜瓦扬先生的拍卖会上。

普罗旺斯伯爵（Comte de Provence）也拥有一套相似的黄色底色配中国风景画的瓷瓶，由让-雅克·迪厄（Jean-Jacques Dieu）绘制于1780年，现保存于多伦多加德纳陶瓷博物馆。（樊尚·巴斯蒂安）

图1
天青色描金双兽首耳高足瓶（一对，两侧者）
1781年
尼古拉·施拉德勒、亨利-弗朗索瓦·樊尚
硬瓷，塞弗尔皇家瓷器厂
英国，皇家收藏

Fig. 1
Paire de vases chinois de côté
1781
Nicolas Schradre, Henry-François Vincent
porcelaine dure, manufacture royale de porcelaine de Sèvres
Royaume-Uni, Royal Collection, inv. RCIN 4962.1-2.

图2
天青色描金芦苇纹带盖“天鹅瓶”（一对）
1781年
尼古拉·施拉德勒、亨利-弗朗索瓦·樊尚
硬瓷，塞弗尔皇家瓷器厂
英国，皇家收藏

Fig. 2
Paire de vases « cygnes à roseau en buire»
1781
Nicolas Schradre, Henry-François Vincent
porcelaine dure, manufacture royale de porcelaine de Sèvres
Royaume-Uni, Royal Collection, inv. RCIN 4965.1-2.

Réalisé en 1781, ce vase constituE l'élément central d'une garniture composée à l'origine de cinq pièces qui se caractérisent par un fond bleu imitant le lapis-lazuli. La paire de « vases chinois des côtés lapis (fig. 1) » et les deux « vases cygnes forme en oeuf » (fig. 2), enfournés le 20 novembre, furent élaborés par le talentueux doreur Vincent sur un fond apposé par Schradre, comme le « vase chinois de milieu » passé au four le 10 décembre.

Madame Adélaïde acheta l'ensemble 2 400 livres, le 29 juillet 1783: « un vase chinois, lapis à 480 livres, deux vases chinois lapis pour 720 livres et deux vases chinois cygnes pour 1 200 livres ». Ces cinq vases meublèrent probablement de manière éphémère ses appartements de Versailles, car la princesse les échangea contre d'autres le 25 mai 1784. Il semble que la paire de vases cygnes fut alors séparée des trois « vases chinois ». Le vase chinois de milieu et ses vases de côté, dits « cornets à têtes de morues », formèrent un nouvel ensemble, à 1 200 livres, qui pourrait être celui vendu à un anonyme le 6 octobre 1787.

On retrouve la garniture inventoriée aux Tuileries en février 1793: « 48 – Deux autres vases forme en œuf col lisbet, fond lapis-lazuli; 49 – Un vase plus grand même forme fond lapis le couvercle en forme de parasol chinois. » C'est le géographe Mentelle qui en reçut la garde au Louvre, avant qu'ils ne fussent transférés aux Menus-Plaisirs le 30 août 1793, puis au Garde-Meuble en février 1794: « 2512/39 – Deux autres vases forme en œuf col lisbet fond lapis-lazuli les anses en forme de dragons avec anneaux dorés/48; 2513/40 – Un vase plus grand même forme le couvercle forme parasol chinois avec sa houppe fond lapis les anses représentant des mandarins rehaussés d'or boutons cassés/49. » Échangés ou vendus, les trois vases réapparaîtront dans la vente de feu monsieur Doyen en mars 1826.

Le comte de Provence posséda une garniture semblable à fond jaune et à paysages chinois peints par Jean-Jacques Dieu en 1780, conservée au Gardiner Museum, à Toronto.

(Vincent Bastien)

151

彩陶天蓝地开光花果图潘趣酒碗

1753年
万塞讷皇家瓷器工厂
高16.4厘米　径33.7厘米
凡尔赛宫与特里亚农宫国家博物馆藏
流传经历：路易十五和路易十六旧藏；大革命时期拍卖；霍顿庄园查姆利–沙逊（英国）旧藏；2011年在毕马威（KPMG）赞助下购得

Jatte à punch du service de Louis XV à fond « bleu céleste » et à décor de fleurs et de fruits

1753
Manufacture royale de porcelaine de Vincennes
H.: 16.4 cm; D.: 33.7 cm
Porcelaine tendre, Marques peintes en bleu: marque aux deux *L* entrelacées; lettre-date *A* pour 1753-1754; trois points; pas de marque de peintre, ni de doreur.
Musée national des châteaux de Versailles et de Trianon
Historique: anc. coll. de Louis XV et de Louis XVI; ventes révolutionnaires. Anc. coll. Cholmondeley-Sassoon à Houghton Hall (Angleterre); Acquise en 2011 grâce au mécénat de la société KPMG.

碗底有蓝色标记，分别为：两个交叉的“L”标记；标示日期（1753～1754年）的字母“A”；三个圆点。无画家或镀金师的标记。

此潘趣酒碗形状为一圆形大碗，外壁有三个长椭圆开光，内绘花果图案。开光突出于天蓝（或称绿松石蓝）底之上，这是1753年为制作这套餐具专门调配的底色。开光的轮廓由花卉和小圆点组成的一道精美镀金花边勾勒。这道镀金花边原本用来遮盖瓷器的白底和彩色底的连接处，但它的奢华和精致使它也成为餐具的重要装饰元素。

在同时期的文献中，天蓝（bleu céleste）一词指的是覆盖这只碗大部分的绿松石蓝底色。这个词在18世纪暗含着对中国的崇敬，当时欧洲人往往称中国为“天朝”（Empire céleste）。与此同时，中国生产精美的绿松石釉单色瓷，很受法国藏家的追捧，人们很可能是为了模仿中国瓷器而创造出了这种底色。

1753年12月24日，路易十五订购的首批餐具交付时提到了这只潘趣酒碗。整套餐具其余部分共计1749件，分别于1754年12月和1755年12月交付路易十五。

1753年，潘趣酒碗是法国陶瓷器中新出现的器物。事实上，尽管18世纪30年代的中国瓷器和迈森瓷器中已出现潘趣酒碗，但在法国瓷器或金银器中却不见它的踪影。万塞讷工厂生产的潘趣酒碗一开始配有一个陶瓷研钵，用来研磨为潘趣酒调香的香料。与凡尔赛宫这只碗配套的研钵现保存在英国的鲍顿庄园。潘趣酒源自英国，18世纪下半叶在法国尤为流行。它是用茶、柠檬、糖以及西印度群岛的朗姆酒调制而成的。

万塞讷工厂的领导人们似乎在1751年就决定为路易十五制作一大套瓷餐具，但直到1753年才开始生产，因为直到这一年，科学院院士、化学家让·埃洛（Jean Hellot）才研制出天蓝底色。这套餐具数量巨大，一是因为法餐所需餐盘碗碟甚多，二是为了满足用瓷器装点餐桌的爱好。1755年交付的最后一批餐具的素胎或上釉陶瓷器上有超过1000种装饰元素。餐具数量之所以如此巨大，也是为了与萨克森的迈森工厂生产的大套餐具竞争，特别是它在1738～1740年间为布吕尔伯爵（comte de Brühl）生产的那套超过2000件的餐具。

1748年受聘于万塞讷工厂的铜器工匠让–克劳德–尚贝朗·迪普莱西（Jean-Claude Chambellon Duplessis，1699～1774年）负责设计各类餐具的式样。他绘制的58张餐具图样至今仍保存在塞弗尔皇家瓷器厂档案馆。

迪普莱西为第一批餐具设计了盐瓶、芥末罐、黄油碟、调味汁杯、沙拉碗、油壶、罐子及托盘、前菜碟、烤肉碟等。他为最后一批甜品和水果餐具设计了九种高脚盘，以及糖罐、奶酪碟、冰淇凌杯，当然也包括潘趣酒碗。1753年生产的这只潘趣酒碗和配套的研钵被路易十五以1000里弗尔高价购入，它们由此成为这套餐具中紧随油壶和罐子之后最昂贵的两件。

（玛丽–洛尔·德·罗什布吕纳）

Epousant la forme d'un grand bol circulaire, la jatte à punch est ornée sur la paroi extérieure de trois grandes réserves oblongues, contenant des fleurs et des fruits. Les réserves se détachent sur un fond "bleu céleste" ou bleu turquoise, une couleur de fond mise au point spécialement en 1753 pour l'exécution du service. Elles sont cernées d'une riche dorure comportant des guirlandes de fleurs et une frise de sequins d'un grand raffinement. Cette dorure joue ici son rôle initial qui est de cacher la jonction entre le fond blanc de la porcelaine et le fond de couleur. Mais, par sa somptuosité et sa qualité, elle constitue aussi un élément essentiel du décor de ce service.
Le terme "bleu céleste", utilisé dans les documents contemporains pour désigner la couleur de fond bleu turquoise qui recouvre en grande partie la pièce, constituait au XVIIIe siècle un hommage implicite à la Chine, appelée bien souvent l'Empire céleste par les Européens. Par ailleurs, à cette époque, la Chine produisait de magnifiques porcelaines monochromes, revêtues d'une couverte bleu turquoise, très prisées des grands amateurs français que l'on chercha sans doute à imiter en créant ce fond de couleur
Cette jatte à punch est mentionnée dans la première livraison du service de table ordonné par Louis XV, à la date du 24 décembre 1753. Le reste du service, qui comportait au total 1749 pièces, fut livré à Louis XV en décembre 1754 et en décembre 1755.
En 1753, la jatte à punch était une pièce nouvelle dans la porcelaine française. En effet, si l'on en connaissait déjà des exemplaires, dans les années 1730, en porcelaine de Chine ou en porcelaine de Meissen, il n'en existait ni dans la céramique ni dans l'orfèvrerie française. A la manufacture de Vincennes, les jattes à punch furent, dès l'origine, accompagnées d'un mortier en porcelaine dans lequel on pilait les épices destinées à parfumer le punch. Celui qui accompagnait à l'origine la jatte du château de Versailles est conservé aujourd'hui en Angleterre, à Boughton House. Le punch, dont la mode venait d'Angleterre, connut une vogue exceptionnelle en France dans la seconde moitié du XVIIIe siècle. Il était alors fabriqué avec du thé, du citron, du sucre et bien entendu du rhum venu des îles à sucre des Antilles.
Il semble que la décision de fabriquer un grand service de table en porcelaine pour Louis XV ait été prise dès 1751 par les dirigeants de la manufacture de Vincennes. Mais, la fabrication ne commença qu'en 1753 car le fond "bleu céleste" ne fut mis en œuvre qu'à partir de cette année-là par le chimiste Jean Hellot, membre de l'académie des Sciences. Le nombre considérable de pièces qui composaient le service était justifié par les exigences du service à la française, qui nécessitait une vaisselle très abondante, et par le goût pour les décors de table en porcelaine. En effet, plus de mille éléments de décor, en biscuit ou en porcelaine émaillée, figuraient dans la dernière livraison de 1755. Le nombre important de pièces était aussi justifié par une volonté de rivaliser avec les grands services exécutés à la manufacture de Meissen, en Saxe, notamment avec celui du comte de Brühl, exécuté entre 1738 et 1740, qui comportait plus de 2000 pièces.
C'est au bronzier Jean-Claude Duplessis (1699-1774), embauché en 1748 à la manufacture de Vincennes, que l'on confia le soin de dessiner les modèles des différentes pièces du service. Les 58 dessins qu'il réalisa et qui servirent au façonnage des pièces sont encore conservés aujourd'hui aux Archives de la manufacture nationale de Sèvres.
Pour les premiers services, Duplessis créa les modèles des salières, des moutardiers, des beurriers, des saucières, des saladiers, des pots à oille, des terrines et de leurs plateaux, des plats d'entrées ou à rôts...
Pour le dernier service dit du dessert ou du fruit, Duplessis dessina neuf types de compotiers, mais aussi des sucriers, des fromagers, des tasses à glace et bien sur des jattes à punch. La jatte à punch et le mortier de 1753 furent achetés par Louis XV pour la somme considérable de 1000 livres, ce qui en faisait deux des objets les plus coûteux du service, après les pots à oille et les terrines.
(Marie-Laure de Rochebrune)

fig: 38

152

瓷器制造及贸易图册（选一）

清，18世纪
绢本设色
纵40厘米　横37厘米
法国国家图书馆藏
流传经历：由梅尔兰收购于1806年

Album sur la fabrication et le commerce de la porcelaine

Dynaties des Qing, XVIIIe siècle
Peinture sur soie
H.: 40 cm; L.: 37 cm
Bibliothèque nationale de France
Historique: Acquisition Merlin, 1806

这幅画描绘了一个中国瓷器商人的店铺，坐在柜台后，商人面对着两位中国买家。作品摘自一部包含50幅绢本画的精美图册，在中国绘制完成，表现的是中国瓷器的制造和贸易景象。

图册中的绘画原本是每两幅背靠背裱在一起，这也是18世纪中国图册的惯常做法，如今则改为单独装订。目前的外部封面为欧洲修复后的产物，彩锦面，底色为黄色，上有龙、蝴蝶、牡丹和花茎图案，衬页上的绸饰也很容易令人联想到皇家书籍的装帧。原始装帧应该是使用了中国特有的保护方式，即使用丝绸和纸张的双层封面，外部包裹硬壳。图册从梅尔兰书店购入，于1806年进入法国国家图书馆。一同收购的还有另外三部作品，其中一本以茶为主要内容，具有相同的装帧，书中有耶稣会的水印。

这本图册并非来自在广州采购并引进大量图集的欧洲商人之手，他们的图集通常绘于纸上，以描绘中国人的行当与职业为主，而这本图谱则更可能来自耶稣会士。图册上的图画精良，丝绸精美，使用的颜料质量上乘，充分体现了一位受过专业训练的画师高超的技巧，他很可能是誊抄或者取材于同时代的其他范本，甚至包括皇家保存的卷轴。图册以1696年康熙皇帝下令制作的一部关于水稻种植和养蚕的著名图册（《康熙御制耕织图》）形制为例，同样呈现了一种产品——也就是瓷器制作的每一个步骤。还有一幅画描绘的是一间工坊，上面飘扬着朝廷机构内务府的旗帜，内务府就掌管着大名鼎鼎的景德镇御窑厂。这些图画还描绘了一个极其珍贵的场景，那就是欧洲人在广州店铺采购商品的景象。

由于资料不足，无法确定这本图册当时的归属。它之所以被寄往法国，很可能要归功于它的科学价值。图画中用墨水书写的零星字母表明应该有说明性文字的存在，只是如今已难觅其迹。众所周知，贝尔坦（Bertin）大臣一直十分关注中国的瓷器和与中国的贸易往来，他也拥有一本同类型的图谱，是耶稣会神父钱德明（Joseph-Marie Amiot）寄送给他的。

（娜塔莉·莫内和安妮·塞西尔·苏里索）

Cette peinture représente la boutique d’un marchand de porcelaine chinois, assis derrière son comptoir, face à deux acheteurs chinois. Elle appartient à un très bel album de cinquante peintures sur soie, exécuté en Chine et montrant la fabrication puis la commercialisation de la porcelaine chinoise. Les peintures sont actuellement montées individuellement sur onglet alors qu’elles devaient se succéder contrecollées dos à dos, comme dans les albums chinois du XVIIIe siècle. L’actuelle couverture extérieure, refaite en Europe, est un brocard de soie multicolore à motifs de dragons, papillons, pivoines et branches florales sur fond jaune, et les pages de garde sont garnies d’une soie qui rappelle également celle des livres impériaux. Ces soieries ont probablement été récupérées de volumes d’origine, qui devaient être, à la manière chinoise, protégés par une couverture de soie doublée de papier et une enveloppe rigide extérieure. L’album, entré à la Bibliothèque en 1806, fut acheté au libraire Merlin ainsi que trois autres dont un ouvrage sur le thé, au montage identique, dans lequel on trouve le filigrane de la Société de Jésus.

Cet album n’est pas issu du circuit des commerçants européens qui faisaient leurs achats à Guangzhou et importaient de nombreux albums, plus souvent peints sur papier, représentant les métiers et occupations des Chinois mais semble plutôt provenir des jésuites. La réussite picturale de l’œuvre et la qualité des pigments utilisés sur une fine soie montrent la technique parfaitement maîtrisée d’un peintre aguerri qui a vraisemblablement recopié ou s’est inspiré de modèles contemporains, peut-être même de rouleaux conservés à la cour impériale. L’œuvre, sur le modèle d’un célèbre album des travaux de riziculture et de sériciculture commandé par l’empereur Kangxi en 1696, présente, comme ce dernier, toutes les étapes de fabrication d’un produit, ici celle de la porcelaine. Une autre planche représente un atelier au-dessus duquel flotte une oriflamme au nom de l’organe de la Maison impériale, le Neiwufu, qui contrôlait notamment la célèbre manufacture de Jingdezhen. Cette série d’images offre aussi une inestimable représentation de la manière dont les Européens s’approvisionnaient aux comptoirs de Guangzhou.

Faute d’indices, il n’a pas été possible de déterminer à qui cet album était destiné. Il a toute chance d’avoir été envoyé en France pour son intérêt scientifique. En effet, des lettres à l’encre disséminées dans les images indiquent l’existence de légendes qui manquent aujourd’hui. Le ministre Bertin, dont on sait qu’il était à la fois intéressé par la porcelaine et le commerce avec la Chine, possédait un album du même type que lui envoya le père jésuite Amiot.

(Nathalie Monnet et Anne-Cécile Sourisseau)

153

弗朗索瓦丝·德·罗什舒阿尔像

1663年前
亨利·博布兰和夏尔·博布兰
布面油画
纵81.5厘米　横63.5厘米
凡尔赛宫与特里亚农宫国家博物馆藏
流传经历：旧藏；1833年入藏凡尔赛宫

Portrait de Françoise de Rochechouart

En 1663
Henri Beaubrun (1603-1677) et Charles Beaubrun (1604-1692)
Huile sur toile
H.: 81.5 cm; L.: 63.5 cm
Musée national des châteaux de Versailles et de Trianon
Historique: ancienne collection; entré à Versailles en 1833.

油画上方的说明文字点出画中人身份——弗朗索瓦丝·德·罗什舒阿尔，其全名弗朗索瓦丝-阿泰纳伊斯·德·罗什舒阿尔·德·莫特马尔（Portrait de Françoise-Athénaïs de Rochechouart de Mortemart, 1640～1707年）。画中的她正处在1663年结婚前风华正茂的年纪。她金色的头发、湛蓝的眼睛、绛色的嘴唇和优美的轮廓都适逢其时得到完美呈现。圣西蒙公爵（duc de Saint-Simon）称她“美若天仙”，赛维涅夫人（Mme de Sévigné）则称她是“能征服各国使节的美人”。除了夺目的美貌，她还拥有敏锐的头脑，随时用来对付自己的竞争对手。她与路易十四的恋情也反映了她这种反差而专横的性格。这段恋情充满了危机，时而中断，时而又更加热烈地反弹。

画中，年轻女子身着带有精美刺绣的红裙，袖口饰蕾丝花边，系红色丝带。袒露的胸口围着薄纱，在肩膀处打结，中间以一颗钻石装点，这是她身上除珍珠项链外唯一的首饰。她的发饰则使用了裙子同一种红色的羽毛。

此作品可能是“博布兰所作镶八角画框、高2.5尺的孟德斯潘夫人肖像”。国王对女性肖像的爱好众所周知。在他的大藏品厅即后来的金银丝工艺品厅中，有36幅公主和宫廷贵妇肖像，皆是亨利·博布兰（Henri Beaubrun, 1603~1677年）和夏尔·博布兰（Charles Beaubrun, 1604~1692年）兄弟在国王要求下创作的。这组画也是当时全欧洲所谓“美人厅”或“美人廊”风潮的一部分。

孟德斯潘侯爵夫人的名字联系着路易十四统治时期最辉煌、最奢华的一段岁月。她与国王的关系从1667年持续到1678年，期间生育了七八个孩子，其中六个得到合法身份。弗朗索瓦丝·德·罗什舒阿尔19岁时作为玛丽-泰蕾兹（Marie-Thérèse）王后的女侍进入宫廷。1663年，她嫁给了孟德斯潘侯爵（Marquis de Montespan）亨利·德·帕尔达扬·德·贡德兰（Henry de Pardaillan de Gondrin）。后者从一开始就反对这段婚外情，被迫流亡。侯爵夫人本人也于1691年离开宫廷。

孟德斯潘夫人和国王都爱好音乐，她在支持和提拔米歇尔·朗贝尔（Michel Lambert）、米歇尔-里夏尔·德拉朗德（Michel-Richard Delalande）等优秀作曲家方面起到了不可忽视的作用。她也参与了凡尔赛宫的美化。作为1668年7月至1674年7月期间各种盛大宴会的主导者，她对凡尔赛这块地方产生浓厚兴趣，设计了妙趣横生的马雷小树林，并由园艺师安德烈·勒诺特尔（André Le Nôtre）具体实施。1670年，路易十四委托建筑师路易·勒沃（Louis Le Vau）为她修建了第一座特里亚农宫，一座具有宝塔式屋顶和青花瓷墙壁的中国风奇妙建筑。主楼外立面有五扇门窗，周围有四座小馆。墙壁和栏杆贴着法国和荷兰生产的瓷砖；屋顶装饰着陶瓷瓶、描绘得惟妙惟肖的禽鸟和爱神。内部中央大厅饰有蓝白壁板，“依中国器物的方式加工”。家具也“仿照瓷器涂上蓝白相间的清漆”。花园里栽种着珍稀植物，与建筑一样别出心裁，富丽堂皇。

（贝亚特丽斯·萨拉赞）

FRANÇOISE · DE ROCHECHOVART

« *Françoise. de Rochechouart* », comme l'indique l'inscription en haut du tableau, est représentée dans la fleur de l'âge avant son mariage en 1663. Ses cheveux blonds, ses yeux bleus azur, ses lèvres carmin, ses dents parfaites et sa silhouette furent célébrés en son temps. Ainsi, le duc de Saint-Simon la qualifie de « belle comme le jour », et Mme de Sévigné de « triomphante beauté à faire admirer aux ambassadeurs.» À sa beauté éclatante s'ajoutait un esprit vif et acéré qu'elle n'hésitât pas exercer en particulier contre ses rivales. Son caractère contrasté et impérieux se retrouva également dans sa relation amoureuse avec Louis XIV, faite de crises, d'interruptions et de rebonds encore plus passionnés.

La jeune femme est ici vêtue d'une robe rouge, finement brodée, avec des manchettes de dentelles terminées par un ruban rouge. Une légère étoffe fixée sur son décolleté et nouée aux épaules est ajustée au centre par un diamant, seul bijou en dehors de son collier de perles. Une plume du même rouge orne sa coiffure.

Cette œuvre correspond sans doute au « portrait de Madame de Montespan, sur châssis octogone, hault de 2 pieds 1/2, par Beaubrun.» On connait le goût du roi pour les portraits de femmes. Dans son extraordinaire Grand Cabinet, devenu Cabinet des filigranes, figuraient trente-six portraits de princesses et de dames de la cour auxquelles le roi avait demandé de se faire peindre par les Beaubrun. Un tel ensemble participait à l'engouement qui animait toute l'Europe pour les cabinets ou galeries dites des Beautés.

Le nom de la marquise de Montespan est associé à l'une des plus brillantes et fastueuses périodes du règne de Louis XIV. La relation qu'elle entretint avec le roi dura de 1667 à 1678, et Athénaïs donna le jour à sept ou huit enfants, dont six furent légitimés. Née en 1640, Françoise dite Athénaïs de Rochechouart de Mortemart arriva à la cour à l'âge de dix-neuf ans comme dame d'honneur de la reine Marie-Thérèse. Elle épousa Henry de Pardaillan de Gondrin, marquis de Montespan en 1663. Désapprouvant dès le début cette relation doublement adultère, celui-ci fut contraint à l'exil. La marquise elle-même quitta la cour en 1691.

Madame de Montespan partageait avec le roi le goût pour la musique et joua un rôle non négligeable dans le soutien et la reconnaissance de compositeurs talentueux, à l'instar de Michel Lambert ou Michel-Richard Delalande. Elle contribua aussi aux embellissements de Versailles. Reine des grandes fêtes de juillet 1668 et de juillet 1674, elle prit goût au lieu qu'elle marqua de son empreinte en dessinant l'un des plus fantaisistes bosquets, celui du Marais, exécuté par le jardinier André Le Nôtre. Ce fut pour elle que Louis XIV confia en 1670 à l'architecte Louis Le Vau la construction du premier Trianon, fabuleuse chinoiserie avec un toit en pagode et des murs de faïence blanc et bleu. Le pavillon central, avec cinq baies en façade, était entouré de quatre pavillons plus petits. Des carreaux de faïence, de provenance française et hollandaise, recouvraient les murs et les balustrades; les toitures étaient elles-mêmes ornées de vases de faïences, d'oiseaux peints au naturel, et d'amours. À l'intérieur, les murs du salon central étaient décorés de stucs blancs et bleus, « travaillé[s] à la manière des ouvrages qui viennent de la Chine ». Le mobilier était également « peint et vernis de bleu et blanc façon de pourcelaine ». Les jardins faits de plantations rares étaient à l'égal des bâtiments inventifs et magnifiques.

(Béatrice Sarrazin)

154

特里亚农瓷宫朝向庭院一侧的景象

约1670～1680年
小威廉·斯威德
铜版画
纵38.5厘米　横49厘米
凡尔赛宫与特里亚农宫国家博物馆藏

Le Trianon de porcelaine côté cour

Vers 1670-1680
Willem Swidde le Jeune (1661-1697)
Eau-forte
H.: 38.5 cm; L.: 49 cm
Musée national des châteaux de Versailles et de Trianon

这幅由德莱皮纳（Delespine）出版的版画展现了路易·勒沃（Louis Le Vau）1670年在凡尔赛宫边缘地带建造的珍贵中式宫殿，它是路易十四和孟德斯潘夫人（Madame de Montespan）幽会的地方。瓷宫建于庭院和花园之间，原址为一座早在中世纪就已闻名遐迩的村庄。瓷宫有一圆形前院和凸折的两翼，每翼各有两座内设膳食服务的小馆，圣西蒙（Saint-Simon）也因此把整体建筑形容成“去吃点心的瓷屋”。城堡里有两间卧室，后面紧接着一个房间，“附带凸出的笼舍和一个藏衣室”，不过国王实际上从未在这座乡间城堡过夜。这些套房围绕朝向花园的前厅和客厅分布。右侧是狄安娜卧室，左侧是“爱人”卧室，两个卧室都有张“超乎寻常”的大床。瓷宫内部装饰有出自皮埃尔·马泽林（Pierre Mazeline）之手的仿大理石蓝白壁板，有皮埃尔·戈勒（Pierre Gole）制作的涂有清漆和“乳香脂”、镶嵌象牙的家具，有挂毯商勒鲁（Le Roux）生产的金色和蓝色交织的中国花卉图案的丝织品。瓷宫外表同样华丽，通身贴满蓝白相间的陶瓷，尤其是高高的复折屋顶，其上饰有花瓶、孩童和动物，令人联想到中国建筑，但在构思上则十分法国。外墙装饰有几尊半身像。代尔夫特、圣克卢、纳韦尔、鲁昂、利雪的所有工厂都为瓷宫提供“中式”青花“瓷”装饰，甚至花园中的花盆也不例外。瓷宫本身的建筑十分脆弱，且饱受17世纪严寒的摧残，当国王不再宠爱孟德斯潘夫人之后，它的寿命也到了尽头。它在1687年被拆毁，取而代之的是儒勒·阿尔杜安-芒萨尔（Jules Hardouin-Mansart）设计的特里亚农大理石宫。

（杰雷米·伯努瓦）

Cette gravure, éditée par Delespine, montre le précieux château de style chinois, construit en 1670 par Louis Le Vau, aux confins du domaine de Versailles, pour abriter les amours de Louis XIV et de madame de Montespan. Édifié entre cour et jardin à l'emplacement d'un village connu depuis le Moyen Âge (*Triasnum*), il possédait une avant-cour circulaire et deux ailes en retour, formées chacune de deux petits pavillons abritant les services de la bouche, ce qui autorisa Saint-Simon à qualifier l'ensemble de « maison de porcelaine pour aller faire des collations ». En effet, jamais le roi ne dormit dans ce château de campagne, qui pourtant disposait de deux chambres que suivait un cabinet « où est joint une volière en saillie et une garde-robe ». Ces appartements encadraient un vestibule et un salon donnant sur les jardins. À droite se trouvait la chambre de Diane, à gauche celle des Amours, toutes deux avec de grands lits jugés « extraordinaires ». Orné de panneaux de stuc peint en bleu et blanc dus à Pierre Mazeline, de meubles de vernis et « masticq », d'ivoire, livrés par Pierre Gole, de soieries semées de fleurs chinoises à compartiments or et bleu, du tapissier Le Roux, l'intérieur ne le cédait en rien à l'extérieur, entièrement couvert de faïences bleu et blanc, particulièrement le haut comble brisé, orné de vases, d'enfants et d'animaux, qui évoquait l'architecture chinoise, bien française cependant dans sa conception. Des bustes scandaient la façade. Toutes les manufactures, de Delft, de Saint-Cloud, de Nevers, de Rouen, de Lisieux, avaient fourni ces décors de « pourceleine » bleu et blanc « en façon de Chine », qui couvraient jusqu'aux vases des jardins. Aussi le château fut-il très vite appelé « Trianon de pourceleine ». Outre qu'il était très fragile et subissait les rigueurs des rudes hivers du XVIIe siècle, il ne survécut pas au désamour du roi pour la marquise de Montespan. Il fut détruit et remplacé en 1687 par le Trianon de marbre, œuvre de Jules Hardouin-Mansart.
(Jérémie Benoit)

155

特里亚农瓷宫朝向花园一侧的景象

约1670～1680年
亚当·佩雷勒
铜版画
纵24.7厘米　横33.9厘米
凡尔赛宫与特里亚农宫国家博物馆藏

Le Trianon de porcelaine côté jardin

Vers 1670-1680
Adam Perelle (1638-1695)
Eau-forte
H.: 24.7 cm; L.: 33.9 cm
Musée national des châteaux de Versailles et de Trianon

特里亚农瓷宫多以庭院一侧景象示人，而由老尼古拉·德·波瓦依（Nicolas de Poilly l'Ancien，1626～1696年）出版的这幅版画则揭示了它相当少见的另一面。

朝向花园一侧的外墙和朝向庭院一侧的外墙区别微乎其微。两侧均为单层，开高大门窗洞，上方有壁柱支撑的三角楣，但花园一侧外墙上装饰的是花瓶，而非半身像。最令人称道的是它华丽的屋顶，通体铺设蓝白色陶瓷。屋顶仿佛雕镂着花边，它是铁饰生产商德洛贝尔（Delobel）的杰作。朝向庭院一侧的最前面两座小馆也是同样的风格，它们离宫殿主体很远，从花园那里就能看见。

在版画上，我们可以清楚地看到上下两层花圃和两侧棚架长廊的起始部分。花木呈曲线图案的花圃边缘镶满鲜花，仿中国瓷器的蓝色栽培箱里栽种着橘树，花园因此而显得奢华。园里的香气如此浓郁，以至于如曼特农夫人（Madame de Maintenon）1689年所写的那样，“大部分人皆因香气过浓而感到不适”。特里亚农宫于1687年重建，但其花园的奢华并未改变。

（杰雷米·伯努瓦）

Éditée par Nicolas de Poilly l'Ancien (1626-1696), cette gravure révèle une vue assez rare du premier château de Trianon, plus volontiers montré côté cour.

La façade sur jardin ne variait pas sensiblement de la façade sur cour. Toutes deux, à un seul étage percé de larges baies, étaient surmontées d'un fronton triangulaire supporté par des pilastres, mais des vases remplaçaient les bustes sur les murs du jardin. Le bâtiment valait surtout par l'extrême richesse de sa toiture, entièrement couverte de plombs de faïences. Elle était comme ciselée d'une dentelle, œuvre du ferronnier Delobel. De même style étaient les deux premiers pavillons donnant sur la cour, assez écartés du château pour qu'on les vît bien du jardin.

Sur la gravure, on distingue nettement parterres haut et bas, et le commencement des galeries de treillages, de part et d'autre. Les parterres en broderies, bordés de plates-bandes fleuries, et tous les orangers plantés dans des caisses bleues imitant la porcelaine de Chine conféraient aux jardins un certain luxe. Surtout, les odeurs étaient si intenses que, comme l'écrit madame de Maintenon en 1689, « la plupart des hommes et des femmes se trouvent mal, de l'excès de parfums ». Le luxe jardinier de Trianon n'avait pas changé avec la reconstruction du château en 1687. (Jérémie Benoit)

156

特里亚农瓷宫花园平面图

约1670～1680年
佚名法国作者
纸本钢笔及水彩画
纵48.5厘米　横36厘米
凡尔赛宫与特里亚农宫国家博物馆藏
流传经历：吉罗迪先生1936年捐赠

Plan du jardin du Trianon de porcelaine

Vers 1670-1680
Anonyme français
Plume et aquarelle sur papier
H.: 48.5 cm; L.: 36 cm
Musée national des châteaux de Versailles et de Trianon
Historique: don de monsieur Girodie en 1936

这幅图标示了特里亚农瓷宫的确切位置及其花园的布局，1687年特里亚农宫重建时，花园几乎未变。图上左侧是俯瞰大运河北侧支流的马蹄铁形水池；接着是高处的平底水池，如今它已扩充为一个更大的水池；再接着是低层花圃，中间为八角形水池；靠近宫殿的是高层花圃，带有两个圆形水池；特里亚农瓷宫的主体建筑坐落在庭院和花园之间，伴有凸出的两翼小馆，面向双庭院（这种设计已经预示了马尔利宫的平面布局）；建筑两边由两个小水池围绕，左侧水池在重建时消失，取而代之的是膳房庭院，右侧水池保留了下来，成为今日国王花园的一部分。

花园由长长的棚架长廊装点，右侧长廊面对双瀑布，是在1682～1683年后修的，在当时十分有名。再往下，另一个棚架长廊坐落在如今的柯泰尔画廊的位置。它通往整间都由陶瓷装饰的香气室，据《风流信使》杂志1686年的报道，路易十四曾领暹罗使节前往，这些暹罗使节“很喜欢那里的香气，并赞赏利用鲜花来使自己满身芬芳的做法”。特里亚农宫花园由勒诺特尔（Le Nôtre）的侄子米歇尔・勒布特（Michel III Le Bouteux）设计，堪称花卉的收藏园，园中花盆里种着晚香玉、百合、郁金香、水仙、茉莉、“银莲花和仙客来”，可随心更换，在同类花园里独树一帜，宫殿也因此有了“花宫”的美誉，如费力比安（Félibien）所写，它“冬天开工，春天建成，仿佛是花园里的花朵陪伴着它，直到开放”。

（杰雷米・伯努瓦）

Ce dessin donne l'implantation exacte du premier château de Trianon et le tracé de ses jardins, qui ne varièrent guère lors de la reconstruction du Trianon de marbre en 1687. On reconnaît, à gauche, le bassin du Fer à cheval surplombant le bras nord du Grand Canal, puis, en haut, le Plat-Fond, aujourd'hui constitué d'un plus vaste bassin, que suivent le parterre bas, ponctué d'un bassin octogonal, et, situé près du château, le parterre haut, avec ses deux bassins circulaires. Formé d'un corps de bâtiment placé entre cour et jardin, le Trianon de porcelaine, encadré de petits pavillons en retour sur une double cour – disposition qui anticipait le plan du château de Marly –, était environné de deux petits bassins, Celui de gauche a disparu lors de la reconstruction, la cour des Offices ayant pris sa place. Seul celui de droite subsiste, compris dans l'actuel jardin du Roi.

De longues galeries en treillage ornaient ces jardins, celle de droite étant accompagnée d'une double cascade en vis-à-vis, célèbre en son temps, construite ultérieurement en 1682-1683. Plus bas, un autre treillage était situé à l'emplacement de l'actuelle galerie des Cotelle. Il conduisait au cabinet des Parfums, entièrement orné de faïences, où Louis XIV mena les ambassadeurs du Siam qui, rapporte le *Mercure galant* de novembre 1686, « aiment fort les odeurs et admirèrent la manière de parfumer avec des fleurs ». En effet, jardins de collection florale plantée dans des pots qu'on pouvait changer à volonté, avec tubéreuses, lis, tulipes, jonquilles, jasmins, « ennemones et siclamens», les jardins de Trianon, dus à un neveu de Le Nôtre, Michel III Le Bouteux, étaient uniques en leur genre, et conférèrent au domaine son surnom de palais de Flore, car, écrit Félibien, « n'ayant esté commencé qu'à la fin de l'hyver, il se trouva fait au printemps comme s'il fust sorty de fleurs des jardins qui l'accompagnent».

(Jérémie Benoit)

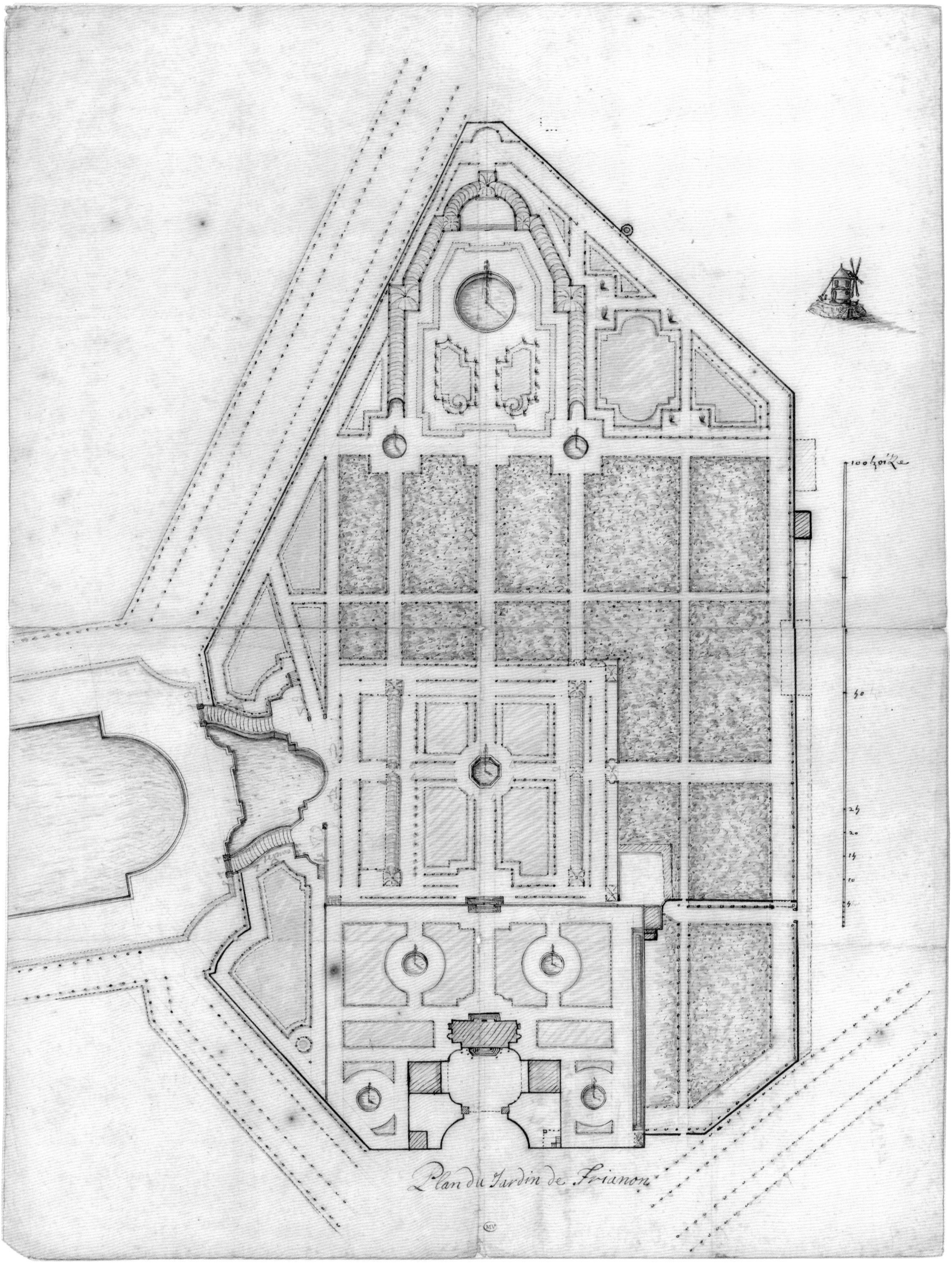
Plan du Jardin de Trianon

157

陶瓷残片（12块）

17世纪
被认为产自纳韦尔或鲁昂（前11件）以及代尔夫特（第12件）
螺旋式把手残片：高19厘米
中国人物图残片：长2.5厘米　宽2.5厘米
花卉纹花盆边沿残片：长20厘米　宽15厘米
小鸟纹花盆底残片：高11厘米　宽11厘米
怪面纹把手残片：长10厘米　宽15厘米
树枝纹残片：长14厘米　宽12厘米
神兽纹残片：长12厘米　宽8.5厘米
中国人物图残片：长7厘米　宽5厘米
水浪草叶纹残片：长10厘米　宽7厘米
山石残片：长7厘米　宽7厘米
风景残片：长11厘米　宽9厘米
中国人物图残片：长13厘米　宽9厘米
凡尔赛宫与特里亚农宫国家博物馆藏

Douze tessons

Faïence, XVIIe siècle
Attribués à Nevers ou Rouen (1 à 11) et Delft (12)
1-Anse torsadée, décor à la bougie, H.: 19 cm
2-Fragment, tête de chinois, H.: 2.5 cm; L.: 2.5 cm
3-Bord de pot à plante, H.: 20 cm; L.: 15 cm
4-Fond de pot à plante avec oiseau, H.: 11 cm; L.: 11 cm
5-Anse en forme de mascaron, H.: 10 cm; L.: 15 cm
6-Fragment, branchages, H.: 14 cm; L.: 12 cm
7-Fragment, animal fantastique, H.: 12 cm; L.: 8.5 cm
8-Fragment, personnage chinois, H.: 7 cm; L.: 5 cm
9-Fragment, vague et feuillage, H.: 10 cm; L.: 7 cm
10-Fragment, nuages, H.: 7 cm; L.: 7 cm
11-Fragment, paysage animé, H.: 11 cm; L.: 9 cm
12-Fragment, chinois avec une gourde, H.: 13 cm; L.: 9 cm
Musée national des châteaux de Versailles et de Trianon

这些陶瓷残片出土于凡尔赛宫花园，主要是在大特里亚农大理石宫考古发掘时发现的，上面的蓝白装饰图案与17世纪进口到欧洲的中国瓷器图案十分相似，欧洲瓷器制造商从后者那里汲取了大量灵感。

阿尼克·海茨曼（Annick Heitzmann）认为这些残片来自破碎陶瓷花盆，1687年特里亚农瓷宫废墟上兴建大特里亚农大理石宫时，翻动的泥土里存在大量此类陶瓷花盆。这座珍贵的瓷宫由路易·勒沃（Louis Le Vau）在1670年修建，灵感来自中国以及约翰·尼霍夫（Jean Nieuhoff）1665年著作里所描绘的那座著名的南京琉璃宝塔。斯威德（Swidde）的一幅版画里出现过用来在花园里栽种植物的带螺旋把手的大花盆。

1665年国王宅邸账目中记载了购买用来“放置凡尔赛茉莉花”的纳韦尔产陶瓷花盆的款项，这表明早在勒沃的工程开始之前，这些陶瓷花盆就已经是路易十四花园装饰不可或缺的一部分了。后来，在1670年和1671年，特里亚农宫的账目上又先后出现向德·圣-艾蒂安（de Saint-Étienne）和陶器商勒迈尔（Le Maire）支付其所提供花盆的款项。

（安妮·塞西尔·苏里索）

Ces tessons, retrouvés dans le parc du château de Versailles, essentiellement dans des fouilles réalisées autour du Grand Trianon de marbre, montrent des décors bleus et blancs très proches de ceux des porcelaines de Chine importées en Europe au XVIIe siècle, dont se sont largement inspirées les faïenceries européennes.
Annick Heitzmann pense qu'ils proviennent des pots cassés qui abondaient dans les terres remuées pour la construction du Grand Trianon de marbre en 1687 sur les ruines du Trianon de porcelaine. Ce précieux château, construit par Le Vau en 1670, était inspiré de la Chine et de la célèbre tour de porcelaine de Nankin, représentée dans l'ouvrage de Jean Nieuhoff en 1665. Une estampe de Swidde montre la présence de grands pots à anses torses, destinés à recevoir des plantes dans le jardin.
Les comptes des Bâtiments du roi en 1665, avec le paiement de pots de faïence de Nevers « pour mettre les jasmins qui sont à Versailles », attestent que ceux-ci faisaient déjà partie intégrante de la décoration des jardins de Louis XIV avant même la construction de Le Vau. On retrouve plus tard en 1670 et 1671, cette fois à Trianon, paiement à monsieur de Saint-Étienne puis à monsieur Le Maire, fayencier, à compte des vases qu'il a fournis.
(Anne-Cécile Sourisseau)

158

玛丽·莱什琴斯卡王后像

1748年
让-马克·纳蒂埃
布面油画
纵139厘米　横107厘米
凡尔赛宫与特里亚农宫国家博物馆藏
流传经历：受王后玛丽·莱什琴斯卡委托，纳蒂埃于1748年在凡尔赛宫创作；1748年沙龙上展出，编号44；王室收藏；19世纪初进入卢浮宫博物馆藏品清单；1827年在凡尔赛宫被提及；1836年寄存于凡尔赛奥什中学，该学校前身是王后创办的乌尔苏拉修道院；1908年起在凡尔赛宫展出

Marie Leszczyńska, reine de France

1748
Jean-Marc Nattier (1685-1766)
Huile sur toile
H.: 139 cm; L.: 107 cm
Musée national des châteaux de Versailles et de Trianon
Historique: Commandé par la reine Marie Leszczyńska et peint à Versailles par Nattier en 1748; exposé au Salon de 1748, n° 44; collections de la Couronne; sur les inventaires du musée du Louvre au début du XIXe siècle; cité à Versailles en 1827; déposé en 1836 au lycée Hoche de Versailles, ancien couvent des Ursulines fondé par la Reine; exposé au château de Versailles depuis 1908.

玛丽·莱什琴斯卡（Marie Leszczyńska，1703～1768年）45岁时委托让-马克·纳蒂埃（Jean-Marc Nattier，1685～1766年）为其创作了这幅肖像，王后很喜欢画家之前为她的女儿们，即亨丽埃特（Henriette）、维克图瓦（Victoire）、阿黛拉伊德（Adélaïde）、苏菲（Sophie）和路易丝（Louise）诸夫人创作的肖像。玛丽·卡特琳娜·托凯（Marie Catherine Tocqué，本姓纳蒂埃）在回忆父亲时写道："夫人们的肖像大受王后青睐，她决定让这位有幸完成这些肖像的画家也开始为她本人创作肖像。"

王后不希望自己在画中按照宫廷肖像的套路着盛装，而是穿便服出现：红色天鹅绒连衣裙，貂皮镶边，蕾丝袖口和领口。王后以虔诚著称，她的头上裹着黑色薄纱头巾，外罩白色凸花花边便帽，手放在《圣经》（第9章，233节）上；她的脖子上戴着代表圣约翰-内波米塞纳（Jean-Népomucène）的颈饰，她非常崇拜这位圣徒。尽管王后做出了要求，但画中的许多元素还是表明了她的王室成员身份，如精致的耳环和珍珠项链、饰有百合花的扶手椅，以及背景中专属于盛装肖像的帷幔和壁柱。

这幅作品在1748年沙龙中展出，因画中人朴素的服装而尤为引人关注，但它最出众之处，在于它"酷肖本人，且构图简洁"。正如皮埃尔·德·诺拉克（Pierre de Nolhac）后来指出的那样，和谐的色调、细腻的笔触、身体裸露部分与服装面料的逼真以及一位炉火纯青的艺术家对技艺的牢牢掌控造就了一个"充满灵性的微笑着的形象"。

这幅作品创作完成的前一年，路易十五的王后在她的私人套房中心布置了她的第一个"中国厅"，厅内贴着中国风图案的"印度壁纸"。王后对中国的喜爱由来已久，1729年，王太子出生时，国王送给她一套饮茶、可可和咖啡的器具，其中有好几件都是来自中国的瓷器。两只茶杯和茶托均按当时的习惯镶嵌了镀金银附件。王后支持耶稣会传教士，正是他们提供了大量与中国相关的知识。她个人还资助杨德望（Étienne Yang）和高类思（Aloÿs Ko）到法国完成学业。

玛丽·莱什琴斯卡王后通过她对建筑空间的布置表达对中国的喜爱，在法国宫廷内外推广和传播中国风。

（格威诺拉·菲尔曼）

Marie Leszczyńska avait quarante-cinq ans lorsqu'elle commanda son portrait à Jean-Marc Nattier, dont les effigies de ses filles, Mesdames Henriette, Victoire, Adélaïde, Sophie et Louise, l'avaient déjà charmée. Marie Catherine Tocqué, née Nattier, rapporta dans le mémoire qu'elle consacra à son père: « Ces portraits de Mesdames furent si honorablement accueillis par la reine qu'ils la décidèrent à faire commencer le sien par le peintre qui avait eu l'honneur de les faire. »

Pour sa propre effigie, la souveraine souhaita apparaître, non pas vêtue d'un habit de grand corps, comme l'exigeaient les codes du portrait de cour, mais en habit de ville: une robe de velours rouge bordée de martre, terminée aux manches et au décolleté par une bordure de dentelle. La tête couverte d'une mantille de tulle noir sur un bonnet de guipure blanche, la reine, réputée pour sa dévotion, pose la main sur les *Saintes Écritures (chap. IX, 233)*; elle porte autour du cou un médaillon représentant saint Jean-Népomucène, auquel elle vouait un culte privilégié. Malgré ses prescriptions, bien des éléments rappellent sa royale condition: la très riche parure de boucles d'oreilles et le collier de perles, le fauteuil orné de fleurs de lys, ainsi que, à l'arrière-plan, les draperies et les pilastres propres aux effigies d'apparat.

Le tableau fut exposé au Salon de 1748. Remarqué pour la modestie du costume, on le distingua surtout « pour son heureuse ressemblance, [et] la simplicité de la composition ». Ses tons harmonieux, la délicatesse de la touche, le rendu des chairs et des étoffes, la sûreté du métier d'un artiste en pleine possession de son art avaient produit, comme le soulignerait plus tard Pierre de Nolhac, une « image spirituelle et souriante. »

L'année précédant l'exécution de cette œuvre, l'épouse de Louis XV avait fait aménager, au cœur de ses appartements privés, son premier Cabinet chinois, tendu de papier « des Indes » aux motifs évocateurs de la Chine. Le goût de la souveraine pour le Céleste Empire était alors déjà ancien; en 1729, à l'occasion de la naissance du Dauphin, le roi lui avait offert un nécessaire à thé, chocolat et café, dont plusieurs pièces en porcelaine provenaient de Chine. Selon l'usage de l'époque, deux tasses et leurs soucoupes furent agrémentées d'une monture en argent doré. La reine soutenait les missionnaires jésuites, grands pourvoyeurs de connaissances sur le Pays du Milieu; elle finança sur sa cassette personnelle la mission d'Étienne Yang et Aloÿs Ko, deux jeunes séminaristes venus parfaire leur éducation en France.

Par ses aménagements architecturaux et sa sinophilie, Marie Leszczyńska promut et diffusa le goût chinois à la cour et en France.

(Gwenola Firmin)

159

玛丽·莱什琴斯卡王后的“中国人厅”油画（5幅）

1761年
玛丽·莱什琴斯卡、亨利-菲利普-邦·科克雷、让-马夏尔·弗雷杜、让-菲利普·德·拉罗什、让-路易·普雷沃，由艾蒂安·若拉主持
布面油画
凡尔赛宫与特里亚农宫国家博物馆藏

Le Cabinet des Chinois d'une reine polonaise à la cour de France

1761
Marie Leszczyńska (1703-1768), Henri-Philippe-Bon Coqueret (1735-1807), Jean-Martial Frédou (1710-1795), Jean-Philippe de La Roche (vers 1710-1767), Jean-Louis Prévost (1760-1810), sous la direction d'Étienne Jeaurat (1699-1789)
Huile sur toile
Musée national des châteaux de Versailles et de Trianon

1747年，玛丽·莱什琴斯卡（Marie Leszczyńska）命人在其私人套房中央的“实验室”厅内布置了一间“中国厅”。1761年，她又决定以一套油画替换“中国厅”，并将其更名为“中国人厅”。这套油画由国王藏品厅的五位画家绘制，他们分别是亨利-菲利普-邦·科克雷（Henri-Philippe-Bon Coqueret，1735～1807年）、让-马夏尔·弗雷杜（Jean-Martial Frédou，1710～1795年）、让-菲利普·德·拉罗什（Jean-Philippe de La Roche，约1710～1767年）、让-路易·普雷沃（Jean-Louis Prévost，1760～1810年）和艾蒂安·若拉（d' Étienne Jeaurat，1699～1789年），除此之外还有非专业画家王后本人。公主的朗读侍女康庞夫人（Madame de Campan）淡化了王后作为艺术家的作用：“（王后）只画些衣褶和微不足道的陪衬部分。”

这些油画体现了皇室对中国风的喜爱，它们呈现出的是中国秀丽的风景，灵感来自游历中国之人的文集。画中特别描绘了茶叶的制备场景、耶稣会士向中国人布道的场景，还有南京市集的景象。画中的建筑、服装和风景描绘得十分细致，鸟瞰的视角则取法中国绘画。

王后于1768年6月24日去世。她在遗嘱中将“中国人厅”赠给自己的女官诺瓦耶伯爵夫人（Comtesse de Noailles），嘱咐她“出于对她的爱”将这些油画一直保管下去。这间小房间的装饰品中还包括萨克森和东方的瓷器，以及几件漆器，其中一部分从服饰用品商人拉扎尔·迪沃（Lazare Duvaux）在巴黎的店铺购入。

接受遗赠的花费极大，因此诺瓦耶家族就房间的木构件和镜子主张了索赔。这位女官接收了房间内的家具之后，“中国人厅”的原貌得以保留。为了安置“中国人厅”，特意在巴黎的诺瓦耶-穆西公馆建造了一处楼阁。19世纪，油画从巴黎转移到了位于瓦兹的诺瓦耶城堡，“中国人厅”则一直由诺瓦耶伯爵夫人的后代保有，直至2018年被凡尔赛宫博物馆购得。

（格威诺拉·菲尔曼）

En 1747, Marie Leszczyńska fit installer un Cabinet chinois dans son Laboratoire, au cœur de son appartement intérieur. Dès 1761, elle décida de le remplacer par un ensemble de toiles dit cette fois Cabinet des Chinois. Les tableaux furent exécutés par cinq peintres du Cabinet du roi, Henri-Philippe-Bon Coqueret (1735-1807), Jean-Martial Frédou (1710-1795), Jean-Philippe de La Roche (vers 1710-1767), Jean-Louis Prévost (1760-1810) et d'Étienne Jeaurat (1699-1789), ainsi que par la Reine, peintre à ses heures. Le témoignage de madame Campan, lectrice de Mesdames, minimise toutefois l'implication de la royale artiste: « [La reine] ne s'était réservé que les draperies et les petits accessoires. »
Ces toiles révèlent le goût chinois de la souveraine. Elles montrent une Chine pittoresque, inspirée des recueils de voyageurs au pays de Cathay. On y découvre notamment la préparation du thé, on y évoque l'évangélisation des Chinois par les jésuites, on y montre une foire à Nankin. Architectures, costumes et paysages y sont décrits avec minutie; la perspective à vue d'oiseau s'inspire de la peinture chinoise.
La souveraine mourut le 24 juin 1768. Par testament, elle avait légué le Cabinet des Chinois à sa dame d'honneur, la comtesse de Noailles, la priant de conserver ces peintures « par amour d'elle ».
La décoration de cette petite pièce comprenait également des porcelaines de Saxe et d'Extrême-Orient ainsi que des objets en laque dont certains provenaient d'achats réalisés à Paris dans la boutique du mercier Lazare Duvaux.
L'acceptation du legs entraîna de fortes dépenses; c'est pourquoi les Noailles demandèrent par dédommagement les boiseries et les miroirs de la pièce. Ayant également reçu les meubles qui la garnissaient, la dame d'honneur put ainsi rétablir le Cabinet dans son état originel. Pour l'accueillir, on construisit un pavillon dans le parc de l'hôtel de Noailles-Mouchy, à Paris. Au XIXe siècle, les toiles passèrent de la capitale au château des Noailles, situé dans l'Oise. Le Cabinet des Chinois demeura chez les descendants de madame de Noailles jusqu'à son acquisition par le château de Versailles en 2018.
(Gwenola Firmin)

159-1

南京市集

1761年
玛丽·莱什琴斯卡、亨利-菲利普-邦·科克雷、让-马夏尔·弗雷杜、让-菲利普·德·拉罗什、让-路易·普雷沃，由艾蒂安·若拉主持
布面油画
纵70.2厘米　横92.2厘米
凡尔赛宫与特里亚农宫国家博物馆藏

La Foire de Nankin

1761
Marie Leszczyńska (1703-1768), Henri-Philippe-Bon Coqueret (1735-1807), Jean-Martial Frédou (1710-1795), Jean-Philippe de La Roche (vers 1710-1767), Jean-Louis Prévost (1760-1810), sous la direction d'Étienne Jeaurat (1699-1789)
Huile sur toile
H.: 70.2 cm; L.: 92.2 cm
Musée national des châteaux de Versailles et de Trianon

159-2

打包货物的商贩及交谈的耶稣会士和官员

1761年
玛丽·莱什琴斯卡、亨利–菲利普–邦·科克雷、让–马夏尔·弗雷杜、让–菲利普·德·拉罗什、让–路易·普雷沃，由艾蒂安·若拉主持
布面油画
纵280厘米　横167厘米
凡尔赛宫与特里亚农宫国家博物馆藏

Des Marchands faisant des ballots, un jésuite et un mandarin conversant ensemble

1761
Marie Leszczyńska (1703-1768), Henri-Philippe-Bon Coqueret (1735-1807), Jean-Martial Frédou (1710-1795), Jean-Philippe de La Roche (vers 1710-1767), Jean-Louis Prévost (1760-1810), sous la direction d'Étienne Jeaurat (1699-1789)
Huile sur toile
H.: 280 cm; L.: 167 cm
Musée national des châteaux de Versailles et de Trianon

159-3

走下货船的奴隶和抽烟喝茶的中国人

1761年
玛丽·莱什琴斯卡、亨利–菲利普–邦·科克雷、让–马夏尔·弗雷杜、让–菲利普·德·拉罗什、让–路易·普雷沃，由艾蒂安·若拉主持
布面油画
纵279厘米　横168厘米
凡尔赛宫与特里亚农宫国家博物馆藏

Des esclaves descendant une barque de marchandises et plusieurs Chinois fumant et prenant le thé

1761
Marie Leszczyńska (1703-1768), Henri-Philippe-Bon Coqueret (1735-1807), Jean-Martial Frédou (1710-1795), Jean-Philippe de La Roche (vers 1710-1767), Jean-Louis Prévost (1760-1810), sous la direction d'Étienne Jeaurat (1699-1789)
Huile sur toile
H.: 279 cm; L.: 168 cm
Musée national des châteaux de Versailles et de Trianon

159-4

一名中国人向大人物作揖

1761年
玛丽·莱什琴斯卡、亨利-菲利普-邦·科克雷、让-马夏尔·弗雷杜、让-菲利普·德·拉罗什、让-路易·普雷沃，由艾蒂安·若拉主持
布面油画
纵279厘米　横97.8厘米
凡尔赛宫与特里亚农宫国家博物馆藏

Un Chinois s'inclinant devant un grand seigneur

1761
Marie Leszczyńska (1703-1768), Henri-Philippe-Bon Coqueret (1735-1807), Jean-Martial Frédou (1710-1795), Jean-Philippe de La Roche (vers 1710-1767), Jean-Louis Prévost (1760-1810), sous la direction d'Étienne Jeaurat (1699-1789)
Huile sur toile
H.: 279 cm; L.: 97.8 cm
Musée national des châteaux de Versailles et de Trianon

159-5

制备茶叶的中国人

1761年
玛丽·莱什琴斯卡、亨利–菲利普–邦·科克雷、让–马夏尔·弗雷杜、让–菲利普·德·拉罗什、让–路易·普雷沃，由艾蒂安·若拉主持
布面油画
纵279厘米　横97.7厘米
凡尔赛宫与特里亚农宫国家博物馆藏

Des Chinois préparant le thé

1761
Marie Leszczyńska (1703-1768), Henri-Philippe-Bon Coqueret (1735-1807), Jean-Martial Frédou (1710-1795), Jean-Philippe de La Roche (vers 1710-1767), Jean-Louis Prévost (1760-1810), sous la direction d'Étienne Jeaurat (1699-1789)
Huile sur toile
H.: 279 cm; L.: 97.7 cm
Musée national des châteaux de Versailles et de Trianon

160

圣方济各·沙勿略乘船抵达中国

约1753年
约瑟夫–马里·维恩
布面油画
纵96.4厘米　横79.1厘米
凡尔赛宫与特里亚农宫国家博物馆藏
流传经历：玛丽·莱什琴斯卡于1753年为“中国厅”定制；1761年布置第二个“中国人厅”时移走；画家安德烈·吉鲁收藏；画家将其赠送给里勒–亚当的圣马丁教堂；2003年寄存于凡尔赛宫

Saint François-Xavier arrivant sur un vaisseau à la Chine

Vers 1753
Joseph-Marie Vien (1716-1809)
Huile sur toile
H.: 96.4 cm; L.: 79.1 cm
Musée national des châteaux de Versailles et de Trianon
Historique: commandé en 1753 pour le Cabinet chinois de Marie Leszczyńska; déplacé en 1761 lors de l'aménagement du second Cabinet des Chinois; collection du peintre André Giroux; offert par ce dernier à l'église Saint-Martin de l'Isle Adam; dépôt au château de Versailles, 2003.

1753年2月21日，国王建筑总监旺迪埃尔先生（Monsieur de Vandières），即后来的马里尼侯爵（Marquis de Marigny），写信给皇家绘画与雕塑学院秘书莱皮西耶（Lépicié）。王后“迫切”需要两块门头饰板来装点自己带壁板和壁龛的一个厅，它位于王后华丽套房的大藏品厅后面。一幅画要表现“圣多马向印第安人布道”（下落不明），另一幅则要表现圣方济各·沙勿略（Saint François–Xavier, 1505 ~ 1552年）“乘船抵达中国”。王后“想在画之前先过目”，要求看草图。在旺迪埃尔侯爵不在场的情况下，约瑟夫–马里·维恩（Joseph–Marie Vien，1716 ~ 1809年）把最初的草稿交给了国王油画藏品厅总管雅克·安德烈·波尔塔伊（Jacques André Portail）。

王后希望稍微修改一下维恩的初稿，于是，1753年3月1日，国王建筑总监向莱皮西耶传达了新的指示。他写道：“王后觉得两幅画的构图略显拥挤，特别是圣方济各·沙勿略抵达中国那幅。王后希望在背景画上一小段地平线，暗示船只来自远方；圣人不应该穿披风，而应该在长袍外套上宽袖白色法衣；有的画家会画上圣带，不过可有可无；但要体现这位圣人的生命力。王后还注意到画中主要人物的脚没有画。她设想最好是表现他已经下船或者正在下船，眼睛往高处看，手伸向天空，做出感恩的动作，感恩得以顺利抵达，从而有机会实现自己的虔诚意图。画面前景的主要人物大小应该适中，应该在18 ~ 20法寸之间。”另外，人物“目的地……描绘得很不清楚，应尽可能让主题鲜明，且充满智慧和纯朴”。

玛丽·莱什琴斯卡（Marie Leszczy ń ska）对圣方济各·沙勿略尤为崇敬，她去世后的遗物清单显示，她拥有圣人的一件遗物。这位伟大的传教士是耶稣会创始人之一，最早致力于向日本人传教，但日本人拒绝皈依一种中国尚未接受的宗教。沙勿略于是乘船前往中国，最终只到达广州附近海域的上川岛（属台山市）便离开人世。

首个“中国厅”诞生于1747年，里面贴着绘有花鸟图案的“印度壁纸”，即中国壁纸。这幅油画完成后立即被安装在了门头饰板上。

（格威诺拉·菲尔曼）

Le 21 février 1753, Monsieur de Vandières, futur marquis de Marigny, directeur des Bâtiments du roi, écrivait à Lépicié, secrétaire de l'Académie royale de peinture et de sculpture. La reine demandait « avec tout l'empressement possible » deux dessus-de-porte destinés à son cabinet à pans et à niches, situé à l'arrière du Grand cabinet de son appartement d'apparat. L'un représenterait « *Saint Thomas en apôtre prêchant les Indiens* » (non localisé), l'autre, saint François-Xavier (1505-1552) « *arrivant sur un vaisseau à la Chine.* » La souveraine, « voulant les voir avant que les tableaux soient peints », exigeait qu'on lui en présentât les esquisses. En l'absence du marquis de Vandières, Joseph-Marie Vien (1716-1809) fit parvenir ses premiers dessins à Jacques André Portail, garde général du Cabinet des tableaux du Roi.

La reine voulut qu'on modifiât légèrement le premier projet de Vien; aussi le directeur des Bâtiments transmettait-il, le 1er mars 1753, de nouvelles instructions à Lépicié. « La reine », écrivait-il, « a trouvé que la composition des deux tableaux est un peu trop serrée, notamment celui qui représente l'arrivée de St François Xavier à la Chine; S. M. désire qu'on aperçoive dans le fonds du tableau, une petite partie d'horizon qui indique que le vaisseau vient de loin. Le saint ne doit point avoir de manteau, il luy faut mettre un surplis par-dessus sa robe; quelques auteurs lui ont mis une étole, la chose est arbitraire;

néantmoins, il seroit bon de voir la vie de ce saint. Sa Majesté à aussy observé qu'il est désagréable de voir la principale figure de ce tableau sans pieds. Elle imagine qu'il conviendroit mieux de la représenter descendue ou descendant du vaisseau, élevant les yeux et les mains vers le ciel en actions de grâce d'être arrivée à bon port, pour l'exécution de ses pieux desseins. Les principales figures sur le premier plan du devant du tableau seront d'une grandeur convenable en leur donnant 18 à 20 pouces de proportion », par surcroît, il fallait conférer au sujet « toute la sagesse et toute la fraîcheur possible, le lieu de leur destination étant [...] très mal éclairé. »

Marie Leszczyńska portait une dévotion particulière à saint François-Xavier, dont elle possédait une relique, comme l'indique son inventaire après-décès. Ce grand missionnaire, un des fondateurs de la Compagnie de Jésus, s'attacha d'abord à convertir les Japonais qui refusèrent une religion que la Chine n'avait pas adoptée. Le saint, nommé en mandarin Sha Wulue, s'embarqua alors pour l'Empire du Milieu, dont il ne vit que l'île de Sanxian où il mourut, au large de Guangzhou.

Le premier Cabinet chinois, créé en 1747, était tendu de « papier peint des Indes » – c'est-à-dire de la Chine –, orné de fleurs et d'oiseaux. Le tableau terminé y prit bientôt place, en dessus-de-porte. (Gwenola Firmin)

161

中国风焰火表演场所立面图

1730～1751年
宫廷娱乐活动工坊
纸本铅笔、钢笔及灰色水彩画
纵43.9厘米　横68.3厘米
法国国家档案馆藏
流传经历：莱韦克收藏，1752年；王室档案馆，1835年；国家档案馆，1848年

Décor dans le goût chinois pour feu d'artifice

1730-1751
Atelier des Menus-Plaisirs du roi
Dessin à la plume, à l'encre noire et au lavis gris avec des traces de pierre noire
H.: 43.9 cm; L.: 68.3 cm
Paris, Archives Nationales
Historique: Collection Levesque, 1752; Archives de la Couronne, 1835; Archives nationales, 1848.

这张图所属的一套四张大型图纸属于宫廷娱乐活动用品库总管安托万-安热利克·莱韦克（Antoine-Angélique Lévesque）。这是一张横向展开的立面图，中间是一个庄重的入口，前有楼梯，两边为拱廊组成的对称两翼，拱廊尽头是亭子，令人想起路易十五时代凡尔赛宫举办灯会和焰火表演时搭建的临时建筑。

装饰体现出强烈的洛可可风格，棕榈和女性化形象在其中占有重要位置，由此推断其年代应在路易十五御用金匠朱斯特-奥雷勒·梅索尼耶（Juste-Aurèle Meissonnier）活跃时期之后，塞巴斯蒂安·安托万·斯洛德兹（Sébastien Antoine Slodtz）和保罗·昂布瓦斯·斯洛德兹（Paul Ambroise Slodtz）兄弟活跃期间。

这个项目的特别之处在于借用了东方元素，一些手里拿着或撑着遮阳伞的怪人坐在大象身上、台座上或挑檐上，并让其中一人俯瞰整座建筑。这个项目可能出自斯洛德兹兄弟的合作者之手，如皮埃尔-若斯·佩罗（Pierre-Josse Perrot）。它若实现，无疑会是凡尔赛宫有史以来最宏大的中国风装饰项目。

（杰罗姆·德拉戈尔斯）

Ce dessin fait partie d'une série de quatre grandes feuilles ayant appartenu à Antoine-Angélique Lévesque, garde général des magasins des Menus-Plaisirs du roi. Il représente un projet d'élévation se déployant en largeur, avec au centre, une entrée solennelle, précédée d'un escalier et encadrée symétriquement de deux ailes formées d'arcades et terminées par des pavillons et qui rappelle celle qu'adoptaient sous Louis XV les constructions éphémères chargées d'accueillir à Versailles les illuminations et les feux d'artifices.

L'ornementation témoigne d'un style rocaille épanoui qu'il convient de situer juste après la période d'activité de l'orfèvre du Roi Louis XV, Juste-Aurèle Meissonnier, et pendant celle des frères Sébastien Antoine et Paul Ambroise Slodtz, en raison de l'importance accordée aux palmes et aux figures de termes féminines.

Ce projet, qui se distingue par ses références à l'Extrême-Orient, notables dans les magots qui tiennent ou supportent des parasols, assis sur des éléphants, des piédestaux et une corniche, laissant à l'un de leurs semblables dominer l'édifice, pourrait donc être de la main d'un collaborateur des deux frères Slodtz, comme Pierre-Josse Perrot. Si cette décoration avait vu le jour, elle eût été sans conteste la plus vaste jamais réalisée à Versailles dans le goût chinois. (Jérôme de La Gorce.)

162

蒙梭公园中国风旋转椅细节图

18世纪晚期
让–雅克·勒科
纸本钢笔画
纵34.9厘米　横44.8厘米
法国国家图书馆铜版画与照片部藏

Détails du jeu de bague chinois à le Monceau

Fin du XVIIIe siècle
Jean-Jacques Lequeu (1757-1825 ?)
Dessin à la plume
H.: 34.9 cm; H.: 44.8 cm
Monogramme de Lequeu: JLQ
Bibliothèque nationale de France, département Estampes et photographie

这幅画为我们提供了关于夏尔特尔游乐场内中国风旋转椅的若干详细信息，游乐场由卡尔蒙泰尔（Carmontelle）在1775年建于蒙梭。这座旋转椅应该是让–雅克·勒科（Jean-Jacques Lequeu，1757～约1825年）为贝尔坦（Bertin）大臣在沙图堡内修建的旋转椅的参考原形。贝尔坦是一位十分内行的中国爱好者，他于1762年买下沙图堡，并在咨询过苏弗洛（Soufflot）后命人在1779～1780年对城堡进行改造。贝尔坦在城堡的花园内设立了一座中式亭。中式亭因勒科用钢笔和水墨绘制的设计图而为人所知，图名为《中式亭顶饰图》。

在本幅勒科的图上可以看到旋转椅的中轴上有中国人像，上方是一顶遮阳伞。座椅的孔雀和雄鹰造型既有正面图，也有侧面图。

这幅图很可能绘制于建筑师兼素描画家勒科与雅克·日耳曼·苏弗洛（Jacques Germain Soufflot, 1713～1780年）在修建巴黎圣热纳维耶芙教堂和沙图堡的合作期间。让·玛丽·佩鲁斯·德·蒙克洛（Jean Marie Pérouse de Montclos）在2004年提出，勒科在沙图堡及其附属建筑的建设过程中很可能扮演着比人们以往认知中更重要的角色。在法国国家图书馆所藏勒科的《中式亭顶饰图》上，画家以苏弗洛代理人的身份署名，这也证实了两人紧密的合作关系[1]。

（玛丽–洛尔·德·罗什布吕纳）

1　法国国家图书馆，铜版画与照片部，编号EST VA-78 (2)。

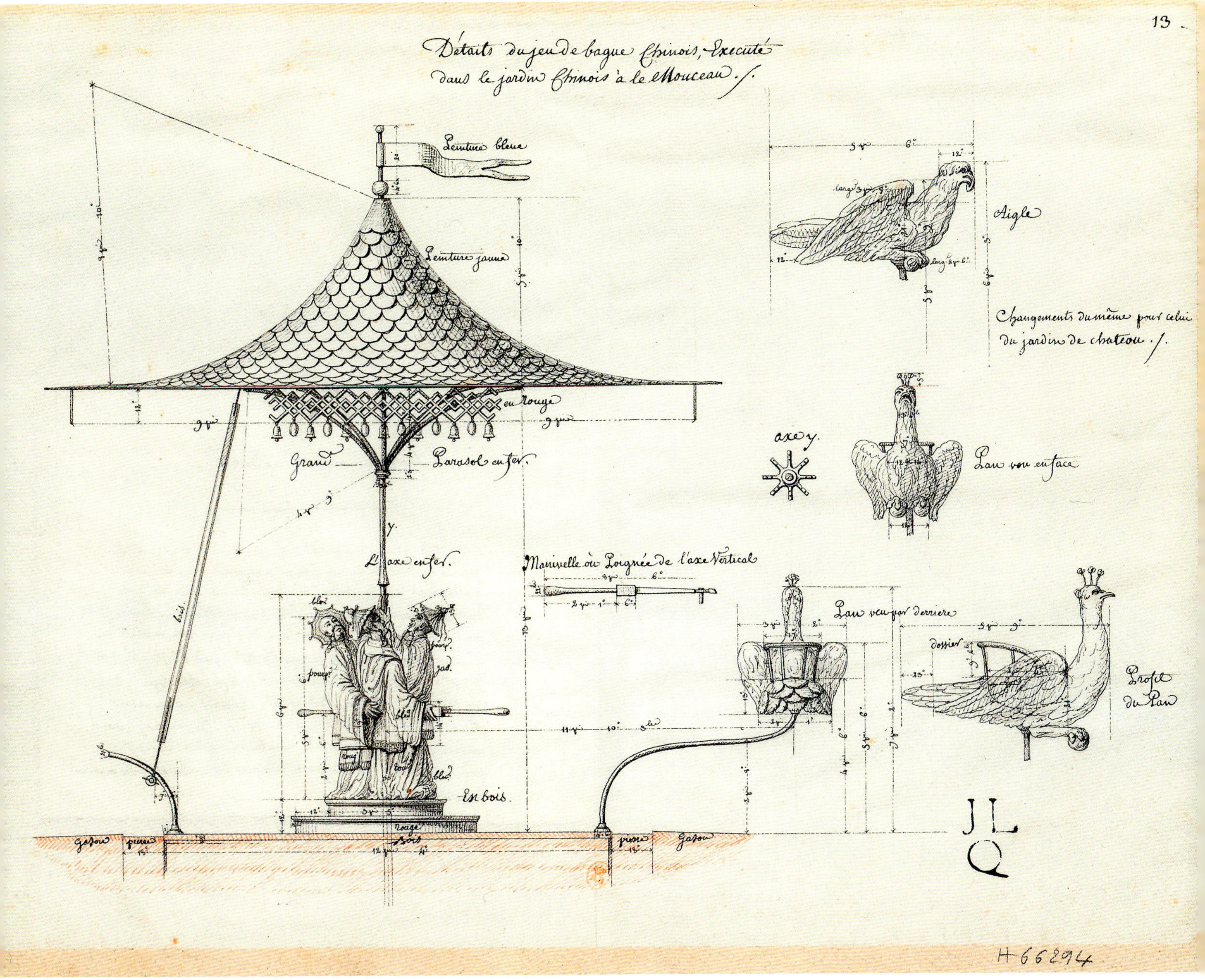

Ce dessin nous donne de multiples renseignements très précis sur le jeu de bague chinois de la folie de Chartres, construit par Carmontelle à Monceau en 1775. Celui-ci dut en effet servir de modèle au jeu de bague, élevé par Lequeu pour le ministre Bertin, un sinophile averti comme nous l'avons vu plus haut, dans sa propriété de Chatou. En 1762, Bertin avait acquis le château de Chatou qu'il fit reconstruire en 1779-1780, après avoir consulté Soufflot. Bertin fit élever, également dans le parc du château, un pavillon chinois [1].

On distingue ici, sur le dessin de Lequeu, l'axe central du manège, enrichi de figures chinoises et couvert d'un parasol. Les paons et les aigles qui servaient de sièges à ceux qui couraient la bague sont vus à la fois de face et de profil.

Ce dessin date sans doute de la période de collaboration de Lequeu, qui était à la fois architecte et dessinateur, avec Jacques Germain Soufflot (1713-1780), à l'église Sainte-Geneviève de Paris et à Chatou. Jean Marie Pérouse de Montclos a suggéré, en 2004, que Lequeu avait peut-être joué un rôle plus important qu'on ne le croyait traditionnellement dans l'élévation du château de Chatou et de ses fabriques[2]. Dans un autre dessin de Lequeu, conservé à la Bibliothèque nationale, qui représente une des figures du jeu de bague de Chatou, le dessinateur a signé son dessin en tant que fondé de pouvoir de Soufflot, ce qui confirme leur étroite collaboration [3]. Le fonds des dessins de Lequeu est conservé aujourd'hui à la Bibliothèque nationale de France.

(Marie-Laure de Rochebrune)

1 Le pavillon chinois est connu par un dessin à la plume et au lavis de Lequeu qui porte aussi son monogramme, intitulé *Dessin du Couronnement du pavillon chinois*. Ce dessin est conservé à la Bibliothèque nationale de France, au département Estampes et photographie, inv. EST VA-78 (2).

2 Pérouse de Montclos, 2004, p. 135.

3 Bibliothèque nationale de France, au département Estampes et photographie, inv. EST VA-78 (2).

163

花园里的中国风旋转椅

1781～1782年
克洛德-路易·沙特莱
纸本铅笔及水彩、水粉画
纵29.8厘米　横44厘米
凡尔赛宫与特里亚农宫国家博物馆藏
流传经历：玛丽-安托瓦内特定制，用于赠送给贵宾，1781～1786年；特里亚农宫王后图书馆；很可能在大革命时期脱离皇家收藏；帕尔芒捷收藏；罗斯柴尔德旧藏；2015年9月23日入选国家宝藏名录；2016年在遗产基金会的支持下协商购买

Vue du jeu de bague chinois

1781-1782
Claude-Louis Châtelet (1753-1795)
Dessin à la pierre noire, aquarelle et gouache
H.: 29.8 cm; L.: 44 cm
Extrait du Recueil de dix-neuf vues et plans du Petit Trianon à Versailles, sous la direction de Richard Mique (1728-1794)
Musée national des châteaux de Versailles et de Trianon
Historique: Petit ensemble d'ouvrages semblables réalisés sous la direction de Richard Mique, commandé par Marie-Antoinette pour les offrir à ses hôtes de marque, 1781-1786; bibliothèque de la reine à Trianon; probablement sorti des collections royales à la Révolution; collection Parmentier; anc. coll. Rothschild; classement Trésor national, 23 septembre 2015; achat de gré à gré, 2016, avec le soutien de la Fondation du patrimoine.

1774年，路易十五去世几天后，其孙路易十六将特里亚农领地赠送给了自己年轻的妻子——玛丽-安托瓦内特王后（Marie-Antoinette）。领地的主要建筑为小特里亚农宫，由设计师昂热-雅克·加布里埃尔（Ange-Jacques Gabriel）为蓬巴杜夫人（Madame de Pompadour）设计建造，但直到蓬巴杜夫人去世后的1768年才正式落成。不久后，王后希望在宫殿的东北部建造一座英中两国风情的花园，这种风格于18世纪70年代开始在法国流行。随着1775年由威廉姆·钱伯斯（William Chambers）撰写、勒鲁日（Le Rouge）雕刻的《英中式园林》出版，这股风潮愈加强劲。1776年，皇室正式决定改造特里亚农宫花园。

加布里埃尔离任后，这项工作交给了一位名叫里夏尔·米克（Richard Mique）的洛林人，他曾为玛丽·莱什琴斯卡（Marie Leszczyńska）工作。米克于1777年提交了一幅图纸，"草地与林木交织，小径在建筑间蜿蜒，前述工程将逐步开展"。

1776年，皇室决定模仿卡尔蒙泰尔（Carmontelle）在巴黎建造的夏尔特尔游乐场（今蒙梭公园）内的旋转椅，建造一座中国风的旋转椅。特里亚农宫内的这座旋转椅在沙特莱的描述中类似于旋转木马，座椅为孔雀和龙的造型，中央的主杆上饰有中国人像。奇怪的是，旋转椅紧邻宫殿本身，似乎对这座古希腊建筑杰作并没有表现出太多的尊重。花园内的其他建筑在之后的几年内先后建起。米克在1778年建造爱神庙时重新以古典作品作为灵感来源，即《丘比特将大力士的狼牙棒做成弓》，庙中伫立着布沙东的雕像。1779～1782年，米克又先后建造了峭壁和瀑布、洞穴、景观亭、喜剧厅以及1783年的农庄。

自1781年起，王后又多次要求为瑞典古斯塔夫三世国王、约瑟夫二世国王、诺尔伯爵、阿斯图里亚斯公主和奥地利的斐迪南大公绘制小特里亚农宫的风景和地图合集。还有一份合集在1786年5月由王后赠送给了哥哥，当时后者正在访问凡尔赛宫。这一份是所有合集中最珍贵也最完整的一份，19幅风景图和地图，里夏尔·米克指导完成，十分细致地呈现了小特里亚农宫在彻底竣工前不久的全景。本展品很可能是合集中的第一张图画，用中国墨和水墨绘制的图画非常细腻，用水彩染以淡淡的颜色，凸显出整幅画面的精巧。

（玛丽-洛尔·德·罗什布吕纳）

En 1774, quelques jours après la mort de Louis XV, son petit-fils Louis XVI offrit à sa jeune épouse le domaine de Trianon dont l'ornement principal était constitué par le château, édifié par Ange-Jacques Gabriel pour madame de Pompadour, et terminé après sa mort en 1768. Très vite, la reine exprima le désir de voir planter au nord-est du château un jardin anglochinois dont la mode avait commencé à régner en France au début des années 1770 et s'était intensifiée à la suite de la publication, à partir de 1775, des gravures des *Jardins anglo-chinois* de Le Rouge et des écrits de William Chambers. La décision de transformer le parc de Trianon fut prise en 1776.

Gabriel ayant quitté ses fonctions, on fit appel à un Lorrain, Richard Mique, qui avait déjà œuvré pour la reine Marie Leszczyńska. Ce dernier soumit en 1777 un plan « avec une alternance de prairies et de bois, et des allées serpentant vers des fabriques, qui seront réalisées progressivement ».

Dès 1776 fut prise la décision de construire un jeu de bague chinois, à l'imitation de celui de la folie de Chartres, élevée à Paris par Carmontelle à l'emplacement de l'actuel parc Monceau. Le jeu de bague de Trianon, décrit ici par Châtelet, se présentait comme un manège dont les sièges étaient constitués de paons et de dragons et dont le mât principal était orné de figures chinoises 2. Étrangement, le jeu de bague fut bâti à proximité immédiate du château, sans beaucoup de respect pour ce chef d'œuvre de l'architecture à la grecque. Les autres fabriques du parc furent édifiées dans les années suivantes. Mique renoua avec l'inspiration antique quand il construisit, en 1778, le temple de l'Amour qui devait abriter la statue de Bouchardon, *L'Amour taillant son arc dans la massue d'Hercule*. Entre 1779 et 1782, Mique éleva encore le Rocher et sa cascade, la Grotte, le Belvédère, la salle de Comédie et, enfin, à partir de 1783, les maisons du Hameau.

Plusieurs recueils de vues et de plans du domaine de Trianon furent exécutés à la demande de la reine à partir de 1781, notamment à l'intention de Gustave III de Suède, de l'empereur Joseph II, du comte du Nord, de la princesse des Asturies et de l'archiduc Ferdinand d'Autriche. Un exemplaire fut aussi offert au frère de la reine à l'occasion de sa visite à Versailles, en mai 1786, est, semble-t-il, le plus précieux et le plus complet de tous. Il donne une image du domaine de Trianon très précise, peu avant l'achèvement des travaux. L'exemplaire présenté est sans doute le premier de ces recueils; la finesse des dessins à l'encre de Chine et au lavis, légèrement rehaussés d'aquarelle, apporte une grande délicatesse aux représentations.

(Marie-Laure de Rochebrune)

164

小特里亚农宫的王后花园平面图

约1780～1781年
玛格鲁瓦·托马·多西
纸本钢笔及水彩画
纵47.1厘米　横74.4厘米
比例为1比40王尺
凡尔赛宫与特里亚农宫国家博物馆藏，1898年5月9日由卡纳瓦雷博物馆寄存

Jardin de la Reine à Trianon

vers 1780-1781
Magloire Thomas Daussy
Dessin à la plume et rehauts d'aquarelle sur papier crème
H.: 47.1 cm; L.: 74.4 cm.
Signé en haut à gauche, à la plume et à l'encre de Chine: Dessiné par Magloire Thomas Daussy.
Échelle de 40 toises
Musée national des châteaux de Versailles et de Trianon, dépôt du musée Carnavalet le 9 mai 1898

这幅水彩地图展现了小特里亚农宫1774年的全貌，由路易十六于在1781年前后送给了他的王后。画中西侧为法式花园，建于路易十五时期，花园中间是昂热-雅克·加布里埃尔（Ange-Jacques Gabriel）修建于1749年的小楼。这座花园被王后保存下来。地图右半边则是里夏尔·米克（Richard Mique）自1776年开始修建的英中式花园，当时这座花园仍在修建中，内有一条蜿蜒的小河和几条曲折的小径。绘制地图时，农庄尚未建起，也未开挖人工湖。

地图上清晰可见紧邻宫殿北侧的中国风旋转椅，四周植被环绕，以字母“M”标示。当时，这座旋转椅与宫殿之间尚未由长廊连接，长廊由加布里埃尔始建于1781年，次年建成。庄园内的主要建筑以及米克担任设计师前的原有建筑也在图中用大写字母标示出来，并在右上角的图例中一一说明。

（玛丽-洛尔·德·罗什布吕纳）

Ce plan aquarellé montre l'ensemble du domaine de Trianon, offert à la reine en 1774 par Louis XVI, vers 1781. On reconnaît à l'ouest le jardin français, planté au temps de Louis XV autour du pavillon construit par Ange-Jacques Gabriel en 1749, et conservé par Marie-Antoinette. Toute la partie droite du plan nous montre, en revanche, l'état du parc anglo-chinois élevé par Richard Mique, à partir de 1776, alors en cours de réalisation, avec sa rivière serpentant et ses allées sinueuses. Á cette date, les maisons du Hameau n'étaient pas encore construites et le lac artificiel n'avait pas encore été percé.

On distingue parfaitement sur le plan, à proximité immédiate du château, du côté du nord, l'emplacement du jeu de bague chinois, entouré de plantations, matérialisé par la lettre *M*. Le jeu de bague n'était pas encore relié, à cette date, au château de Gabriel par la galerie couverte, commencée en 1781 et terminée l'année suivante. Les principales fabriques, ainsi que certaines constructions antérieures à l'intervention de Mique, sont également indiquées sur le plan par des lettres majuscules dont l'explication est donnée dans l'Indice placé en haut, à droite du plan.

(Marie-Laure de Rochebrune.)

165

小特里亚农宫的王后花园平面图

1783年
乔治·路易·勒鲁日
铜版画
纵29.7厘米　横43.4厘米
图幅纵24厘米 横38.8厘米
《英中式园林》第10册，巴黎，勒鲁日出版，大奥古斯丁路，6里弗尔
凡尔赛宫与特里亚农宫国家博物馆藏

Jardins de la Reine à Trianon

1783
Georges Louis Le Rouge (1712-1790)
Eau-forte
H.: 29.7 cm; L.: 43.4 cm;
cuvette, H.: 24 cm; L.: 38.8 cm
Jardins Anglo-Chinois, 10e Cahier, Paris, Chez le Rouge, Rue des Grands Augustins Prix 6^{tt}
Musée national des châteaux de Versailles et de Trianon

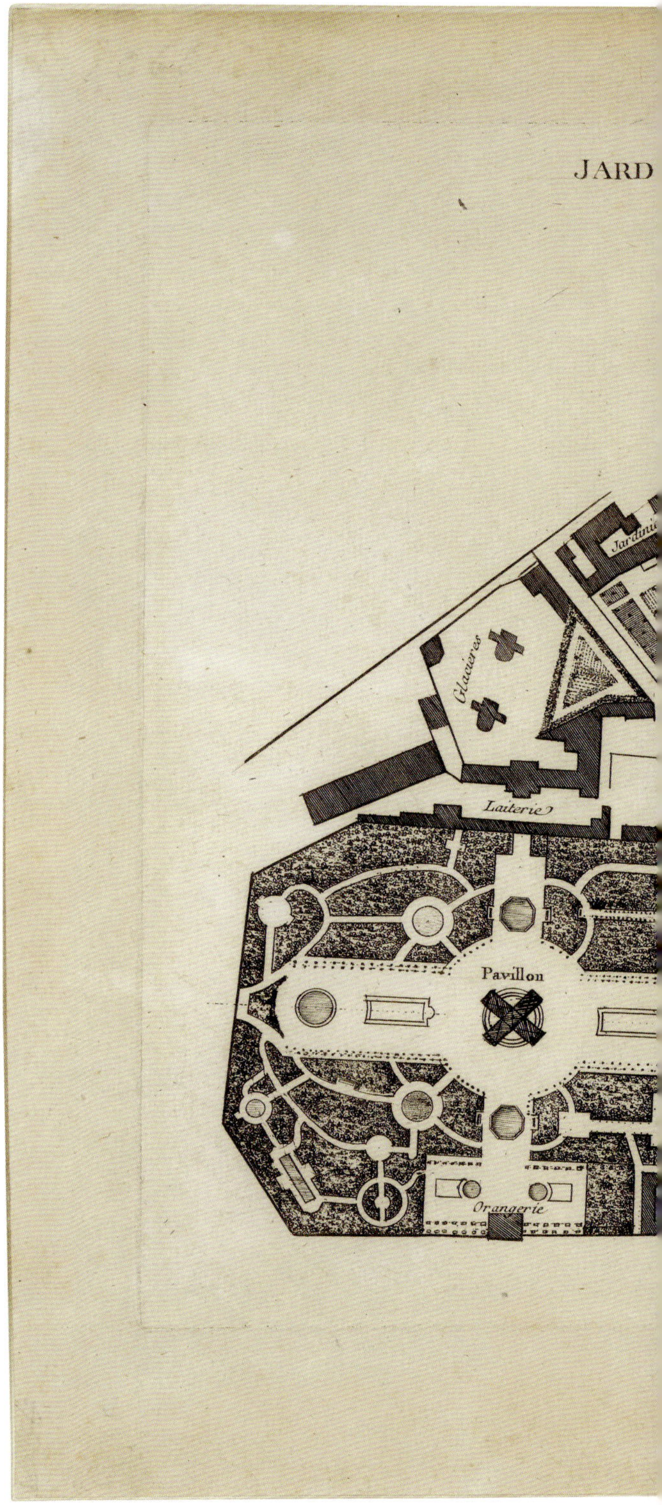

这张雕版地图呈现了1783年前后玛丽–安托瓦内特王后（Marie–Antoinette）要求修建的英中式花园的工程进度。当时，花园中的建筑尚未全部落成，但小特里亚农宫的边界十分清晰，特别是北侧的谢弗尔鲁大街和东侧的圣安托万大街。

中式风格旋转椅在地图上呈现为一个圆圈和小小的“旋转椅”字样，紧邻宫殿北墙，不久后由一条1782年完工的长廊与宫殿相连。地图上还可见由里夏尔·米克（Richard Mique）建起的其他建筑，特别是喜剧厅、景观亭、洞穴和坐落于花园东侧、在地图上被命名为“圆亭”的爱神庙。1783～1785年修建的农庄（其中一栋房屋设有中式客厅）由于尚未落成，没有出现在勒鲁日的地图上。

这幅版画是一套重要版画作品的一部分，这套著作在1775～1789年由勒鲁日（Le Rouge）陆续出版，书名为《英中式园林》。全套著作共包含21册。勒鲁日被视为第一个使用“英中式园林”一词的园林理论学家。

（玛丽–洛尔·德·罗什布吕纳）

Ce plan gravé montre l'avancement des travaux du jardin anglo-chinois voulu par la reine Marie-Antoinette, vers 1783. Si toutes les fabriques du parc n'ont pas encore été construites, on distingue bien les limites topographiques du domaine de Trianon, notamment, au Nord, l'avenue de Chèvreloup et, à l'Est, l'avenue Saint-Antoine.
Le « jeu de bague » chinois est matérialisé sur le plan par un cercle et par une petite inscription, jeu de bague, à proximité immédiate de la façade nord du château, auquel il était relié depuis peu par une galerie couverte, terminée en 1782. On distingue sur le plan d'autres fabriques élevées par Richard Mique, notamment la salle de Comédie, le Belvédère, la Grotte, ou encore le temple de l'Amour, situé à l'est du jardin et nommé « rotonde » sur le plan. En revanche, les maisons du Hameau construites entre 1783 à 1785, dont l'une comportait un salon chinois, ne sont pas visibles sur le plan de Le Rouge puisqu'elles n'étaient pas encore construites.

Cette gravure appartient à un ensemble de gravures très important, publié à partir de 1775 jusqu'en 1789 par Le Rouge sous le titre suivant, *Jardins anglo-chinois à la mode*... L'ensemble comportait au total vingt et un cahiers. Le Rouge est considéré comme le premier théoricien des jardins à avoir employé le terme de jardins anglo-chinois. (Marie-Laure de Rochebrune).

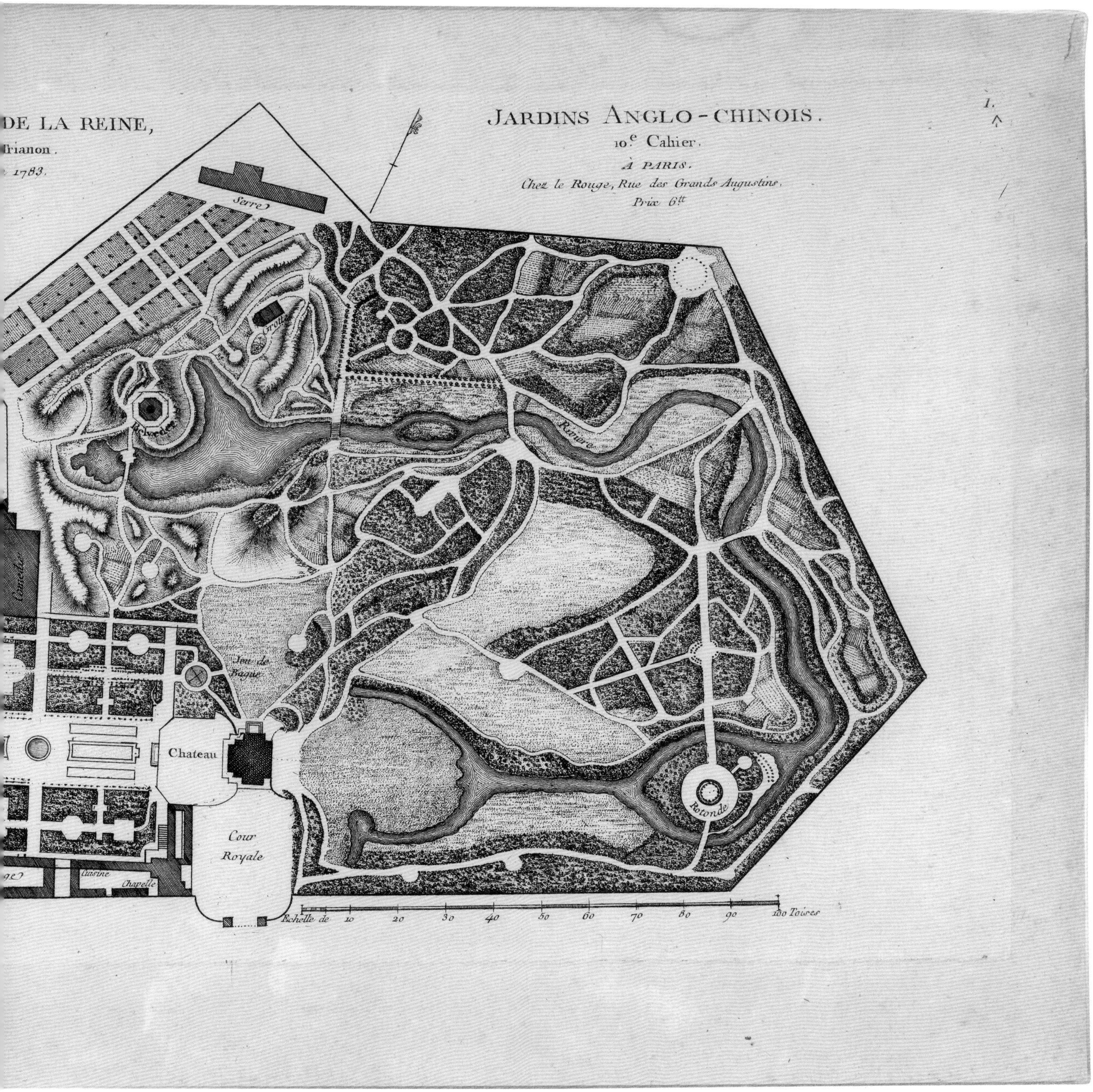

166

中国狩猎

1736年
让–巴蒂斯特·帕特尔
布面油画
纵172厘米　横127厘米
亚眠皮卡第博物馆藏，寄存卢浮宫博物馆
流传经历：路易十五旧藏，1737年布置到位；1739年运送至国王建筑总监府；1794年移入中央艺术博物馆；1832～1922年存放于枫丹白露宫；1923年存放于亚眠

La Chasse chinoise

1736
Jean-Baptiste Pater (1695-1736)
Huile sur toile
H.: 172 cm; L.: 127 cm
Amiens, musée de Picardie, dépôt du musée du Louvre
Historique: anc. coll. de Louis XV, mise en place en 1737; envoyée à la surintendance des Bâtiments en 1739; transférée au Muséum central des Arts en 1794; déposée de 1832 à 1922 au château de Fontainebleau; Déposée à Amiens en 1923.

1735～1739年，路易十五最出色的几位御用画家弗朗索瓦·布歇（François Boucher）、让–弗朗索瓦·德·特鲁瓦（Jean–François de Troy）、夏尔·帕罗塞尔（Charles Parrocel）、尼古拉·朗克雷（Nicolas Lancret）、让–巴蒂斯特·帕特尔（Jean–Baptiste Pater）和卡尔·范·洛（Carle van Loo）为他创作了一套九幅《异国狩猎图》，用于装点凡尔赛宫国王的小藏品厅。1735年委托的首批油画共六幅，其中包括《中国狩猎》，当时的国王建筑总监是安坦公爵（duc d'Antin）。整套画作是用来装点小画廊的，它位于凡尔赛宫三楼的国王小套房内，大理石庭院北侧。画廊东侧是一个冬季餐厅。1738年小画廊面积加大，餐厅面积相应缩小。因扩建工程需要，画家们又接受委托创作了另外三幅油画。

1995年，格扎维埃·萨尔蒙（Xavier Salmon）指出，这一套九幅画作并非出自动物画家之手，而是出自历史画家之手，并正确地指出慕尼黑老绘画陈列馆收藏的鲁本斯名作《猎狮图》即为此类画作之先例。所有画作均装以厚重的洛可可风格木质镀金边框。

《中国狩猎》似乎并未取得预期的成功，1739年，它被送往国王建筑总监府，取而代之的是卡尔·范·洛的《猎鸵鸟图》。帕特尔和朗克雷一样也师从华托（Watteau），擅长游乐画，想必不太习惯创作大幅历史题材绘画。

王太子路易（Louis de France, 1729～1765年）去世后，王太子妃玛丽–约瑟夫·德·萨克斯（Marie–Josèphe de Saxe, 1731～1767年）从1766年11月起曾在国王的小套房里住过一段时间。小画廊变为大厅，供王太子妃使用。1767年3月13日王太子妃突然离世，这套《异国狩猎图》被寄存至他处。此处随即重新布置，直至1770年12月国王的新情妇杜巴利伯爵夫人（Comtesse Du Barry）入住。大革命时期，《异国狩猎图》被转移到卢浮宫，1801年被取下，其中四幅运往亚眠，用于布置和谈会场。1923年起，九幅狩猎图画又重归一处，由亚眠博物馆收藏。
（玛丽–洛尔·德·罗什布吕纳）

Le cycle des neuf chasses exotiques, dit des *Chasses en pays étrangers*, fut exécuté de 1735 à 1739 pour Louis XV par quelques-uns de ses meilleurs peintres, François Boucher, Jean-François de Troy, Charles Parrocel, Nicolas Lancret, Jean-Baptiste Pater et Carle van Loo. Il était destiné à orner les Petits Cabinets du Roi, à Versailles. La première commande, datée de 1735, comprenait six tableaux, dont la *Chasse chinoise*. Elle fut ordonnée à l'époque où le duc d'Antin était surintendant des Bâtiments. L'ensemble fut exécuté pour décorer la Petite Galerie, aménagée à Versailles dans le Petit Appartement du Roi, situé au deuxième étage, au nord de la cour de Marbre. La galerie était précédée à l'est d'une salle à manger d'hiver. Cette dernière fut diminuée en 1738 au profit de la Petite Galerie. Ces travaux d'agrandissement conduisirent à la commande de trois tableaux supplémentaires.
Xavier Salmon a souligné en 1995 que les neuf peintures qui constituaient l'ensemble avaient été exécutées par des peintres d'histoire et non des peintres animaliers, et rappelé à juste titre le précédent rubénien, la célébrissime *Chasse aux lions*, de la Alte Pinakothek, à Münich. Tous les tableaux furent dotés d'une très riche bordure en bois doré d'esprit rocaille.
La *Chasse chinoise* n'eut pas, semble-t-il, le succès escompté car, dès 1739, elle fut envoyée à la surintendance des Bâtiments et remplacée par la *Chasse à l'autruche* de Carle van Loo. Pater, disciple avec Lancret de Watteau, peintre de fêtes galantes, n'était sans doute guère habitué à peindre de grands tableaux d'histoire.
Le Petit Appartement du Roi fut occupé quelque temps, à partir de novembre 1766 par la dauphine Marie-Josèphe de Saxe (1731-1767), après la mort de son époux, le dauphin Louis (1729-1765). La Petite Galerie fut transformée en grand cabinet pour la princesse. Les tableaux des chasses furent déposés après son décès, survenu le 13 mars 1767. Les lieux furent ensuite réaménagés avant d'être occupés à partir de décembre 1770 par la nouvelle maîtresse royale, la comtesse Du Barry. L'ensemble des chasses exotiques, transféré au Louvre à l'époque révolutionnaire, fut démantelé en 1801 lorsque quatre d'entre elles furent envoyées à Amiens pour le congrès de la Paix. Les neuf chasses sont réunies au musée d'Amiens depuis 1923.
(Marie-Laure de Rochebrune)

167

南京琉璃塔

1665年
铜版画
约翰·尼霍夫《荷兰东印度公司使节团访华纪实》插图，莱顿，J.德默斯出版
印张尺寸：纵41.3厘米　横37.1厘米
图画尺寸：纵29.8厘米　横18.9米
凡尔赛市立图书馆藏

La Tour de porcelaine

1665
Eau-forte et burin
L'ambassade de la Compagnie orientale des Provinces Unies vers l'Empereur de Chine ou du Grand Cam de Tartarie, Planche de l'ouvrage de Jean Nieuhoff, Leyde, J. de Merus
Feuille: H.: 41.3 cm; L.: 37.1 cm;
cuvette: H.: 29.8 cm; L.: 18.9 cm
Bibliothèque municipale de Versailles

这张南京琉璃塔版画随着约翰·尼霍夫（Jean Nieuhoff）著作的热销在欧洲公众当中引发巨大反响，该书1665年在莱顿首次出版后旋即被译成法文和英文。

塔共九层，飞檐翘角，顶部贴瓷，给西方人留下长久的深刻印象。在南京琉璃塔的直接影响下，1670年，路易·勒沃（Louis Le Vau）在凡尔赛公园尽头建起了一座特里亚农瓷宫。虽然其建筑本身和中国毫无关系，但用瓷砖和瓷瓶饰来装点墙壁、挑檐和公园水池的构思则直接借鉴自宝塔。当时欧洲还无法生产出像中国那样的真正的瓷器，鲁昂、利雪、圣克卢、纳韦尔和代尔夫特这几家最好的陶瓷制造商受托为瓷宫服务。

建于永乐年间的南京琉璃塔在中国十分有名，经常出现在各种画卷上。对西方人来说，琉璃塔是中国的首要象征，它那有时被描绘得近乎荒诞的高挑外形，反复出现在欧洲许多中国风艺术品中。自1690年起，博韦工厂在菲利普·贝阿格勒（Philippe Béhagle）指导下，开始织造第一套中国题材的挂毯，其中好几幅挂毯上都出现了琉璃塔，尤其是《皇帝出游》《天文学家》和《皇后登船》。它还出现在让-巴蒂斯特·帕特尔（Jean-Baptiste Pater）1736年为路易十五在凡尔赛宫的小画廊所作的《异国狩猎图》组画中的《中国狩猎》上。迪博·沃思柏（Thibaut Wolvesperges）指出，18世纪法国一些仿中式漆器家具和大量欧洲纺织品或陶瓷装饰图案上也有宝塔的身影。据他的考证，整个18世纪不断有漆器、螺钿、象牙和瓷质的宝塔模型出口至欧洲。

南京琉璃塔对18世纪欧洲建筑特别是英中式园林的装饰性建筑产生了切实影响。威廉·钱伯斯（William Chambers）1762年在伦敦建造的邱园宝塔，以及舒瓦瑟尔（Choiseul）1770年12月失势之后委托勒卡缪（Le Camus）建造的尚特卢宝塔都受到了它的启发。

（玛丽-洛尔·德·罗什布吕纳）

Cette gravure qui représente la pagode de Nankin eut un retentissement considérable auprès du public européen grâce à l'extrême diffusion de l'ouvrage de Nieuhoff, traduit en français et en anglais immédiatement après sa première parution à Leyde, en 1665. Les neuf étages, couverts de toits recourbés, et le sommet du bâtiment étaient revêtus de parements de porcelaine qui frappèrent durablement les esprits occidentaux. L'influence la plus immédiate de la pagode de Nankin se fit jour dans l'élévation, en 1670 par Louis Le Vau, du Trianon de porcelaine à l'extrémité du parc de Versailles. Si l'architecture du Trianon n'avait rien de chinois, en revanche, l'idée de recouvrir les murs, les corniches des toits et les bassins du parc de carreaux et de vases de céramique était un emprunt direct à la pagode. Dans l'impossibilité de fabriquer de la véritable porcelaine à la manière chinoise, on s'adressa aux meilleures manufactures de faïence du temps: Rouen, Lisieux, Saint-Cloud, Nevers et Delft.

La pagode de Nankin, construite sous le règne de l'empereur Yongle (1403-1424), était très célèbre en Chine et elle est souvent représentée sur des rouleaux peints. Pour les Occidentaux, elle symbolisait si bien la Chine que sa silhouette élancée, parfois transformée de manière fantaisiste, revient comme un leitmotiv dans de nombreuses œuvres d'art européennes exécutées à la chinoise. On la distingue dans plusieurs pièces de la première tenture chinoise, tissée à Beauvais à partir de 1690, sous la direction de Philippe Béhagle, notamment dans les pièces des Astronomes, de *L'Embarquement de l'Impératrice* et de *L'Empereur en voyage*. Elle apparaît clairement dans La Chasse chinoise, peinte en 1736 par Jean-Baptiste Pater pour la série des *Chasses exotiques,* destinée à la Petite Galerie de Louis XV à Versailles. Comme l'a remarqué Thibaut Wolvesperges, on la reconnaît également sur des meubles français du XVIIIe siècle, ornés de vernis à l'imitation des laques de Chine, mais aussi dans de nombreux décors textiles ou céramiques, européens. Selon cet auteur, des réductions de la pagode en laque, en nacre, en ivoire et en porcelaine parvinrent en Europe tout au long du XVIIIe siècle.

La pagode de Nankin devait avoir une vraie postérité dans l'architecture européenne au XVIIIe siècle, notamment dans la construction des fabriques des jardins anglo-chinois. Elle inspira la pagode de Kew Gardens, élevée en 1762 à Londres par William Chambers, mais aussi celle de Chanteloup, ordonnée par Choiseul à Le Camus, à la suite de sa disgrâce, survenue en décembre 1770.

(Marie-Laure de Rochebrune)

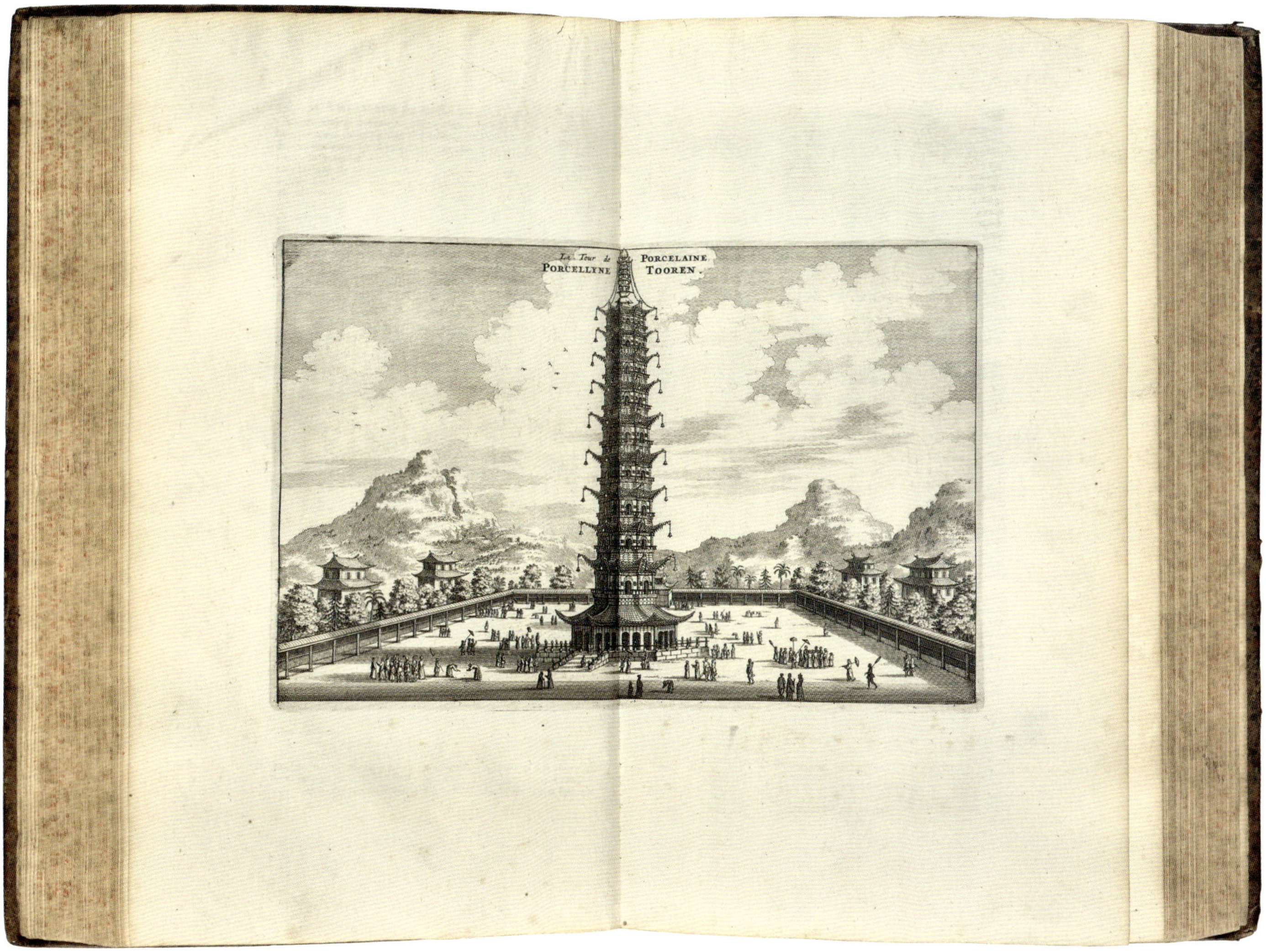

La Tour de
PORCELLYNE

PORCELAINE
TOOREN.

结语

Conclusion

山海相连，不以万里之遥为远。

海纳百川，文明之光相互照耀。

中法文化百年互动，

东西文明交相辉映，

世界，因此而多姿多彩。

Les milliers de kilomètres sont franchissables grâce à la connexion entre les montagnes et les mers.
Les civilisations s'inspirent comme des mers qui sont capables d'accueillir tous les fleuves.
Les échanges sino-français qui s'interagissent durant des siècles, ainsi que les civilisations orientales et occidentales qui brillent l'un et l'autre de mille éclats,
bâtissent ensemble la diversité du monde.

参考文献

著作

许明龙主编：《中西文化交流先驱》，东方出版社，1993年。

中国第一历史档案馆编：《康熙朝满文朱批奏折全译》，中国社会科学出版社，1996年。

中国第一历史档案馆编：《英使马戛尔尼访华档案史料汇编》，国际文化出版公司，1996年。

刘潞主编：《清宫西洋仪器》，商务印书馆（香港）有限公司，1998年。

韩琦:《中国科学技术的西传及其影响》，河北人民出版社，1999年。

[清]梁廷枏总纂，袁忠仁校注：《粤海关志》，广东人民出版社，2002年。

中国第一历史档案馆、广州荔湾区人民政府合编：《清宫广州十三行档案精选》，广东经济出版社，2002年。

阎宗临：《传教士与法国早期汉学》，大象出版社，2003年。

许明龙：《黄嘉略与早期法国汉学》，中华书局，2004年。

清室善后委员会编：《故宫物品点查报告》（全十册），线装书局，2004年。

中国第一历史档案馆、香港中文大学文物馆合编：《清宫内务府造办处档案总汇》（全55册），人民出版社，2005年。

谢明良：《贸易陶瓷与文化史》，台北允晨文化，2005年。

故宫博物院、凡尔赛宫博物馆编：《“太阳王”路易十四：法国凡尔赛宫藏珍集》，紫禁城出版社，2005年。

韩琦、吴旻校注：《熙朝崇正集 熙朝定案（外三种）》，中华书局，2006年。

关雪玲：《清代宫廷医学与医学文物》，紫禁城出版社，2008年。

中国第一历史档案馆编：《乾隆朝上谕档》，广西师范大学出版社，2008年。

铁源、李国荣主编：《清宫瓷器档案全集》（全52册），中国画报出版社，2008年。

聂崇正：《清宫绘画与“西画东渐”》，紫禁城出版社，2008年。

廖宝秀编：《华丽彩瓷：乾隆洋彩》，台北故宫博物院，2008年。

章乃炜等编：《清宫述闻》，紫禁城出版社，2009年。

苑洪琪、刘宝建主编：《故宫藏毯图典》，紫禁城出版社，2010年。

冯明珠编：《康熙大帝与太阳王路易十四特展：中法艺术文化的交会》，台北故宫博物院，2011年。

施静菲：《日月光华：清宫画珐琅》，台北故宫博物院，2012年。

耿昇：《中法文化交流史》，云南人民出版社，2013年。

郭福祥：《时间的历史映像：中国钟表史论集》，故宫出版社，2013年。

许明龙：《东传西渐：中西文化交流史散论》，中国社会科学出版社，2015年。

香港科学博物馆、故宫博物院编：《西洋奇器：清宫科技展》，香港科学博物馆，2015年。

故宫博物院、故宫鼓浪屿外国文物馆编：《海国微澜：故宫鼓浪屿外国文物馆展览图录》，故宫出版社，2017年。

任万平、郭福祥、韩秉臣主编：《宫廷与异域：17、18世纪的中外物质文化交流》，厦门大学出版社，2017年。

韩琦：《康熙皇帝·耶稣会士·科学传播》，中国大百科全书出版社，2019年。

吕颖：《法国“国王数学家”与中西文化交流》，南开大学出版社，2019年。

广东省博物馆编：《三城记：明清时期的粤港澳湾区与丝绸外销》，岭南美术出版社，2020年。

广东省博物馆编：《臻于至美：广珐琅特展》，岭南美术出版社，2020年。

中国第一历史档案馆、中国历史研究院编：《明清宫藏丝绸之路档案图典》（全八册），国家图书馆出版社，2022年。

许晓东、周颖菁、何颂文主编：《总相宜：清代广东金属胎画珐琅·图录》，香港中文大学文物馆，2023年。

许晓东、周颖菁、何颂文主编：《总相宜：清代广东金属胎画珐琅·论文集》，香港中文大学文物馆，2023年。

论文

杨伯达：《从清宫旧藏十八世纪广东贡品管窥广东工艺的特点与地位——为<清代广东贡品展览>而作》，载故宫博物院、香港中文大学文物馆《清代广东贡品》第10～38页，香港中文大学文物馆，1987年。

聂崇正：《清朝宫廷铜版画<乾隆平定准部回部战图>》，《故宫博物院院刊》1989年第4期。

张芝联：《相互了解无止境——中法文化交流史片段》，《历史研究》1995年第3期。

[美]E.B.库尔提斯著，米辰峰译：《清朝的玻璃制造与耶稣会士在蚕池口的作坊》，《故宫博物院院刊》2003年第1期。

郭福祥：《清代中俄交往的见证——钟表》，《历史档案》2005年第1期。

关雪玲：《准溯天文列贡珍——广州进贡钟表谈略》，《紫禁城》2006年第4期。

施静菲：《十八世纪东西交流的见证——清宫画珐琅工艺在康熙朝的建立》，《故宫学术季刊》第24卷第3期，2007年。

吴美凤：《假作真时真亦假：从养心殿造办处活计档看盛清时期清宫用物之“造假”》，载《史学与史识：王尔敏教授八秩嵩寿荣庆学术论文集》第215～270页，台北广文书局，2009年。

许晓东：《康熙、雍正时期宫廷与地方画珐琅技术的互动》，载《宫廷与地方：17至18世纪的技术交流》第277～335页，紫禁城出版社，2010年。

赖毓芝：《图像帝国——乾隆朝<职贡图>的制作与帝都呈现》，《“中央研究院”近代史研究所集刊》第75期，2012年。

施静菲、彭盈真：《从文化脉络探讨清代釉上彩名词——珐琅彩、洋彩与粉彩》，《故宫学术季刊》第29卷第4期，2012年。

关雪玲：《康熙时期西洋医学在清宫中传播问题的再考察》，《故宫学术季刊》第30卷第1期，2012年。

周维强：《神威四域，武成永固——康熙朝欧式火炮新考》，《故宫学术季刊》第30卷第1期，2012年。

施静菲、王崇齐：《乾隆朝粤海关成做之“广珐琅”》，《美术史研究集刊》第35期，2013年。

王竹平：《康熙款与乾隆款浮雕珐琅金碗的制作及其关联性》，《故宫学术季刊》第30卷第4期，2013年。

赖毓芝：《构筑理想帝国：<职贡图>与<万国来朝图>的制作》，《紫禁城》2014年第10期。

付超：《清代宫廷生活中的玻璃镜》，载《明清论丛》第十四辑，故宫出版社，2014年。

张西平：《儒家思想西传欧洲的奠基性著作——<中国哲学家孔子>》，《中国哲学史》2016年第4期。

郭福祥：《西洋仪器与清代宫廷的科学世界》，载《明清论丛》第十六辑，故宫出版社，2016年。

万秀锋：《中西合璧：对乾隆时期苏州成做宫廷“西洋毯”的考察》，载任万平、郭福祥、韩秉臣主编《宫廷与异域：17、18世纪的中外物质文化交流》第148～157页，厦门大学出版社，2017年。

果海英、郭福祥：《清前期中西宫廷交往中的礼品考察》，《故宫博物院院刊》2018年第4期。

陈轩：《诗意空间与便装肖像——玻璃镜引发的清宫视觉实验》，《文艺研究》2019年第3期。

许晓东：《清代外销广东金属胎画珐琅》，《中国国家博物馆馆刊》2019年第8期。

张西平：《中国文化的世界性意义——以启蒙思想与中国文化关系为视角》，《国际比较文学》第2卷第3期，2019年。

赖惠敏：《清朝宫廷用锡》，《新史学》三十卷三期，2019年。

王翯：《西洋制作乾隆款画珐琅器物考》，《故宫博物院院刊》2020年第7期。

张淑娴、徐超英：《故宫博物院藏建筑装修用玻璃画再探讨》，《故宫博物院院刊》2020年第10期。

郭福祥：《<皇朝礼器图式>编纂与乾隆朝科学仪器的礼制化》，《故宫学术季刊》第37卷第3期，2020年。

张荣：《清宫旧藏广珐琅论述》，载广东省博物馆编《广东省博物馆藏品大系·杂项卷一·铜胎珐琅器与外销银器》第261～274页，文物出版社，2020年。

张西平：《从长时段的世界历史视角揭示中华文明的世界性意义》，《东方学刊》2021年9月秋季号。

张西平、全慧：《白晋与西医东渐》，《国际汉学》2022年第3期。

杨勇：《养心殿体顺堂铜胎珐琅器的初步分析：兼谈一组西洋造珐琅器》，《故宫博物院院刊》2022年第9期。

尹翠琪：《18世纪广东珐琅的成立与转折：并其与彩瓷之关系》，《浙江大学艺术与考古研究》第5辑，2022年。

许晓东：《广东金属胎画珐琅产销的几个阶段——兼及广珐琅之断代》，《浙江大学艺术与考古研究》第5辑，2022年。

张西平：《儒家文化的现代意义——从启蒙运动对中华文化的理解谈起》，《世界社会科学》2023年第1期。

李湜：《乾隆朝养心殿明窗贴落画探析——以“岁朝图”“万国来朝图”为中心》，《故宫博物院院刊》2023年第1期。

郭福祥：《从两件清宫藏品看17、18世纪中法宫廷间的文化交流》，《文博学刊》2023年第3期。

郭福祥：《清代广东透明珐琅历史考察》，载许晓东、周颖菁、何颂文主编《总相宜：清代广东金属胎画珐琅·论文集》第175～226页，香港中文大学文物馆，2023年。

关雪玲：《清代宫廷西洋医学实践中的法国身影》，《紫禁城》2024年第3期。

郭福祥：《路易十五“中国题材”挂毯寻踪》，《故宫博物院院刊》2024年第4期。

[法]赵冰著，李纬文译：《从乾隆皇帝1775–1776年“法国定制”看中法宫廷交流的私人性》，《故宫博物院院刊》2024年第4期。

郭福祥：《路易十五肖像在清宫的回响——从一幅戎装仕女油画像看中法宫廷间的艺术交流》（待刊）。

张淑娴：《从凡尔赛到紫禁城：清宫里的大玻璃镜》（待刊）。

Bibliographie

OUVRAGES ET ARTICLES

ALCOUFFE, 2001
ALCOUFFE Daniel, Les Gemmes de la Couronne, Paris, RMN, 2001.

ALCOUFFE, DION-TENENBAUM et MABILLE, 2004
ALCOUFFE Daniel, DION-TENENBAUM Anne, MABILLE Gérard, Les Bronzes d'ameublement du Louvre, Dijon, Faton, 2004.

ANQUETIL, 1995
ANQUETIL Jacques, La soie en Occident, Flammarion, 1995.

ANTOINE, 1948
ANTOINE Michel, Le Secrétariat d'Etat de Bertin 1763-1780, École des Chartes, promotion 1948 (Thèse de doctorat non publiée).

AYERS, 2016
AYERS John, Chinese and Japanese Works of Art in the Collection of Her Majesty The Queen, Londres, 3 vol, 2016.

BADIN, 1909
BADIN Jules, La Manufacture de Tapisserie de Beauvais, Paris, 1909.

BASTIEN, 2013 a
BASTIEN Vincent, Étude de la production des tabatières et des objets de luxe à Paris sous Louis XV et Louis XVI. L'exemple de l'atelier des orfèvres Ducrollay, Drais et Ouizille, thèse de Doctorat soutenue à l'Université Paris IV-Sorbonne, 2013.

BASTIEN, 2013 b
BASTIEN Vincent, « L'orfèvre-joailler Ange-Joseph Aubert (1736-1785), fournisseur de la reine Marie-Antoinette », dans Versalia, Revue de la Société des Amis de Versailles, n°16, 2013, p. 31-46.

BASTIEN, 2020 a
BASTIEN Vincent, « De Versailles à Paris: la collection de porcelaines du comte et de la comtesse de Provence » in Versalia, 23, 2020, p. 71-88.

BASTIEN, 2020 b
BASTIEN Vincent, « Deux vases «Duplessis à monter» à décor de scènes chinoises » in Château de Versailles: de l'Ancien régime à nos jours, avril-mai-juin 2020, n° 37, p. 44-46.

BAULEZ, 1991
BAULEZ Christian, « Versailles, vers un retour des Sèvres » in Revue du Louvre, Revue des Musées de France, 1991, 5/6, p. 62-76.

BAULEZ, 1992
BAULEZ Christian, « Acquisitions » in La Revue du Louvre, 1992, 5/6.

BAULEZ, 1998
BAULEZ Christian, « Acquisitions » in La Revue du Louvre, 1998, 3.

BAULEZ, 2000
BAULEZ Christian, « Deux vases de Sèvres de la grande Chambre du Roi » in Versalia. Revue de la Société des Amis de Versailles, n° 3, 2000, p. 26-27.

BAULEZ, 2001
BAULEZ Christian, « Le grand cabinet intérieur de Marie-Antoinette. Décor, mobilier et collections », dans le catalogue d'exposition Les laques du Japon. Collections de Marie-Antoinette, Versailles, musée national des châteaux de Versailles et de Trianon ; Münster, Museum für Lackkunst, Paris, RMN, 2001.

BAULEZ, 2002
BAULEZ Christian, « La mère », « le chasseur » et « l'empereur » / Trois achats de Louis XVI pour Versailles » in Versalia, 2002, n° 5, p. 12-17.

BAYARD, 2000
BAYARD Françoise, FÉLIX Joël, HAMON Philippe, Dictionnaire des surintendants et contrôleurs généraux des finances du XVIe siècle à la Révolution française de 1789, Comité pour l'histoire économique et financière de la France, Paris, 2000.

BERNARD-MAÎTRE, 1948
BERNARD-MAÎTRE Henri, « Catalogue des objets envoyés de Chine par les missionnaires de 1765 à 1786 », Bulletin de l'Université l'Aurore, Shanghai, 1948.

BERNARD-MAÎTRE, 1949
BERNARD-MAÎTRE Henri, « Deux chinois du XVIIIe siècle à l'école des physiocrates français », Bulletin de l'université l'Aurore, Shanghai, 1949, p. 151-197.

BERNARD-MAÎTRE, 1950
BERNARD-MAÎTRE Henri, Les tapisseries chinoises de François Boucher au Palais Yuen-Min-Yuen de Pékin, Paris et Lille, Éditions Cathasia, 1950.

BEURDELEY, 1997
BEURDELEY Michel, Peintres jésuites en Chine au XVIIIe siècle, Editions Anthèse, 1997.

BIRIOUKOVA et KAZAKEVITCH, 2005
BIRIOUKOVA Nina, KAZAKEVITCH Natalia, La Porcelaine de Sèvres du XVIIIe siècle. Catalogue de la collection du musée de l'Ermitage, Saint-Pétersbourg, Éditions du musée de l'Ermitage, 2005.

BIVER, 1933
BIVER Paul, Histoire du château de Bellevue, Paris, G. Enault, 1933.

BLANNING, 2002
BLANNING Timothy C. W., The Culture of Power and the Power of Culture, Old Regime Europe (1660-1789), Oxford, Oxford University Press, 2002.

BREMER-DAVID, 1997
BREMER-DAVID Charissa, French tapestries and textiles in the J.Paul Getty museum, Los Angeles, 1997.

BRIÈRE, 1911
BRIÈRE Gaston, « Rectifications et additions au catalogue Soulié », Bulletin de la Société de l'Histoire de l'Art français, 1911.

CARLIER, 2015
CARLIER Yves, « Les derniers Sèvres de la Couronne » in The French Porcelain Society Journal, vol. V, 2015, p. 241-256.

CASTELLUCCIO, 1996
CASTELLUCCIO Stéphane, Le château de Marly pendant le règne de Louis XVI, Paris, Réunion des musées nationaux, Notes et documents des musées de France, n° 29, 1996.

CASTELLUCCIO, 2013
CASTELLUCCIO Stéphane, Le goût pour les porcelaines de Chine et du Japon à Paris aux XVIIe et XVIIIe siècles, Saint-Rémy-en-l'Eau, Monelle Hayot, 2013.

CASTELLUCCIO, 2014
CASTELLUCCIO Stéphane, « Lemaire et Branlard,

marchands faïenciers du roi », Versalia, n°17, 2014
Leprince Camille, La faïence baroque française et les jardins de Le Nôtre, Feu et talent, Paris, 2014.

Catalogue des objets contenus dans la galerie du Muséum français, décrété par la convention nationale, le 27 juillet 1793, l'an second de la République Française, Paris, Imprimerie C.-F. Patris, 1793.

« Ce qu'on trouva dans les appartements de Marie-Antoinette à Versailles, le 10 octobre 1789. Inventaire de Lignereux », L'Intermédiaire des Chercheurs et Curieux, vol. LVII, 44e année, n° 1186, 10 juin 1908, col. 880-884.

CONSTANS, 1980
CONSTANS Claire, Musée national du château de Versailles. Les peintures, Château de Versailles, Réunion des musées nationaux, 1980.

CONSTANS, 1995
CONSTANS Claire, Musée du château de Versailles, Les peintures, Tome II, RMN, 1995.

CORDEY, 1939
CORDEY Jean, Inventaire des biens de madame de Pompadour rédigé après son décès, Paris, Francisque Lefrançois, 1939.

CORDIER, 1910
CORDIER Henri, La Chine en France au XVIIIe siècle, Paris, Henri Laurens, 1910.

CORTEQUISSE, 1990-2001
CORTEQUISSE Bruno, Mesdames de France / Les filles de Louis XV, Perrin, 1990-2001.

COURAJOD, 1873
COURAJOD Louis, Livre-journal de Lazare Duvaux, marchand bijoutier ordinaire du roy, 1748-1758, Paris, Société des bibliophiles français, 1873, 2 vol.

CROŸ-SOLRE, 1907
CROŸ-SOLRE (de) Emmanuel, Journal inédit du duc de Croÿ, 1718-1784. Publié, d'après le manuscrit autographe conservé à la bibliothèque de l'Institut, Paris, Ernest Flammarion, 1907, Volume 4.

DA VINHA, 2019
DA VINHA Mathieu, MARAL Alexandre (dir.), Madame de Maintenon. Dans les allées du pouvoir, [Versailles, Château de Versailles, 15 avril - 21 juillet 2019], Paris, Hazan, Versailles, Château de Versailles, 2019.

DELAROCHE et MOREAU, 1815
DELAROCHE H, MOREAU, Notice des articles curieux composant le cabinet chinois de feu M. Bertin, ministre et secrétaire d'État sous Louis XV et Louis XVI, 1er février 1815, Paris, imprimerie de Crapelet, 1815.

ENTRECOLLES, 1717
ENTRECOLLES (d') Père François Xavier, Lettres édifiantes, Paris, Nicolas Le Clerc, 1717, volume XII, p. 253-346.

EPHRUSSI, 1879
EPHRUSSI Charles, « Inventaire de la collection de la reine Marie-Antoinette », Gazette des Beaux-Arts, vol. XX, 1879, p. 389-408.

ETIEMBLE, 1988
ETIEMBLE René, L'Europe chinoise, t. I, De l'Empire romain à Leibniz, Gallimard, 1988.

ETIEMBLE, 1989
ETIEMBLE René, L'Europe chinoise, t. II, De la sinophilie à la sinophobie, Gallimard, 1989.

FAVREAU, 2003
FAVREAU Marc, « L'inventaire après décès de la duchesse du Maine. Études et commentaire », La Duchesse du Maine (1676-1753) : une mécène à la croisée des arts et des siècles, Études sur le XVIIIe siècle, volume XXXI, édition de l'Université de Bruxelles, 2003, p. 51-64.

FIRMIN et BASTIEN, 2015
FIRMIN Gwenola, BASTIEN Vincent, De Versailles à La Motte-Tilly : l'abbé Terray, ministre de Louis XV, Paris, Éditions du Patrimoine, Centre des monuments nationaux, Versailles, Château de Versailles, 2015.

FOUREST, 1966
FOUREST Henry-Pierre et al, L'œuvre des faïenciers français du XVIe siècle à la fin du XVIIIe siècle, Hachette, 1966.

GERSAINT, 1748
GERSAINT Edme-François, Catalogue raisonné [...] provenant de la succession de M. Angran, vicomte de Fonspertuis, mars 1748, Paris, 1748.

HAUDRÈRE et LE BOUËDEC, 2001
HAUDRÈRE Philippe, LE BOUËDEC Gérard, Les compagnies des Indes, Ed. Ouest-France, 2001.

HEITZMANN, 2004
HEITZMANN Annick, Kangxi Empereur de Chine, Versailles, 2004.

HUARD, 1962
HUARD Pierre, WONG Ming, « Un album chinois de l'époque Ts'ing consacré à la fabrication de la porcelaine », in Arts asiatiques, T.9 fasc.1-2, 1962, p.3-60.

HUARD, 1966
HUARD Pierre, WONG Ming, « Les enquêtes françaises sur la science et la technologie chinoises au XVIIIe siècle » in Bulletin de l'Ecole française d'Extrême-Orient, T. 53, n° 1, 1966.

JAMES-SARAZIN, 2016 a
JAMES-SARAZIN Ariane, Catalogue raisonné de l'œuvre de Hyacinthe Rigaud, Faton, Dijon, 2016.

JAMES-SARAZIN, 2016 b
JAMES-SARAZIN Ariane, Hyacinthe Rigaud (1659-1743), Dijon, Faton, 2016.

LEBEL, 2009
LEBEL Antoine, Armoiries françaises et suisses sur la porcelaine de Chine au XVIIIe siècle = French and Swiss armorials on Chinese export porcelain of the 18th century, Bruxelles, A. Lebel, 2009.

LE BRUN, 1780
LE BRUN Jean-Baptiste-Pierre, JULLIOT Philippe-François, Catalogue raisonné des tableaux [...] qui composoient le cabinet de M. Poullain, 15 mars 1780, Paris, Prault, 1780.

LE BRUN, 1781
LE BRUN Jean-Baptiste-Pierre, Catalogue raisonné des marbres, [...], et autres formant le cabinet de Madame la Duchesse Mazarin, 10 décembre 1781, Paris, Prault, 1781.

LE BRUN, 1782
LE BRUN Jean-Baptiste-Pierre, Catalogue raisonné [...] et autres objets de curiosité, 22 avril 1782, Paris, Prault, 1782.

LE BRUN, 1792
LE BRUN Jean-Baptiste-Pierre, Catalogue d'objets

rares [...] formant le cabinet de M. Aranc de Presle, 16 au 24 avril 1792, Paris, Prault, 1792.

LE BRUN, 1806
LE BRUN Jean-Baptiste-Pierre, Catalogue d'objets rares et précieux provenant du cabinet de M. Lebrun, 29 septembre 1806, Paris, 1806.

LEPRINCE, 2014
LEPRINCE Camille, La faïence baroque française et les jardins de Le Nôtre, Feu et talent, Paris, 2014.

LETOURMY-BORDIER, 2013
LETOURMY-BORDIER Georgina, Le siècle d'or de l'éventail, Ed. Faton, 2013.

LUYNES, 1860-1865
LUYNES Charles-Philippe d'Albert, duc de, Mémoires sur la cour de Louis XV, Paris, Firmin Didot, 1860-1865, 17 vol.

MAISONNIER, 2022
Élisabeth Maisonnier, L'Album de Marie-Antoinette: recueil des vues et plans du Petit Trianon, Paris / Versailles, In Fine / EPV, 2022.

MASSON, 1905
MASSON Frédéric, « La Porcelaine de Sèvres, collection Chappey » in Les Arts, n° 38, février 1905, p. 1-32.

MASSON, 2018
MASSON Raphaël, La Galerie des beautés de Louis XIV. De Versailles à Bussy-Rabutin [Bussy-Rabutin, Château de Bussy-Rabutin, 30 juin - 14 octobre 2018], Versailles, Château de Versailles, Paris, Éditions du Patrimoine, 2018.

MAUMENÉ et D'HARCOURT, 1932
MAUMENÉ Charles, D'HARCOURT Louis, Iconographie des rois de France. Seconde partie, Paris, 1932.

Mémoires de Louis XVIII recueillis et mis en ordre par M. le Duc de D****, Paris, Mame-Delaunay & Thoisnier-Desplaces, 1832 -1833, In-8, 12 vol.

MÉZIN, 2001
MÉZIN Louis, « Acquisitions » in Revue du Louvre, 2001-3.

MÉZIN, 2002
MÉZIN Louis, Cargaisons de Chine. Porcelaines de la Compagnie des Indes, Musée de la Compagnie des Indes, Lorient, 2002.

MONNET, 1992
MONNET Nathalie, COHEN Monique, Impressions de Chine 1992, p. 104-107, p. 112-113.

MONNET, 1996-1997
MONNET Nathalie, « L'encyclopédisme en Chine », in Tous les savoirs du monde, Encyclopédies et bibliothèques, de Sumer au XXIe siècle, Paris, Bibliothèque Nationale, Flammarion, 1996-1997.

MONNET, 2004
MONNET Nathalie, Chine, l'Empire du trait, Paris, Bibliothèque nationale de France, 2004, p. 137-138.

MONTCLOS, 2004
MONTCLOS (de), Jean Marie Pérouse, Jacques-Germain Soufflot, Monum, 2004.

NOLHAC, 1896
NOLHAC (de) Pierre, PÉRATÉ André, Versailles. Description du château et des collections, Paris, 1896.

PAILLET, 1782
PAILLET Alexandre-Joseph, JULLIOT Philippe-François, Catalogue des effets précieux qui composent le cabinet de feu M. le duc d'Aumont, 12 décembre 1782, Paris, Didot, 1782.

PAILLET, 1801
PAILLET Alexandre-Joseph, Catalogue d'une riche collection [...] le tout provenant du célèbre Robit, 11 mai 1801, Paris, 1801.

PÉRATÉ, 1896
PÉRATÉ André, Les Portraits de Louis XIV au château de Versailles, Versailles, 1896.

PERREAU, 2004
PERREAU Stéphan, Hyacinthe Rigaud, le peintre des rois, Presses du Languedoc, 2004.

PERREAU, 2011
PERREAU Stephan, « Hyacinthe Rigaud et le portrait du Grand Dauphin » : https://hayacinthe-rigaud.over-blog.com/article-hyacinthe-rigaud-et-le-portrait-du-grand-dauphin-84256886.html; 14 septembre 2011 (consulté le 16 avril 2020).

PEYREFITTE, 1989
PEYREFITTE Alain, L'Empire immobile, le choc des mondes, Fayard, Paris, 1989.

PRÉAUD, 1989
PRÉAUD Tamara, « Sèvres, la Chine et les chinoiseries au XVIIIe siècle » in Journal of the Walters Art Gallery, 1989, no 47, p. 39-52.

PRUCHNICKI, 2013
PRUCHNICKI Vincent, Arnouville : le Château des Machault au XVIIIe siècle, Paris, Lelivredart, 2013.

REGNAULT-DELALANDE, 1798
REGNAULT-DELALANDE François-Léandre, Catalogue raisonné [...] le cabinet de feu Pierre-François Basan, le 11 frimaire an VII [1er décembre 1798], Paris, Prault, 1798.

REMY, 1762
REMY Pierre, Catalogue raisonné des tableaux, [...], qui composent le Cabinet de feu Gaillard de Gagny, 29 mars 1762, Paris, Didot, 1762.

REMY, 1767
REMY Pierre, Catalogue raisonné des tableaux, [...], après le décès de M. Jean de Jullienne, 30 mars 1767, Paris, 1767.

REMY et JULLIOT, 1768
REMY Pierre, JULLIOT Claude-François, Catalogue raisonné des tableaux, [...], qui composent le Cabinet de feu Monsieur Gaignat, 14 février 1769, Paris, 1768.

REMY, 1776
REMY Pierre, Catalogue de tableaux précieux, [...] qui composent le cabinet de feu M. Blondel de Gagny, 10 décembre 1776, Paris, Prault, 1776.

REMY et JULLIOT, 1777
REMY Pierre, JULLIOT Claude-François, Catalogue des tableaux [...], et autres objets du cabinet de feu M. Randon de Boisset, 27 février 1777, Paris, Didot, 1777.

REMY et JULLIOT, 1787
REMY Pierre, JULLIOT Claude-François, Catalogue des tableaux, marbres [...] après décès de M. Beaujon, 25 avril 1787, Paris, 1787.

ROCHEBRUNE, 1996
ROCHEBRUNE (de) Marie-Laure, Récolement tapuscrit des porcelaines d'Extrême-Orient du musée national des châteaux de Versailles et de Trianon, 1996.

ROCHEBRUNE, 2002
ROCHEBRUNE (de) Marie-Laure, « La passion de madame de Pompadour pour la porcelaine », in cat. exp. Versailles, 2002, p. 406-419 et 434-477.

ROCHEBRUNE, 2007
ROCHEBRUNE (de) Marie-Laure, « L'inspiration chinoise à la manufacture royale de porcelaine de Vincennes-Sèvres » in Pagodes et dragons / Exotisme et fantaisie dans l'Europe rococo 1720-1770, 2007, p. 112-119.

ROCHEBRUNE, 2009
ROCHEBRUNE (de) Marie-Laure (dir.), Le Goût à la grecque. La naissance du néoclassicisme dans l'art français. Chefs-d'œuvre du Musée du Louvre, Athènes, Pinacothèque nationale, musée Alexandros-Soutzos, 2009.

ROCHEBRUNE, 2012 a
ROCHEBRUNE (de) Marie-Laure, Charles-Nicolas Dodin et la manufacture de Vincennes-Sèvres. Splendeur de la peinture sur porcelaine au XVIIIe siècle, Paris, Artlys et Versailles, musée national des châteaux de Versailles et de Trianon, 2012.

ROCHEBRUNE, 2012 b
ROCHEBRUNE (de) Marie-Laure, « Une acquisition majeure : la jatte à punch du grand service de Louis XV, manufacture royale de porcelaine de Vincennes, 1753 » in La Revue des musées de France, février 2012, n° 2012-1, p. 13-15.

ROCHEBRUNE, 2014
ROCHEBRUNE (de) Marie-Laure, « La Chine à Versailles » in Art et diplomatie au XVIIIe siècle, 2014, p. 176-177, n° 64.

ROCHEBRUNE, 2019 a
ROCHEBRUNE (de) Marie-Laure, « La jatte à punch du service bleu céleste de Louis XV » in Versailles / Savoir-faire et matériaux, éditions Actes-Sud, 2019, p. 304-307.

ROCHEBRUNE (de) Marie-Laure, « Faïence de Nevers. Fragment de vases et un carreau » in Versailles, Savoir-faire, Paris, 2019, p. 300-303.

ROCHEBRUNE, 2019 b
ROCHEBRUNE (de) Marie-Laure, « Les porcelaines de Sèvres envoyées en guise de cadeaux diplomatiques à l'empereur de Chine par les souverains français dans la seconde moitié du XVIIIe siècle », Des arts diplomatiques. Échanges de présents entre la Chine et l'Europe, XVIIe-XVIIIe siècles, Presses universitaires de Vincennes, 2019, p. 81-91.

ROCHEBRUNE, 2019 c
ROCHEBRUNE (de) Marie-Laure, « Un Trésor retrouvé: une verseuse chinoise en argent, offerte par les ambassadeurs du Siam à Louis XIV le 1er septembre 1686, revient à Versailles », La Revue des musées de France - Revue du Louvre, 2019, 1.

ROCHEBRUNE, 2020
ROCHEBRUNE (de) Marie-Laure, « Les porcelaines de Sèvres envoyées en guise de cadeaux diplomatiques à l'empereur de Chine par les souverains français dans la seconde moitié du XVIIIe siècle » in actes du colloque Des arts diplomatiques / Echanges de présents entre la Chine et l'Europe, XVIIe-XVIIIe siècles, 2020, p. 81-92.

ROI, 1964
ROI Jacques, « Visite en 1764 de deux Chinois à la manufacture royale de Sèvres » in Cahiers de la céramique, du verre et des arts du feu, n°33, 1964, p. 29-41.

ROSEN, 2009
ROSEN Jean, La Faïence de Nevers (1585-1900), Faton, 2009.

SALMON, 1999-2000
SALMON Xavier, Jean-Marc Nattier, 1685-1766, RMN, 1999-2000.

SAMOYAULT, 1971 (1972)
SAMOYAULT Jean-Pierre, « Les remplois de sculptures et d'objets d'arts dans la décoration et l'ameublement du Palais de Saint-Cloud, sous le consulat et au début de l'Empire » in Bulletin de la Société de l'histoire de l'Art Français, 1971 (1972), p. 153-191.

SCIAMA, 2012
SCIAMA Cyrille, « Deux princes pour des portraits jumeaux. Le comte de Provence et le comte d'Artois par Louis-Michel Van Loo (1770) » in Autour des Van Loo. Peinture, commerce des tissus et espionnage en Europe, 1250-1830 [actes du colloque organisé par le GRHIS sous la direction de Christine Rolland], Mont-Saint-Aignan, Publications des Universités de Rouen et du Havre, 2012.

SÉRET, 2008
SÉRET Guillaume, « De quelques passages en ventes aux enchères de porcelaines de Sèvres conservées dans les collections publiques françaises » in Sèvres. Revue de la Société des Amis du Musée National de Céramique, n° 17, 2008, p. 56-65.

SERRETTE, 2001-2002
SERRETTE Renaud, Décor intérieur et ameublement du château de Choisy-Le-Roi sous Louis XV et Louis XVI (1739-1792), mémoire de maîtrise d'histoire de l'art, université de Paris IV, 2001-2002.

SMENTEK, 2019
SMENTEK Kristel, « Des chinoiseries pour la Chine » in Une des provinces du rococo. La Chine rêvée de François Boucher, Besançon musée des Beaux-Arts et d'Archéologie de Besançon, 2019, p. 181-185.

SOULIÉ, 1860
SOULIÉ Eudore, Notice du musée impérial de Versailles, Paris, 1860.

SOULIÉ, 1880
SOULIÉ Eudore, Notice du musée national de Versailles, Paris, Charles de Mourgues frères, imprimeurs des Musées nationaux, 1880.

STANDEN, 1976
STANDEN Edith A., « The story of the Emperor of China: A Beauvais Tapestry series », in The Metropolitan Museum of Art Journal, n°2, 1976, P.103-117.

SYLVESTRE DE SACY, 1970
SYLVESTRE DE SACY Jacques (avec la collaboration de ANTOINE Michel), « La Chine au temps des lumières » t.1, Henri Bertin, Dans le sillage de la Chine (1720-1792), Les Belles lettres, éd. Cathasia, Paris, 1970.

THIÉRY, 1787
THIÉRY Luc-Vincent, Guide des amateurs et des étrangers voyageurs à Paris, ou Description raisonnée de cette ville et de sa banlieue, et de tout ce qu'elles contiennent de remarquable, Hardouin &

Gattey, Paris, 1787.

TOUBOUL-BOUYEURE, 1990
TOUBOUL-BOUYEURE Frédérique, Louis Lecomte, un jésuite à Pékin, Phébus, Paris, 1990.

TUETEY, 1916
TUETEY Alexandre, « Inventaire des laques anciennes et des objets de curiosité de Marie-Antoinette, confiés à Daguerre et Lignereux, Marchands Bijoutiers le 10 octobre 1789 (26 frimaire an II) », Archives de l'Art Français nouvelle période, tome VIII, 1916, p. 286-319.

VAN DER CRUYSSE, 1991
VAN DER CRUYSSE Dirk, Louis XIV et le Siam, Paris, Fayard, 1991.

Vente Alexandre-Joseph Paillet, Catalogue d'une riche collection [...] le tout provenant du célèbre Robit, 11 mai 1801, Paris, 1801.

VERLET, 1980 (1982)
VERLET Pierre, « Acquisitions faites pour le Museum sur ordre de Louis XVI à la vente du duc d'Aumont en 1782 » in Bulletin de la Société de l'histoire de l'Art Français, 1980 (1982), p. 204-210.

VERMANDER, 2012
VERMANDER Benoit, Les jésuites et la Chine, de Matteo Ricci à nos jours, Bruxelles, 2012.

VRIZ, 2011
VRIZ Sylvia, « Une exceptionnelle paire de vases de la collection du duc d'Aumont », L'Estampille L'Objet d'art, no 474, décembre 2011, p. 58-61.

VRIZ, 2013
VRIZ Sylvia, « Le duc d'Aumont et les porcelaines d'Extrême-Orient de la collection de M. Jean de Jullienne », Sèvres. Revue de la Société des Amis du musée national de Céramique, n° 22, 2013, p. 89-98.

VRIZ, 2017
VRIZ Sylvia, « Le duc d'Aumont, collectionneur prolifique », L'Estampille L'Objet d'art, no 535, juin 2017, p. 46-51.

VRIZ, 2021
VRIZ Sylvia, « Quelques porcelaines d'Extrême-Orient d'un amateur éclairé. Radix de Sainte-Foy (1736-1810) », Sèvres. Revue de la Société des Amis du musée national de Céramique, n° 30, 2021, p. 88-102.

WHITEHEAD, 2010
WHITEHEAD John, Sèvres sous Louis XVI et la Révolution, le premier apogée, Paris, Éditions courtes et longues, 2010.

WILLIAMSON et CHAMPEAUX, 1882
WILLIAMSON Edouard Thomas, CHAMPEAUX (de) Alfred, Catalogue des objets appartenant au service du Mobilier National / Ministère de l'instruction publique et des beaux-arts, Paris, 1882.

WOLVESPERGES, 2008
Wolvesperges Thibaut, « De l'originalité des collections du cardinal de Rohan », in Martin, Étienne (dir.), Le Gout chinois du cardinal Louis de Rohan. Les collections extrême-orientales du musée des Arts décoratifs, ouvrage collectif, cat. exp. Strasbourg, musée des Arts décoratifs, Strasbourg, Éditions des musées de la ville de Strasbourg, 2008, p. 44-57.

ZALI et BERTHIER, 1997
ZALI Anne, BERTHIER Annie, L'aventure des écritures : Naissances, éd., Paris, BNF, 1997, p. 43.

EXPOSITIONS

PARIS, 1742
Salon de Paris.

PARIS, 1769
Salon de Paris.

PARIS, 1783
Salon de Paris.

PARIS, 1787
Salon de Paris.

PARIS, 1900
Exposition rétrospective de la ville de Paris.

PARIS, 1923
Le Livre français des origines à la fin du Second Empire, Paris, pavillon de Marsan, musée du Louvre, 1923.

VERSAILLES, 1955
Marie-Antoinette, archiduchesse, dauphine et reine, Versailles, musée national du château de Versailles, 1955.

PARIS, 1967-1968
Vingt Ans d'acquisitions au musée du Louvre, 1947-1967, Paris, Orangerie des Tuileries, 1967-1968.

BERLIN, 1973
China und Europa, Berlin, château de Charlottenburg, 1973.

LONDRES, 1979-1980
Sèvres Porcelain from the Royal Collection, Londres, The Queen's Gallery, Buckingham Palace, 1979-1980.

LYON, 1980
Soufflot et son temps, Lyon, musée des Beaux-Arts, 1980.

PARIS, 1985-1986
Anciens et nouveaux. Choix d'œuvres acquises par l'État ou avec sa participation de 1981 à 1985, Paris, Galeries nationales du Grand Palais, 1985-1986.

FRANCFORT-SUR-LE-MAIN, 1986-1987
Wahl und Kronung in Frankfurt am Main. Kaiser Karl VII., 1742-1745, Francfort-sur-le-Main, Historisches Museum Frankfurt am Main, 1986-1987.

PARIS, 1986-1987
Francois Boucher (1703-1770), Paris, Galeries nationales du Grand Palais, 1986-1987.

LYON, 1988-1989
Soieries de Lyon. Commandes royales au XVIIIe s. (1730-1800), Lyon, musée historique des Tissus, 1988-1989.

LA MOTTE-TILLY, 1992
Sur les routes de l'Orient, La Motte-Tilly, château de La Motte-Tilly, 1992.

QUELUZ et PARIS, 1992
Du Tage à la mer de Chine, une épopée portugaise, Queluz, Palacio Nacional de Queluz, et Paris, musée national des Arts asiatiques Guimet, 1992.

MARLY-LE-ROI – LOUVECIENNES, 1993
Châteaux de faïence, XIVe-XVIIIe siècle, musée-promenade de Marly-le-Roi – Louveciennes, 1993.

VERSAILLES, 1993-1994
Versailles et les tables royales en Europe, XVIIIe-XIXe siècles, Versailles, musée national des châteaux de

Versailles et de Trianon, 1993-1994.

PARIS, 1994 a
Visiteurs de l'Empire céleste, Paris, musée national des Arts asiatiques Guimet, 1994.

PARIS, 1994 b
Egyptomania, Paris, musée du Louvre, 1994.

AUXERRE, 1995
Le Voyage de l'empereur de Chine, Auxerre, musée Leblanc-Duvernoy, 1995.

PARIS, 1995
Nouvelles Acquisitions du département des Objets d'art. 1990-1994, Paris, musée du Louvre, 1995.

AMIENS et VERSAILLES, 1995-1996
Les Chasses exotiques, Amiens, musée de Picardie, et Versailles, musée national des châteaux de Versailles et de Trianon, 1995-1996.

PARIS, 1996-1997 a
Tous les savoirs du monde, encyclopédies et bibliothèques, de Sumer au XXIe siècle, Paris, Bibliothèque nationale de France, 1996-1997.

PARIS, 1996-1997 b
La Cité interdite: vie publique et privée des empereurs de Chine, 1644-1911, Paris, musée du Petit Palais, 1996-1997.

HONG KONG, 1997
From Beijing to Versailles. Artistic Relations between China and France, Hong Kong, Hong Kong Museum of Art, 1997.

TOURS et TOULOUSE, 2000
Les Peintres du roi, 1648-1793, Tours, musée des Beaux-Arts, et Toulouse, musée des Augustins, 2000.

VERSAILLES, 2000-2001
Chefs-d'œuvre du musée Gulbenkian de Lisbonne. Meubles et objets royaux du XVIIIe siècle français, Versailles, musée national des châteaux de Versailles et de Trianon, 2000-2001.

VERSAILLES, 2001-2002
Les Laques du Japon. Collections de Marie-Antoinette, Versailles, musée national des châteaux de Versailles et de Trianon, 2001-2002.

LORIENT, 2002
Cargaisons de Chine, porcelaines de la Compagnie des Indes du musée de Lorient, Lorient, musée de la Compagnie des Indes, 2002.

VERSAILLES, 2002
Madame de Pompadour et les arts, Versailles, musée national des châteaux de Versailles et de Trianon, 2002.

KOBE et TOKYO, 2002-2003
Fastes de Versailles, Kobe, musée municipal, 2002, et Tokyo, Tokyo Metropolitan Art Museum, 2003.

MADRID, 2003
Oriente en Palacio. Tesoros Asiaticos en las Colecciones Reales Espanolas, Madrid, Palacio Real, 2003.

VERSAILLES, 2004
Kangxi, empereur de Chine, 1662-1722. La Cité interdite à Versailles, Versailles, musée national des châteaux de Versailles et de Trianon, 2004.

NANCY, 2004-2005
Stanislas. Un roi de Pologne en Lorraine, Nancy, Musée lorrain, 2004-2005.

VARSOVIE, 2005
Stanislav Leszczynski: Krol Polski ksieciem Lotaryngii, Varsovie, château royal, 2005.

BORDEAUX, 2005-2006
Marie-Antoinette à Versailles. Le gout d'une reine, Bordeaux, musée des Arts décoratifs, 2005-2006.

ATLANTA, 2006-2007
Kings as Collectors. Paintings, Sculpture, and Decorative Arts from the Musee du Louvre, Atlanta, High Museum of Art, 2006-2007.

COMPIÈGNE, 2006-2007
Louis XVI et Marie-Antoinette à Compiègne, Compiègne, musée national du château de Compiègne, 2006-2007.

PARIS, 2007
Pagodes et dragons. Exotisme et fantaisie dans l'Europe rococo, 1720-1770, Paris, musée Cernuschi, 2007.

VERSAILLES, 2007
Cent Ans, cent objets. Acquisitions de la Société des Amis de Versailles, Versailles, musée national des châteaux de Versailles et de Trianon, 2007.

SAN FRANCISCO, 2007-2008
Marie-Antoinette and the Petit Trianon at Versailles, San Francisco, Legion of Honor, Fine Arts Museums of San Francisco, 2007-2008.

STOCKHOLM, 2007-2008
Alexander Roslin, Stockholm, Nationalmuseum, 2007-2008.

PARIS, 2008
Marie-Antoinette, Paris, Galeries nationales du Grand Palais, 2008.

TOKYO et KOBE, 2008
Musée du Louvre, fastes de la cour de France au XVIIIe siècle, Tokyo, Tokyo Metropolitan Art Museum, et Kobe, musée municipal, 2008.

VERSAILLES, 2008
Alexandre Roslin, Versailles, musée national des châteaux de Versailles et de Trianon, 2008.

LONDRES, 2009
French Porcelain for English Palaces: Sèvres from the Royal Collection, Londres, The Queen's Gallery, Buckingham Palace, 2009.

BOURG-EN-BRESSE et ARRAS, 2010
L'Or du Japon, laques anciens des collections publiques françaises, Bourg-en-Bresse, monastère royal de Brou, et Arras, musée des Beaux-Arts, 2010.

NANTES, 2010
La Soie & le Canon. France-Chine, 1700-1860, Nantes, musée d'Histoire de Nantes, 2010.

VERSAILLES, 2010-2011
Sciences et curiosités à la cour de Versailles, Versailles, musée national des châteaux de Versailles et de Trianon, 2010-2011.

BLOIS, 2011
De Lorient à l'Orient, Blois, château de Blois, 2011.

PARIS, 2011
Dans l'atelier des Menus-Plaisirs du roi. Spectacles, fêtes et cérémonies aux XVIIe et XVIIIe siècles, Paris, Archives nationales, 2011.

VERSAILLES, 2011
Le château de Versailles raconte le Mobilier national, Versailles, musée national des châteaux de Versailles et de Trianon, 2011.
PARIS, 2011-2012
La Cité interdite au Louvre. Empereurs de Chine et rois de France, Paris, musée du Louvre, 2011-2012.

VERSAILLES, 2012 a
Les Dames de Trianon, Versailles, Grand Trianon, musée national des châteaux de Versailles et de Trianon, 2012.

VERSAILLES, 2012 b
Charles-Nicolas Dodin et la manufacture de Vincennes- Sèvres. Splendeur de la peinture sur porcelaine au XVIIIe siècle, Versailles, musée national des châteaux de Versailles et de Trianon, 2012.

ARRAS, 2012-2013
Roulez carrosses ! Le château de Versailles a Arras, Arras, musée des Beaux-Arts, 2012-2013.

VARSOVIE, 2013-2014
Le Versailles de Marie Leszczyńska, Varsovie, château royal, 2013-2014.

PARIS, 2014
Les Secrets de la laque française: le vernis Martin, Paris, musée des Arts décoratifs, 2014.

VERSAILLES, 2014
La Chine à Versailles. Art et diplomatie au XVIIIe siècle, musée national des châteaux de Versailles et de Trianon, 2014.

VERSAILLES, 2014-2015
18e aux sources du design : Chefs d'œuvre du mobilier 1650-1790, musée national des châteaux de Versailles et de Trianon, 2014-2015.

VERSAILLES, 2017
Visiteurs de Versailles: voyageurs, princes, ambassadeurs: 1682-1789, exposition, Versailles, musée national des châteaux de Versailles et de Trianon, 2017.

BUSSY-RABUTIN, 2018
Raphaël Masson, La Galerie des beautés de Louis XIV. De Versailles à Bussy-Rabutin, Bussy-Rabutin, Château de Bussy-Rabutin, 2018.

VERSAILLES, 2019
Madame de Maintenon. Dans les allées du pouvoir, Versailles, musée national des châteaux de Versailles et de Trianon, 2019.

BESANÇON, 2019
Une des provinces du rococo. La Chine rêvée de François Boucher, Besançon, musée des Beaux-Arts et d'Archéologie de Besançon, 2019.

ABU DHABI, 2022
Versailles & le monde, Louvre Abu Dhabi, 2022.

LOS ANGELES, 2023
Porcelain from Versailles: Vases for a King and Queen, Los Angeles, Getty Center, 2023.

COLLOQUES

CHANTILLY, 1974
La Mission française de Pékin aux XVIIe et XVIIIe siècles, colloque international de sinologie, Chantilly, 20-22 septembre 1974, ouvrage collectif, Paris, Les Belles Lettres, Cathasia, 1976.

BORDEAUX, 2006
L'Objet d'art en France du XVIe au XVIIIe siècle: de la création à l'imaginaire, colloque international, 12-14 janvier 2006, actes publiés par Marc Favreau et Patrick Michel, Bordeaux, Les Cahiers du Centre François-Georges Pariset et l'université Michel-de-Montaigne – Bordeaux III, 2007.

故宫博物院
THE PALACE MUSEUM

《紫禁城与凡尔赛宫——17、18世纪的中法交往》编辑出版委员会

展览协调

（按姓氏笔画为序）

于　壮　王　祎　王中旭　王月芳　王凤山　王　波　王　浩　王　博　文　明　田　新　白　杨　达微佳　吕晓刚
朱文元　刘竹沛　刘松林　刘　辉　许　凯　孙　淼　严　勇　苏　怡　李绍毅　李　滨　杨　勍　谷　岸　汪　亓
张小李　张旭红　张　亮　张　楠　陈秋速　范雪纯　果美侠　金　路　房小妹　屈　峰　赵连江　赵怀军　段　颖
袁　宏　徐　巍　高　希　郭　威　黄墨樵　章宏伟　董　丹　韩　倩　曾　君　雷　勇

展览宣传

（按姓氏笔画为序）

王昱丹　王　萌　邓晨钰　代清杨　朱　楷　危文瀚　安　霞　孙文静　李　然　李颖翀　杨　幂　杨　勍　肖　弋
吴　萌　张天一　张云天　张　林　张雨辰　陈　欣　林德祺　赵骐琳　贺　瑾　韩雪辉　鲁婉卓　阚红敏　翟　芮

图录主编

郭福祥

图录副主编

万秀锋

图录撰稿

（按姓氏笔画为序）

万秀锋　王　翯　王宜若　王振宇　邢丽娜　关雪玲　许　静　李　湜　李天垠　李逢源　杨国彭　吴　凡　汪　亓
张　丽　郁文韬　周耀卿　姚　婷　袁　理　郭福祥　展梦夏　蒋　艺　鲁　颖　翟　毅　滕德永　冀洛源

图录翻译

贾　云　（法）程文娟

法文审校

赵　飒　李晨哲

图片摄影

余宁川　金悦平

图片加工

孙　竞

借展单位

中国国家图书馆　广州博物馆

联合推广

中国建设银行
China Construction Bank

公益支持

LONGFOR
龙湖

CHÂTEAU DE VERSAILLES

Ce catalogue a été réalisé dans le cadre de l'exposition « La Cité interdite et le château de Versailles, les échanges entre la Chine et la France aux XVIIe et XVIIIe siècles », organisée par le musée du Palais et le château de Versailles et présentée du 1er avril au 30 juin 2024 au musée du Palais de Pékin.

Cette exposition a lieu dans le cadre de l'année franco-chinoise du tourisme culturel, coordonnée en France par l'ambassade de France en Chine, en lien avec le ministère de l'Europe et des Affaires étrangères, le ministère de la Culture et le ministère de l'Economie, des Finances et de la Souveraineté industrielle.

Christophe Leribault
Président de l'établissement public du château, du musée et du domaine national de Versailles

Laurent Salomé
Directeur du musée national des châteaux de Versailles et de Trianon

Louis-Samuel Berger
Administrateur général par intérim de l'établissement public du château, du musée et du domaine national de Versailles

Commissariat
Marie-Laure de Rochebrune
Conservateur général au musée national des châteaux de Versailles et de Trianon
Assistée de Vincent Bastien
Docteur en histoire de l'art

Mise en œuvre
Direction du développement culturel
Denis Verdier-Magneau, directeur
Silvia Roman, chef du service des expositions
Elsa Mifsud, chargée d'expositions

Avec la collaboration des services de l'établissement public du château, du musée et du domaine national de Versailles

autres

Avec le soutien de la Maison Cartier, mécène principal de l'exposition

Cartier

Que toutes les personnes qui ont permis la réalisation de cette exposition soient remerciées :
Lionel Arsac, Pierre Aziza, Jean-Vincent Bacquart, Valérie Bajou, Nathalie Bastière, Marie Ben Hamou, Romain Beretti, Élisabeth Berger, Louis-Samuel Berger, Morgane Bertho, Géraldine Bidault, Pierre-Emmanuel Biot, Adil Boulghallat, Mathilde Brunel, Florence Cailliéret, Stéphane Cariou, Yves Carlier, Laurence des Cars, Paul Chaine, Hélène Dalifard, Béatrice De Larouzière, Olivier Delahaye, Hélène Delalex, Domitille Delaruelle, Benoît Delcourte, Claire Delery, Christine Desgrez, Delphine Dubois, Séverine Duroselle, Handy Fernandez, Luis Fernandez, Gwenola Firmin, Danilo Forléo, Christophe Fouin, Thomas Garnier, Hélène Gascuel, Thierry Gausseron, Djamila Ghouaiel, Jacqueline Goncalves, Robert Graham, Vincent Haegele, Jacinthe Hamy, Pierre-Xavier Hans, Jean-Philippe Harriague, Marion Hugues, Frédéric Lacaille, Marie-Laëtitia Lachèvre, Auriabelle Lamy de La Chapelle, Hervé Lemoine, Sophie Lemonnier, Ariane de Lestrange, Yannick Lintz, Fabrice Loher, Carine Lopez, Constance Louvet, Élisabeth Maisonnier, Alexandre Maral, Christine Masset, Marine Masure Vetter, Marylène Mercier, Hari Navasothy, Émilie Neau, Constance Nemitz, Brigitte Nicolas, Isabelle Noël, Caroline Oliveira, Catherine Pégard, Nicolas Personne, Quitterie Pruvost, Eve Renard, Amandine Roggeman, Bertrand Rondot, Valériane Rozé, Xavier Salmon, Béatrice Sarrazin, César Scalassara, Violaine Solari, Élodie Vaysse, Alexandre Verjus, Noémie Wansart, Thierry Webley.